Der Dalai Lama

HINA
0
400 km
GANSU
QINGHAI
AMDO
SICHUAN
Chamdo
KHAM
Lhasa
BHUTAN
YUNNAN
N
E
NGLADESCH
MYANMAR

Gilles van Grasdorff

Der Dalai Lama

Die Biographie

Aus dem Französischen von Renate Stolze

O.W. Barth

Die Originalausgabe erschien 2003
unter dem Titel »Le Dalaï-Lama. La biographie non autorisée«
bei Éditions Plon, 76, Rue Bonaparte, 75284 Paris Cedex 06

www.fischerverlage.de

Erschienen bei O.W. Barth, ein Verlag
der S. Fischer Verlag GmbH, Frankfurt am Main

Satz: H & G Herstellung, Hamburg
Druck und Bindung: Ebner & Spiegel GmbH, Ulm
Printed in Germany

ISBN 3-502-61133-5

Seiner Heiligkeit Tenzin Gyatso, dem 14. Dalai Lama.

Meinen Freunden Yves Berger und Léon Zeches.

Es gibt eine unbezähmbare Kraft in der menschlichen Seele, die nicht zerstört werden kann; ein verhülltes Antlitz auf dem tiefsten Grund der menschlichen Persönlichkeit, das allen Angriffen widersteht ... Und wir wären namenlose Idioten, gefährliche Irre, wilde Tiere ohne diese Eigenschaft, diese Kraft, die allen menschlichen Wesen innewohnt, ohne diesen Schrei, der bedeutet: Ich will leben.

Chester Himes

Inhalt

Vorbemerkung 9

TEIL I **1933–1939**

1 Bedrängende Visionen 13
2 Worte weinen, Tränen sprechen 26
3 Allzu langes Warten 39
4 Er tritt wieder ans Licht 61
5 Das Licht und sein Schattentheater 85

TEIL II **1940–1949**

6 Schattenspiele und kuschlige Nächte 111
7 Kungeleien in dreitausend Metern Höhe 132
8 In Lhasa wird abgerechnet! 155

TEIL III **1950–1964**

9 Diner der Betrogenen 171
10 Die rote Horde 191
11 Tsampaesser gegen Reisesser 215
12 Jeder Augenblick im Leben ist eine Chance 249
13 Wenn auch du mich verlässt … 283

TEIL IV **1965–2003**

14 Lügen und ungesühnte Verbrechen 309
15 Das kurze Leben nach dem Tod 332
16 Verwerfungen durch die Zeit 352

Anhang I:
Die vierzehn Dalai Lamas 377
Die elf Panchen Lamas 378
Die siebzehn Karmapas 379

Anhang II:
Die vier Schulen des tibetischen Buddhismus 381

Anmerkungen 385

Glossar 396

Dank 399

Literatur 402

Stammbaum 404

Personen- und Sachregister 407

Vorbemerkung

Bis auf einige Ausnahmen, die durch Fußnoten gekennzeichnet sind, hat der Autor alle Augenzeugenberichte in diesem Buch bei Gesprächen gesammelt, die er zwischen 1993 und 2003 in Indien und Europa führte.

Mehrere Jahre lang hat sich der Autor mit der schrecklichen Realität der tibetischen Flüchtlinge befasst und in dieser Zeit die größten Meister des tibetischen Buddhismus getroffen: Seine Heiligkeit Tenzin Gyatso, den 14. Dalai Lama; Seine Heiligkeit Urgyen Trinley Dorje, den 17. Karmapa, Seine Heiligkeit Trinley Thaye Dorje, den 17. Karmapa, Seine Heiligkeit Shamar Rinpoche, den Karmapa der Rotmützen, und andere bedeutende spirituelle Führer; und schließlich Frauen und Männer, die dort kämpfen, wie Jetsun Pema, Schwester des Dalai Lama, Tenzin Chödrak, Leibarzt seiner Heiligkeit Tenzin Gyatso, Palden Gyatso, den wehrhaften Mönch, sowie zahlreiche Zeugen, tibetische und chinesische, die aus verständlichen Gründen anonym bleiben wollen.

TEIL I

1933 – 1939

1 Bedrängende Visionen

Der Schüler der Weisheit muss ein großes
und mutiges Herz haben.
Die Bürde ist schwer und der Weg ist lang.

Konfuzius

17. Dezember 1933, im Morgengrauen ... Kaum aufgestanden, merkten die meisten Einwohner von Lhasa – die Lhasapas – , dass etwas Beunruhigendes in ihrer Stadt vorging: Zuerst all das Kommen und Gehen zwischen dem Potala[1] und dem Tempel von Nechung, dem Staatsorakel, das Kutenla[2] genannt wird; dann sah man die Mitglieder der Regierung zum Palast eilen, und der *kashag* – das Kabinett, aus einem Mönch und drei Laien bestehend – bewegte sich ebenfalls im Laufschritt in diese Richtung. Dazu noch bedrohliche Vorzeichen: An diesem Morgen waren es der bewölkte Himmel, der düsterer schien als sonst, und der Donner, der dumpf grollend über dem Palast hing, die Unheil verhießen. Schließlich gab es Gerüchte, die sich schon seit einigen Wochen überall, von Viertel zu Viertel, von Tempel zu Tempel, straßauf, straßab, von Haus zu Haus, verbreiteten und die von Leiden und Tod sprachen.

Die Tibeter sind traditionell abergläubisch: »Der Spiegel der Vorzeichen«, ein uralter Text, erfüllt ihren Alltag mit mancherlei Glaubensvorstellungen, die aus der Bönpo-Tradition stammen, der Religion Bön[3], die als ursprüngliche des Landes gilt.

Deshalb richtet jetzt jeder forschende Blicke gen Himmel und versucht, die Wolken zu deuten, alle warten angespannt, die einen auf ein Bellen, die anderen auf einen Schrei; man befragt sich untereinander, man zweifelt. Und hofft auf ein Wunder, das immer möglich ist ...

Seit dem Morgengrauen stehen kleine Gruppen beieinander, jeder kommt hierher – mit seinem Kommentar, seinen Träumen, seinen Visionen: Der eine hat eine Katze geritten, der andere einen Affen und der nächste einen Tiger. Manche Lhasapas können ihre Angst nicht verbergen: Sie haben einen Kadaver geritten ...

So geht man von Gruppe zu Gruppe, Panik im Blick. Was man da hört, ist nicht dazu angetan, ruhiger zu werden.

Niedergeschlagen nehmen all diese Menschen ihren Weg zu den Tempeln: Der Jokhang, der berühmteste von allen, ist brechend voll. Die Mönche erklären, dass diese Zeichen von einem bevorstehenden Tod künden.

Gegen Mittag haben alle Hunde der Stadt zu bellen angefangen, sechsmal hintereinander. Noch ein schlechtes Zeichen.

Zeichen des Todes!

Man muss sich auf das Schlimmste gefasst machen, zumal die Raben über den Palast geflogen sind und weiße Krähen sich auf dem Dach niedergelassen haben.

Weitere Zeichen des Todes!

Die Lhasapas erinnern sich jetzt auch, dass es am ersten Tag von *losar*, dem tibetischen Neujahr[4], stark geschneit hatte: Das kündigte ein unheilvolles Jahr an. Und tatsächlich war die Ernte schlecht gewesen.

Eine weitere Botschaft, von einem Mönch aus Namgyal, dem Kloster des Dalai Lama, überbracht: Seit einigen Tagen wirken die Hunde von Kundun – »Gegenwart« des Buddha, einer der Namen, die die Tibeter ihrem Herrscher geben – bedrückt. Also wird es Kundun sein, der bald stirbt!

Kummer, Besorgnis, Angst.

Viele Lhasapas gehen nach Hause, um zu beten. Andere entschließen sich, den *barkhor* – den Platz, der den Jokhang umgibt – zu umrunden. Sie bewegen sich im Uhrzeigersinn und beten ihre *mala* – ihren Rosenkranz – mit monotoner Stimme.

Sie rezitieren das Mantra von Chenrezig, dem Bodhisattva des Erbarmens, Beschützer von Tibet, dessen Emanation Seine Heiligkeit der Dalai Lama ist.

Gegen zehn Uhr baten die Mitglieder der Regierung darum, von Kundun empfangen zu werden, erhielten aber eine kategorische Absage. Am Krankenlager des Herrschers befinden sich nur drei Menschen: Kunp'hela, der als sein letzter Günstling gilt, der alte *ganden tripa*[5] Jampa Chödrak und Kutenla, das Staatsorakel, das gerade in Trance gefallen ist. Hier, wie in ganz Tibet, verkörpert das Orakel den Geist, der in eine Person eingeht, damit es als Medium zwischen dem Reich der Natur und dem des Geistes wirken kann.

Während seiner ersten Trance hat Kutenla kaum vernehmbare Worte gemurmelt und Laute ausgestoßen, die zu verstehen nur der Dalai Lama und der *ganden tripa* fähig waren: Kundun solle eine kostbare Pille der tibetischen Medizin, *Chamjom pawo Chudun,* »Die siebzehn Helden, um die Kälte zu bekämpfen«, einnehmen.

Kutenla selbst hat das Pulver in die zur Hälfte mit heißem Wasser[6] gefüllte Schale des Herrschers geschüttet. Er hat ihn trinken lassen, während der *ganden tripa* und Kun'phela den Göttern noch mehr Opfergaben brachten.

Aber Thubten Gyatso geht es sehr schlecht.

Gegen Mittag fällt er neuerlich in ein tiefes Koma, das von Deliriumsphasen unterbrochen wird.

Das Orakel von Nechung befindet sich wieder in Trance. Der alte *ganden tripa* beugt sich näher zum Herrscher und bittet ihn, doch noch bei ihnen zu bleiben; sein Volk brauche seine Gegenwart so dringend.

Für einen kurzen Moment öffnet Thubten Gyatso die Augen, blickt auf die drei Männer, die um sein Bett stehen, und erkennt sie, weil sein Geist außerordentlich klar geblieben ist. Er bemerkt die Abwesenheit seines Kanzlers und seiner Minister. Während einiger Sekunden, die unendlich erscheinen, lässt er seinen Blick auf dem Trio ruhen, aber auf ihre flehentliche Bitte antwortet er nicht. Dann verliert er wieder das Bewusstsein.

Genau um 18 Uhr 30 entschließt sich der 13. Dalai Lama Thubten Gyatso, seine körperliche Hülle zu verlassen. Er ist achtundfünfzig Jahre alt.

Die Nachricht vom Tod des Herrschers hat sich von der Verbotenen Stadt aus sofort verbreitet, von den Mönchen von Namgyal verkündet, die auf dem Dach des Potala die Trommel zu den Trauergesängen schlagen.

Inzwischen haben andere Mönche draußen, auf dem Dach des Palastes, tausende von Lämpchen entzündet, so wie es der Brauch beim Hinscheiden eines Herrschers oder am Jahrestag des Todes eines Regenten vorschreibt.

Auf diese Weise in Kenntnis gesetzt, stehen die Lhasapas auf den Straßen und lauschen den dumpfen Trommelschlägen. Der Tod des Dalai Lama trifft jeden.

Von Schmerz überwältigt, haben alle mit Singen und Tanzen aufgehört, die Musik schweigt; die Menschen haben ihre farbenfrohen Gewänder gegen dunkle Kleidung eingetauscht, sich ihres Schmucks entledigt und die prächtigen Ohrringe, die sonst ihr ganzer Stolz sind, abgelegt. Überall werden die Gardinen abgenommen und die Gebetsfahnen abgehängt.

Draußen und in den Wohnungen, den Nomadenzelten, in den Klöstern und den Tempeln, in denen sich massenhaft Pilger versammeln, flackern die Butterlämpchen auf den Altären.

Tibet hat sich in Trauer gehüllt. Sie wird neunundvierzig Tage dauern. Alle jedoch eint die heimliche Hoffnung, dass der Dalai Lama bald schon wieder unter ihnen weilen wird, noch bevor jeder in seine Wohnung oder Klosterzelle zurückkehrt.

So beginnt man sofort, die Götter und Gottheiten zu befragen, die Wolken, die sich immer noch über dem Potala zusammenballen, die Blitze, die in regelmäßigen Abständen den dunklen Himmel aufreißen.

Jeder wartet gespannt auf irgendein Zeichen, das eine baldige Wiedergeburt verheißen könnte. Für Buddhisten sind die Wiedergeburten an die Gesetze des Karma gebunden, die alle unsere Handlungen und deren Konsequenzen bestimmen. Das gilt für sämtliche Lebewesen – Insekten, Tiere, Pflanzen und für uns Menschen.

Die Wiedergeburt von Lamas – den tibetischen buddhistischen Meistern – wird bei weniger bedeutenden durch eine einfache Erklärung von ihresgleichen anerkannt. Sobald eine Reinkarnation[7] des Oberhauptes einer der vier Schulen des tibetischen Buddhismus oder des Abtes eines besonders bedeutenden Klosters designiert ist, wird eine komplizierte Prozedur in Gang gesetzt, zu der Traumerscheinungen und die Befragung des Orakels gehören, dann erfolgt die endgültige Wahl des Kandidaten, der unter verschiedenen gleichartigen Gegenständen diejenigen herausfinden muss, die der vorhergehenden Reinkarnation gehörten.

Das Leben des tibetischen Herrschers ist also an das Karma seiner vergangenen Leben und an das seiner Eltern gebunden.

Im Inneren des Potala hat man mit dem Bau einer Gruft begonnen, in die der 13. Dalai Lama gebettet werden soll. Thubten Gyatso wird neben dem »Großen Fünften«[8], der den Bau des Palastes befohlen hatte, und den anderen tibetischen Herrschern ruhen, mit Ausnahme des 6. Dalai Lama[9]: Der ist im Alter von vierundzwanzig Jahren an den Ufern des Gunganor, einem kleinen See in der Nähe des Kokonor[10], verschwunden.

Im Zimmer des Verstorbenen hat man die sterbliche Hülle aus dem Bett gehoben, um sie mit Hilfe von aromatischen und balsamischen Substanzen sowie mit Salz zu konservieren.

Mit seiner Zeremonienrobe bekleidet, ist Thubten Gyatso dann zum Norbulingka gebracht und auf den *sengtri*, den Löwenthron[11], gesetzt worden, mit gekreuzten Beinen und in Meditationshaltung.

Im Inneren des Tempels treffen die Mönche Vorbereitungen: Sie füllen die Butterlämpchen nach, tauschen sie aus und sammeln sich innerlich, die wenigen Stunden ungestörten Alleinseins nutzend, um vor der sterblichen Hülle ihres spirituellen Meisters zu beten.

Jeder hat gesehen, dass das Haupt des Verstorbenen nach Süden gewandt war.

An den Toren des Saals betrachtet ein Lama, wie die Regentropfen fallen, nur einige Schritte vor ihm.

Ist es der Regen, der ihn frösteln macht, oder ist es die Gegenwart des Verstorbenen?

Der Mann dreht sich wieder zu ihm um, erschauert und fängt heftig zu zittern an: Er ist am Rande einer Ohnmacht.

Zwei Mönche eilen herbei.

Der Lama zeigt mit dem Finger auf den Thron, auf die Leiche des Dalai Lama: Gestern war das Antlitz des Kundun nach Süden gerichtet; aber jetzt hat sich die Haltung des Kopfes verändert, er weist in eine andere Richtung, es sieht wie Nordosten aus.

Der Lama nähert sich dem Verstorbenen und rückt mit unendlicher Sanftheit den Kopf in seine ursprüngliche Position, mit dem Gesicht nach Süden.

Ein dutzend Menschen hat dieser Szene beigewohnt und sich dann in tiefer Andacht vor dem Thron niedergeworfen. Ein dutzend Menschen, die sich erinnern, dass am Tag zuvor, kurz vor sieben Uhr morgens, das Orakel von Nechung erneut in Trance gefallen war und sich in Richtung Osten gewandt hatte. Und an diesem Morgen denken sie daran, dass Kutenla, wieder in Trance, aufs Neue mit Beharrlichkeit auf den Osten und Nordosten Tibets gewiesen hat.

Tausende von Menschen sind in der Nacht angekommen, eine dicht gedrängte und schweigende Masse wartet geduldig vor dem Haupteingang.

Um sechs Uhr öffnen sich die Tore des Norbulingka.

Einer nach dem anderen defilieren sie an der sterblichen Hülle ihres Herrschers vorbei, werfen sich nieder und legen die *khata*, eine Seidenschärpe, zu Füßen des Dalai Lama. Das ist ihre Art und Weise, ihm die letzte Ehre zu erweisen. Mit tränenverschleierten Augen gehen sie wieder hinaus.

Einer der Plätze von Lhasa, auf dem die Minister, die Beamten und die religiösen Würdenträger gewöhnlich Reden an das Volk halten, brodelt von Gerüchten aller Art. So taucht das Schreckgespenst einer Vergiftung auf – schwarze Magie: Kundun wurde getötet!

Man bittet die Gottheiten einzugreifen, den oder die Urheber dieses abscheulichen Verbrechens zu bestrafen, es werden Befragungen über die letzten Tage vor dem Tod von Thubten Gyatso angestellt, die Lamas werden zu Rate gezogen.

Die Lhasapas überlegen, worin sich die höchsten Würdenträger der Gelugpa-Schule[12] voneinander unterscheiden, und wägen die Chancen eines jeden ab, Regent zu werden, denn einer muss dazu bestimmt werden, während alles darauf wartet, dass der Dalai Lama sich reinkarniert, falls er sich entscheidet, zurückzukommen.

In anderen Gerüchten findet sich eine zweite Hypothese: Und wenn Kundun nun beschlossen hätte, sich nicht zu reinkarnieren?

Das Volk hat so viel negatives Karma angesammelt, alles ist möglich. Wiegt es so schwer, dass sie seiner Rückkehr nicht würdig sind?

In Lhasa wird jetzt viel spekuliert.

Ein anderes Ereignis findet am übernächsten Tag am Nachmittag gegen 16 Uhr statt. Ein Lama aus dem Kloster Namgyal verlässt den Norbulingka und schlägt den Weg ein, der nach Chakpori[13] führt, dem Institut für tibetische Medizin, und dann nach Shöl[14], dem Dorf unterhalb des Potala, wo er bei seiner Tante wohnt.

Der Lama muss einen der Plätze der Hauptstadt überqueren, und nichts treibt ihn zur Eile an: Auch er hat gerade Thubten Gyatso die letzte Ehre erwiesen. Natürlich weiß er bestens Bescheid über all die Gerüchte, lehnt es aber ab, ihnen Aufmerksamkeit zu schenken, und bemüht sich, eine gewisse Distanz zu alldem zu halten.

Plötzlich frischt der Wind auf, aber vor allem ist dort in der Ferne diese Nebelbank zu sehen. Sie schwebt in halber Höhe, zwischen den verschneiten Gipfeln, und ist Teil eines Staunen erregenden Balletts von Licht und Schatten.

Der Himmel scheint zu zerreißen, Donner grollt, grelle Blitze zerschneiden die Dunkelheit. Ein gewaltiges Krachen ertönt.

Für die Tibeter kann das Leben so gewaltsam sein wie die Stürme, die in diesem Winter über die Berge fegen; manchmal aber erscheint es auch so farbig wie der Regenbogen, der sich aus der Mitte der Nebelbank herausgebildet hat und sich jetzt über dem Potala wölbt.

Auf dem Platz sind viele Menschen, der Wind weht, und da ist dieser Lama, der in Meditation versunken ist und als Einziger einen wunderbaren, dichten Teppich von Löwenmäulchen unter der Sonne im Osten des weiten Platzes sieht.

Glück verheißende Vorzeichen!

Zu seinen Lebzeiten hatte Thubten Gyatso, der 13. Dalai Lama, drei Günstlinge, Tsarong, Lungshar und Kunp'hela, und von diesen dreien stand Tsarong dem tibetischen Herrscher sicher am nächsten.

Zweimal waren sie gemeinsam im Exil, und als der Dalai Lama 1913 die Unabhängigkeit seines Landes proklamierte, war Tsarong an seiner Seite. Seitdem hatte der Dalai Lama vor allem mit Tsarongs Hilfe versucht, die tibetische Gesellschaft zu reformieren. Er hatte den Wunsch geäußert, Tibet möge der Internationalen Postunion beitreten, und geplant, in Indien eine Schreibmaschine mit tibetischer Tastatur herstellen zu lassen. In seiner Vorstellung hatte er Autos gesehen und Motorboote, die die vielen tibetischen Seen überquerten. Es wurde nichts daraus. Die vom 13. Dalai Lama in Angriff genommene Modernisierungspolitik endete geradezu zwangsläufig in einer Niederlage: Ungefähr dreißig Familien lasteten mit ihrem ganzen Gewicht auf dem Räderwerk des Staates und blockierten systematisch jeden Versuch einer Reform; diese Familien stellten einen oder sogar mehrere Minister und nominierten einen der ihren für die Schlüsselposten der tibetischen Institutionen. Da sie sich auf mindestens eine Reinkarnation berufen konnten, hatten sie auch die Klöster mitsamt den von diesen abhängigen Gebieten unter Kontrolle. Kurz gesagt hatten diese Familien, von wenigen Ausnahmen abgesehen, die fatale Neigung, die Staatsgelder mit dem eigenen Kapital zu verwechseln und aus allem, was mit dem Dharma, den Lehren des Buddha, zusammenhing, Profit zu ziehen.

Es war schon immer Dorje Tsegyal Lungshars Traum gewesen, in den exklusiven Kreis der Berater des Dalai Lama vorzustoßen. Und um dorthin zu gelangen, war ihm jedes Mittel recht. Nachdem er Staatssekretär für Finanzen geworden war, setzte er Gerüchte über einen Putsch in die Welt, der angeblich von Tsarong angestiftet worden war. Der Dalai Lama musste persönlich intervenieren, um die aufgewühlten Geister zu beruhigen, und in den Straßen von Lhasa kursierte zu der Zeit folgendes Lied:

Oh! Was planen die Minister,
wenn sie tagen?
Sie schaffen es nicht, die Wurzel auszureißen,
nein, sie geben sich damit zufrieden,
die Äste zu beschneiden![15]

Überzeugt davon, freie Bahn zu haben, startet Lungshar einen Angriff auf die Korruption in der tibetischen Gesellschaft. In einem äußerst scharfen Bericht schlägt er nicht nur vor, die Steuern zu erhöhen, sondern auch für Salz und Felle Gebühren zu erheben. Zudem soll eine Abgabe zu einem festen Zinssatz von 5 Prozent auf Waren erhoben werden, mit denen an der tibetisch-indischen Grenze gehandelt wird. Er klagt sogar die drei Hauptklöster der Gelugpa-Schule, also Drepung, Ganden und Sera, sowie Tashilhunpo, das Kloster des Panchen Lama[16], des Steuerbetrugs an.

Es kommt zum offenen Konflikt, als der Dalai Lama, angetrieben von seinem neuen Mitstreiter, vom 9. Panchen Lama Chökyi Nyima[17] verlangt, sich an den Kosten des Krieges mit dem Mandschu-Kaiserreich im Jahre 1912 zu beteiligen, der ein Jahr später zur Unabhängigkeit Tibets führte. Er fordert darüber hinaus vom Rat von Khenpo – dem Verwaltungsgremium des Panchen Lama – eine Beteiligung an den Kosten der tibetisch-britischen Kriege von 1888 und 1904; alles in allem belaufen sich die Forderungen auf etwa dreißig Tonnen Getreide.

Diese x-te Krise im Verhältnis der beiden geistlichen Autoritäten endet schließlich am 15. November 1923 mit der Flucht des Panchen Lama.

Die mit Billigung des tibetischen Herrschers betriebene Politik von Lungshar und das Exil des Panchen Lama lassen schon eines der tragischsten Kapitel der tibetischen Geschichte ahnen. Thubten Gyatso hatte sich des Öfteren mit den Schicksalsschlägen beschäftigt, die seine vier Vorgänger[18] im vergangenen Jahrhundert getroffen hatten. In ihrem vorzeitigen Tod sah er die vergiftete Frucht der Korruption und der Machtkämpfe zwischen den Regenten, den religiösen Würdenträgern und dem Adel.

Zu der Zeit, als ihr Herrscher starb, 1933, hatten der Panchen Lama und an die hundert seiner Weggefährten Zuflucht in Nordchina gefunden. Sie waren 1925 über die Mongolei dorthin gekommen, in dem Jahr, in dem Tsarong beschlossen hatte, sich vom politischen Leben Tibets, seiner Hauptstadt und ihren Intrigen fern zu halten.

In eben diesem Jahr betrat der Mönch Thubten Kunp'hela die Szene. Thubten Gyatso übertrug ihm die Verantwortung für ein neu geschaffenes Ressort – Drubshi Lekhung –, das das Münzwesen[19], das Waffenarsenal und das kleine Wasserkraftwerk in Drapshi[20] am Stadtrand von Lhasa umfasste.

Dank Kunp'hela wird Lhasa nun elektrifiziert, ein bisschen zumindest. Dieser mit hoher Intelligenz begabte Mönch erklimmt sehr schnell die Stufen der Macht und wird bald der dritte und letzte Günstling des tibetischen Herrschers.

Lungshar hasst ihn ganz offensichtlich. Er weiß, dass sein Prestige einzig und allein von der Gunst des Herrschers abhängt und dass in dieser neuen Situation kein Platz für zwei Favoriten von solch unersättlichem Ehrgeiz ist.

Kunp'hela hat gegenüber seinem Rivalen einen Vorteil: seinen religiösen Status.

Auf jeden Fall erregt der Mönch Aufsehen. Er setzt sich oft in eines der beiden Autos des Dalai Lama, einen Austin A-40 – das andere ist ein Dodge –, und die Lhasapas, die sich drängen, um ihn vorbeifahren zu sehen, strecken ihm zum Gruß gerne die Zunge entgegen, ein tibetischer Brauch, der beweisen soll, dass sie nicht von Verwünschungen geschwärzt ist.

Diese Ereignisse kamen Chiang Kai-shek und der Guomindang, der national-chinesischen Bewegung, entgegen. Und die Anwesenheit von Chökyi Nyima auf ihrem Territorium war geradezu ein Glücksfall. Selbst für ein gutes Jahrzehnt in Anarchie versunken, war China dennoch in der Lage, aus diesem Umstand Nutzen zu ziehen. Schon die Rivalität zwischen dem Potala und Tashilhunpo, zwischen den Dalai Lamas und den Panchen Lamas, reichte, um Tibet zu destabilisieren.

Am 21. Dezember 1933, vier Tage nach dem Tod von Thubten Gyatso, tritt die tibetische Nationalversammlung zusammen. Anwesend sind der *ganden tripa* Jampa Chödrak, der Kashag, die Minister, die Abgeordneten, die hohen Würdenträger der Klöster, darunter die von Drepung, Ganden und Sera, und alle diejenigen, die einen gewissen Einfluss in Tibet haben.

Das Schicksal lässt die verhängnisvolle Figur Lungshar, der zugunsten Kunp'helas abgesetzt wurde, wieder auftreten: Er schmiedet die Waffen für eine fürchterliche Rache, Kunp'hela dagegen, auf dem ein schrecklicher Verdacht lastet, hat sich entschlossen, zurückzutreten. Noch am Tag zuvor haben die einflussreichsten Regierungsmitglieder vergeblich versucht, ihn von diesem Vorhaben abzubringen.

Schließlich beauftragt die tibetische Nationalversammlung ein Kollegium, das sich aus Langdun, Premierminister und Neffe des Verstorbenen, sowie drei *kalöns* – Ministern – zusammensetzt, mit der vorläufigen Führung der Regierungsgeschäfte. So unterstehen dem Kashag und seinen vier Mitgliedern, einem Mönch und drei Laien, zwei Abteilungen direkt: das Sekretariat, Yig-Tsang, und das Büro für Finanzen, Tse-Khang. Die erste wird von vier Mönchen geleitet, die sich mit religiösen Fragen befassen und dem Dalai Lama unmittelbar verantwortlich sind, in der zweiten widmen sich vier Beamte aus dem Laienstand den säkularen Geschäften des Staates. Die Nationalversammlung tritt gemäß dreier unterschiedlicher Verfahrensweisen zusammen: Wenn sie regulär zusammenkommt, besteht sie aus etwa zwanzig Personen, den acht Mitgliedern des Yig-Tsang und des Tse-Khang, den Repräsentanten der drei großen Klöster nahe Lhasa – Drepung, Ganden und Sera – und einigen weltlichen Vertretern. Wenn dort spezifische Probleme erörtert werden sollen, wird die Gruppe auf dreißig Mitglieder erhöht; bei Fragen von allerhöchster Wichtigkeit wird eine außerordentliche Sitzung unter dem Vorsitz des Dalai Lama anberaumt – bei seiner Abwesenheit übernimmt der Regent oder, wie in diesem Fall, ein Kollegium diese Funktion. Die Plenarversammlung zählt dann an die vierhundert Mitglieder.

All diese Menschen werden also einige Tage lang über die Zukunft ihres Landes debattieren und den Regenten bestimmen, der normalerweise während des Interregnums regiert, bis eine Reinkarnation gefunden ist. Tatsächlich sieht die Verfassung vor, die weltliche Macht auf den Dalai Lama in dem Jahr, in dem er achtzehn wird, zu übertragen. Vorausgesetzt, er erreicht dieses Alter!

Und während Mönche und Laien in den Tempeln ihr Werk verrichten, stehen sich die Politiker, der Adel und die hohen religiösen Würdenträger in der Versammlung gegenüber: Sie diskutieren, kritisieren, bekämpfen und streiten sich; und jeder verfolgt seine eigenen Interessen. Man muss leider sagen, dass sie kaum an das tibetische Volk denken.

Erneut wird Kunp'helas Name genannt, der des letzten Favoriten, zu dem der Dalai Lama, noch am Tag vor seinem Tod, das größte Vertrauen gehabt zu haben schien. Aber wenn er wirklich den tibetischen Herrscher vergiftet hat oder ihn vergiften ließ?

In der Versammlung brodelt es.

Einige entschließen sich, die Initiative zu ergreifen: Warum nicht zwei Premierminister bestimmen? Der eine könnte die Aristokratie, der andere die Klöster vertreten.

Langdun, der Premierminister, widersetzt sich diesem Vorschlag. Er will nicht vom Prinzip der Regentschaft abweichen und möchte, dass die Konstitution, die noch vom Großen Fünften stammt, wortwörtlich befolgt wird.

In dem allgemeinen Durcheinander bringt irgendjemand die Idee auf, die Regentschaft einem hochgelehrten, aber wenig begüterten Mönch zu übertragen. *Ganden tripa* Jampa Chödrak scheint ihm der geeignete Mann zu sein.

Der alte Mönch, Oberhaupt der Gelugpa-Schule und Vertrauter des 13. Dalai Lama, verwirft diese Möglichkeit sofort. Er ist achtzig Jahre alt und wäre dieser schweren Bürde nicht gewachsen.

Und Lungshar?

Er gilt als zu modern, den Sowjets und den chinesischen Kommunisten nahe stehend.

Er soll Emissäre, die im Dienst von Borodin, dem Gesandten Moskaus in Kanton, standen, und einen Chinesen, einen gewissen Zhou Enlai, empfangen haben; er träumt von einer schlagkräftigen, modernen Armee, in der die alten Privilegien abgeschafft würden! Er will auch eine Militärschule mit russischen Ausbildern im Kham[21] gründen.

Die Diskussionen in der tibetischen Nationalversammlung sind heftig, endlos, und ihr Ausgang ist ungewiss, sie werden noch mehrere Tage dauern.

2 Worte weinen, Tränen sprechen

Und er spricht, er spricht zu den Sternen am Himmel,
hinter den Gittern seines Kummers ...

Fernando Pessoa

Januar 1934. Seit vier Tagen fegt ein stürmischer Wind über die tibetische Hauptstadt, dichter Nebel verbirgt die nur kurz durchbrechenden Strahlen der Morgensonne.

Die Lhasapas sind noch in Trauer. Sie versammeln sich nach wie vor in großer Zahl im Jokhang, auf dem Barkhor, dem Platz davor, und in den anderen Tempeln der Hauptstadt, um ihre Opferzeremonien abzuhalten.

Eines Morgens taucht auf dem Barkhor ein Unbekannter auf, völlig außer Atem. Er schlägt die Wegrichtung entgegen dem Uhrzeigersinn ein. Der Mann achtet nicht auf die entsetzten Reaktionen der Pilger. Nachdem er in den Tempel vorgedrungen ist, gibt er mit zitternder Stimme bekannt, dass Soldaten vor dem Hauptportal des Norbulingka aufmarschiert seien, das Regiment von Kunp'hela habe sich erhoben. Danach verschwindet er blitzschnell.

Die Neuigkeit verbreitet sich wie ein Lauffeuer. Im Nu hat sich der Jokhang geleert, ebenso die anderen Tempel und die Wohnhäuser. In kleinen Gruppen begeben sich die Lhasapas zur Sommerresidenz der Dalai Lamas. Sie wollen sehen, was passiert, und eingreifen, wenn sie das Gefühl haben, es sei nötig.

Der Regen ist eisig, die Stimmung beklemmend.

Tatsächlich hat sich Drongdrag Maggar, »die Garnison der herrschenden Familien«, vor dem Hauptportal des Norbulingka versammelt. Dieses Regiment, ein erstklassiges politisches Mittel in den Händen von Kunp'hela, seinem Gründer, hat keinen guten Ruf. Es hieß, die jungen Soldaten hätten wie Kinder geweint, als man ihnen bei ihrer Einberufung die Haare schor.

Lungshar hatte geahnt, dass dieses Regiment das schwächste Kettenglied bei den Ambitionen Kunp'helas sein würde. Wenn er hörte, was auf den Straßen gesungen wurde, brauchte er einfach nur abzuwarten.

> Die strengen Befehle des Herrn
> haben mich gezwungen, in das Regiment Drongdrag einzutreten.
> Meine Haare sind schön wie die Blumen,
> aber man hat sie abgeschnitten
> wie gewöhnliche Weidenzweige …

Die Soldaten des Drongdrag stehen dicht gedrängt um ihre Offiziere. Sie sind nervös und fordern die Auflösung ihrer Einheit.

Aus sicherer Entfernung analysieren die Lhasapas die Situation. Die überwiegende Mehrheit glaubt, es handle sich um ein Komplott von Lungshar. Jeder weiß, dass der Ehrgeizige schon seit langem danach trachtet, sich an Kunp'hela zu rächen, seinem Rivalen, der ihn aus dem engsten Kreis des 13. Dalai Lama verdrängt hat.

Jetzt ist der Moment gekommen. Zumindest glaubt das Lungshar. Immerhin war er es gewesen, der den Deserteuren des Regiments nahe gelegt hatte, zu ihrer alten Einheit zurückzukehren und sich an dem Protest zu beteiligen.

Es ist schon fast Mittag, als die Neuigkeit von der Meuterei des Drongdrag Maggar die Nationalversammlung erreicht, gerade in dem Moment, in dem sich die Stimmung mehr und mehr auf Seiten Kunp'helas zu neigen scheint, trotz des Verdachts, der weiterhin schwer auf ihm lastet.

Sowie alle Abgeordneten informiert sind, ergreift Lungshar das Wort. Er verurteilt diese Auflehnung als nicht hinnehmbar und schlägt vor, alle Deserteure durch Mönche zu ersetzen. Ein geschickter Schachzug: Als Rivalen der Aristokratie sehen die hohen religiösen Würdenträger, dass sich hier eine Möglichkeit bietet, in naher Zukunft eine maßgebliche politische Rolle zu spielen.

Nur einer, der Kalön Trimön, Veteran des Krieges von 1912 gegen das Mandschu-Kaiserreich, widersetzt sich Lungshar und seinen zahlreichen Mitstreitern. Für ihn kommt es nicht in Frage, einen solchen Vorschlag zu akzeptieren. Er warnt den Kashag davor, sich missbrauchen zu lassen, und rät jedem, bei seinem Metier zu bleiben, dem Militär bei den Waffen, den Mönchen bei den Gebeten.

Die Sitzung ist stürmisch. Trimön nimmt kein Blatt vor den Mund. Lungshar hat für jede Anschuldigung eine Antwort parat. Langdun, der Premierminister, Neffe des 13. Dalai Lama, setzt schließlich eine Unterbrechung der Sitzung durch. An der Spitze seiner Regierung stellt er sich den Widerspenstigen entgegen.

Vor den Pforten des Norbulingka wird nun Lungshar öffentlich beschuldigt, die Rebellion angezettelt zu haben. Er schiebt alle Verantwortung auf Kunp'hela, den er des Verrats bezichtigt. Nach endlosen Palavern fordert Langdun den Rückzug des Regiments, was schließlich auch geschieht. Aber statt in ihre Garnisonen bei der Münze und beim Waffenlager zurückzukehren, verteilen sich die jungen Adeligen des Drongdrag Maggar in der Stadt, ein Umstand, den Lungshar nutzt, um seine letzte Karte auszuspielen.

Die Sitzung am nächsten Morgen beginnt mit einem Paukenschlag. Kunp'hela, dem aussichtsreichsten Bewerber um die Regentschaft, wird der Ungehorsam seines Regiments vorgeworfen. Zur gleichen Zeit richtet Lungshar eine Petition an die tibetischen Abgeordneten: Er fordert die Aufklärung der Umstände des Todes des 13. Dalai Lama, weist auf das merkwürdige Verhalten Kunp'helas hin und insbesondere darauf, dass dieser sehr lange allein bei dem sterbenden Herrscher gewesen war. In diesem Zusammenhang erinnert er daran, dass sich der Gesundheitszustand Thubten Gyatsos jäh verschlechtert hatte, nachdem er das Medikament eingenommen hatte, das vom Orakel von Nechung zubereitet worden war, als nur der *ganden tripa* und Kunp'hela anwesend waren.

Sorgsam darauf bedacht, eine direkte Konfrontation mit dem Kashag, der ganz und gar auf der Seite seines Rivalen steht, zu vermeiden, fordert Lungshar von der Nationalversammlung, die er mit Unterstützung der Klöster beherrscht, die Einberufung einer Untersuchungskommission. Die Abgeordneten stimmen zu.

Anfang Februar 1934 hat Tibet gerade die neunundvierzigtägige Trauerzeit beendet. Aber in Lhasa hat sich nichts geändert: Immer noch kein Regent, und wer alles noch schlimmer macht, ist dieser armselige Politiker Langdun, der tief in die alltäglichen Schurkereien des Palastes und der Hauptstadt verstrickt ist.

Der 13. Februar, der vorletzte Tag vor *losar*, ist der Tag *gütor*: In den Tempeln halten die Lamas und Mönche Opferzeremonien ab, *pudjas* für die Dharmapalas, die Schutzgöttinnen des Buddhismus, damit sie die Hindernisse für die Designation eines Regenten beseitigen und die Dämonen vertreiben, die seit dem Tod ihres Herrschers nicht von dem Land ablassen.

In Lhasa exorziert man also Dämonen und Plagen. Der Tag scheint dafür wie geschaffen. Die kleinen Geister allerdings können nicht exorziert werden und erzeugen Eifersucht und Hass.

Die Untersuchungskommission hat ihre Nachforschungen durchgeführt und Jampa Yeshe, den Leibarzt des 13. Dalai Lama, das Orakel von Nechung, dann Kunp'hela und seine wichtigsten Mitarbeiter befragt. Wie durch Zauberhand hat die Hexenjagd am Vortag des *gütor* mit der Verhaftung des Exratgebers des Dalai Lama und seiner Freunde ein Ende. Der *gütor* bietet Lungshar die Gelegenheit, sich seines erklärten Feindes und dessen Gefolgsmänner zu entledigen.

Kniend, die Arme auf den Rücken gefesselt, sind Kunp'hela und seine Berater den schlimmsten Schmähungen ausgesetzt.

Lungshar fordert eine exemplarische Strafe, den Tod durch Verstümmelung.

Trimön, der alte Minister, ist wieder der Einzige, der protestiert. In der Versammlung senkt man den Kopf, nicht aus Scham, sondern aus Angst. Nur der alte Mann tritt der Untersuchungskommission entgegen. Er bringt seine Empörung zum Ausdruck, und sein Eingreifen rettet die Angeklagten vor dem Todesurteil. Dabei heißt es, die Höchststrafe sei in Tibet bereits im 7. Jahrhundert abgeschafft worden. Und wenn man den religiösen Würdenträgern, den jetzigen Dalai Lama eingeschlossen, glauben soll, so wurden selbst Haftstrafen sehr selten verhängt.

Aber zu jener Zeit passiert in Tibet vieles, was merklich vom Dharma[1] abweicht.

Lungshar zeigt sich umso mehr als Anhänger der Neuinterpretationen der Lehren des Buddha, als sie seinen Zielen dienen: Er will die Regentschaft und die Macht an sich reißen.

Vor der Versammlung zieht er heftig gegen Kunp'hela und alle, die ihn noch unterstützen, zu Felde. Wenn dieser Verräter der Todesstrafe entgehen soll, dann muss man seine Güter einziehen, ihn in Shartchenshok einkerkern oder ins Exil schicken!

Kurz vor Tagesanbruch werden die Gefangenen nach Shartchenshok gebracht.

In den Straßen Lhasas singt man:

Kushar (Kunp'hela) meditiert
In Shartchenshok,
Sein Wagen steht im Norbulingka
Wo er das Gras abweidet …

Nach dem Tod des Dalai Lama konnte die Idee einer fortschrittlicheren Gestaltung der tibetischen Gesellschaft aufkommen. Aber jeder noch so zaghafte Versuch in dieser Richtung wurde bereits im Keim erstickt. Und so hält sich das von Langdun geleitete Kollegium schließlich wieder einmal an die Tradition. Es benennt einen Regenten – *gyeltsab* – aus den Reihen der reinkarnierten Lamas von großem Ansehen.

In der Nacht vom 22. zum 23. Februar 1934 nimmt alles seinen Anfang.

Schon seit mehr als einer Woche quälen Langdun seltsame Visionen, er hat auch merkwürdige Träume, die sich in wenigen Sekunden auflösen, dann wiederkommen, immer deutlicher, immer beharrlicher. Es ist ein Gesicht, das ihm erscheint, stets das gleiche Gesicht, und am Ende dieser Nacht bringt es nicht einmal die Morgenröte zum Verblassen.

Er erhebt sich, streift seine Robe aus Brokat über und schlingt einen breiten, safranfarbenen Gürtel um die Hüften.

Was ist zu tun? Er geht in den Tempel, zusammen mit einigen Vertrauten. Das Orakel von Nechung, die drei Kalöns des Kollegiums sowie die beiden Lamas, die seine Berater sind, begleiten ihn.

Nachdem er Opfergaben dargebracht hat, versinkt Langdun in tiefe Meditation.

Die anderen tun das Gleiche, während Kutenla, das Staatsorakel, in Trance fällt.

Es kommt häufig vor, dass die spirituellen Meister, die beauftragt sind, eine Reinkarnation zu finden, oder, wie in Langduns Fall, den Regenten zu designieren, während ihrer Meditation eine Technik anwenden, die nur der tibetische Buddhismus kennt. Der Ort, den der Premierminister und seine Freunde zu Tagesbeginn betreten, ist heilig, es handelt sich um den Haupttempel im Inneren des Potala. Langdun wird jetzt eine sehr genaue Divination praktizieren, die es ihm ermöglicht, die verschiedenen Kandidaturen für die Regentschaft zu beurteilen. Es sind insgesamt drei. Weder Kunp'hela, der als Gefangener auf dem Weg ins Exil ist, noch Lungshar tauchen auf dieser Liste auf. Die Anwärter auf das Amt des Regenten entstammen den wichtigsten Familien des Landes; die drei Kandidaten sind Reinkarnationen, die den bedeutendsten Klöstern der Gelugpa-Schule angehören.

Langdun schreibt die drei Namen auf. Seine Schriftzüge erscheinen zart und fein auf dem Papier, das aus der Rinde eines Baumes, *shog phing*[2] genannt, hergestellt wird, das sich von dem, das er gewöhnlich benutzt, stark unterscheidet. Es ist sehr fest und widerstandsfähig gegen Insektenbefall und gegen Feuchtigkeit, die im Potala besonders unangenehm ist.

Auf einem der Papiere steht der Name Reting Rinpoche. Als er mit dem Schreiben fertig ist, rollt Langdun die Papierstreifen sorgfältig zusammen und steckt sie dann in drei Bällchen aus *tsampa* – geröstete Gerste –, die er selbst geknetet hat, damit sie gleich groß sind. Mantras rezitierend, legt er sie in eine Schale aus Sandelholz.

Während das Orakel weiterhin in Trance versunken ist und seine Freunde Opfergaben darbringen, beginnt Langdun, die Schale zu drehen, so lange, bis ein Tsampa-Bällchen herausspringt.

Er ergreift es, zieht behutsam das Papier heraus und entrollt es, während er jede seiner Gesten mit dem Mantra OM MANI PADME HUM begleitet. Schließlich geht es um die Zukunft Tibets.

Der Premierminister liest mit lauter Stimme: »Reting Rinpoche.« Die Handlung wird zweimal wiederholt. Stets erscheint derselbe Name. Jetzt ist kein Zweifel mehr möglich: Reting Rinpoche ist der neue Regent von Tibet, und ihm obliegt es, die Reinkarnation des 13. Dalai Lama zu finden.

Ungefähr zweihundert Kilometer nördlich von Lhasa sind die Berge rund um das Kloster von Radeng mit riesigen Wacholdersträuchern[3] und einer großen Vielfalt von Rhododendronbüschen bewachsen. Im Sommer ist das ganze Tal mit bunten Wildblumen bedeckt. Das macht diesen Ort zu einer der anziehendsten Pilgerstätten im Norden des Landes. Dromtön[4], der tibetische Meisterschüler des großen Pandit Atisha[5], hat dieses Kloster gebaut, um hier die Reliquien seines Meisters und kostbare Kultgegenstände unterzubringen. Es gibt eine bronzene Büste, die den Buddha darstellt, eine kleine Statue, die Atisha selbst aus Indien mitgebracht hat, zahlreiche tibetische Texte und einige seltene Sanskrit-Manuskripte auf Palmblättern. Als im 17. Jahrhundert der 5. Dalai Lama weltlicher Herrscher von Tibet wurde, blieb das Kloster von Radeng unter der Vormundschaft der tibetischen Regierung. Der 7. Dalai Lama hatte dann den Premier Radeng mit der Leitung betraut.

Das Kloster erstreckt sich zwischen zwei Bergpässen, und um dorthin zu kommen, musste man damals eine Brücke überqueren, die über den Fluss Rongchu gespannt war.

1913, als der 13. Dalai Lama nach seinem zweiten Exil in Indien gerade nach Lhasa zurückgekehrt war, wurde in einer armen Bauernfamilie, die aus Gyatsa in der Region Dhagpo südöstlich von Lhasa stammte, ein Junge geboren, der sehr bald Zeichen des Außerordentlichen erkennen ließ. Als kleines Kind hinterließ er einen deutlichen Fußabdruck auf einem riesigen Stein, und Pilger erzählen, er habe im Alter von sieben Jahren hunderte von Yaks und Schafen vor dem Schlachthof gerettet. Eines Morgens verschloss der Knabe unter den bestürzten Blicken seiner Mutter mit Hilfe einer Schnur einen Tontopf, um zu verhindern, dass die Suppe überlief, die gerade zu kochen anfing. Einmal geschah es auch, dass er ohne sichtbare Anstrengung einen hölzernen Pflock in den Felsenhang stieß und erklärte: »Die Reiter können hier ihre Pferde anbinden!« Kurz darauf kamen tatsächlich Männer vom Kloster

Radeng: Das Kind von Gyatsa war die Reinkarnation von Radeng und wurde ins Kloster gebracht, um eine religiöse Erziehung zu erhalten und sich – ohne es zu wissen – auf eine große Zukunft vorzubereiten. In der Tat hat ihm dann der 13. Dalai Lama persönlich den Schädel rasiert und seinen religiösen Namen ausgesucht. Es heißt, während der Zeremonie des Tonsurschneidens seien Blüten des Himmels – Schneeflocken von ungewöhnlicher Größe – auf die Hauptstadt gefallen.

1934 ist der neue Regent gerade zwanzig Jahre alt. Hätte man ihn nicht berufen, seine Existenz hätte im gemächlichen Rhythmus der Jahreszeiten und der Gesänge der Mönche von Radeng verlaufen können.

In der Hauptstadt nehmen die Lhasapas die Neuigkeit mit verhaltener Freude auf, aber in der Nationalversammlung wird Kritik laut. Kurz vor seiner Verhaftung hatte sich einer der Anhänger Kunp'helas einer solchen Nominierung sogar explizit widersetzt: Wieder ein reinkarnierter Lama, wieder ein junger, unbedeutender Mönch, der den Thron besteigen soll! Und selbstverständlich wird man ihm einen alten Mönch zur Seite stellen, dem man den Titel des Großen Schatzmeisters verleiht, und der wird die meiste Zeit Tabak schnupfen und die Staatsgelder verschleudern.

Bei aller Befriedigung darüber, dass der Regent in der Hauptstadt angekommen ist, kommentieren die Lhasapas dieses Ereignis doch mit ungewöhnlicher Zurückhaltung und erinnern sich daran, dass sich ihr Herrscher ein Jahr vor seinem Tod in das Kloster Radeng begeben hatte, um dem jungen Rinpoche Ratschläge zu erteilen.

Aber schon zerreißen Muschelhörner die Stille. Die Trommeln wirbeln, ein leichter Wind trägt den Klang davon.

Da ist Reting Rinpoche, in einer grünen Sänfte sitzend und von vier Männern in Uniform getragen, eine Aufgabe, die traditionellerweise die *kusung*, die Garde des verstorbenen Herrschers, zu erfüllen hat.

Die religiösen Würdenträger und die Aristokraten der Stadt bilden den Geleitzug, sie belauern einander und messen sich mit abschätzenden Blicken. Die ausländischen Repräsentanten haben ebenfalls ihre Gesandtschaften verlassen. Es gehört zum guten Ton, in dieser Zeit der politischen Spannungen Präsenz zu zeigen.

Der Regent betet.

Alle Lhasapas sind gekommen. Sie beten mit ihm und flehen die Schutzgottheiten an, aber jeder wirft auch einen prüfenden Blick auf sein Gesicht: Sie finden ihn zu jung und halten ihn für etwas schwächlich. Es wird schon so vieles über diesen Regenten erzählt, den niemand wirklich kennt.

Die Träger setzen die grüne Sänfte ab.

Reting Rinpoche steigt heraus, grüßt die Menge mit einer schüchternen Geste, verschwindet im Potala und erklimmt, leicht nach vorne gebeugt, die Stufen, um sich in die vorletzte Etage zu begeben, die er von jetzt ab bewohnen wird.

Diese »unteren Räume«, die eine Etage tiefer liegen als die, die der tibetische Herrscher zu Lebzeiten bewohnt und die »obere Räume« genannt werden, können jemandem, der sich noch nicht auskennt, sehr düster vorkommen. Um die Atmosphäre etwas aufzulockern, bittet Reting Rinpoche den Kammerherrn, die Rituale seiner Vorgänger, die seit den Zeiten des Großen Fünften hier gewohnt haben, wieder aufzunehmen: Einige Niederwerfungen vor dem Altar, auf den er Bildnisse des 13. Dalai Lama und des 9. Panchen Lama neben die kleinen Statuen des Buddha und tantrischer Gottheiten gestellt hat, reichen schon.

Reting Rinpoche geht zur dunkelsten Ecke des Zimmers und greift nach einem Manuskript, das in ein golddurchwirktes Stück Stoff gewickelt ist. Jemand hat flüchtig den Namen Thubten Gyatso darauf geschrieben. Er entrollt den Stoff, nimmt den Text und setzt sich auf ein Meditationskissen, um zu lesen: »Die meisten von uns lassen ihr Leben dahingehen und verkennen den Wert spiritueller Übungen, die doch die Quelle ewiger Wohltaten sind. So vergehen die Tage, und bald bleibt nichts mehr. Die Wirklichkeit jedoch ist nicht so einfach. Etwas überdauert: Wenn der Geist nicht durch die spirituelle Praxis geschult ist, sammelt er schnell schädliche Gewohnheiten an, die sich wiederum negativ auf Körper und Rede auswirken. Es gibt ganze Tage, die man verdämmert. Aus den Tagen werden Monate, aus den Monaten Jahre. Wenn das ganze Leben vergeudet wurde, leuchten wahre Gedanken so selten auf wie Sterne am Mittag. Eines Tages sehen wir dem Tod ins Gesicht. Der Körper erschlafft, unsere Glieder verlieren ihre Beweglichkeit. Unser Mund wird trocken, und uns überkommt schrecklicher Durst. Wir wollen sprechen und können es nicht. Die Nichtigkeit unseres Lebens überwältigt uns, wir bereuen unsere Irrtümer. Die Angst hält uns umklammert, und Hilfe suchend nehmen wir Zuflucht zu den Stätten des Geistes. Dabei hielten wir die Gelegenheit in Händen, Wohltaten in diesem Leben und im Folgenden zu empfangen; aber wir haben sie außer Acht gelassen. Jetzt ist es zu spät, irgendetwas zu ändern. Unser Leben ist voller negativer Bilanzen, und die Zufluchten, die wir angestrebt hatten, können uns nicht aus dem karmischen Labyrinth erretten, das wir selbst gebaut haben …«[6]

Der Regent schreitet langsam durch seine Gemächer. Er denkt nach und betrachtet dabei die ganze Zeit den stürmischen Himmel. In der Ferne erahnt man die zerklüfteten Gipfel der Bergketten des Himalaya, über die schwere Wolken ziehen.

Inzwischen tanzt draußen vor dem Potala das Volk und singt und lacht.

Der Regent ist in Lhasa!

Wenn wir nicht selbst unser Land retten, wird es geschehen, dass die Dalai Lamas und die Panchen Lamas, Vater und Sohn, die Bewahrer unseres Glaubens, die glorreichen Reinkarnationen, in den Staub geworfen werden und ihre Namen dem Vergessen anheim fallen. Die Gemeinschaften der Mönche und die Geistlichkeit werden ihren Besitz zerstört sehen.

Sie selbst werden vom Feind zur Knechtschaft gezwungen oder müssen wie Vagabunden herumirren. Alle Lebewesen werden in Elend und Schrecken versinken, und die Nacht wird sich allmählich auf das Leiden der Welt senken. Sie wird lange dauern …

Werdet nicht zu Verrätern am Glauben und auch nicht am Staat, indem ihr für ein anderes Land als das eure arbeitet.

Wendet friedliche Methoden an, wenn der Frieden es erfordert. Wendet Gewalt an, wenn Gewalt notwendig ist. Arbeitet jetzt, und gebt nicht auf, damit es später nichts zu bereuen gibt, ihr Beamten der Regierung, ihr

Meister der Lehre und ihr alle, mein Volk, in euren Händen liegt die Zukunft eures Landes ...

Während der Regent Reting Rinpoche Kenntnis vom politischen Testament des 13. Dalai Lama nimmt, blickt er auf die Lichter des Dorfes Shöl am Fuße des Potala. Dieser Text, der im Winter 1932, nur wenige Monate vor dem Tod des Herrschers, geschrieben wurde, presst ihm das Herz in furchtbarer Angst zusammen.

Wo sind die Tage, noch gar nicht fern, als sein Bewusstsein von jeglicher Bürde frei war, die Zeit ein göttliches Geschenk, ein Juwel von unschätzbarem Wert, ganz der Meditation und dem Gebet gewidmet?

Es dauerte nur eine kurze Woche, um ihn seine Aufgabe in ihrer ganzen Größe erfassen und ihn ahnen zu lassen, dass er an mehreren Fronten würde kämpfen müssen. Seit seiner Ankunft im Potala hat der Konflikt zwischen Lungshar und der Nationalversammlung sowie dem Adel nichts an Heftigkeit verloren, dann ist da noch die Sache mit dem 9. Panchen Lama, der, immer noch im Exil in Nanking, über die Rückkehr in sein Kloster Tashilhunpo verhandeln will. Die Angelegenheit ist keineswegs einfach. Die zahlreichen Kontroversen zwischen Lhasa und dem Herrn von Tashilhunpo, beim Tod des Dalai Lama auf Eis gelegt, existieren weiterhin. Schließlich sind da noch die beiden Hauptaufgaben seines Interregnums: Er muss ein Mausoleum für den 13. Dalai Lama errichten lassen und seine Reinkarnation finden.

Im Moment besitzt Reting Rinpoche, jung, wie er ist, die Sympathie der Lhasapas, nicht zuletzt wegen der Spannungen, die die Hauptstadt von neuem erschüttern. Niemals um Ideen verlegen, wie er seine Macht stärken könnte, hat Lungshar eine Geheimgesellschaft gegründet, die »Glückliche Union« – *Kyitchog Kunthun* –, in der sich der Adel mit Leuten trifft, die in Tibet eine Republik sowjetischen Typs etablieren wollen. Moskau hält seine Absichten durchaus nicht geheim. Seit 1925 haben die Kommunisten einen Stützpunkt in Sichuan errichtet und in Tatsienlou, Batang und Litang Flugblätter verteilt. 1927 und 1928 sind auch zwei burjatische Delegationen nach Lhasa gekommen, um dem 13. Dalai Lama die Wohltaten des sowjetischen Kommunismus chinesischer Prägung anzupreisen. Schließlich hatten die chinesischen Kommunisten 1930, flankiert von den unvermeidlichen sowjetischen Militärberatern, eine rote Republik direkt in Tibet, im östlichen Kham gegründet, eine Bedrohung, auf die der Dalai Lama zu seinen Lebzeiten hingewiesen hatte. Zu dieser Zeit war Zhou Enlai, ein brillanter, in Frankreich ausgebildeter kommunistischer Kader, bereits mit dem 9. Panchen Lama Chökyi Nyima in Kontakt getreten.

Trotz der Unterstützung einiger hoher Würdenträger aus den drei großen Klöstern der Gelugpa-Schule ist es Lungshar im Jahr 1934 immer noch nicht gelungen, gewisse Ängste aus den Köpfen seiner Landsleute zu vertreiben. Nicht ohne Grund hat man ihn von der Regentschaft ausgeschlossen.

Die Gerüchte in Lhasa wollen nicht verstummen. Eines besagt, Lungshar wolle mit Gewalt an die Macht kommen. Bei einem anderen geht es um die Rückkehr des Panchen Lama. Sie werde, so heißt es, finanziell und militärisch von der Guomindang unterstützt. Wenn der Panchen Lama nach Tibet zurückkommt, wird es unvermeidlich sein, dass offene Rechnungen beglichen werden. Und da Lungshar Chökyi Nyima nicht mehr direkt angreifen kann, hält er sich jetzt an dessen Beschützer, die Nationalchinesen.

Es ist immer noch Winter.

Der Regent meditiert vor seinem Altar.

All seine Gedanken sind auf die kindliche Reinkarnation gerichtet. Im Moment gibt es kein Zeichen, das darauf hinweisen würde, dass sie auf der Welt ist.

Kann es wirklich sein, dass der 9. Panchen Lama ein Verräter ist, der sich zum Komplizen von Chiang Kai-shek macht?

Reting ist zu jung, um eine genaue Vorstellung von den Streitigkeiten zu besitzen, die die beiden geistlichen Autoritäten der Gelugpa-Schule zu Gegnern gemacht haben.

Heute Morgen hat der Kammerherr ihm die Worte des 13. Dalai Lama vorgetragen: »Obwohl die Lebewesen nur nach Glück streben, sammeln sie doch unaufhörlich die Ursachen für das Leiden an, Regentropfen vergleichbar, die Sturm ankündigen. Ihr wisst doch:

Sich einen einzigen Tag lang der Güte zu widmen,
Rein von jedem schlechten Gedanken und jeder schlechten Tat,
Ist so selten wie ein Stern am helllichten Tag.

Wir sollten uns davor hüten, dass sich falsche Vorstellungen in unserem Geist einnisten, selbst wenn es dabei um die Haltung des Panchen Rinpoche[7] geht.«

Traditionell vom Dalai Lama designiert, ist der Panchen Lama eine der höchsten geistlichen Autoritäten der Gelugpa-Schule. Einer ist vom anderen so wenig zu trennen wie die Sonne vom Mond, die Namen, die das Volk ihnen gibt. Dem Panchen Lama obliegt es nicht nur, den Nachfolger des Dalai Lama zu finden, wenn dieser stirbt, er begleitet ihn danach auch als spiritueller Führer und enger Freund. Das Exil des 9. Panchen Lama beeinträchtigte den Prozess der Suche nach der Reinkarnation des 13. Dalai Lama. Die ganze Verantwortung dafür ruhte jetzt auf den Schultern des Regenten, dieses jungen Lama.

3 Allzu langes Warten

> Und aus dem Schoß der Erde antwortet
> eine gewaltige Stimme
> Klagend auf diesen furchtbaren Schrei.
>
> *Jean Racine*

Der Regent hat ein Fenster geöffnet und schaut auf die Stadt zu seinen Füßen. Mit Beklemmung denkt er an die Ereignisse, die Lhasa erschüttern.

Die Machenschaften des Exfavoriten haben Unruhe in den Köpfen der Lhasapas gestiftet und sie in große Verwirrung gestürzt. Sie haben Angst vor Lungshar.

Reting hat der außerordentlichen Sitzung der Nationalversammlung, die heute Morgen stattfinden soll, widerwillig zugestimmt.

Es ist 10 Uhr, als Lungshar vor den vierhundert Abgeordneten erscheint. Er hat die Absicht, eine Reihe von Reformen durchzusetzen, die in einer Eingabe enthalten sind, die von ungefähr hundert Persönlichkeiten, Laien und Geistlichen, unterstützt wird.

Was verbirgt sich hinter diesem Gesuch?

Das letzte hatte zur Abdankung Kunp'helas geführt, des anderen Günstlings, der jetzt im Exil ist. Es gibt viele Abgeordnete, die sich daran erinnern. Sie brauchen nicht lange, um zu begreifen, worauf Lungshar diesmal hinauswill. Tatsächlich schlägt er eine Reform der Verfassung vor, die im 17. Jahrhundert vom 5. Dalai Lama und dem 4. Panchen Lama ausgearbeitet worden war. Diese Modernisierung soll mit der Auflösung der alten Versammlung und der Wahl einer neuen einhergehen. Die politischen Repräsentanten und hohen Staatsbeamten würden dann direkt gewählt, vom Volk.

Eine ungeheure Spannung ist im Saal zu spüren. Entrüstung wird laut, man protestiert. Die Kalöns regen sich auf, beschimpfen einander und werden handgreiflich.

Lungshar greift offen die Privilegien der dreißig Familien an, unter denen alle Macht in Tibet aufgeteilt ist. Manche zählen bis zu fünf Minister zu den Ihren und zwei oder gar drei Reinkarnationen. Ihre Güter, ihre Pflichten, ihre Ämter, Titel und Rechte sind ihnen durch Erbschaft zugefallen. Und das seit Urzeiten.

Und Lungshar wagt es, diese Privilegien in Frage zu stellen! Dabei begeht er einen verhängnisvollen Fehler; er schenkt einem der grundlegenden Prinzipien des Buddha keine Beachtung: Dein jetziger Freund kann in einem vergangenen Leben dein Feind, Vater, Mutter, Bruder, Schwester, Sohn oder Tochter gewesen sein, oder er kann es in einer zukünftigen Wiedergeburt werden. Ebenso kann es geschehen, dass aus karmischen Gründen, die beide Seiten betreffen, schon in diesem Leben aus dem Freund ein Feind wird. So hatte Lungshar noch vor wenigen Wochen in der Person des Kashöpa Chögyal Nyima, einem Beamten der Finanzverwaltung, in der er selber das Amt des *tsipön*, des Staatssekretärs, innehatte, einen Freund. Aber Kashöpa fühlt sich verraten: Nachdem er den Wunsch geäußert hat, zum engsten Kreis der Glücklichen Union zu gehören, lässt ihn der Exratgeber fallen.

Seitdem denkt Kashöpa an Rache. In dem Durcheinander, das in Lhasa herrscht, fehlt es nicht an Gelegenheiten, alte Allianzen zu kippen. Kashöpa wendet sich an den alten Trimön. Die beiden Männer treffen sich unter größter Geheimhaltung. Es ist Anfang April 1934. Kashöpa lässt Trimön wissen, Lungshar habe die Absicht, ihn und einige andere einflussreiche Regierungsmitglieder umzubringen. Trimön begibt sich augenblicklich in das Kloster Drepung. Dort stellt er fest, dass die geistlichen Autoritäten das Vertrauen in Lungshar verloren haben. Es werden Abgesandte nach Sera und Ganden geschickt. Jeder hat zwei Briefe bei sich, die mit schwarzem[1] Lack versiegelt sind – einer ist von Trimön verfasst, der andere vom Abt des Klosters.

Darin wird den Äbten und Würdenträgern der beiden anderen Klöster erklärt, dass, wenn Lungshars Idee, in Tibet eine Republik zu errichten, Realität würde, der tibetische Buddhismus Schaden nehmen und der Einfluss der Klöster schwinden werde.

Noch ist jedem das politische Testament des 13. Dalai Lama gegenwärtig: »Wenn wir nicht selbst unser Land retten ... Alle Lebewesen werden in Elend und Schrecken versinken, und die Nacht wird sich allmählich auf das Leiden der Welt senken. Sie wird lange dauern.«

Am 10. Mai, kurz vor 11 Uhr, steigt Lungshar, von bewaffneten Männern umgeben, die Stufen zum Palast empor.

Er dringt in den Audienzsaal ein, in dem eine seltsame Atmosphäre herrscht. Dort sind Langdun, das Orakel von Nechung und der Kashag um den Regenten versammelt.

Er begrüßt den einen oder anderen, aber niemand antwortet. Einige weichen seinem Blick aus, andere starren ihn hasserfüllt an.

Eine Falle! Er dreht sich um und eilt zur Tür, aber es ist schon zu spät.

Die *dobdos*, Mönche, Tempelwächter, haben die schweren Türen hinter ihm geschlossen, während seine eigene Leibgarde, die außerhalb des Saals geblieben war, flüchtet.

Von einem Koloss in Schach gehalten, der ihn rabiat in die Mitte des Saals stößt, brüllt Lungshar mit ohrenbetäubender Stimme, droht einigen, darunter auch dem Regenten, der das Verhör führt. Langdun erhebt sich brüsk von seinem Thron, stürzt sich auf Lungshar und vollzieht, ohne auch nur ein einziges Wort zu sprechen, die demütigendste Prozedur, der ein tibetischer Aristokrat ausgesetzt werden kann: Er entkleidet ihn seines Status, indem er ihm die Insignien seines Amtes abreißt, und enthebt ihn offiziell all seiner Funktionen. Immer noch stumm, wendet er ihm dann den Rücken zu, besteigt wieder seinen Thron neben dem Regenten und befiehlt ihm, sich seiner Stiefel zu entledigen.

Lungshar tut das, nachdem er einen Moment lang gezögert hat. Erst zieht er den linken, dann den rechten Stiefel aus ..., da fallen kleine Papierstücke auf den Boden. Er greift danach, steckt sie in den Mund, um sie hinunterzuschlucken, aber eins davon liegt noch da.

Der Koloss stößt den Angeklagten zur Seite, hebt das Papier auf und reicht es dem Regenten, der es entfaltet.

Er liest darauf einen Namen: den des Kalön Trimön.

Der Regent hält das Papier näher ans Licht und untersucht es genauer. Man kann noch andere Buchstaben, andere Namen ahnen.

Welche? Reting Rinpoche? Langdun? Nur Lungshar kann die Frage beantworten.

Der Regent faltet das Stück Papier sorgfältig zusammen und schiebt es in eine Falte seiner Zeremonienrobe.

Lungshar verlegt sich aufs Schweigen und weigert sich, auf die Flut von Fragen, die über ihn hereinbricht, zu reagieren. Angesichts von so viel Verstocktheit teilt ihm der Regent mit, er werde in einem der Kerker des Potala in Einzelhaft genommen. Zu gleicher Zeit lässt Reting Rinpoche einige der treuesten Genossen Lungshars festnehmen.

Dann wird Kashöpa verhaftet. Der Kashag hofft, ihm Informationen entlocken zu können, die es erlauben würden, Lungshar endgültig aus der politischen Landschaft Tibets zu verbannen.

Im Laufe eben jenes 10. Mai 1934 hält die Glückliche Union eine Geheimsitzung ab. Sofort nach deren Ende begeben sich Abgesandte nach Drepung, Ganden und Sera. Vergeblicher Versuch: Die Äbte der drei Gelugpa-Klöster lehnen es ab, die von Lungshar gegründete politische Partei zu unterstützen, sind aber bereit, zugunsten einer sofortigen Freilassung des Exberaters und seiner Freunde zu intervenieren.

Tatsächlich verläuft nichts so, wie Lungshar es erhofft hatte.

In den Geständnissen, die ihm abgepresst werden, klagt Kashöpa an: Lungshar habe ein Komplott angezettelt mit der Absicht, den Regenten, den Premierminister und die Vertreter seiner Regierung, aber auch Beamte aus dem Laienstand zu ermorden. Einmal an der Macht, sei es sein Ziel, eine Volksrepublik zu errichten. Aber Kashöpa enthüllt auch, dass der Exberater des 13. Dalai Lama geäußert habe, sich zum König von Tibet ausrufen lassen zu wollen, wenn sich die Dinge zu seinen Ungunsten wenden sollten.

Als sie aus dem Munde des Regenten selbst erfahren, welche Absichten sich hinter den republikanischen Parolen Lungshars verbergen, schließen sich die Mönche ohne weiteres Zögern wieder Reting an.

Das Schicksal von Dorje Tsögyal Lungshar ist endgültig besiegelt, als am 11. Mai 1934 der Kashag, mit starker Unterstützung der größten Gelugpa-Klöster, die Verhaftung von acht Männern befiehlt, die zum harten Kern der Glücklichen Union zählen.

Der Regent selbst erstellt die Liste mit den Lungshar vorgeworfenen Verbrechen. Als Langdun eine exemplarische Strafe fordert, schließt Reting die Todesstrafe aus und stützt sich dabei auf den Gesetzeskodex der sechzehn moralischen Tugenden, der im 7. Jahrhundert von König Songtsen Gampo[2] eingeführt und später von Trisong Detsen[3] weiterentwickelt wurde.

Das Urteil für Lungshar lautet: Blendung, eine Strafe, die Verrätern vorbehalten ist. Einige Stunden bevor sie vollzogen wird, lässt ihn ein Arzt eine Pille einnehmen, die die Schmerzen lindern soll.

Langsam wird es Nacht über der tibetischen Hauptstadt.

An diesem Abend ist Reting Rinpoche allein in den Gemächern des Potala und starrt in den dunklen Himmel. Seine Augen blicken trübe, sie scheinen im Laufe der letzten Wochen ihren Glanz verloren zu haben. Lhasa ist immer noch nicht zur Ruhe gekommen, auch wenn sich Reting Rinpoche und Langdun heftig bemühen, die Gemüter zu beruhigen.

In der Hauptstadt kehrt nicht so schnell wieder Ruhe ein. Reting Rinpoche und Langdun können sich noch so sehr bemühen, die Gemüter zu beruhigen, vergebens.

In den Tempeln beten die Mönche noch häufiger, die Lhasapas versammeln sich Tag und Nacht vor den Familienaltären oder schließen sich den Mönchen an, um die Götter anzurufen. Verzweifelt klammern sich alle an die Hoffnung, die Reinkarnation des 13. Dalai Lama werde nicht mehr lange auf sich warten lassen.

Auf den Straßen singt man:

Kashöpa, der weiße Hahn,
Hat zu früh gekräht.
So wie einst Drime Kunden musste Lungshar
Seine Augen als Almosen geben.[4]

Die Tage vergehen ohne das geringste Anzeichen für eine echte Wiedergeburt.

Niedergeschlagen verbringt der Regent viel Zeit damit, den Bau des Grabmals für den verstorbenen Dalai Lama voranzutreiben. Das tibetische Volk will, dass dieses Mausoleum dem des Großen Fünften, das schon prachtvoll genug ist, gleichkommt, es sogar übertrifft.

Reting hat die Aufsicht über dieses gigantische Projekt einem Komitee übertragen, dessen Vorsitzender der Kalön Trimön ist. Dieses sechsgeschossige Monument befindet sich im Westteil des Potala. Es soll mit 18 870 Goldplättchen und tausenden von Edelsteinen geschmückt werden. Reting persönlich hat dem Mausoleum den tibetischen Namen *Gelek Dödzo* gegeben, was so viel bedeutet wie »tugendhaft und gütig wie eine mystische Kuh« …

Erneut wird die Rückkehr des 9. Panchen Lama nach Tibet Gegenstand von Gesprächen. Die Verhandlungen, nach dem Ableben des Dalai Lama unterbrochen, werden wieder aufgenommen. In Lhasa hat es schon mehrere Zusammenkünfte im Beisein von Lobsang Gyaltsen, dem ersten Sekretär von Chökyi Nyima, und Lobsang Wangchuk, einem seiner engsten Berater, gegeben. Die beiden Männer bewohnen ein Haus, das den Mönchen aus dem Rat der Khenpos – auch *panchen khenpo* genannt – schon einige Monate zuvor von der Regierung zur Verfügung gestellt worden war. Auch diese beiden Emissäre waren in die Hauptstadt gekommen, um über eine eventuelle Rückkehr ihres geistlichen Oberhaupts zu verhandeln. Im November 1933 waren die Streitigkeiten zwischen der tibetischen Regierung und dem Panchen Lama trotz beinahe täglicher Zusammenkünfte der Kommission nicht aus der Welt geschafft worden. Chökyi Nyima focht stets die Erhebung von Steuern und Gebühren an und lehnte die vom Dalai Lama gewünschte Modernisierung des Landes ab. Nicht genug, dass er das gesamte politische System Tibets in Frage stellte, er ging so weit, die Rückkehr zum »Ancien Régime« zu fordern, in dem sein Kloster Tashilhunpo relativ autonom würde walten können. Unter den Bedingungen, die er für seine Rückkehr stellte, war die Aufstellung einer bewaffneten Truppe, die unter seinem Kommando stehen sollte.

Die Weigerung, auf die Forderungen des Panchen Lama einzugehen, wurde an einem Nachmittag im November 1933 während einer außerordentlichen Sitzung der Nationalversammlung bekannt gegeben. Das geschah im Beisein des Dalai Lama, der nur noch wenige Tage leben sollte, und zweier Vertreter des Rates der Khenpos.

Es sind jene Diener – Mönche – im Haus, die Lobsang Gyaltsen und Lobsang Wangchuk bei ihren zahlreichen Unternehmen helfen werden. Es haben sich neue Gerüchte in Lhasa verbreitet, in denen von einer spürbaren Verbesserung der Beziehungen zwischen dem Panchen Lama und dem Kashag die Rede ist, bestärkt noch durch ein Telegramm, das Reting Rinpoche und Langdun an den Herrn von Tashilhunpo geschickt haben und in dem er eingeladen wird, so schnell wie möglich nach Tibet zurückzukehren – auf der Grundlage von Verhandlungen, die noch zu Lebzeiten des 13. Dalai Lama begonnen hatten. So erklärt sich die tibetische Regierung bereit, alle mit dem Umzug des Panchen Lama und seiner Leute verbundenen Kosten zu übernehmen und ihm eine Eskorte zur Verfügung zu stellen, die ihn zum gewünschten Zeitpunkt nach Tashilhunpo geleiten soll.

Eine äußerst klare Botschaft. Trotzdem zögert der Panchen Lama. Über die Ereignisse in der Hauptstadt wird er regelmäßig informiert, daher weiß er, auf welche Schwierigkeiten der junge Regent stößt.

Auch in London wird über die Situation in Tibet beraten.

Die Guomindang hat den stellvertretenden Generalstabschef, General Huang Musong, mit einer besonderen Mission beauftragt. Er soll zunächst dem Regenten und seiner Regierung die Beileidsbekundungen Nationalchinas überbringen, aber sein Auftrag lautet auch, wieder eine diplomatische Vertretung in der tibetischen Hauptstadt zu etablieren. Seit der Unabhängigkeitserklärung im Jahre 1913 hat man in Lhasa keinen chinesischen

Staatsvertreter mehr gesehen, und die Versuche, die Beziehungen zwischen Tibetern und Chinesen wieder zu erneuern, waren alle gescheitert.

Die erste chinesische Delegation trifft am 14. Mai 1934 in Lhasa ein. Sie ist über das Meer gereist, hat einen großen Teil Indiens durchquert und die Bergketten des Himalaya überwunden. In ihrem Gepäck befinden sich zahlreiche Geschenke für den Regenten und seine Regierung, ein Brauch, dem die Chinesen für dieses Mal noch Rechnung tragen. Die zweite Gruppe, von General Huang persönlich geleitet, trifft am 28. August 1934 in Lhasa ein.

Zur gleichen Zeit schicken die Behörden von Britisch-Indien eilig eine Kommission unter der Leitung von Norbu Töndrup los, dem politischen Sekretär ihres Büros in Sikkim. Sie soll ein diskretes Auge auf die Abgesandten der Guomindang haben.

In diesem August und in den darauf folgenden Wochen sieht man alle möglichen Leute in Lhasa: Händler, Politiker von zweifelhaftem Ruf und Spione jeden Schlages, manchmal alle drei in einer Person vereint.

Gleich nach seiner Ankunft wird General Huang zu einer Audienz empfangen. Er überbringt Reting Rinpoche, dem Kashag und einigen hohen Beamten prunkvolle Geschenke. Man sieht ihn überall, diesen »tapferen« General: Im Jokhang, wo er sich unter die Pilger mischt, in den Klöstern der Region, und er bemüht sich zu demonstrieren, dass die Behörden von Nanking, die er repräsentiert, der Religion gegenüber völlig offen und bereit sind, alle tibetischen Traditionen zu respektieren. Und überall wird er mit offenen Armen empfangen. Huang nimmt an vielen religiösen Zeremonien und kulturellen Darbietungen teil, und er beehrt mit seiner Gegenwart die Empfänge, die in der Hauptstadt gegeben werden, wobei er mit allen möglichen großzügigen Gaben der Eitelkeit der tibetischen Aristokratie schmeichelt.

Das Schlimmste kommt noch: An einem Septembermorgen bieten der Regent und der Kashag ihrem Volk ein klägliches Schauspiel, als sie aus den Händen des Generals Huang im Namen der Guomindang und der Republik China eine Tafel aus Jade entgegennehmen, die das Werk und die Erhabenheit des 13. Dalai

Lama Thubten Gyatso symbolisieren soll. Eine kompromittierende Gabe, die der tibetische Herrscher zu seinen Lebzeiten niemals akzeptiert hätte.

Die Inschrift auf dieser Tafel indessen wahrt vorsichtige Neutralität und zeugt von beachtlichem Geschick.

> Dem hochangesehenen 13. Dalai Lama,
> Schutzherr der lebendigen Kreatur im Land des Schnees,
> In dem wir Chinesen
> Den wahren Buddha erkennen.

Dann wechseln die Chinesen die Tonart. Vorbei ist die Zeit der Geschenke und der schönen Reden. Der General geht zum anderen Teil seiner Mission über, der darin besteht, die tibetischen Regierungsvertreter an die Notwendigkeit zu erinnern, wieder konstruktivere Beziehungen mit dem »Mutterland« aufzunehmen. In den Augen der Guomindang gehört Tibet zu China. Lhasa soll alle diplomatischen Beziehungen zum Ausland abbrechen und die Einsetzung eines Gesandten akzeptieren, der von den Behörden von Nanking zu bestimmen ist.

Darauf bedacht, das Erbe des Dalai Lama zu bewahren, gehen weder Reting noch Langdun auf die Forderungen ein, aber die Tür ist nun einen Spalt breit offen.

Am 17. September 1934 schließlich treten der Regent und der Kashag in politische Unterredungen mit General Huang ein, den ersten seit der Unabhängigkeit von 1913. Es geht vor allem um den Panchen Lama. Reting Rinpoche und Langdun erklären, sein Exil sei eine Quelle permanenter Sorge und großer Betrübnis. Sie verneinen die Notwendigkeit bewaffneter Truppen, damit der Panchen Lama in sein Land und nach Tashilhunpo, sein Kloster bei Shigatse, zurückkehren kann. Lhasa schlägt vor, die Guomindang solle die Waffen der Gefährten von Chökyi Nyima beschlagnahmen, während die tibetischen Behörden sich verpflichten, eine Eskorte für den Panchen Lama zu stellen, die über seine Sicherheit wachen soll. Und natürlich wäre die Regierung erfreut, Panchen Rinpoche aufs Neue zu empfangen. Er würde seine Güter und seinen Besitz, die bei seiner Flucht konfisziert worden waren, zurückerhalten. Selbstverständlich werde man Chökyi Nyima seinen Rang wieder zuerkennen.

General Huang verlässt Lhasa im November 1934. Seine Mission, die weder ein Fehlschlag noch ein voller Erfolg war, hat dazu geführt, dass in der tibetischen Hauptstadt zwei Beamte eingesetzt werden, die sich um die Radiostation kümmern, eine Art halboffizielle Vertretung Nankings. In gewisser Weise wird sie der Radiostation der britischen Delegation[5] und der Ambulanz, die ein englischer Militärarzt leitet, Konkurrenz machen.

Unter diesen besonderen Umständen beschließt der Regent plötzlich, sein Außenministerium, das vor gut zwanzig Jahren vom Dalai Lama eingerichtet worden war, zu verstärken und verlangt von den ausländischen Repräsentanten, die Befehlsgewalt dieses Ministeriums zu respektieren. Während die Briten mitspielen, lassen sich die Chinesen nicht beirren. Sie setzen auf die Uneinigkeit innerhalb der tibetischen Regierung und umgehen das Außenministerium systematisch zugunsten des Kashag. Gleichzeitig ist es Nanking gelungen, eine Reihe von Beamten zu korrumpieren, und es sind schon beträchtliche Summen geflossen, um das persönliche Vermögen des Regenten anwachsen zu lassen. Dieser hat einen Teil seiner Räume in der zweitobersten Etage des Potala in ein Handelsbüro verwandelt. Kaufleute sind nach China aufgebrochen, um Atlasseide und Porzellan zu erwerben, und Reting hofft, all das in Lhasa verkaufen zu können.

So geht die Schonfrist, die man dem Regenten aufgrund seiner Jugend zugebilligt hatte, zu Ende, ohne das geringste Anzeichen für eine Wiedergeburt des tibetischen Herrschers. Außerdem kursieren Gerüchte, wonach der Regent, immerhin ein Mönch, sich lieber mit Frauen abgibt und sich in den verrufenen Vierteln der Verbotenen Stadt herumtreibt, als die Götter anzurufen. Und es gibt niemanden in Lhasa, der dem widerspricht.

Der Ehrgeiz treibt Reting Rinpoche um. Er will die Fäden in der Hand behalten. Es vergeht kein Tag, an dem seine Gedanken nicht auf eine Zukunft gerichtet sind, die er sich so machtvoll und so golden strahlend vorstellt wie das Gestirn, das an diesem Frühlingsmorgen des Jahres 1935 die Hauptstadt mit wohltuender Wärme erfüllt.

Im Moment freilich stellt sich ihm ein Hindernis in den Weg. Der Neffe des Dalai Lama bekleidet seit mehr als zehn Jahren den Posten des Premierministers. Die Beziehungen zwischen den beiden Männern haben sich im Laufe des Winters verschlechtert. Langdun wirft dem Regenten vor, ihn von Entscheidungen, die den Staat betreffen, fern zu halten, eine altbekannte Situation. Schon sein Onkel Thubten Gyatso sah in ihm mehr den Verbindungsmann zum Kashag als den wirklichen Chef seiner Regierung. Mit dem Tod des Herrschers war Langdun zu einer Hauptfigur in der tibetischen Politik geworden, ohne dass er das dazu nötige Format gehabt hätte. Es hätte allerdings eines wirklich sehr starken Charakters bedurft, um sich in der tibetischen Hauptstadt durchzusetzen und eine Nationalversammlung zu leiten, die von Leuten vom Schlage Kunp'helas oder Lungshars beherrscht und manipuliert wurde.

Reting Rinpoche hat das Glück, schon von Beginn seines Interregnums an einen außergewöhnlichen Kammerherrn an seiner Seite zu haben. Dieser erfahrene Mann hat bereits der vorhergehenden Inkarnation des Reting Rinpoche gedient und versteht es, das ungestüme Temperament des jetzigen Reting zu mäßigen. Aber das reicht nicht immer. Er hat die Verhandlungen mit dem 9. Panchen Lama und dem Rat der Khenpos angeregt, und er hat dem Regenten nahe gelegt, eine gewisse Anzahl von Tempeln, darunter den Jokhang, sowie einige Klöster, wie das von Radeng, restaurieren zu lassen. Schließlich ist er es, der darauf achtet, dass Reting niemals die wichtigste Aufgabe seiner Regentschaft vergisst: Die Reinkarnation des 13. Dalai Lama zu finden.

Am späten Vormittag im Frühjahr 1935 wird Reting Rinpoche von seinen Beratern gedrängt, eine Pilgerfahrt nach Samye[6] und in das Gebiet von Lhoka[7] zu machen. In Wahrheit ist das nur ein Vorwand, um die Stadt zu verlassen, ohne allzu große Neugier bei den Lhasapas zu erregen.

Zwei Stunden später verlässt eine von Reting angeführte Gruppe den Konvoi, bewegt sich in südwestlicher Richtung und geht direkt auf das Kloster Chökhorgyal[8] zu, das ungefähr fünfzehn

Kilometer vom Lhamo Latso, dem See der Visionen, entfernt liegt. Wenn seine Wasser sich trüben, »werden sie diejenigen nicht enttäuschen, die geneigt sind zu glauben, dass eine Fata Morgana wirklich ein See sei«, schrieb der Große Fünfte über den See.

Nach ihrer Ankunft im Kloster machen sich der Regent und sein Kammerherr noch am selben Abend in Richtung Nordosten auf. Ihren Weggefährten sagen sie nichts. Sie sind allein, tragen trotz der Eiseskälte nur ihre Tschuba und um den Hals Khatas und Gebetsfahnen. Sie lenken ihre Schritte zu einem ganz bestimmten Ort, dorthin, wo vor langer Zeit die Mönche von Radeng *mani*-Steine, mit dem Mantra *Om Mani Padme Hum* farbig beschriftet, zusammengetragen haben, um einen *mendong* zu errichten, einen kleinen Hügel. Die dort aufgestellten Gebetsfahnen, verwittert und von Stürmen zerrissen, zeigen an, dass es ein heiliger Ort ist. Erst im Morgengrauen sind die beiden Männer dort angelangt, in dem Moment, in dem das Kloster von Chökhorgyal plötzlich inmitten eines nebligen Lichtscheins emporragt. Nebelschwaden hängen noch an den Felswänden und lösen die scharfen Umrisse der Landschaft auf. Unauslöschlich bleibt dieser Morgen in ihrem Gedächtnis, als ein Moment der Andacht, erfüllt mit Melancholie.

Am Tag nach ihrer Ankunft hat sich am Nachmittag eine kleine Gruppe ungefähr hundert Meter vom Lhamo Latso entfernt niedergelassen. Die Mönche machen sich daran, ein Feuer mit den Zweigen des Himalaya-Wacholders zu entfachen. Eine Feuerstelle, um die sich alle zur Meditation und zum Beten versammeln, an der aber auch die Mahlzeiten geteilt werden: Die traditionelle *tsampa*, Scheiben von getrocknetem Yak-Fleisch und Käse und gesalzener Tee, in den ranzige Butter gerührt wird.

Das Wetter hier ist schwer vorherzusagen. Dichter Nebel, Schneeschauer oder auch Sandstürme, Windböen von extremer Wucht können die landschaftliche Pracht tagelang verdecken.

Erst am nächsten Morgen nähert sich Reting den Ufern des Sees. Er ist in einen meditativen Zustand eingetreten, um die rituelle Anrufung von Palden Lhamo zu vollziehen, und hat gerade das Bild der Gottheit in die türkisfarbenen Wasser des Sees geworfen.

Wird diese Opferzeremonie für den Hüter der Geister endlich die Pforten des geheiligten Ortes öffnen? Alle hoffen es.

Nichts ist passiert während der ersten Stunden, auch während der ersten zwei, drei Tage nicht. Aber am sechsten Tag kommt Wind auf, und gegen 9 Uhr werden sie von einem ohrenbetäubenden Schrei überrascht.

Reting Rinpoche meditiert. Seine Vertrauten auch.

Der Morgennebel hat sich aufgelöst, und die drohend wirkenden, tief hängenden Wolken sind wie durch Zauberhand verschwunden. Das Licht bricht mit unerträglicher Intensität durch. Die Sonne scheint auf den See, und die Reflexe ihrer Strahlen schießen wie tausendfache Pfeile in den Raum.

Die Wasser des Sees, bis jetzt nur gleichmäßig gekräuselt, wallen stärker auf und formen sich zu kleinen Wellen, die am Uferrand, direkt zu Füßen des Regenten verebben. Die Wellen werden immer stärker und schlagen jetzt mit noch verhaltener Kraft ans Ufer.

Die Wasser bleiben schwarz, aber dann wandeln sie sich pötzlich in ein tiefes Saphirblau, und der azurne Himmmel überzieht sich mit zarten Wolkengebilden.

Reting meditiert noch.

Er hat gerade seine Hände über dem Wasser gefaltet, auf dem sich das Bild eines Klosters mit einem Dach aus Gold und Jade spiegelt, ein verschwommenes Bild, das aus den Tiefen der Erde emporgestiegen ist. Im selben Augenblick ertönt wieder ein Brüllen vom Himmel oder von nirgendwo – es gibt so viele Orte in diesen Welten –, und jetzt lassen die Wasser einen Weg erkennen, der zum Hauptportal eines Klosters hinführt. Und dieser Weg schlängelt sich in östlicher Richtung ins Tal.

Der Wind weht jetzt immer stärker, die Wellen schlagen mit unvermuteter Wildheit ans Ufer, und in den Wassern erscheint das Bild eines Hauses, das in einem Tal steht und türkisfarbene Dachziegel hat.

Auf Reting Rinpoches Gesicht, das die ganze Zeit nach Osten gewandt ist, lässt sich eine enorme Spannung ablesen.

Und dann peitschen Windstöße, riesige weiße Wolken türmen sich auf. Der Regent wird plötzlich umgerissen und schwankt wie ein führerloses Schiff, das von brüllenden Wogen hin und her geworfen wird.

Er hebt seine Hände zum Himmel. Die Wolken türmen sich zu einem verschneiten Gebirge, wo sich *AH* abzeichnet, der höchste Buchstabe. »Bevor alle Dinge auf der Welt existierten, hat es den Buchstaben *AH* gegeben. Daher ist nichts natürlicher, als dass er sich im Moment der Empfängnis manifestiert.«[9] Auch in dem Moment, in dem sich eine Reinkarnation ankündigt …

Die nächste Welle, die sich bricht, enthüllt ein Dorf, Hügel und das dunkle Wogen einer Herde von wilden Yaks. Es sind auch viele Pferde zu sehen. Ein stolzer Amdowa – ein Bewohner von Amdo – kommt einen verschneiten Hügel herunter, er reitet ein wunderbares weißes Pferd. Da ist auch ein Drache, der in vollem Galopp über den Kopf von Reting Rinpoche rast, sich ihm neuerlich nähert und sein Gesicht streift, bevor er sich mit wildem Gebrüll entfernt.

Der Regent meditiert immer noch.

Und wieder verwandeln sich die Wasser des Lhamo Latso und zeigen ihm einen Lichtbogen in allen Farben des Prismas – Violett, Indigo, Blau, Grün, Gelb, Orange und Rot. Diesmal bilden sich die Buchstaben *KA* und *MA*.

Jetzt zeigt sich ihm das lächelnde Gesicht eines Kindes im mütterlichen Fruchtwasser: Es wird bald geboren werden.

Nun muss er nur noch seine Visionen festhalten, die Zeichen deuten und, wenn es sich wirklich um die Reinkarnation handelt, den genauen Ort herausfinden, an dem das Kind lebt. Alles Dinge, die er nicht allein tun kann.

Reting Rinpoche tritt langsam aus seiner Meditation heraus. Obwohl ihm sehr kalt ist, leuchtet sein Gesicht vor Freude.

Nachdem die Wolken sich verzogen haben, strahlt der Himmel erneut in azurnem Blau, und die türkisfarbenen Wasser des Sees kräuseln sich wieder gleichmäßig.

Die Mönche haben von all diesen Ereignissen nichts mitbekommen. Sie werfen Zypressenzweige und Sandelholz ins Feuer, das sie Tag und Nacht nicht haben ausgehen lassen. Das Holz knistert. Der Regent setzt sich ganz nah an die Glut und beginnt mit der Niederschrift seiner Beobachtungen. Regelmäßig taucht seine

Bambusfeder in das Tintenfass, und man hört das nervöse Rascheln, mit dem seine Hand über das Pergament gleitet. Als er fertig ist, rollt er das Pergament sorgfältig zusammen und drückt das Siegel des Klosters von Radeng darauf.

Einige Tage später, nach seiner Rückkehr nach Lhasa, konsultiert der Regent die drei Staatsorakel und einige hohe religiöse Würdenträger.

Die Zeichen werden gedeutet.

Es gibt keinen Zweifel mehr: Die kindliche Reinkarnation muss in Amdo, der Region, auf die der Buchstabe *AH* verweist, gesucht werden, und zwar in der Nähe des Klosters Kumbum. Auch andere Zeichen weisen auf den Osten des Landes, und jeder erinnert sich noch gut an ein eindrückliches Ereignis: Direkt nach seiner Einbalsamierung hatte der 13. Dalai Lama zweimal hintereinander den Kopf gen Osten oder Nordosten gedreht. Ein enorm großer Champignon in Form eines Sterns war eines Nachts einem der Ostpfeiler des Potala entsprossen, und schließlich war da dieses riesige Feld von Löwenmäulchen auf der Ostseite eines der großen Plätze von Lhasa zu sehen gewesen.

Eigentlich müsste man sich sofort auf den Weg machen, aber die politischen Spannungen in Amdo, Kham und Qinghai[10] sind so groß, dass man dieses Risiko nicht eingehen kann. Die Kriegslords plündern, vergewaltigen und verwüsten diese Regionen Tibets.

Der Frühling geht dahin, ohne dass etwas entschieden worden wäre, der Sommer auch, und der Winter scheint besonders schwierig zu werden, umso mehr, als sich die Beziehungen zum Panchen Lama erneut verschlechtert haben. Chökyi Nyima liefert sich mit dem Kashag einen täglichen Kampf um die Rückkehr in sein Kloster Tashilhunpo.

Der chinesische General Huang ist wieder in Nanking. Selbst die Drohung, den Panchen Lama »mit Waffengewalt« zurückkehren zu lassen, beim Treffen mit Reting Rinpoche und seinem Premierminister erhoben, hat nichts genutzt. Die Reaktion folgt auf dem Fuß. Nanking kündigt an, der Panchen Lama werde bei seiner Rückkehr nach Tibet von einem offiziellen Vertreter Chinas und fünfhundert Soldaten begleitet werden.

Die tibetische Regierung wendet sich sofort an Neu-Delhi und bittet um Hilfe, die ihr in der Person des britischen Agenten in Sikkim, Williamson, zuteil wird, der beauftragt wird, eine Vermittlerrolle zu übernehmen.

Als begabtem Diplomaten gelingt es Williamson, den Kashag dazu zu bringen, sich den Forderungen des Panchen Lama zu beugen. Seine Güter werden ihm zurückgegeben, Bezirksregierungen – *dzong* – wie Shigatse, Nigartse, Namling und Penam werden seiner Autorität unterstellt, auch wenn dies bei einigen früher gar nicht der Fall gewesen war. Allerdings taucht ein Problem auf, und zwar kein geringes. Lhasa sieht sich nicht in der Lage, einiges an Grundeigentum, das dem Panchen Lama früher gehört hat, zurückzugeben. Der Kashag hat diese Besitztümer nach alter Gewohnheit unter verschiedenen Gelugpa-Klöstern aufgeteilt. Und für die kommt eine Rückgabe nicht in Frage.

Einige Zeit nach der Intervention von Williamson auf Bitten der tibetischen Regierung ersucht auch der Rat der Khenpos um Vermittlung durch den britischen Agenten. Niemand kann sagen, ob der noch die Zeit hatte, eine Botschaft an Chökyi Nyima zu senden, um ihm die Rückkehr nach Tibet ohne chinesische Eskorte vorzuschlagen. Das wäre eine kluge Entscheidung gewesen, die viele Hindernisse beseitigt hätte. Aber Williamson wird schwer krank und stirbt in der tibetischen Hauptstadt.

Sein Landsmann, Hauptmann Battye, übernimmt seinen Posten, bis die britischen Behörden ihren neuen Repräsentanten in Lhasa bestimmt haben. Als er bei seinem Abschied am 18. November 1935 vom Regenten zu einer Audienz empfangen wird, ist es wieder einmal der Kammerherr von Reting, der nachdrücklich um Unterstützung durch Neu-Delhi bittet.

Da Langdun an Regierungsentscheidungen so gut wie gar nicht beteiligt wird, hat der Kammerherr größte Schwierigkeiten, Reting Rinpoches Ambitionen zu zügeln. Der hat in seinen Gemächern im Potala zwei seiner engsten Freunde, ebenfalls aus dem Kloster Radeng, untergebracht. Dem einen, Nyungne Lama, hat er den Posten eines Sekretärs für besondere Angelegenheiten angeboten. In Wirklichkeit ist der Mann Besitzer einer kommerziellen Apotheke, die ihren Hauptsitz in Kalimpong, im Norden Indiens, hat. Der andere, Khardo Rinpoche, wird zur grauen Eminenz, die der Regent so oft wie möglich um Rat fragt. Beide haben großen Einfluss, und es gelingt ihnen sogar, Reting davon zu überzeugen, dass er sich von seinem Kammerherrn trennen müsse. »Zu alt« ist der nach ihrer Meinung, um einer schweren Bürde gewachsen zu sein. Der arme Mann wird seine Tage im Kloster Radeng beschließen, weit entfernt von den Stürmen, die durch die politischen Manöver der neuen Männer des Regenten entfesselt werden.

Sein Platz ist nun frei: Jampa Gyaltsen, der Bruder Reting Rinpoches, wird zum Kammerherrn ernannt. Sechsundzwanzig Jahre alt, ohne Ausbildung und für die Lehren des Buddha absolut unempfänglich, gibt dieser Intrigant vier Hauptinteressen zu erkennen: Geld, Kleidung, Frauen und Pferde.

Nyungne Lama, Khardo Rinpoche, Jampa Gyaltsen – auf dieses Trio wird sich der Regent von nun an stützen. Ohne jede Zurückhaltung geben sich die drei Kumpane ihren täglichen Schandtaten hin.

Reting Rinpoche denkt nur noch daran, wie er seine Macht vergrößern kann.

Der Regent hat nicht nur Langdun kalt gestellt, er beginnt jetzt auch, den Kashag anzugreifen, den er für zu konservativ hält, für zu sehr auf das politische Testament des 13. Dalai Lama fixiert. Ein Hindernis bei der diplomatischen Annäherung an China.

Kurz nachdem Sir Basil Gould, der Williamson ersetzt, 1936 in der tibetischen Hauptstadt eingetroffen ist, kommt es zu einem Skandal.

An der Mission hat sich nichts verändert. Gould soll den Vermittler zwischen dem Panchen Lama und dem Regenten spielen und zu »einer friedlichen Regelung der Unstimmigkeiten« zwischen den beiden Parteien beitragen.

Die Ernennung Goulds erstaunt niemanden. Sir Basil kennt Tibet sehr gut, er leitete 1913 das Büro von Gyantse, in dem Jahr, in dem der 13. Dalai Lama die Unabhängigkeit des Landes proklamiert hatte.

Sir Basil nimmt Quartier in dem Haus, das sein Vorgänger bewohnt hatte, und ist, wie es der Brauch will, mit Geschenken beladen angekommen.

Am Tag nach seiner Amtseinführung gibt jemand aus einer der adeligen Familien Lhasas ihm zu Ehren eine Abendgesellschaft. Eingeladen sind die britische Gesandtschaft, die Chinesen von der Radiostation, einige Kaufleute auf Durchreise, hohe tibetische Beamte sowie das unzertrennliche Trio Nyungne Lama, Khardo Rinpoche und Jampa Gyaltsen. Es dauert nicht lange, und Gould fällt das Verhalten der Berater auf, vor allem das von Jampa Gyaltsen, dem Bruder von Reting Rinpoche: In charmanter Begleitung räkelt er sich auf dem Sofa – zwei junge Damen eng an ihn gekuschelt – und spricht von der Kleidung und dem Schmuck, den er beim nächsten Empfang tragen wird. Später treibt er völlig betrunken gewagte Spiele, und sein befriedigtes Glucksen lässt an Eindeutigkeit nichts zu wünschen übrig. Mit verdrossener Miene und zutiefst schockiert kehrt der Vertreter Großbritanniens gegen 23 Uhr in sein Domizil zurück.

Am späten Vormittag des nächsten Tages wird Sir Basil vom Regenten zu einer Audienz empfangen. Und welche Überraschung – neben Reting Rinpoche steht das Trio Infernal vom gestrigen Abend. Sir Basil, begleitet von seinem Sekretär Spencer Chapman, ist gekommen, um über den Ernst der Lage in Tibet zu sprechen, und sieht sich einem Regenten gegenüber, der gerade mal zwanzig Jahre alt ist und dessen Betragen dem eines Fünfzehnjährigen entspricht.

Soll man lächeln und sich freuen über das Glück, das der Regent empfindet, als Gould ihm im Namen Seiner allergnädigsten Majestät und des Britischen Empire Geschenke überreicht?

Reting Rinpoche bittet Spencer Chapman, ihm zu erklären, wie das Grammophon funktioniert, das er soeben aus der Hand Sir Basils empfangen hat, und besteht darauf, dass seine drei Kameraden dableiben, neben dem Apparat. Der Regent persönlich dreht die Lautstärke bis zum Anschlag auf und bricht dabei in ein dröhnendes Lachen aus, das angeblich bis ins Zentrum von Lhasa zu hören war.

Und da tanzt er auch schon, ein verwöhntes Kind, das seine Kameraden hinter sich herzieht, und sie hüpfen zu einer Dudelsackweise herum, während Sir Basil und sein Sekretär einander verblüfft ansehen.

Als die Musik endlich schweigt, gerät Reting Rinpoche in heftigen Zorn. Er zwingt Spencer Chapman, das Grammophon wieder in Gang zu setzen. Zu den Klängen eines schottischen Militärmarsches durchquert der Regent die riesige Halle, seine drei Kumpane hinter ihm her; er hat die Zeremonienrobe in Form eines schottischen Kilts drapiert. In den Korridoren beobachten die Mitglieder des Kashag und hohe Staatsbeamte die Szene, beschämt und fassungslos.

Und der Irrsinn hat noch immer kein Ende. Der Regent fängt an zu schreien wie ein Besessener und fordert, man möge augenblicklich das Grammophon auf das Fensterbrett stellen. Das Fenster hat er öffnen und die Lautsprecher in Richtung Lhasa aufstellen lassen.

Wieder dreht der Regent die Lautstärke voll auf. Aus den Mauern des Potala erschallt ein schottischer Militärmarsch und ist bis nach Shöl und Lhasa zu hören. Die Einwohner glauben, Gottheiten und Dämonen hätten sich dort oben im Palast versammelt, um ihren Zorn zu bekunden.

Am Fuße des Potala hat sich eine Gruppe von Menschen zusammengefunden, zu der bald viele andere stoßen. Verwirrt durch den unerträglichen Krach, werfen sich die Lhasapas plötzlich nieder. Die Stimme, die aus den Mauern des Palastes dringt, erkennen sie, es ist die von Reting Rinpoche, ihrem Regenten. Aber diese Stimme überschüttet sie nur mit ulkigen Reden. Sie sind beunruhigt, sie wissen ja, schon als kleines Kind war der Rinpoche von überschäumender Fröhlichkeit, in der Pubertät galt er sogar als etwas übergeschnappt.

Die Lhasapas beten, eine schattenhafte Menge kniet nieder, kriecht auf dem Boden entlang, erhebt sich, kriecht wieder, bis der Schmerz aus dem Körper weicht und er so leicht wird wie die Luft. Sie versuchen auf diese Weise, ihrem jungen spirituellen Meister zu Hilfe zu kommen. Gemurmelte Gebete, Niederwerfungen und Gesänge, um die bösen Dämonen zu verjagen, die sich des Geistes ihres Regenten bemächtigt haben.

Doch all die Gebete, die Niederwerfungen, die hunderte von Mantras, die sie gemeinsam rezitieren, bewirken nichts. Reting

Rinpoche stößt jetzt brüllend Gotteslästerungen aus, und sein Lachen explodiert über der Stadt.

Die Lhasapas denken an das kollektive Karma, mit dem sie schon seit Jahrhunderten geschlagen sind. Mit der Flucht des 9. Panchen Lama und dem Tod des 13. Dalai Lama ist es wieder aufgelebt. Vor seinem Tod hatte Thubten Gyatso geschrieben: »Obwohl unsere Kultur und unser politisches System sich früher insgesamt als leistungsfähig erwiesen haben, sehe ich, dass heute alles in einem Besorgnis erregenden Maße von Apathie und Korruption befallen ist. Diejenigen, die an der Regierung sind, Mönche oder Laien, kümmern sich wenig um das Bild des Staates, das sie vermitteln. Von ihren kleinen, armseligen Interessen beherrscht, missachten sie die Gesetze und die rechtlich vorgeschriebenen Vorgehensweisen bei der Verwaltung ihres Amtes. Sie bedienen sich aller nur vorstellbarer Mittel, um ihre Vorgesetzten zufrieden zu stellen, in der Hoffnung, einen privaten Auftrag zu erhalten.

Diese Haltung muss grundlegend geändert werden, und jeder von euch muss bei sich selbst damit anfangen. Ursachen und Wirkungen sind unfehlbare Zeugen, und wenn wir das in uns gesetzte Vertrauen missachten, werden die spirituellen Konsequenzen schwerwiegend sein. Das Erschütterndste daran ist, dass die meisten unter uns um die Konsequenzen wissen und sie hinnehmen. Unterdessen leben wir, wie die Motten vom Licht angezogen, weiterhin in Schwäche und Irrtum … Wir müssen unsere Verantwortung ernst nehmen und so sorgsam damit umgehen wie mit unserem Augenlicht. Andernfalls bestehen all unsere Handlungen darin, Ursachen für eine Wiedergeburt in einer der unteren Welten zu sammeln. Das Rad des Lebens dreht sich unablässig, Tag und Nacht, während wir unsere Zeit und unsere Energie darauf verwenden, denen, die wir nicht schätzen, Probleme zu bereiten, oder die, die wir schätzen, zu begünstigen. Unter diesen Umständen trägt unsere Arbeit keine Früchte mehr, und wenn wir es nicht einmal schaffen, die Harmonie in unserem Zuhause aufrechtzuerhalten, werden wir kaum etwas Nützliches für das Land bewirken können …«

An diesem Frühlingstag des Jahres 1936 gibt es nicht wenige, die glauben, ihr Herrscher werde sich nicht wieder inkarnieren.

Sir Basil hätte, wäre ihm dieser Text des verstorbenen Herrschers bekannt gewesen, wohl zugestimmt. Die politische Situation in Lhasa hätte nicht schlimmer sein können. Der Regent? Ein charakterschwacher Mensch, unfähig, eine Nation zu lenken. Das lässt Sir Basil seine Vorgesetzten in Neu-Delhi wissen und führt in seinem Vermerk mehrere Punkte aus: Eine zweifelhafte Regentschaft, die Unstimmigkeiten im Kashag, das Nichtvorhandensein eines Premierministers, und all das auf dem Hintergrund von Korruption und Verbrechen. Für den britischen Repräsentanten liegen die Fehler überwiegend beim Regenten. Indem er die Nationalversammlung ständig mit Rücktrittsdrohungen unter Druck setzte, hat er es geschafft, ungeteilte Macht zu erlangen, die er ausschließlich für seine egoistischen Zwecke nutzt.

Zu Beginn des Sommers 1936 begibt sich der Regent mit seinen Getreuen in den Norbulingka, die Sommerresidenz der Dalai Lamas. Dort sieht man ihn oft sein kleines Motorrad besteigen, um seinen galanten Abenteuern entgegenzufahren, von denen man sagt, es würden immer mehr. In den Norbulingka hat er auch all seine Tiere transportieren lassen, einen kleinen Fuchs, Lhasa-Absos, tibetische Terrier, zwei Mastiffs und einen Affen. In seinen »unteren Gemächern« im Potala hatte er bereits die Errichtung von großen Käfigen für eine Vielzahl von Vögeln befohlen.

Die wirtschaftliche Lage ist katastrophal. Die Lhasapas können nur noch mit Mühe die Grundnahrungsmittel auftreiben, die Preise spielen verrückt. Nach dem Tod von Thubten Gyatso und dem Beginn der verheerenden Regentschaft hat der Kashag die Druckerei von Drapchi beauftragt, neue Banknoten zu drucken. Es kommt zu quasi kontinuierlichen Neuauflagen, um die Kassen zu füllen, die von Reting Rinpoche und seinen Beratern, aber auch von unredlichen Beamten sofort wieder geleert werden. Die Devise des tibetischen Staates scheint jetzt zu lauten: Jeder für sich, und rette sich, wer kann! So kann man feststellen, dass in einem Zeitraum von knapp drei Jahren – zwischen Dezember 1933 und Sommer 1936 – die öffentlichen Gelder gänzlich verschleudert worden sind.

Tibet ist bankrott! Und dazu hat sich Reting Rinpoche in ein Wesen von extremer Brutalität und ungeahnter Arroganz verwandelt. Langdun, der Kashag und die Nationalversammlung müssen seine Launen ertragen. Bleibt noch die monastische Hierarchie, sie ist mächtig und nicht zu umgehen. Die Klöster behaupten, die Essenz des Buddhismus zu repräsentieren. Für sie ist es das mönchische Leben, das die höchsten spirituellen Werte zum Ausdruck bringt. Die Würdenträger der Gelugpa – von Drepung, Ganden und Sera, aber auch noch viele andere – sind davon überzeugt, dass sie das Recht haben, Einfluss auf die Angelegenheiten des Staates zu nehmen, und sehen sich nun in die Konflikte, die das Land erschüttern, einbezogen.

Reting Rinpoche hat sich entschlossen, dieser mächtigen Institution entgegenzutreten, und setzt an die Spitze eines Klosters mit zweitausend Mönchen einen Lama, dem er anschließend den Vorsitz in der Nationalversammlung übertragen und einen Schlüsselposten in seiner Verwaltung geben will. Den amtierenden Abt fordert er zum Rücktritt auf.

Doch die Mönche des Klosters protestieren gegen diese Maßnahmen und fordern die Wiedereinsetzung ihres Oberhaupts. Jeder beharrt auf seiner Position, und einige Tage lang bleiben die Dinge unentschieden. Schließlich muss Reting Rinpoche nachgeben. Der »zurückgetretene« Abt tritt wieder in sein Amt ein.

Der Rückschlag hat es in sich. Um seinen Fehlgriff wieder gutzumachen, befiehlt der Regent drei Gruppen, die von der Nationalversammlung bestimmt worden sind, sich auf den Weg zu machen, um die Reinkarnation des Dalai Lama zu finden.

An einem Herbsttag im Jahre 1936 passieren drei Karawanen am frühen Morgen das Haupttor von Lhasa. Die erste bewegt sich in Richtung Nordosten, nach Amdo, die zweite nach Osten, nach Kham, und die dritte nach Südosten, nach Dhagpo und Kongpo.

4 Er tritt wieder ans Licht

Jedes Ding hat zwei Seiten, von der einen kann man es packen, von der anderen nicht.

Epiktet

Der Kriegsherr Ma Bufang, chinesischer Muslim, Gouverneur der Provinz Qinghai, hat eine Front in den Regionen Nangchen, Jyekundo und Chamdo eröffnet. Weiter nördlich hat sein Amtskollege Liu Wenhuei, Gouverneur der chinesisch-tibetischen Provinz Xikang, von den Zwistigkeiten zwischen mehreren Klöstern profitiert und sich neue Gebiete angeeignet. Zu Beginn des Winters 1936/37 haben die Männer Ma Bufangs die Dörfer der Khampas eingekesselt, die Bewohner ermordet und alle Zeltplätze der Nomaden zerstört. In manchen Teilen von Kham und Amdo gibt es keine Hunde mehr: Die Chinesen haben sie alle gegessen. Es gibt auch keine Katzen mehr, um die Tempel zu hüten: Die haben sie bei lebendigem Leibe gehäutet, die blutigen Felle in die Tempel geworfen und die heiligen Bilder und Statuen damit besudelt. In mehreren Klöstern sind die Mönche enthauptet, ihre bluttriefenden Köpfe auf Pfähle gesteckt und den Bewohnern vorgeführt worden. Die bewaffneten Banden Ma Bufangs und Liu Wenhueis sind durchaus gewillt, den 9. Panchen Lama zu unterstützen, um ihre Macht über tibetisches Territorium weiter auszudehnen.

Der Winter 1936/37 ist einer der grimmigsten, den der Norden und der Osten Tibets je erlebt haben. Niemand von den Khampas und Amdowas kann sich erinnern, dass es morgens jemals so eiskalt war. Jede Nacht wird es etwas kälter, und die Temperaturen erreichen immer neue Tiefstwerte.

Die drei Suchtrupps, von denen jeder die Richtung nimmt, die der Regent und der Kashag angewiesen haben, kommen nur mühsam voran. Manchmal führt sie der Weg an Berghängen vorbei, auf die Stürme prallen, die so heftig sind, dass sie gewaltige Eisbrocken in Bewegung setzen, manchmal überqueren sie Täler und Gebirgspässe, wo Windböen und Sandstürme sie zwingen, vom Pferd zu steigen und Zuflucht in einer Grotte oder unter dem nächsten Felsvorsprung zu suchen.

Die Tage sind von gleißendem Licht erfüllt, die Nächte kristallklar, und die Bäume funkeln wie Diamanten.

Eine der Gruppen, die von Kelsang Rinpoche aus dem Kloster Sera angeführt wird, ist in Richtung Amdo unterwegs. Im Dezember erfährt er, dass der 9. Panchen Lama Chökyi Nyima und seine Gefährten Jyekundo in Qinghai, am Oberlauf des Jangtsekiang, erreicht haben.

Kelsang Rinpoche berät sich mit seinen Kameraden. Es wird beschlossen, alles zu tun, um die Stadt so schnell wie möglich zu erreichen. Es wäre ein Glücksfall, wenn sich der Panchen Lama in die Designation des 14. Dalai Lama einschalten könnte. Die Gelegenheit ist allzu verlockend, um das Schicksal nicht herauszufordern.

Die Zeit drängt. Aber es ist purer Wahnsinn, das Gebirge über den steilsten Hang zu besteigen, um vor Einbruch der Nacht das kleine Tal zu erreichen, wo es einen See gibt. Der Schnee fällt in schweren Flocken, der aufkommende Sturm peitscht die Gesichter, und die Kälte beißt in die Haut. Der Wind verdoppelt seine Kraft auf dem Kamm des Gebirgspasses, und hinter ihnen rollt der Donner über die Gipfel. Endlich das Tal. Sie sind elf Stunden marschiert, um den See zu erreichen. Sie müssen einen Unterstand finden: Ein Überhang entlang einer Felsspalte wird reichen, hier sind sie sicher.

Die Männer machen sich eilig an die Arbeit. Die Reittiere müssen abgezäumt, Feuer muss entfacht werden. Aber die Feuchtigkeit lässt selbst die Wacholderäste nicht brennen.

Kelsang Rinpoche erwacht, als noch die Sterne am Himmel stehen, die bei Tagesanbruch hinter den grandiosen Schatten und dem ewigen Schnee der Gipfel des Himalaya versinken werden.

Nahe dem Wasserfall, der von der Bergeshöhe schäumt, ist dichter Wald, voller Geheimnisse, der weit ins Tal reicht. Noch weiter, da, wo Himmel und Erde im bleichen Licht ineinander übergehen, kann er sich eine Welt vorstellen, die sich in diesen magischen Momenten zum Komplizen ihrer Reise macht.

Trotz der winterlichen Kälte spürt Kelsang, wie um ihn herum überall das Leben pulsiert: in der kristallklaren Kaskade, im golden schimmernden Glanz der verschneiten Gipfel und im Fauchen wilder Tiere, die sie die ganze Zeit über belauert haben.

Ende Januar 1937 dringt die Gruppe in ein tief eingeschnittenes Tal vor, über das der Wind in heftigen Böen fegt. In der Abenddämmerung führen die Männer ihre Pferde auf einem Bergpfad entlang. Sie nehmen jetzt die direkte Abkürzung nach Osten und begeben sich auf einen schwierigen Marsch bis zum letzten Gebirgspass.

Die Pferde sind müde, sie müssen ihren Gang deutlich verlangsamen. Wenn sie diesen Pass überquert haben, hofft Kelsang etwas Zeit zu gewinnen, indem sie die Hauptpiste verlassen, um über einen gefährlicheren, aber direkteren Weg weiterzukommen. Wenn alles gut geht, müssen sie noch ungefähr fünf Stunden marschieren, um Jyekundo zu erreichen.

Eine sonderbare Stimmung herrscht in dieser Stadt im Osten Tibets. Infolge der Anwesenheit des 9. Panchen Lama und seiner Gefolgsleute hat die lokale Wirtschaft einen katastrophalen Einbruch erlitten, dazu kommt noch die Härte dieses Winters, so dass Grundnahrungsmittel fehlen und die Inflation sich ausbreitet.

In Jyekundo erfährt die Suchdelegation, dass Chökyi Nyima eine Erkältung hat und dass der tibetische Gouverneur des Gebietes, der offizielle Repräsentant Lhasas, zwei Abgesandte zu ihm geschickt hat, die sich gerade an seinem Krankenbett befinden und ihm vorschlagen, ohne Verzug in die Region Chamdo überzusiedeln, wo das Klima angenehmer ist.

Unter dem Vorwand, auf einen Lama aus Sera mit einer wichtigen Nachricht zu warten, hat der Panchen Lama das Angebot abgelehnt.

Kelsang Rinpoche ersucht sogleich um eine Audienz beim Rat der Khenpos. Die Zusammenkunft mit dem Panchen Lama wird auf den vierten Tag nach dem *losar*, dem tibetischen Neujahrsfest, festgesetzt. Das Datum wurde gewählt, nachdem Chökyi Nyima seine Orakel befragt hatte, denn dieser Tag sollte allen zum Segen gereichen.

Während der Wartezeit nimmt die Delegation an allen religiösen Zeremonien teil, darunter auch an denen zum vorletzten Tag des laufenden tibetischen Jahres. An diesem Tag werden überall in Tibet die Tempel gesäubert und frisch gestrichen. Die Mönche nutzen ihn, um die Brokat- und Satinstoffe, die die Bilder und Statuen der Gottheiten einrahmen, zu wechseln. In den Häusern machen sich alle an die Arbeit: Die Gebetsfahnen – traditionell in den Farben Weiß, Rot, Gelb und Grün – werden erneuert, man streicht die Fassaden und streut zwischen dem Tor und der Eingangstür Linien aus weißem Sand, in die Mitte der Alleen werden Symbole gezeichnet. In den Wohnungen und Zelten vergisst niemand, einen Schal aus weißer Wolle um die Wasserkaraffen und Becher zu schlingen. Fehlt er, so ist das ein schlechtes Vorzeichen!

Die *chörten*, religiöse Monumente, die Reliquien enthalten und sich am Eingang zu einem Dorf, einem Marktflecken oder einer Stadt befinden, werden jetzt mit einem neuen Farbanstrich versehen. Auf dem Land haben schon Feierlichkeiten stattgefunden. *Sonam losar,* das Neujahr der Bauern, wird um die Wintersonnenwende herum gefeiert.

Dann kommt auch der Moment, in dem man ein Bad nimmt und die Kleider wäscht. Zu *losar* schlüpfen die Tibeter in neue Gewänder. Wenn sie zu arm sind, ziehen sie die getragenen, aber sorgfältig gereinigten Kleider an. Bleiben noch die ganz Armen, für die die Tschuba ihre zweite Haut ist; sie legen sie niemals ab.

Der Tag der Audienz ... Der 9. Panchen Lama bereitet seinen Gästen einen Empfang, wie er üblicherweise hohen Beamten der Regierung von Lhasa vorbehalten ist. Während er den Tee und ein Festmahl mit ihnen teilt, unterhält sich Chökyi Nyima lange mit den Mitgliedern der Gruppe, beantwortet viele Fragen, gibt eine Reihe von Ratschlägen, und dann erinnert er plötzlich an die ganz besonderen Bande, die ihn mit Thubten Gyatso, dem 13. Dalai Lama, verknüpfen. Er weiß, warum diese Männer hier sind. Er hat es im Geist von Kelsang Rinpoche gelesen, der seinerseits begreift, dass der Panchen Lama die Gründe für seinen Besuch erkannt hat.

Kelsang Rinpoche und seine Gefährten wissen sehr wohl um dieses geistige Band, *samaya,* das zwischen den Dalai Lamas und den Panchen Lamas seit der Herrschaft des Großen Fünften besteht. Chökyi Nyima hatte es zum ersten Mal 1888 gespürt. Der 13. Dalai Lama war damals zwölf Jahre alt und musste bei den Zeremonien zur Inthronisierung des zukünftigen Herrn von Tashilhunpo präsidieren. Chökyi Nyima, zu der Zeit fünfjährig, erinnert sich an diesen flüchtigen, aber intensiven Moment, in dem sich ihre Blicke trafen.

Chökyi Nyima schweigt einige Sekunden lang, führt den mit Tee gefüllten Becher an die Lippen, geht dann über zu anderen Erklärungen, anderen Erinnerungen. Die geistige Verbindung zum Dalai Lama war danach noch stärker geworden. Wie es die Tradition verlangte, hatte der Dalai Lama eine Pilgerfahrt zum Lhamo Latso, dem See der Visionen, unternommen und sich mit seinem Gefolge von ungefähr hundert Personen im Kloster Chökhorgyal einquartiert. Am ersten Morgen hatte sich der Dalai Lama ans Seeufer begeben, von zehn Ritualmeistern begleitet. Im Laufe seiner Meditation hatte er eine Opferzeremonie für den Hüter der Geister abgehalten, unmittelbar darauf erhob sich am Himmel ein Getöse, und die Wasser nahmen die Farben des Regenbogens an. In den brodelnden Wassern erschienen dem Dalai Lama – und nur ihm – die Umrisse des Klosters von Tashilhunpo. Danach hatten sich die Wogen ebenso plötzlich wieder geglättet. Es erschien dann das Gesicht des Panchen Lama. Ihre Herzen waren von ungeheurer Freude erfüllt, als sie dort, an den Ufern des Sees, erfuhren, dass sie einander bald wieder begegnen würden. Thubten Gyatso war nicht sofort wieder nach Lhasa zurückgekehrt. Er hatte sich zunächst in das Kloster Samye begeben, wo er die Blattern bekam. Die Narben behielt er für immer im Gesicht. Anschließend hatte er sich dann auf den Weg in die Hauptstadt gemacht und war rechtzeitig angekommen, um den Besuch von Chökyi Nyima zu empfangen, seinem Freund, dem Panchen Lama.

Eine weitere Pause, der Blick geht nach innen. 1902 hatte der Panchen Lama einen weiteren sehr intensiven Moment erlebt. Damals war er neunzehn, sein Freund sechsundzwanzig Jahre alt. Seit ihrer Volljährigkeit hatten sie sich nicht mehr gesehen. Thubten Gyatso war der weltliche Herrscher Tibets geworden und er, Chökyi Nyima, der Herr von Tashilhunpo. Er erinnert sich an den Tag, an dem er sich mit Kundun so lange unterhalten hatte, dass der ihm vorschlug, erst am nächsten Tag abzureisen. Als er ablehnte, hatte der Dalai Lama eine Laterne ergriffen und, der schwarzen Nacht und ihren Gefahren trotzend, ihn bis zum Haupttor von Lhasa gebracht. Nach seiner Rückkehr nach Tashilhunpo war Chökyi Nyima einmal, einige Wochen später, in *samadhi*, den Zustand der meditativen Versenkung, eingetreten und hatte sich auf das Bild des Dalai Lama konzentriert, in dem Bewusstsein, dass ihre Freundschaft einer schweren Prüfung unterzogen werden würde. Die furchtbaren Ereignisse, die beide unmittelbar betrafen, sollten Tibet in Trauer und Angst versinken lassen.

Der Panchen Lama taucht aus seinen Gedanken auf. Sein Blick heitert sich plötzlich auf: Sein Freund, der Dalai Lama, ist zurückgekehrt.

Chökyi Nyima gewährt Kelsang Rinpoche auf der Stelle eine Privataudienz. Während dieser Unterhaltung, die mehrere Stunden dauert, erzählt der Lama aus Sera endlich, was ihn nach Jyekundo führt, er spricht über die Zeichen, die nach dem Tode des 13. Dalai Lama aufgetreten sind, und die Visionen des Regenten an den Ufern des Lhamo Latso.

Chökyi Nyima hört aufmerksam zu, ohne ihn zu unterbrechen. Als Kelsang Rinpoche seinen langen Monolog beendet hat, beschreibt der Panchen Lama, der in einen meditativen Zustand eingetreten ist, minuziös die Region, in der das Kind lebt, das alle suchen. Er nennt drei Namen, bringt aber deutlich zum Ausdruck, dass das Kind aus Taktser der 14. Dalai Lama ist. Der Buchstabe *AH* bezeichnet auch Amdo, und ebenda befindet es sich.

MA entspricht dem Kloster des Karmapa Rolpi Dorje[1] und liegt auf dem Berg, der das Dorf Taktser überragt. Einige Jahre zuvor hatte sich der 13. Dalai Lama eine Zeit lang in Tashi Khyil aufgehalten. Er hatte dort ein Paar Stiefel vergessen. Vor allem erinnern sich die Mönche des Klosters daran, dass Seine Heiligkeit viel Zeit damit verbracht hatte, das Haus zu betrachten, in dem seine Reinkarnation geboren werden würde.

Schließlich der Buchstabe *KA*. Er bezeichnet das Kloster Kumbum, das Hauptkloster der Region. In Kumbum nämlich wurde 1357 ein Kind geboren, das den Namen Tsongkhapa trug. Eine Nomadenfamilie hatte ihr Zelt in diesem verlassenen Winkel, direkt an einer Wasserstelle, aufgebaut. Die Legende[2] berichtet, dass bei Sonnenuntergang eine junge schwangere Frau ein Stück Erde umgrub und sorgfältig Steine und Kiesel entfernte, um dort langsam und bedächtig jedes freie Fleckchen mit Gemüse zu bepflanzen. Plötzlich erfüllte sich die Luft mit süßem Blumenduft, und der Himmel färbte sich mit zartgoldenen Streifen. Die Frau hielt in der Arbeit inne, und ihr Blick verlor sich am Horizont. Während sie das Gefühl hatte, über die verschneiten Gipfel getragen zu werden, dem vollen runden Mond entgegen, spürte sie die ersten Wehen. Dubchen Karma Dorje, ein des Weges kommender Lama, der sie schon seit einigen Minuten beobachtet hatte, eilte ihr sogleich zur Hilfe. Die junge Frau brachte einen Jungen zur Welt.

Als das Kind seinen ersten Schrei ausstieß, sagte der Lama: »Gib Acht auf diesen Ort, an dem gerade dein Kind geboren worden ist, hüte ihn, und pflanze dort nichts, das ihn verschmutzen könnte. Eines Tages werden Pilger hierher strömen, denn dein Kind wird ein außergewöhnliches Schicksal haben.«

Sehr schnell fühlte sich der kleine Tsongkhapa von den heiligen Texten angezogen. Er trat ins Kloster ein, wo er sich als fleißig und besonders aufgeweckt erwies. Wenn er auch mit großer Hingabe studierte, so trieb ihn seine permanente Neugier doch dazu, seine Heimat bald zu verlassen, um die größten Meister der verschiedenen buddhistischen Schulen aufzusuchen.

An dem Tag, an dem Tsongkhapa ins Kloster eintrat, wuchs ein Baum an der Stelle, an der seine Mutter ihn zur Welt gebracht hatte. Anfangs konnte sich das niemand erklären. Es war seltsam, an diesem verlassenen Ort, der von Zeit zu Zeit von Nomaden aufgesucht wurde, die ihre Yak- und Schafherden an die Wasserstelle führten, einen weißen Sandelholzbaum wachsen zu sehen. Wenn sie abzogen, vergingen manchmal Monate, bis wieder eine lebende Seele hierher kam. Eines Morgens jedoch, als jene Nomadenfamilie noch dort war, kam ein Mönch an dem bepflanzten Stückchen Erde vorbei und trat näher, als er die Mutter von Tsongkhapa bemerkte. »Ich heiße Amdo«, sagte er. »Es sind jetzt einige Wochen her, dass ich von diesem Ort geträumt habe. Jemand sprach zu mir und forderte mich auf, mich sofort auf den Weg zu machen und die ersten Triebe eines Sandelholzbaums zu suchen. Jetzt bin ich hier, und es sind schon die nächsten Triebe da. Ich habe den Auftrag, über diesen Baum zu wachen. Erlaubt Ihr, dass ich hier bleibe?« – »Kommt«, antwortete die Frau. »Ihr könnt mir helfen, diesen Platz sauber zu halten.« Die junge Frau begann zu erzählen, was ihr der Lama bei der Geburt ihres Sohnes gesagt hatte. Der Mönch baute sich eine Unterkunft. Nachdem er sich eingerichtet hatte, verbrachte er die meiste Zeit damit, zu Füßen des Baumes zu beten. Der Sandelholzbaum wuchs heran, und der Mönch staunte immer wieder, wenn er ihn betrachtete. Seine Blätter hatten eine ganz besondere Form und glichen Rosenblüten. In diesem Land der Legenden und Mysterien war es kein Wunder, dass sich die Nachricht von der Existenz dieses außergewöhnlichen Baumes rasch verbreitete. Immer mehr Neugierige kamen, um den Ort aufzusuchen. Aber der Mönch gab Acht, dass niemand einen Zweig oder ein Blatt berührte.

Im Laufe der Jahre war der Ruf Tsongkhapas bis ins ferne China gedrungen. Der Ming-Kaiser[3] lud ihn 1408 nach Peking ein, aber der Begründer der Gelugpas, der neuen Schule des tibetischen Buddhismus, zog es vor, in diesem Jahr im Haupttempel Jokhang *Mönlam Chenmo,* das Große Gebet, einzuführen, eine Zeremonie, die die Tibeter seitdem an den ersten fünfzehn Tagen nach *losar* abhalten. Während einer seiner langjährigen Klausuren (1402 – 1405) verfasste Tsongkhapa im Kloster Radeng das *Lamrim Chenmo*[4], ein Werk, das dazu diente, seine Reformen durchzusetzen.

Seine Mutter hatte ihn seit langem nicht mehr gesehen. Sie litt unter der langen Abwesenheit ihres Sohnes und vertraute schließlich einem Händler eine Nachricht an, in der sie all ihre Zärtlichkeit, aber auch ihren Kummer zum Ausdruck brachte: »Mein Sohn, seitdem du ins Kloster eingetreten bist, haben meine Augen dich nicht mehr gesehen. Du warst noch ein Kind. Inzwischen hast du eine Schwester, die ein paar Monate jünger ist als du. Jetzt bin ich eine alte Frau, von der Last der Jahre gebeugt, die nur noch einen Traum hat, bevor sie dieses Leben verlässt: ein letztes Mal ihren Sohn zu sehen, von dem so viel gesprochen wird. Es ist jetzt ein Jahr her, dass dein Vater gestorben ist. Und dann gibt es hier im Amdo so viele, die deine Unterweisungen empfangen wollen ...« Die Nachricht erreichte Tsongkhapa im weit entfernten Zentraltibet. »Es sind nicht die Beschwerlichkeiten, die mich davon abhalten, eine so lange Reise zu unternehmen«, antwortete er dem Boten, »sondern ihre Nutzlosigkeit.« In der Meditation hatte Tsongkhapa erkannt, dass seine Rückkehr nach Amdo wenig Sinn hatte zu einem Zeitpunkt, an dem seine Reformen bei vielen auf Unverständnis, bei einigen sogar auf erbitterten Widerstand stießen. Er begnügte sich also damit, dem Händler einen Brief an seine Mutter zu übergeben, dem er zwei Bilder beigelegt hatte: Das erste für *amala*, wie die Tibeter die Mutter nennen, stellte ihn selbst dar, das zweite für seine jüngere Schwester – *achala* – war ein Bildnis von Manjushri, dem Bodhisattva der Weisheit.[5] »Meister, hast du dem Mönch nichts zu sagen? Seine Treue zu deiner Familie ist beispielhaft, und er wacht schon seit so vielen Jahren über den Sandelholzbaum mit den seltsamen Blättern.« – »Gib ihm einfach dieses Bild von Demchok.[6] Wenn er meine Botschaft versteht, wird er noch mehr für diesen Baum tun.« – »Und die Dorfbewohner?« – »Schildere diesem Mönch ganz genau unser Gespräch. Wenn er noch einmal träumt, werden die Blätter für sie zur Quelle wunderbarer Erinnerungen.« Der Bote machte sich auf und konnte mehrere Wochen später berichten, was ihm Tsongkhapa gesagt hatte. Der Mönch lauschte seiner Erzählung sehr aufmerksam. Plötzlich schrie er auf: »Aber natürlich, das ist ja ganz klar!«, und rannte zum Zelt, in dem die Mutter von Tsongkhapa gerade Tsampa zubereitete. »Amala, ich habe mich wie ein Narr verhalten. Ich muss Euch etwas Wichtiges anvertrauen. Der Trieb, um den ich mich kümmern sollte, ist euer Sohn. Es istE aber noch nicht zu spät, um ihm besser zu dienen. Ich werde die Zeit, die mir in diesem Leben noch bleibt, dazu nutzen, hier ein Kloster für die Gelugpas zu bauen.

Trotzdem ist es unvorstellbar, dass all diese Jahre sinnlos verstrichen sein sollen. Ich bin mir sicher, dass dieser Baum ein Geheimnis birgt und dass ihm eine mystische Kraft innewohnt.« Zum ersten Mal nach langer Zeit entrollte der Mönch ein Blatt, das zur Erde gefallen war. Und da, welche Überraschung! Auf der einer Seite war das Bildnis des Manjushri zu sehen, auf der anderen das Mantra OM MANI PADME HUM.

Die Tibeter bauten an jener Stelle das Kloster Kumbum, das Lamakloster der »hunderttausend Bilder«, die der Baum den vielen buddhistischen Pilgern jedes Jahr zum Geschenk machte.

Dem letzten Rat des Panchen Lama folgend, setzten Kelsang Rinpoche und seine Gefährten beim Morgengrauen des nächsten Tages ihren Weg in Richtung des Klosters Kumbum fort.

Lobsang Tsewang, ein Mönch niederen Ranges, trug die ganze Zeit das Bild des Panchen Lama bei sich und wurde nicht müde, seinen Gefährten zu sagen, dass der Geist des Dalai Lama und der des Panchen Lama auf ewig vereint seien und dass die Zwistigkeiten zwischen der Regierung in Lhasa und Tashilhunpo allein auf das Konto ihrer jeweiligen Berater gingen. Von den ausländischen Machenschaften nicht zu reden ...

Angesichts der japanischen Bedrohung ist Chiang Kai-shek von seinen Leuten gedrängt worden, ein Bündnis mit Mao Zedong einzugehen. Am 7. Juli 1937 dient der »Marco-Polo-Vorfall«, eine Schießerei am Stadtrand von Peking, den japanischen Truppen als Vorwand, in den Norden Chinas einzudringen. Doch selbst in dieser verzweifelten Lage träumt die Guomindang weiter von der Rückkehr des Panchen Lama in sein Kloster Tashilhunpo unter dem Schutz einer bewaffneten Macht.

Es besteht ohne Zweifel Gefahr für das Kind und seine Familie: Dieses Kind, das sehr wohl die Reinkarnation des 13. Dalai Lama sein könnte, lebt in einer Region, die vollständig von Ma Bufang beherrscht wird.

Zunächst führt Kelsang Rinpoche seine Gruppe zum Kloster Kumbum. Dort erfährt er, dass einige Monate zuvor ein Tulku gestorben ist. Das erweist sich als Glücksfall: Die Suche nach dessen

Reinkarnation bietet den besten Vorwand, um nicht das Misstrauen der Chinesen zu erregen.

Bleibt noch die Haltung des Panchen Lama abzuwarten. Das reinkarnierte Kind könnte ein gewichtiges Argument bei seinen Verhandlungen mit der tibetischen Regierung über eine Rückkehr nach Tibet werden. Die Suchdelegation ist im Hochsommer in Kumbum angekommen. Kelsang befragt das Orakel des Klosters: Der Zeitpunkt ist nicht günstig, um sich nach Taktser zu begeben.

Inzwischen hat sich der Panchen Lama, der den Sommer in Nanking verbracht hat, entschlossen, ohne weiteres Abwarten nach Jyekundo zurückzukehren, da sich sein Gesundheitszustand immer mehr verschlechtert hat. In der dritten Woche des Oktobers 1937 ist er gezwungen, das Bett zu hüten. Seine engsten Berater weichen nicht mehr von seiner Seite. Manchmal, wenn einer der Khenpos versucht, einen Blick auf das Gesicht seines Meisters zu werfen, lässt Chökyi Nyima ihn nur das Profil sehen und verbirgt sein Antlitz, dessen extreme Blässe man trotzdem erahnen kann.

So beginnt für den 9. Panchen Lama die lange Agonie unter den Augen seiner Vertrauten, die ihm mit lauter Stimme das gesamte *Bardo Thödol,* das Tibetische Totenbuch, vorlesen. Sie reichen ihm Reliquien, und manchmal bieten sie ihm geheiligte Substanzen an, aber nichts hilft. Der Panchen Lama stirbt im November 1937 in einem der Klöster von Jyekundo. Er hat den Tag seines Todes bestimmt, nicht ohne vorher seine Hauptaufgabe erfüllt zu haben: Kelsang Rinpoche bei seiner Suche nach der Reinkarnation des Dalai Lama zu beraten und zu leiten. Und da er nicht mehr in der Lage ist, die Zwistigkeiten mit der Regierung in Lhasa beizulegen, hat er eine sanfte Art des Abgangs gewählt, um zum richtigen Zeitpunkt in einem ruhigeren Umfeld wiedergeboren zu werden.

Es beginnt die traditionelle Trauerzeit von neunundvierzig Tagen. In Lhasa lässt der Regent die traurige Nachricht durch einen dumpfen Trommelwirbel von den Dächern des Potala verbreiten.

Der Rat der Khenpos wiederum hat die Regierung von Osttibet benachrichtigt, die zwei Emissäre nach Jyekundo schickt, um die Beileidsbekundungen der Behörden von Lhasa zu überbringen. Die Einladung, mit dem Verstorbenen nach Tashilhunpo zurückzukommen, schließt ein, dass Trauerfeiern organisiert werden, die des Dahingeschiedenen würdig sind.

Der Vorschlag spaltet die Gefolgsleute des Panchen Lama. Die älteren, die bereit sind, die Vorschläge des Kashag anzunehmen, weigern sich kategorisch, nach China zurückzukehren, die jüngeren hingegen lehnen jede Treuepflicht Lhasa gegenüber ab. Auf diesem Hintergrund fühlen sich Stämme der Khampas aufgerufen und stellen eine kampferprobte, gut ausgerüstete Truppe auf die Beine, die bereit ist, sich allen in den Weg zu stellen, die etwa planen, sich der sterblichen Hülle des Panchen Lama zu bemächtigen. Sie liegt in einem mit Salz gefüllten Sarg, um dem Körper alle Flüssigkeit zu entziehen, und man hat Quecksilber in den Mund gegossen, was zur Austrocknung der inneren Organe führt.

Eines Nachts verlassen die Männer das Lager und marschieren in Richtung Kantse, das mitten in einer Region liegt, die von Lin Wanghui beherrscht wird, einem weiteren Kriegsherrn, ebenso blutrünstig wie Ma Bufang und Liu Wenhui.

Der Weg nach Kantse ist weit. Auch wenn die Älteren die ganze Aktion nicht gutheißen, entscheiden sie sich doch, dem Zug zu folgen, um den Verstorbenen zu beschützen. Die Männer des Panchen Lama überwinden Pässe, durchqueren Täler und Hochebenen, über die Schneestürme fegen. Obwohl der Winter genauso hart ist wie der vergangene, schließen sich ganze Gruppen von berittenen Khampas den Lamas an, um dem Verstorbenen das Geleit zu geben.

Mit dem Transport des Toten sind eine Reihe anderer Ziele verbunden. Zunächst eine Heirat zwischen einem Verwandten von Chökyi Nyima und der einzigen Tochter des tibetischen Provinzverwalters, eine Verbindung, die den Lamas von Tashilhunpo größeren Einfluss im Osten von Kham sichern soll. Dann die erklärte Absicht des Rates von Khenpo, eine neue Regierung einzusetzen und die Obrigkeit von Lhasa zu stürzen. Schließlich der Wunsch, es mit Hilfe aller Tibeter der Region endlich zu schaffen, sich von Liu Wenhui zu befreien, der seit 1927 das Land mit Feuer und Schwert verwüstet. Die Gelegenheit scheint günstig zu sein, aber man rechnet nicht mit den Khampas, die dem 13. Dalai Lama die Treue halten, und vergisst auch den Repräsentanten Lhasas, der versprochen hat, mit dem Rat der Khenpos ein Bündnis nur unter der Bedingung einzugehen, dass die sterbliche Hülle des Panchen Lama sehr schnell nach Chamdo transportiert wird, der Stadt, in der sich der offizielle Vertreter Lhasas aufhält.

Letztendlich scheitern die Pläne der Lamas von Tashilhunpo. Es wird keine Allianz der Tibeter geben, um Liu Wenhui aus den Gebieten, die er besetzt hält, zu verjagen, und auch keine Einigung mit der Regierung von Lhasa. Damit ist jede Hoffnung auf eine gemeinsame Front gegen die Kriegsherren und gegen China zerstört.

Die Reaktion der Chinesen lässt nicht auf sich warten. Eines Nachts lässt Liu Wenhui seine Soldaten rund um Kantse aufmarschieren. Am frühen Morgen ist die Stadt umzingelt. Die Lamas von Tashilhunpo nutzen jedoch das allgemeine Durcheinander, um zu entkommen. Und immer noch tragen sie die sterbliche Hülle ihres spirituellen Meisters mit sich.

Erst nach vielen Wochen des Umherirrens und nachdem sie grimmige Schlachten geschlagen und schwere Verluste erlitten haben, erreichen sie schließlich die Ufer des Kokonor.

Die Lamas von Tashilhunpo wollen hier mehrere Winter und Sommer verbringen. Wenn sie ihren Standort nicht wechseln, um den Chinesen zu entgehen, verbringen die Mönche ihre Zeit damit, vor den sterblichen Überresten des Panchen Lama zu beten. Nachdem alle weichen Substanzen vertrocknet sind, haben sie den Toten zunächst bandagiert, um ihn in Meditationshaltung aufrecht zu halten, dann hat man ihn mit einer Tonschicht versehen – ein Schutz für den Fall eines unvorhergesehenen Transportes. Schließlich haben sie trotz des Exils die Ehre gehabt, ihn mit Gold und Lack zu überziehen. Auf diese Weise mumifiziert, ist der Leichnam Chökyi Nyimas gegen die wechselnden Wetterverhältnisse unempfindlich geworden.

Jetzt muss nur noch seine Reinkarnation gefunden werden. Und da wird es kompliziert. Die Suche findet gewöhnlich unter der Leitung des Rates der Khenpos statt. Aber der ist sich nicht einig. Hinzu kommen der Kashag und der Regent. Schließlich sind da die Orakel der Dalai Lamas und die der Panchen Lamas, die sich manchmal irren und sich nie vertragen.

Jetzt soll Reting Rinpoche, der schon mit den Nachforschungen nach der Reinkarnation des 13. Dalai Lama zu tun hat, sich von Lhasa aus mit der Suche nach der Reinkarnation des 9. Panchen Lama beschäftigen. Er lässt die Würdenträger, die mit dem Verstorbenen im Gebiet des Kokonor geblieben sind, wissen, dass es ihre Aufgabe ist, zu einem günstigen Zeitpunkt eine Suchdelegation zusammenzustellen.

Januar 1938. Wieder ist der Winter sehr hart. Kelsang Rinpoche und seine Gefährten haben Kumbum verlassen, um sich nach Tashi Khyil zu begeben, jener Klosterresidenz, in der der 13. Dalai Lama einst seine Stiefel vergessen hatte. Das Vorwärtskommen wird noch dadurch erschwert, dass die Stürme nicht nachlassen. Je höher sie steigen, desto dünner wird die Luft.

Der Lama von Sera hat das Schritttempo noch einmal gedrosselt. Er weiß aus Erfahrung, wie wichtig es ist, Vorsicht walten zu lassen. In dieser Höhe schlägt das Herz bis zum Zerreißen. Der Lama hat alle daran erinnert, bei jeder Bewegung auf ihren Körper zu achten, den Atem jedem ihrer Schritte anzupassen und eine Atemübung im Rhythmus des Mantras OM MANI PADME HUM zu praktizieren, dessen ständige Wiederholung Konzentration ermöglicht, und auch Tumo, eine Meditationsübung, die »psychische Wärme« erzeugt, anzuwenden, um sich gegen die durchdringende Kälte zu wappnen. Schließlich kommen sie in Labrang Tashi Khyil an, mit der Absicht, dort einige Zeit zu bleiben.

Zwischen dem vierten und fünften Tag ihres Aufenthaltes hat sich Kelsang Rinpoche erhoben, bevor es tagt. Der Mond ist rund und schön. Am Abend zuvor hat ihm ein alter Mönch erzählt, dass im Kloster bereits ein Kind aus Taktser lebt. Es ist einer der letzten Tulkus, die ins Kloster gekommen sind, und wird Taktser Rinpoche genannt. Thubten Jigme Norbu – sein richtiger Name – ist in einer vielköpfigen Familie geboren worden, und das entspricht einem der innigsten Wünsche des 13. Dalai Lama.

Im morgendlichen Dämmerlicht erkennt der Lama einen Weg, der vom Kloster wegführt, und nach einigen Minuten erahnt er den Dorfrand und jenes Haus, das sich von den anderen durch seine türkisfarbenen Dachziegel abhebt. Wenn die Visionen des

Regenten Reting Rinpoche und des Panchen Lama sich als richtig erweisen, wird er bald der Reinkarnation des 13. Dalai Lama gegenüberstehen.

Der Lama und seine Männer haben ihre Pferde gesattelt. Auf zu dem Haus und seinen Mysterien!

Lobsang Tsewang, der Mönch, der stets das Foto des 9. Panchen Lama bei sich trägt, zieht, kurz bevor sie Tashil Khyil verlassen, die Gewänder von Kelsang Rinpoche an, und dieser wiederum die Kleider des Mönchs: ein kleines Täuschungsmanöver.

Es schneit heftig, und das erschwert den Abstieg. Die kleinwüchsigen Pferde versinken bis zu den Flanken im Schnee.

Das Haus, ein großes Viereck, lehnt sich gegen zwei vollkommen asymmetrische Gebäude und umfasst einen Innenhof. Es gibt nur eine Tür. Sie ist schmal und sieht so aus, als wolle sie sich vor unerwünschten Blicken verbergen.

Die Gruppe nähert sich der Behausung immer noch in langsamem Tempo. Frauen fegen den Schnee vor der Tür.

Die Fenster sind klein. Zwei Kamine und drei Entlüftungsrohre ragen aus dem Dach. Grotesk geformte Dachrinnen aus Wacholderholz leiten das Wasser auf den Hof. Wenn die Fenster und die Tür geschlossen sind, müssen sich die Bewohner so sicher fühlen wie in einer Festung.

Dieses Haus ist die letzte Chance für den Lama und seine Leute. Von den drei Kindern, die der Panchen Lama genannt hat, ist eines tot, das andere hat den Erwartungen nicht entsprochen. Bleibt nur das Kind aus Taktser, so wie es der Panchen Lama angekündigt hatte.

Lobsang Tsewang spielt seine Rolle perfekt. Er ist ein Stückchen zur Seite getreten, um dem Lama von Sera, der dicht hinter ihm geht, eine bessere Sicht auf die Gebäude zu ermöglichen. Tatsächlich erregt weniger das Haus als seine Lage die Aufmerksamkeit des Lamas. Der Ort entspricht genau den Visionen, die der Regent an den Ufern des Lhamo Latso und der Panchen Lama in Jyekundo hatten.

Kaum vom Pferd gestiegen, ist Lobsang schon eingetreten. Kelsang bleibt etwas zurück, um nicht die Aufmerksamkeit auf sich zu lenken. Der Mönch erzählt, dass sie vom Wege abgekommen seien, er bittet um Gastfreundschaft für den Rest des Tages und die Nacht. Ob man vielleicht auch seine Gefährten beherbergen könne? Die Frau, die sich an Lobsang wendet, sagt, sie heiße Dekyi Tsering. Sie wird bald achtunddreißig. Ihr Mann, der vor dem Hausaltar betet, ist Chökyong Tsering und ein Jahr älter.

Das Paar lädt die Reisenden ein, in seiner bescheidenen Behausung zu bleiben, solange es nötig ist. Drinnen wie draußen scheint der Frieden diesen Ort zum Schlupfwinkel gewählt zu haben. Dieses Haus, in dem die Zimmer ineinander übergehen, bietet einer Familie mit Kindern genügend Raum und Bequemlichkeit. Es ist ein klug ersonnenes Labyrinth: Aus flachen Steinen gebaut, die Zwischenräume mit Lehm ausgefüllt, der Boden aus Holzbohlen. Auf der Nordseite befinden sich der Altar und das Schlafzimmer der Eltern, nach Westen hin liegen die Stallungen und ein Zimmer für Gäste. Eine kleine Tür führt zur Vorratskammer, zu ihr hat man es von allen Seiten aus nicht weit. Schließlich noch, nach Süden hin, der Pferdestall und der Hundezwinger. Ein Wasserbehälter aus Terrakotta mit schöner grüner Fayencemalerei steht neben einem riesigen Balken, der die Decke stützt. Das Leben der Familie spielt sich vor allem auf der Ostseite des Hauses ab, in der Küche, die in zwei ungleiche Hälften geteilt ist, getrennt durch den Ofen und eine hölzerne Zwischenwand.

Dekyi Tsering ist damit beschäftigt, den Tee zuzubereiten, den man traditionellerweise reicht, wenn Gäste empfangen werden. Die Ankunft der Gruppe hat die Hausherrin bei ihrer Arbeit unterbrochen: Der Backofen ist nicht angezündet, und während Chökyong Tsering seine Opfer dargebracht und die Butterlämpchen auf dem Altar nachgefüllt hatte, war sie wohl am Herd beschäftigt gewesen, zusammen mit ihrer Tochter Tsering Dölma[7] – *achala*, wie die Tibeter die älteste Tochter in der Familie nennen –, die offenbar dabei war, Brot zu backen.

Nicht die geringste Spur von einem kleinen Jungen!

Lobsang hütet sich, auch nur irgendeine Frage in dieser Richtung zu stellen. Er begnügt sich damit, die Frau zu beobachten, die hin und her geht, Wasser in den Teekessel gießt, der dicht über der Glut, die sie entfacht hat, steht, und die jetzt, während das Wasser zu kochen anfängt, zu einem Sack aus Yakfell geht und daraus mit den Händen Butter – aus der Milch der weiblichen Yaks, der *dri* – schaufelt .

Während der ganzen Zeit hat Dekyi Tsering immerzu das Mantra OM MANI PADME HUM rezitiert. Daran ist nichts Besonderes, denn die Tibeter, ein frommes Volk, wiederholen es tausendmal am Tag.

In diesem Augenblick hat Kelsang Rinpoche ein merkwürdiges Gefühl: Die Hände und die Finger von Dekyi Tsering ähneln so sehr denen seiner eigenen Mutter, die auch aus dieser Gegend stammt. Die Frau hat die gleiche Art, den Tee zuzubereiten.

Das Wasser kocht jetzt. Dekyi Tsering verteilt es zunächst über einem kleinen, schwarzen Teewürfel, den sie aus einem irdenen Topf genommen hat – er kann auch in einem Sack aus Yakhaut aufbewahrt werden –, dann fügt sie Butter und etwas doppelkohlensaures Natron hinzu, bevor sie ihn ihren Gästen reicht. Jeder hat seine Schale aus seinem Mönchssack oder seiner Tschuba geholt.

Jetzt nimmt sich die Frau aus Amdo etwas anderes vor: Wahrscheinlich das, womit sie beschäftigt war, als Lobsang und seine Männer ankamen. Sicherlich hat sie an die Türschwelle eilen müssen, um den Schnee beiseite zu fegen, damit sie ihre Gäste richtig empfangen konnte.

Der Schnee ... Kelsang erinnert sich jetzt an eine der vielen Visionen des Regenten am Lhamo Latso, an »seine milchigen Wasser« von wunderbarem Weiß. Jetzt wird es klar! Der Glanz, das Dach mit den türkisfarbenen Ziegeln und der unberührte Schnee rund um das Haus! Als sie sich dem Haus genähert hatten, war das Schneetreiben dichter geworden, und der Wind, der sich erhoben hatte, bläst immer noch heftig.

Man hört auch ein Pfeifen. So ähnlich hatte es Reting Rinpoche beschrieben: Es kommt von den Gebetsfahnen, die auf dem Hof am Mast hängen. Kelsang Rinpoche spitzt die Ohren. Genau das ist es. Ein verstohlenes Lächeln erscheint auf seinen Lippen und wird von seinen Gefährten sofort bemerkt. Mit einem Mal schlucken sie ihren Tee frohen Herzens hinunter.

Dekyi Tsering läuft vor ihren Gästen hin und her. Sie schenkt den Tee aus, ohne die Schale für ihren Mann, für ihre Tochter und sich selbst zu vergessen, aber nichts weist darauf hin, dass noch ein weiteres Kind im Hause ist.

Kelsang Rinpoche scheint das nicht weiter zu kümmern.

Dekyi Tsering hat ein Gefäß auf die Glut gestellt, um dann weißen Sand aus einem riesigen Topf zu holen. Sie sagt einige Worte zu ihrer Tochter, die die Aufgabe hat, die Teeschalen der Gäste nachzufüllen. Dann kniet sie vor dem Backofen nieder und breitet den Sand zu einer schönen Schicht aus. Obendrauf legt sie kreuzweise trockenes Holz. Etwas Glut aus dem Herd, und schon hat es geklappt! Das Holz flammt auf, das Feuer lodert hell und heftig. Schon bald wird es zu Glut, und der weiße Sand leuchtet rot.

Der Teig ist schon fest geworden. Wieder ein Hin und Her, vom Tisch zum Backofen und vom Backofen zurück zu den Gästen, die jeder, einer nach dem anderen, unter großem Gelächter bedient werden. Der Duft steigt ihnen lieblich in die Nase. Dieses Brot ist ein Genuss! Kelsang Rinpoche und seine Männer langen kräftig zu, besonders, nachdem Dekyi Tsering ihnen noch fein in Scheiben geschnittenes Yakfleisch und harten Käse dazu gereicht hat.

Die Stunden vergehen. Die Atmosphäre ist jetzt sehr entspannt. Die Gruppe hat sich Chökyong Tsering angeschlossen und betet vor dem Altar, aber Kelsang, den es nicht mehr an seinem Platz hält, hat sich erhoben, angeblich, um sich für einen Moment zurückzuziehen. In Wahrheit will er die Zeit nutzen, um die anderen Räume zu inspizieren.

Er ist ein wenig beunruhigt: Der alte Mönch aus Tashi Khyil hat ihm mehrmals versichert, dass hier ein kleiner Junge von ungefähr zwei Jahren lebt.

In allen Häusern, in denen er zu Gast gewesen war, hatte Kelsang Rinpoche den Eindruck, dass der *kang*, das Zimmer, in dem sich oft die ganze Familie aufhält, der gemütlichste Raum war und nach der Küche wohl auch der wärmste. Zu dieser Jahreszeit versammelt man sich hier, um die Mahlzeiten einzunehmen, manchmal zusammen mit Gästen, Reisenden oder Mönchen aus dem benachbarten Kloster. So will es die Tradition: Jeden Monat bewirten die tibetischen Familien einen Lama in Begleitung von drei oder vier Mönchen mit dem, was gerade zur Verfügung steht. Nach Taktser kommen sie im Allgemeinen aus dem benachbarten Kloster Tashi Khyil, gelegentlich auch aus Kumbum. Man bietet ihnen Tee und eine warme Mahlzeit an, und, wenn möglich, gibt man etwas Geld. Als Gegenleistung lesen die Mönche heilige Texte vor und beten für die Familie und ihre Verwandten. Die Mehrheit der Tibeter kann nicht lesen, und die Mönche übernehmen also die Lesung der buddhistischen Schriften. Man darf die Götter nicht bemogeln, indem man nur so tut, als läse man die Gebete. Das wirkt nicht, und die karmischen Konsequenzen könnten schrecklich sein. Kelsang Rinpoche erinnert sich mit Rührung daran, dass sein Vater, wenn es Abend wurde, seiner vielköpfigen Familie gern eine der Geschichten über den legendären Aku Tempa erzählte, die diese Tradition sehr schön illustriert: »Einst, zu einer Zeit, als es in Tibet noch viele Stammesfürsten gab, stand Aku Tempa einem davon sehr nah, er wurde sogar sein Sekretär. Sein Herr konnte weder lesen noch schreiben, war aber ein tief gläubiger Buddhist. Anfangs war der Herr mit der Arbeit von Aku Tempa sehr zufrieden. Eines Tages aber ärgerte er sich fürchterlich über ihn. Um ihn zu bestrafen, befahl er ihm, alle seine Kleider auszuziehen und sie auf das Dach des Palastes zu legen. Es war die eisigste Zeit des Jahres. Vor Kälte erstarrt, musste der Ärmste die ganze Nacht lang die schlimmsten Qualen erdulden. Früh am Morgen nahm Aku Tempa etwas Kalk, der zum Streichen der Palastmauer benutzt wurde. Er verteilte ihn sorgsam auf dem Boden und verrichtete seine Notdurft darauf, dann besorgte er sich einen Stock, pflanzte ihn in den Haufen und ritzte einige Zeichen ein. Wohlgemerkt, nach einigen Minuten war alles gefroren. Aku Tempa ging dann zu einer Öffnung, die in das Dach des Betsaals eingelassen war, und stellte sich daneben. Er sah seinen Herrn im Schneidersitz, wie er vor einem Altar, der dem Buddha und allen Gottheiten geweiht war, meditierte. In einem günstigen Moment ließ er sein Werk auf den Schoß des Herrn fallen, der überrascht seine Meditation beendete. Sehr aufmerksam das seltsame Objekt betrachtend, bemerkte er die Inschriften. Er wies seine Diener an, Aku Tempa zu holen, und befahl diesem, das ›wundersame Exkrement‹ zu lesen. Aku Tempa verneigte sich dreimal tief, bevor er sich bescheiden zu Füßen des Thrones setzte. Er nahm den Stock und las.

Dann richtete er sich auf. Er zeigte Erstaunen: ›Ah! Ihr habt Glück, das sind die Exkremente des Himmels. Und wenn sie auf Euch fallen, dann seid Ihr der glückseligste unter allen Herren. Ihr solltet ein wenig davon essen, um diese Wohltaten voll und ganz zu genießen.‹ Der Herr hob die seltsame Mixtur auf, biss kräftig hinein und legte dann den Stock auf dem Altar nieder … Aku Tempa grüßte und war entlassen.«[8]

Die Geschichten von Aku Tempa werden stets mit dem einen oder anderen Buddha-Zitat oder den Worten eines großen buddhistischen Gelehrten beendet.

Hinter dem Backofen sind drei Stufen. Kelsang Rinpoche steigt sie hinauf und entdeckt ein Zimmer, den Kang und das Kind. Wenn er es auch in der Dunkelheit, die dort herrscht, nicht gleich sehen konnte, hat er zumindest seine Anwesenheit gefühlt.

Hier ist er also, der so lange gesuchte und erhoffte Knabe, der sich dort in eine Ecke des Kang hingekauert hat. Warum hat er sich dort versteckt? Der Lama nimmt sich vor, diesen Punkt später zu klären, und tut so, als habe er ihn nicht bemerkt.

Lhamo Thöndup – das ist sein Name – sagt nichts, betrachtet den Fremden äußerst aufmerksam und kommt wenig später in die Küche getrippelt, wo seine Eltern, seine Schwester und die Gäste der Familie sitzen. Er geht an Kelsang vorbei und streift ihn mit einem Blick.

Von diesem Moment an werden dem Lama von Sera sehr viele Kleinigkeiten bewusst, auf die er vorher nicht geachtet hatte, auch nicht, als er die beiden anderen Kandidaten vor sich sah. Seine entschlossene Haltung lässt Lhamo Thöndup viel größer erscheinen, als er tatsächlich ist, und sein Blick, der so außerordentlich lebendig ist, verleiht seinem Gesicht eine königliche Schönheit von absoluter Reinheit. Man müsste die Zeit überlisten, damit Kelsang Gelegenheit hätte, Lhamo Thöndup in Ruhe zu beobachten.

Da passiert etwas Erstaunliches. Lhamo Thöndup nähert sich dem falschen Diener, geht um ihn herum, mustert ihn, lächelt und bittet dann um die Erlaubnis, sich auf seinen Schoß setzen zu dürfen. In diesem Moment bemerkt er die Mala, die vorher dem 13. Dalai Lama gehört hatte und jetzt um den Hals des Mönchs hängt. Lhamo Thöndup will danach greifen. Zuerst lehnt Kelsang ab, verspricht aber, ihn gewähren zu lassen, wenn das Kind imstande sei, zu sagen, wer er wirklich sei. Und Lhamo Thöndup antwortet: *»Sera-aga«*, was im Dialekt der Gegend »Lama von Sera« bedeutet. Und als der Lama ihn fragt, ob er auch seinen Namen wisse, antwortet das Kind: »Kelsang.« Als er ihn nach dem Namen des Dieners fragt, kennt der Junge den auch und sagt laut und deutlich: »Lobsang.«

Aufgeregt, aber glücklich verbringt Kelsang den Rest des Tages damit, alles, was das Kind tut und sagt, aufs Genaueste zu verfolgen. Die Eltern fragen sich jetzt nach den wahren Absichten ihrer Gäste, die – davon sind sie überzeugt – weder aus Tashi Khyil noch aus Kumbum, sondern aus Lhasa kommen. Nur dass der Diener, der sich Kelsang nennen lässt, tatsächlich den Dialekt der Gegend spricht, das Amdo-Tibetische, und Chinesisch.

Schließlich bricht die Nacht herein. Es ist unmöglich, nicht wenigstens einige Worte über das Kind zu sagen. Lobsang erklärt den Eltern, dass er und seine Gefährten auf der Suche nach der Reinkarnation eines Tulku seien, der kürzlich in Kumbum verstorben sei. Glücklicherweise können sich weder Dekyi Tsering noch Chökyong Tsering vorstellen, dass ihre Gäste in Wirklichkeit die Reinkarnation des 13. Dalai Lama suchen und dass sie vermuten, Lhamo Thöndup sei diese Reinkarnation.

Die Suchdelegation hat sich vor dem Morgengrauen erhoben. Dekyi Tsering hat ihnen Tsampa, vermischt mit Tee und Erbsen, gereicht. Als der Moment des Abschieds naht, tauschen alle Khatas aus; Kelsang Rinpoche hat sogar einige Banknoten als Dank für die in diesem so verheißungsvollen Haus genossene Gastfreundschaft hineingesteckt.

Lhamo Thöndup ist aufgewacht und beobachtet, was vor sich geht, er steht auf und bittet den Lama, mit ihm reisen zu dürfen. Kelsang bricht in lautes Gelächter aus. Während er auf sein Pferd steigt, denkt er plötzlich gerührt: Wir werden uns bald wiedersehen!

Einige Wochen später nähern sich erneut Reiter dem Haus mit den türkisfarbenen Dachziegeln. Kelsang Rinpoche ist wieder dabei. Er hat einen Stock in der Hand und einen anderen in den

Falten seiner schweren Tschuba verborgen. Er stellt beide in die Ecke.

Abseits von dem plötzlichen Trubel vergnügt sich Lhamo Thöndup allein im Kang. Er erhebt sich, kommt näher, und er, der bisher noch kaum sprechen konnte, fängt an, sich mit Kelsang Rinpoche auf Tibetisch zu unterhalten – seine Eltern und die Schwester stehen wie gebannt daneben. Tatsächlich kommt es häufig vor, dass ein reinkarniertes Kind in einer anderen Sprache als seiner eigenen spricht und heilige Texte aus seinen vergangenen Leben wiedergibt.

Jetzt ist die Stunde der Tests gekommen, um endgültige Gewissheit zu haben. Kelsang Rinpoche zeigt dem Kind zwei schwarze, völlig identische Malas. Lhamo Thördup hält Abstand. Mit seinen großen Augen blickt er zu Kelsang auf, sieht ihn lange an, so, als ob zwischen ihnen schon seit langer Zeit Einverständnis bestünde, und wählt, ohne einen Blick auf die Männer zu werfen, die jede seiner Bewegungen genauestens verfolgen, eine Mala, die des 13. Dalai Lama.

Ein anderer hoher Geistlicher zeigt ihm zwei gelbe Malas, ebenfalls äußerlich nicht zu unterscheiden. Lhamo Thöndup nimmt eine, wieder die des Kundun, und lehnt die andere hartnäckig ab.

Nun ist es wieder Kelsang Rinpoche, der Lhamo Thöndup etwas zeigt. Der Lama hält eine große, mit allen möglichen Bändern geschmückte Trommel in der Hand. Das Kind will sie nicht, sondern greift stattdessen nach einer ganz kleinen Trommel, die es auf die gleiche Weise schlägt, wie der Verstorbene es tat, wenn er einen seiner Diener rief.

Schließlich zeigt Kelsang Rinpoche dem Kind zwei Stöcke. Lhamo Thöndup blickt seinen Befrager erneut eindringlich an. Er legt die Hand auf einen der Stöcke, zögert für den Bruchteil einer Sekunde, bevor er den anderen wählt. Das Zögern von Lhamo Thöndup hatte seinen Grund, denn auch der erste Stock war Eigentum des Dalai Lama gewesen, aber der Herrscher hatte ihn eines Tages Kelsang, dem Abt von Sera, geschenkt!

Abseits von den anderen im Kang sitzend, schaut Kelsang Rinpoche voll Bewunderung auf das Kind, das sich ihm nähert. Der

Lama redet mit der Mutter über sehr wichtige Dinge. Es geht vor allem darum, sie zu beruhigen und ihr eine glückliche Zukunft auszumalen, die sich aller Voraussicht nicht in Taktser abspielen wird. Denn jetzt gibt es keinen Zweifel mehr: Ihr Sohn ist der 14. Dalai Lama.

Sein Leben und das seiner Familie wird bald in Lhasa stattfinden. Die Übersiedlung wird einige Wochen, ja Monate erfordern.

Es gibt nun viel zu tun. Die Reise in die Hauptstadt muss organisiert, vorher aber noch Verhandlungen mit dem Kriegsherrn, dem schrecklichen Ma Bufang, über den Schutz des Kindes und der Familie geführt werden.

Jetzt kommt die Mutter mit ihren Ängsten. Taktser verlassen, um ins Kloster Kumbum zu gehen, das ginge ja noch! Aber weggehen und in Lhasa leben! Die Amdowas glauben, dass die Lhasapas ein ganz schwarzes Herz haben. Das Haus, ihre Tiere, was soll damit werden? Und das Kind? Lhamo Thöndup? Nein – das, was bald geboren wird! Dekyi Tserings Niederkunft steht kurz bevor, und nachts hat sie seltsame Träume.

Vor dem Altar rufen der Vater, die Tochter und ihre Gäste die Schutzgottheiten an. Die allmächtigen Beschwörungsformeln ihrer Mantras liefern den Rhythmus zu einer Melodie, die ein grenzenloses Glück zum Ausdruck bringt: Der Körper dieses Kindes, Lhamo Thöndup, gleicht einer göttlichen Blume.

Inzwischen ist das Kind noch näher an den Lama herangetreten. Und da setzt es sich auch schon auf ein Kissen, damit es sich auf gleicher Höhe mit den beiden Erwachsenen befindet, die neben ihm ins Gespräch vertieft sind. Es ist eine Unterhaltung, der er aufmerksam lauscht. Plötzlich sieht man, wie seine kleine Hand in eine Falte des dicken Pelzes, den Kelsang Rinpoche trägt, gleitet und den Brokat darunter befühlt.

Das Kind hätte sicher so weitergemacht, wenn die Mutter es nicht sofort streng getadelt und mit ernstem Blick die kühne Geste gestoppt hätte. Wie hätte diese Frau auch wissen können, dass Lhamo Thöndup, ihr Sohn, dies nicht ohne Grund tat und dass er nicht einen beliebigen Brokat befühlte? Tatsächlich war es der 13. Dalai Lama persönlich gewesen, der dem Lama von Sera diese Weste geschenkt hatte.

Das Kind verharrt bewegungslos, lässt seine Gedanken immer wieder an sich vorüberziehen, den Kopf geneigt und die Hände gefaltet, eine Haltung, die den Zustand seines Geistes offenbart und auch seine ganze Selbstgewissheit zum Ausdruck bringt.

Plötzlich hebt Lhamo Thöndup den Kopf, und mit herausfordernder Miene, die seine Mutter an ihm bisher nicht kannte, lässt er den Lama wissen, dass diese Brokatweste ihm gehöre und dass er sie schnurstracks anziehen wolle. Mit demselben kühnen Blick beginnt er, sich auszuziehen. Ruhig erklärt Kelsang seinem jungen Gesprächspartner, dass diese Weste alt und abgetragen sei, dass er ihm aber schon bald eine nagelneue geben könne.

Später, im Laufe des Abends, entscheiden Kelsang Rinpoche und seine Gefährten, Lamas auch sie, das Kind noch weiteren Tests zu unterziehen. Sie sind jetzt allein mit ihm. Die Erwachsenen sprechen im Dialekt von Lhasa. Auf jede ihrer Fragen antwortet Lhamo Thöndup ohne jede Schwierigkeit auf Tibetisch und ohne das geringste Zögern.

Er erzählt ihnen, wie er nach Drepung kam, in das Kloster, das 1416 von einem Schüler Tsongkhapas gegründet wurde und Sitz der tibetischen Regierung war, bis der 5. Dalai Lama, sein Vorgänger, diesen nach Lhasa verlegte.

Es beginnt eine lange Geschichte. Sie ist noch voller Ungewissheiten.

5 Das Licht und sein Schattentheater

Vom ersten Morgengrauen an sucht das,
was geboren worden ist, seinen Namen.

Octavio Paz

Kelsang Rinpoche schreibt.

Seine Pfauenfeder eilt über das Pergament. Er legt die Einzelheiten seiner Erkundungen[1] schriftlich nieder, ohne auch nur eine auszulassen.

Lhamo Thöndups Herkunft mütterlicherseits:

Bei ihrer Geburt wird seine Mutter Sonam Tsomo genannt, sie ist das älteste von fünf Mädchen. Ihr Vater ist Chodong Phuntsok, ihre Mutter Dölma Tso. Ihre Familie, kleine Bauern, die früher Nomaden waren, stammt aus Churkha, einem Flecken in zwanzig Kilometer Entfernung vom Kloster Kumbum. Sie leben sehr einfach. Die Arbeit und der Glaube an den Buddha Shakyamuni und seine Lehren, der Dharma, bestimmen ihren Alltag.

Traditionell werden Heiraten in Tibet von den Familien arrangiert. Einige Stunden Fußmarsch von Churkha entfernt liegt ein Weiler namens Taktser, wo eine Bauernfamilie lebt. Chökyong Tsering ist der Sohn von Tashi Thöndup, einem großzügigen und gütigen Menschen, und von Lhamo Dölma, einer Frau mit ziemlich schwierigem Charakter. Der Mangel an Frauen im Haus von Chökyong Tsering fängt an, sich bitter bemerkbar zu machen.

Die beiden Familien haben sich schon mehrere Male getroffen. Die Verhandlungen werden mit Hilfe der Vermittlung eines Onkels mütterlicherseits geführt. Er gilt in Tibet als der »Eigentümer der Hälfte seiner Nichte, so wie die Hälfte des Stoffes für ein Kleid den Ärmeln gehört«. Auch der Lama-Astrologe ist befragt worden. Er heißt den Entschluss zu dieser Verbindung gut und legt den Termin dafür auf die Zeit zwischen Ende Dezember 1917 und Anfang Januar 1918 fest. Die Heirat von Chökyong Tsering und Sonam Tsomo hat also unter den günstigsten Umständen stattgefunden, die junge Frau ist siebzehn, ihr Ehemann achtzehn Jahre alt.

Kelsang Rinpoches Feder eilt immer noch über das Pergament. Seine Schrift wird jetzt etwas nervöser. Er schreibt …

Lhamo Thöndups Herkunft väterlicherseits:

Die Familie von Chökyong Tsering hat sich in Amdo unter der Regierung des Königs Trisong Detsen im 8. Jahrhundert niedergelassen. Seine Vorfahren kommen aus Phenpo, nahe Lhasa, das zu der Zeit noch nicht die Hauptstadt des Landes, sondern ein kleiner Marktflecken war. Viele Jahrhunderte später, um 1900, wird der Bruder von Lhamo Dölma, Taktser Rinpoche, ein buddhistischer Gelehrter, gezwungen sein, den Weg ins Exil anzutreten. Das Gebiet war damals unter die Herrschaft von muslimisch-chinesischen Kriegsherren geraten. Er findet in der Mongolei und in Russland Zuflucht, wo er als Heiler bekannt wird.

Mit Geld und Geschenken des zaristischen Adels und mongolischer Stammesfürsten überhäuft, kehrt der Gelehrte nach Amdo zurück, wo er ein von kriegerischen Auseinandersetzungen verwüstetes Gebiet vorfindet. Taktser Rinpoche verwendet einen großen Teil seiner Reichtümer darauf, die Klöster rund um Taktser wieder aufzubauen und das Haus der Familie am Rande des Marktfleckens aus der Asche auferstehen zu lassen. Nachdem das Haus fertiggestellt ist, bringt Taktser Rinpoche dort seine Schwester Lhamo Dölma und ihren Mann Tashi Thöndup unter. An diesem Wohnsitz wird ihr Sohn Chökyong Tsering geboren werden, und dort wird nach ihrer Heirat auch Sonam Tsomo leben.

Es ist Mitternacht.

Kelsang Rinpoche schreibt immer noch.

Die Mondstrahlen beleuchten jedes seiner Worte …

Beim Tode von Taktser Rinpoche haben die Lamas von Kumbum seiner Schwester Lhamo Dölma versichert, seine Reinkarnation werde im Schoße seiner eigenen Familie wieder erscheinen. Das heißt, dass die Ankunft einer jungen Frau im Haus der Familie mit großen Hoffnungen verbunden ist.
An ihrem Hochzeitstag hatte Taktser Rinpoche Sonam Tsomo einen neuen Namen gegeben. Sie heißt jetzt Dekyi Tsering, »Ozean des Glücks«. Während die böse Schwiegermutter immer auf Übles sinnt, ist die junge Frau, die unter ihrem Dach lebt, ganz Mitgefühl und Liebe. Und wenn es einmal vorkommt, dass sie sich auflehnt – das ist menschlich! –, hat das immer seinen Grund. Sobald die Wut verraucht ist, nimmt Dekyi Tsering Zuflucht zum Familienaltar, um zu beten. Heißt es doch in den Geboten:

> Weisheit besteht nicht darin, nur weise zu sein
> Und die Augen in der Vision des Inneren zu schließen.
> Weisheit ist es, an sein Herz zu glauben.

Nicht lange nach ihrer Hochzeit wird Dekyi Tsering schwanger. Schon Monate vorher wartet Lhamo Dölma mit steigender Ungeduld auf den kostbaren Augenblick dieser ersten Geburt. Als aber ihre Schwiegertochter mit einem Mädchen niederkommt, fühlt sie nicht nur grausame Enttäuschung, sondern wilden Hass auf Mutter und Kind.
Lhamo Dölma zermartert sich das Hirn, um einen triftigen Grund für diese Geburt zu finden, die doch, den Lamas von Kumbum zufolge, die Reinkarnation ihres Bruders ins Haus bringen sollte. Die wahre Ursache für diese Enttäuschung kann ihrer Meinung nach nur im schlechten Karma ihrer Schwiegertochter liegen, die wahrscheinlich von Dämonen besessen ist. Es ist schlechtes Karma, das die Rückkehr von Taktser Rinpoche verhindert.
Einer der inkarnierten Lamas des Klosters kann ihr noch so oft erklären, dass das Paar weitere Kinder bekommen wird, ihr versichern, dass Tsering Dölma das Lächeln eines weiblichen Wesens in ihr Haus bringt und dass die Geburt der ersten Tochter ein Zeichen für ein langes Leben ihrer Eltern ist. Es hilft nichts. Lhamo Dölma ist ihrem Sohn schrecklich böse. Wie konnte er diese Frau begehren, die nichts anderes als eine Hexe ist? Trotz aller beruhigenden Worte der Lamas verfällt Lhamo Dölma nach

und nach in eine tiefe Depression. Sie verweigert sogar jegliche Nahrung aus den Händen ihrer Schwiegertochter, und zugleich verwahrt sie sich dagegen, aus dem Haus zu gehen. Nach einigen Monaten stirbt sie. Ihr Mann folgt ihr wenig später nach.

Kelsang Rinpoche notiert noch:

Chökyong Tsering, der Vater von Lhamo Thöndup, interessiert sich weit mehr für Pferde als für die Arbeit auf dem Hof, die er gerne seiner jungen Frau überlässt. Er entfernt sich sehr oft vom häuslichen Herd, um Märkte aufzusuchen, wo er Zuchthengste erwirbt, die als die besten der ganzen Gegend gelten.
Zwei Jahre nach ihrer Heirat wird Chökyong Tsering Besitzer des Hauses in Taktser. Seine junge Frau wird wieder schwanger. 1922 bringt sie einen Sohn zur Welt. Tashi Tsering, *cho-la* genannt – das ist in Tibet die Bezeichnung für den ältesten Sohn der Familie –, wird als Reinkarnation von Taktser Rinpoche anerkannt. Acht Jahre später, 1930, bekommt er den Namen Thubten Jigme Norbu und wird ins Kloster Kumbum gebracht, wo ihm eine sehr strenge Erziehung zuteil wird. Die Vorhersagen der Lamas haben sich erfüllt.
Thubten Jigme Norbu ist die erste Reinkarnation in der Familie. Von seinem Vorgänger, dem verstorbenen Taktser Rinpoche, übernimmt er ein erstaunliches Erbe: An die fünfzehn Kuckucksuhren, vor einigen Jahrzehnten aus Russland mitgebracht.

Kelsang Rinpoche denkt nach.
Seine Schrift wird noch gedrängter …

Tsering Dölma, die Tochter, und Thubten Jigme Norbu, der Sohn, die beiden Ältesten, gedeihen gut.
Bei den vier weiteren Söhnen von Dekyi Tsering ist das nicht der Fall. Der Medizin-Lama aus dem benachbarten Kloster wird oft an das Krankenbett der Kleinen gerufen. Jedes Mal ist der Befund der Gleiche und flößt Schrecken ein: Die Ohren der Neugeborenen sind dunkel verfärbt, ein Zeichen dafür, dass ein böser Geist im Haus weilt. Dieser negative Einfluss führt unweigerlich dazu, dass sie nicht überleben.
Rituale, Opfergaben, Gebete, all das hat nichts genutzt!

Es heißt, es gebe keine tibetische Familie, die nicht irgendwann den Einfluss eines *theprang* verspürt hätte, eines Hausgeistes, der die Angewohnheit hat, die Menschen zu ärgern. Kaum sieht man einen Tibeter mit verdrossener Miene, schon heißt es: Der *theprang* hat ihn gestreift! Außerdem gibt es keine Familie, die nicht wenigstens einmal unter der Macht eines *kyirong* gestanden hätte. Kelsang Rinpoches eigene Mutter hatte mit diesem Gespenst schreckliche Erfahrungen gemacht. Einmal war es dermaßen kalt, dass sie trotz des dicken Lammfellmantels, in den sie gehüllt war, an allen Gliedern zitterte und mit den Zähnen klapperte, dass ihr fast die Kinnladen brachen. Und dann taten ihr die Knochen von Kopf bis Fuß so fürchterlich weh, als würden sie von einer scharf geschliffenen Klinge durchbohrt. Sie war davon überzeugt, dass dies wieder einmal ein böser Streich des *kyirong* war. Sie konnte machen, was sie wollte: Sich einmal nach links und einmal nach rechts drehen, sich auf den Rücken legen oder sich umdrehen, um ihr Gesicht im Teppich zu verstecken, nichts half! Die Unglückliche vermochte sich von seinem Einfluss nicht zu befreien. Je mehr sie sich in die eine oder andere Richtung bewegte, desto schlimmer wurden die Qualen. Nicht einmal mehr den Klang der Mantras, die die Mönche sprachen, konnte sie hören und schon gar nicht die Stimme des inkarnierten Lama, der gekommen war, um sie von diesem Phantom zu befreien. Irgendetwas in ihrem Bewusstsein sagte ihr, dass sie diesem negativen Einfluss widerstehen müsse; etwas wie ein undeutliches Licht, das sehr fern in den Tiefen ihres Gedächtnisses schimmerte und ihr riet, den *kyirong* nicht nach seinem Willen handeln zu lassen.

Am sechsten Tag ihrer Leiden, als wieder ein Anfall kam, versuchte die Mutter, sich zu beruhigen, indem sie ihre Atmung unter Kontrolle brachte, ihr Herz, das zum Zerspringen schlug, diese Angst, die sie nicht mehr losließ. Da sah sie es: Ein kleines Mädchen, das lächelte und ihr eine Schale reichte, die genauso aussah wie die Holzschale, aus der sie abends immer Milch trank. Sie lehnte ab. Das Mädchen aber bestand darauf und kam ihr so nahe, dass sie die feinen Züge ihres kleinen Mundes, der ihr so strahlend zulächelte, sehen und ganz deutlich ihre melodiöse Stimme hören konnte: »Trink doch diese Milch!«, sprach die Erscheinung. Sie lehnte wieder ab. Dieses kleine Mädchen konnte nur der *kyirong* sein, der diesmal eine Gestalt voll zarter Unschuld angenommen hatte, um sie noch tiefer in das Leiden, sogar in den Tod zu treiben. Schnell reagieren! Sie versucht, sich aufzurichten, umsonst. Ein neuer Versuch, wieder vergeblich. Beim dritten Mal gelingt es ihr endlich, sich aufzusetzen. Als das kleine Mädchen sieht, dass Kelsangs Mutter Anstalten macht, sich zu erheben, weicht es einige Schritte zurück. Dann dreht es ihr brüsk den Rücken zu und verschwindet unter schrecklichem Gelächter. Die Mutter greift jetzt nach der Schale: Sie ist voll Blut …

In der Mitte der achten Nacht fällt das Fieber plötzlich, die Krämpfe verschwinden und ebenso die wütenden Schmerzen in ihrem Körper.

Um wieder völlig zu Kräften zu kommen, braucht sie mehrere Monate, aber sie wird die Chance haben, den Rest ihres Lebens ohne die Anwesenheit eines *kyirong* zu verbringen.

Kelsang Rinpoche schreibt, dass dies für Dekyi Tsering nicht gilt:

> Der *kyirong* ist im Leben der jungen Tibeterin so gegenwärtig, dass er vier ihrer neun Kinder in den Tod gerissen hat.
> Eine Behausung, die von einem *kyirong* bewohnt wird, ist schrecklich!

Aber man darf nicht so viel von ihm sprechen, sonst kann er jeden Moment erscheinen. Kelsang fährt fort:

> Für Dekyi Tsering und Chökyong Tsering ist es ein harter Schlag. Alles hat angefangen, als die junge Frau, die mit ihrem dritten Kind niederkommen sollte, die ersten Wehen bekam.

Einem in Tibet sehr verbreiteten Brauch zufolge soll eine Frau, die im Haus der Familie schon einen Jungen zur Welt gebracht hat, beim nächsten Mal an einem anderen Ort gebären. Amala entschließt sich also, zu ihrer Schwägerin zu ziehen, während diese bei ihrem Bruder bleibt, um ihm in Haus und Hof bei der Arbeit zu helfen.

Nach den ersten Wehen lässt das Baby auf sich warten. Um ihr die Zeit zu vertreiben, macht die Nachbarin einen Besuch bei Dekyi Tsering und bringt ihr zwei Birnen mit, die diese sofort mit großem Appetit hinunterschlingt.
Das Übel ist geschehen.
Die Mutter bringt schließlich einen Jungen zur Welt, den zweiten in der Familie. Die Entbindung ist normal verlaufen.
Die Zeit vergeht, und das Baby gedeiht gut. Eines Morgens nimmt Dekyi Tsering ihren kleinen Sohn auf den Arm, um ihn zu stillen, und setzt sich in den Kang. Das Baby weint und lehnt die Brust ab. Beunruhigt entzündet sie ein Öllämpchen und hält es nah an sein Gesicht. O Schreck! Die Augen des Säuglings sind geschlossen und vor allem ungewöhnlich dick geschwollen, er kann sie nicht aufmachen. Amala macht sich keine allzu großen Sorgen. Wahrscheinlich ist es eine einfache Bindehautentzündung, eine Infektion, die man mit Gebeten, Opfergaben und einem Heilkräutersud zum Verschwinden bringen kann.
Der Tag vergeht. Immer noch verweigert das Baby die Mutterbrust. Und schlimmer noch: Amala, die Milch im Überfluss hat, kommt nicht dazu, sie ihrem älteren Sohn zu geben, der noch regelmäßig gestillt wird. Jetzt erinnert sie sich: Wieder einmal hatte der *kyirong* sie im Schlaf überrascht. Obwohl es geschlossen und verriegelt war, war er durchs Fenster ins Haus gestiegen, ins Zimmer eingedrungen und hatte die Tür hinter sich zugeschlagen. Dekyi Tsering wurde mit einem Schlag wach, zündete eine Lampe an und nahm das Baby in den Arm. Das, dachte sie, würde reichen, um es zu schützen. Da kannte sie das Phantom aber schlecht! Dekyi Tserings Atem ging jetzt stoßweise, ihr Herz begann heftig zu schlagen.
Der bleiche Lichtschein, den die Öllampe spendete, wurde nach und nach immer matter, glühte wieder auf, um plötzlich zu verschwinden … Während der ganzen Zeit bemühte sich die junge Mutter, genau zu beobachten, was um sie herum geschah. Sie rezitierte laut Mantras, hörte aber ihre eigenen Worte nicht. Die Präsenz des *kyirong* war jetzt beunruhigender denn je, und Amala wagte nicht einmal, den Kang zu verlassen, aus Angst, das Phantom könnte über ihr Baby herfallen. Schon zu spät. Ihr Sohn lag nicht mehr in ihren Armen, sondern mindestens zwei Meter von seinem Schlaflager entfernt und weinte bittere Tränen.

> Diesmal blieb der *kyirong* drei Wochen im Haus und quälte Dekyi Tsering, während ihr Mann und die Mönche aus dem benachbarten Kloster laut heilige Texte lasen, um ihn zu verjagen.
> Eines Morgens öffnete das Baby schließlich die Augen. Amala hielt die Öllampe über sein Gesicht: Der Blick ihres Sohnes war starr. Der Säugling war erblindet, der *kyirong* aber, so schien es, hatte das Haus verlassen.
> Doch das Gespenst kehrte wenig später zurück. Diesmal war es Tsering Dölma, ihre älteste Tochter, die an der gleichen Infektion zu leiden begann. Im Laufe der Jahre verschlimmerte sich das Übel, und sie verlor dadurch schließlich ein Auge.
> Das Baby starb zwei Wochen später. Der *kyirong* hatte einen Abdruck seiner Klauen um die Augen herum hinterlassen, und Blut war die Wangen herabgeflossen.[2]

Nichts ist dem *kyirong* unerträglicher als die Zuneigung der Eltern zu ihren Kindern. Aus Rache und um diese Liebe zu zerstören, wendet das Gespenst allerlei Tricks an: Es verstellt die Möbel, stiehlt Brot und Tsampa, lässt die Gerstenvorräte verschwinden und legt Feuer. Bei seinen Opfern bewirkt es nicht nur großes Leid, es kann sie sogar ins Grab bringen.

Um den *kyirong* zu bekämpfen, kann man nur *pujas*, Opferzeremonien, abhalten und beten. Sie sollen die bösen Geister aus Lebewesen und Orten austreiben. Was aber das Allerschlimmste ist: Der *kyirong* kann sich neben einem Menschen vollkommen ruhig auf einem Meditationskissen niederlassen und sich dann unter schallendem Gelächter davonmachen.

In den Tälern von Amdo heißt es, dass die Menschen dort ihr Leben lang in Gesellschaft der *kyirongs* verbringen und manchmal sogar gut Freund mit ihnen werden.

Kelsang Rinpoche schreibt:

> Nichts dergleichen bei Dekyi Tsering und Chökyong Tsering. Obwohl der 14. Dalai Lama unter ihrem Dach weilt, wird sich das Paar niemals wirklich von der Präsenz des Phantoms befreien können.[3]

Kelsang Rinpoche bietet seine ganze Konzentration auf. Damit der Regent und seine Regierung in der Lage sind, die Bedeutung seiner Botschaft zu erfassen, hat er sich entschlossen, auch noch das geringste Detail aus dem Leben der Eltern von Lhamo Thöndup aufzuschreiben. Seine persönliche Überzeugung würde nicht ausreichen, um aus dem Kind aus Taktser die Reinkarnation des 13. Dalai Lama zu machen.

Als der Morgen dämmert, schreibt er immer noch, mit einer Schrift, die seine zunehmende Erregung erkennen lässt.

Zwischen der Geburt von Thubten Jigme Norbu und der von Gyalo Thöndup vergehen sechs Jahre, die von 1922 bis 1928. Alle sind so unauslöschlich vom Tod geprägt, dass Kelsang Rinpoche immer wieder an die Worte des 1. Dalai Lama denken muss: »Im Augenblick des Todes kann man von noch so vielen Familienmitgliedern und Freunden umgeben sein, man muss doch allein seinen Weg ins Jenseits gehen. Auch wenn man einen Schrank voller Lebensmittel und Getränke hat, muss man mit leeren Händen gehen. Selbst wenn man mit reichen Gewändern bekleidet ist, geht man doch so nackt wie bei der Geburt in jene andere Welt. Dieser so zärtlich geliebte Körper, der uns von Beginn unseres Lebens an begleitet, wird von uns getrennt werden. Von anderen materiellen Gütern nicht zu reden. Was bleibt uns nach dem Tod? Nur die Samenkörner des Karma, gute oder schlechte, die wir in diesem Leben gepflanzt haben. Die Quellen des Irrtums, die uns behindern, sind potenzielle Ursachen der Verblendung und können uns in Lebenslagen bringen, in denen wir sehr leiden müssen. Beim Tod sind unsere einzigen Güter unser spirituelles Wissen und die Keime von gutem Karma, die wir in uns selbst entwickelt haben. Dieses Wissen wird so unsere Zuflucht und unser Paradies, unser Herr und Beschützer, unser Führer und Begleiter des WEGS.«

Nach den Aussagen von Dekyi Tsering und Chökyi Tsering hat die Anwesenheit des *kyirong* zum Tod von vieren ihrer Söhne geführt. Dennoch ist das Haus in Taktser von einer Glaubensinbrunst erfüllt, die sich auf den Alltag überträgt, bei Amala vielleicht stärker als bei ihrem Mann. Man kann sagen, dass das Leben ein langer Lernprozess ist: Jedes Lebewesen, das geboren wird, sieht sich eines Tages unausweichlich mit der Krankheit, später mit dem Alter und dem Tod konfrontiert. Es kann sogar sein, dass der Tod sehr schnell kommt. Manchmal schon bei der Geburt.

Vor jedem dieser Todesfälle gab es schlechte Vorzeichen. Auch beim letzten Mal hatte sich wieder ein doppelter Regenbogen über Kyeri, dem heiligen Berg nahe Taktser, gewölbt: Kye, die Schutzgöttin der Region, hat dort ihren Sitz, und es kommt häufig vor, dass sie erzürnt ist. Auf den Regenbogen folgt immer unmittelbar dichte Finsternis, auch am hellen Tag. Dann taucht ein schwarzer Schatten auf, der die Gestalt von Kye annimmt. Ihre gekrümmten Riesenarme breiten sich vom Kloster aus, bis sie ein Haus umfassen, manchmal auch das Haus am Rande von Taktser. Wenn der Schatten sich auflöst, fällt Regen, schräg und eisig, selbst im Hochsommer.

Am Vorabend des Todes ihrer Kinder hatten stets riesengroße Raben, die auf einem Baum südlich des Hauses hockten, von Sonnenuntergang bis in die tiefe Nacht unheilvoll gekrächzt, und die Hunde stießen sechsmal hintereinander ein Geheul aus. Jedes Mal hatte eine Tante der Mutter von einem geheimnisvollen Reiter geträumt, der ein Kind auf sein Pferd hob. Und jedes Mal rief man den Lama-Astrologen und die Mönche des Klosters, damit sie ihres Amtes walteten.[4]

Die Lamas raten, seinen Tränen keinen freien Lauf zu lassen. Das ist schwer, sagen sie, aber Tränen hindern den Säugling oft daran, seine körperliche Hülle unter guten Bedingungen zu verlassen. Keinesfalls löst sich das Kind in Nichts auf, sein Geist bleibt. Eine Wiedergeburt wird sich daraus ergeben, glücklich oder elend, in jedem Fall wird dieses neue Leben ein gefährdetes und kostbares Gut sein.

Um ihrem toten Kind eine Wiedergeburt unter besseren Bedingungen zu ermöglichen, suchte das Paar die Lamas auf. Mantras werden rezitiert und Opfer vor dem Familienaltar dargebracht. Wenn der Lama-Astrologe Tag und Stunde als günstig bestimmt hat, wird das Baby, in ein weißes Leichentuch gewickelt, den Mönchen und dem Leichenzerleger[5] übergeben, die den Auftrag haben, es im angrenzenden Gebirge an einen verborgenen und geheiligten Ort zu bringen.[6]

Es ist ein Moment von großer Intensität. Diesen Akt der Rückkehr zur Natur – wenn der Körper den wilden Tieren überlassen oder als Nahrung für die Fische in einen See versenkt wird – betrachten die Tibeter als eine allerletzte Opfergabe des Verstorbenen.

Wenn sie im Gebirge an dem geheiligten Ort, an dem Gebetsfahnen im Wind flattern, angekommen sind, legen die Mönche das kleine weiße Leichenbündel auf den unberührten Schnee. Wieder werden Rituale vollzogen, während der Leichenzerleger den Körper entkleidet und sein düsteres Werk beginnt. Er trennt eine Hand, einen Unterarm ab und überlässt sie den Geiern, die Eingeweide bekommt ein Wolf.

Andere Raubtiere nähern sich; ihr Geheul zerreißt die Luft. Sie drängen sich im Rudel, nur wenige Meter entfernt von den Mönchen und dem Leichenzerleger, der jetzt den rechten, dann den linken Fuß, den rechten Schenkel, dann den linken abtrennt …

Am Himmel kreisen die Geier, fliegen immer tiefer, um sich schließlich niederzulassen und sich auf den blutigen Kadaver zu stürzen.

Kelsang Rinpoche schreibt jetzt:

> Bei jedem dieser Todesfälle hat sich genau in dem Moment, in dem der Leichenzerleger das Herz des Kindes einem Wolf zum Fraß vorwarf, ein Regenbogen wie ein Hoffnungsstrahl über die Erde gewölbt.[7]

Es dauert mehrere Tage, bis er all seine Informationen schriftlich niedergelegt hat.

Eines Morgens geht Kelsang Rinpoche zum Tempel, nimmt dann sein Frühstück ein und begibt sich erneut in seine Mönchszelle in Kumbum.

Seine Arbeit ist noch nicht beendet.

Der Lama nimmt auf einem Meditationskissen Platz, rückt die Öllampe zurecht und macht sich daran, das Geschriebene, Seite für Seite, noch einmal gründlich durchzulesen.

Kelsang legt das kostbare Dokument nieder, erhebt sich plötzlich, und während er den engen Raum auf und ab schreitet, verfällt er in ein langes Träumen.

Als er sich wieder gesetzt hat und den Kopf hebt, ist sein Blick voller Entschlossenheit: Er greift zur Pfauenfeder, tunkt sie ins Tintenfass und beginnt wieder zu schreiben:

Vor der Geburt von Lhamo Thöndup sind im Heim von Dekyi Tsering und Chökyi Tsering zwei weitere Knaben zur Welt gekommen: Gyalo Thöndup, geboren 1929, und Lobsang Samten, 1932 geboren.

Jedes Mal, wenn einer der Knaben krank wurde, befiel die Eltern eine dumpfe Angst. Aber zum Glück haben alle beide die frühe Kindheit ohne große Probleme überstanden.

Am 5. Juli 1935 spürt Amala die ersten Wehen.

Am nächsten Tag, dem 6. Juli ... Tsering Dölma, die älteste Tochter – sie ist fünfzehn – hat sich schon erhoben und macht sich bereit, mit Gyalo Thöndup, der bald sechs wird, zum Markt des Nachbardorfes zu gehen. Das junge Mädchen vertraut ihren Bruder den Dorfbewohnern an und bittet eine alte Nachbarin, ihrer Mutter bei der Entbindung behilflich zu sein.

Die Älteste hat große Mengen Wasser erhitzt und saubere Tücher zurechtgelegt, während die Nachbarin wieder in den Stall zu Amala geht. Sie hat eine Matte auf den Boden gebreitet.

Kurz vor Sonnenaufgang hockt sich Amala nieder, um ihr neuntes Kind zur Welt zu bringen. Der Kopf des Babys ist wohlbehalten ans Licht gekommen, aber, und das ist ungewöhnlich, die Nabelschnur hat sich um den Hals des Neugeborenen gewickelt. Das ist ein Zeichen dafür, dass der Betreffende in seinen vergangenen Leben schon viele Verdienste erworben hat. Aber in diesem Moment weiß natürlich keiner, dass Lhamo Thöndup der 14. Dalai Lama sein wird. Niemand außer ihm selbst ...

Die alte Frau hat das Baby auf dem Arm genommen. Lhamo Thöndup schreit laut und kräftig. Das verheißt gute Gesundheit und gilt als glückliches Vorzeichen.

Dann, als das Baby seinen ersten Schrei ausgestoßen hat, fragt Pala, ob es ein Junge sei. Die alte Nachbarin antwortet ihm. Da erhebt sich Pala mit einem Ruck. Von Krankheit keine Spur mehr, und er, der sich im Kang nicht einmal hatte aufrichten können, kommt ohne Mühe in den Stall gelaufen, um seine Frau und seinen neugeborenen Sohn zu sehen.

Er sieht, wie die alte Frau gerade dabei ist, an der Nabelschnur zu ziehen, dreimal hintereinander, wie es der Brauch will, und dabei jede ihrer Bewegungen mit einem Gebet begleitet. Das erste, beim ersten Zug an der Nabelschnur, lautet: »Mögest du immer gesund sein!« Das zweite, nach einem neuerlichen Zug an der Schnur: »Mögest du ein langes Leben haben!« Der dritte und letzte Zug: »Mögest du glücklich und frei sein von den drei Giften, die da sind Anhaftung, Hass und Gleichgültigkeit!« Sie nimmt jetzt einen Wollfaden aus den Falten ihrer Tschuba, um die Nabelschnur so nah wie möglich am Bauchnabel dieses hübschen kleinen Knaben abzubinden. Zuerst wird der Wollfaden dreimal entgegen dem Uhrzeigersinn gewickelt, dann dreimal in der Gegenrichtung, bevor er nochmals verknotet wird. Mit einem Dolch aus Amdowa schneidet sie dann dicht über dem Knoten die Schnur ab. Die Schnur hat Amala mehrere Monate lang aufbewahrt. Sie benutzte sie als Heilmittel, wenn Lhamo Thöndup an Soor oder einer Rachenentzündung litt. Sie weichte sie dann in Yakmilch ein und bestrich damit ihr Baby.[8]

Die Plazenta wird in Tibet als unrein betrachtet. Sie darf weder ans Sonnenlicht noch einem Menschen – außer demjenigen, der sie entsorgen muss – oder einem Hund unter die Augen kommen.

Kelsang Rinpoche schreibt:

Da sich der Glückspunkt des Hauses im Osten befindet, hat Pala, der seit der Geburt seines Jungen wieder auf den Beinen ist, die Plazenta in einen Sack gesteckt und sie in einem Loch vergraben, das er im Westen des Hauses, gegenüber dem Glückspunkt, ausgehoben hat.
In den Stall zurückgekehrt, nimmt er seinen Sohn in die Arme und nimmt sich fest vor, aus ihm einen Mönch zu machen.[9]

Kelsang vermerkt auch die Anwesenheit von Raben in der Nähe des Hauses, in dem Lhamo Thöndup gerade geboren worden ist.

In der ersten Stunde nach seiner Geburt ließ sich ein Rabenpaar auf dem Dach mit den türkisfarbenen Ziegeln nieder, und ihr Krächzen hörte sich so an, als würden sie lange miteinander schwatzen. Danach erhoben sie sich unter heftigem Flügelschlagen. Am nächsten Morgen kehrten sie zur gleichen Stelle zurück und begannen wieder mit ihrem friedlichen Gekrächze; und danach kamen sie abermals.
So ging es mehrere Tage lang. Kaum war die Nacht gewichen, da waren die Raben schon da, und die Bewohner von Taktser, die bereits eine

> Runde um den Tempel machten, mussten nur den Blick heben, um sie zu sehen, immer an der gleichen Stelle.[10]

Ein in der Tat erstaunliches Verhalten, zumal Raben nach der Geburt des 1., 7., 8. und 12. Dalai Lama bei einer ganzen Reihe von Ereignissen eine Rolle gespielt hatten. Der Rabe, heißt es in Tibet, ist eine Inkarnation von Mahakala[11], dem Bodhisattva der Weisheit.

Eine Anekdote im Zusammenhang mit der Geburt von Gendün Drub, dem 1. Dalai Lama, hat die Jahrhunderte überdauert. Seine Eltern, Nomaden, wohnten in Tsang, in Zentraltibet, nahe dem Kloster Sakya.[12] In der Nacht seiner Geburt wurde ihr Zeltlager von Räubern angegriffen. Um ihr Kind zu retten, war die Mutter gezwungen, es in höchster Eile in einer Felsenkluft zu verstecken.

Am nächsten Tag kam sie zurück, um ihr Baby zu holen. Angst packte sie, als sie am Felsenhang Schakale bemerkte. Aber welche Überraschung: Raben hielten sie in Schach. Sie kam näher, und ihr Herz klopfte zum Zerspringen. Plötzlich hörte sie das vergnügte Lallen ihres Kleinen: Ein riesiger Rabe beschützte ihn und antwortete auf die unartikulierten Laute seines Schützlings mit seltsamen kleinen Schreien.

Es existiert also eine enge Verbindung zwischen den Raben, den Dalai Lamas und Mahakala. Die Anwesenheit eines Rabenpaars auf dem Dach des Hauses, in dem Lhamo Thöndup geboren wurde, bezeugt es einmal mehr: Sie ist das Zeichen göttlichen Schutzes.

Kelsang Rinpoche fährt fort:

> In den Tagen, die der Geburt folgten, unterzog sich Amala einer Reihe von Ritualen: Sie berührte weder ihre Haare, um nicht Gefahr zu laufen, sie zu verlieren, noch fasste sie irgendeinen Gegenstand an, um zu vermeiden, dass er kaputtging. Die Nachbarin gab ihr einen Stein zum Betasten – es hätte auch ein Stück Holz sein können. Da ein Junge geboren worden war, wurden am dritten Tag – bei einem Mädchen wäre es der vierte Tag gewesen – Reinigungszeremonien abgehalten, um das Haus und seine Bewohner von den Verunreinigungen der Entbindung zu befreien.

Nachdem die Opferrituale und Gebete beendet waren, konnte sich Amala endlich mit frischem Wasser waschen und saubere Kleider anziehen, um die Geschenke der Freunde, Bauern, Händler und Mönche in Empfang zu nehmen.
Mit dieser Geburt, der neunten, hätte die Normalität in Taktser einkehren können. Aber das Gegenteil trat ein.
Im Lauf der letzten Sommerwochen und im Herbst konnte man bemerken, dass die Stimmung der Dorfbewohner sank. Taktser und die Nachbardörfer im Tal standen vor großen Problemen. Seit einigen Monaten hatte es nicht mehr geregnet, dafür hatten heftige Hagelstürme die Ernten vernichtet.
Gegen Ende des Winters 1936 gibt es so gut wie keine Gerste mehr, an Hafer für die Pferde herrscht grausamer Mangel, und man ernährt sich von Reis und Erbsen. Noch konnte man das Kloster Kumbum um Hilfe bitten, das Getreide für Zeiten der Hungersnot lagert.
Die Atmosphäre in Takster ist unerträglich, ebenso im Tal. Man beschuldigt Chökyi Tsering, Träger des Bösen zu sein, Abbild des Dämons, des *kyirong*. Das hindert die Familie indessen nicht, Tsering Dölma mit Phuntsok Tashi zu verheiraten, der aus Chungtsi stammt, einem Dorf, das wegen seiner heißen Quellen berühmt ist. Die beiden Familien kennen sich seit langem und zögern nicht, sich gegenseitig beizustehen. Wenn er an seinen chronischen Magenbeschwerden leidet, nehmen die Eltern von Phuntsok Tashi Pala gerne bei sich auf. Das Wasser der Quelle tut ihm tatsächlich gut.
Die Lamas verlassen das Haus nur noch, um zu versuchen, die bösen Geister zu vertreiben.
Ab dem Ende des Sommers 1937 herrscht Hungersnot.
Mehrere Familien entschließen sich, in ein anderes Tal zu ziehen oder wieder ein Nomadenleben zu führen. Zu besseren Zeiten würden sie dann vielleicht wiederkommen, wenn es denn bessere Zeiten gäbe …
Nur dreizehn Familien werden bleiben und dem harten Winter trotzen, auch Frühling und Sommer überstehen, als unglaubliche Trockenheit herrscht, und den Herbst, in dem Sandstürme alles verwüsten.[13]

Als die von Kelsang Rinpoche geführte Suchdelegation zum ersten Mal nach Taktser kam, war es mitten im Winter, der zu Beginn des

Jahres 1938 besonders hart war. Die Scheunen der Klöster begannen sich bedrohlich zu leeren.

Bei seinem zweiten Besuch konnte der Lama von Sera endlich einen Sinn in den tragischen Ereignissen erkennen, die das Gebiet seit der Geburt von Lhamo Thöndup in Unruhe versetzen. Diese Unglücksserie würde erst enden, wenn Lhamo Thöndup als Reinkarnation des 13. Dalai Lama anerkannt war.

In den letzten Zeilen seines Berichts weist er auf die Dringlichkeit dieser Angelegenheit hin.

> Die Bevölkerung leidet moralisch und physisch. Einige Familien haben Taktser schon verlassen.[14]

Kelsang Rinpoche beträufelt das Pergament jetzt mit schwarzem Wachs und drückt sein Siegel darauf. Dann begibt er sich nach Xining, von wo aus er dem Regenten und dem Kashag über den Staatssekretär von Britisch-Indien eine verschlüsselte Botschaft zukommen lässt. Sowie die Nachricht bekannt wird, herrscht allergrößte Unruhe bei dem Regenten und seiner Regierung. Sie fordern, was diese Sache angeht, höchste Geheimhaltung und äußerste Vorsicht. Um Ma Bufang und die Amtspersonen der Guomindang zu täuschen, entschließt man sich in Lhasa, das Auffinden von sechzehn Kandidaten bekannt zu geben, darunter auch Lhamo Thöndup, das Kind aus Taktser.

Kelsang Rinpoche erhält den Befehl, mit dem Kriegsherrn Ma über die Rückführung »aller Kandidaten« zu verhandeln.

Sommer 1938 in Lhasa. Die Suche nach der Reinkarnation des 9. Panchen Lama wird wieder aufgenommen. Um die Tradition zu wahren, bittet der Kashag den Rat von Khenpo, das Vorhaben der Regierung zu unterstützen, wohl wissend, dass in Abwesenheit des Dalai Lama – er ist drei Jahre alt und noch nicht offiziell anerkannt – der Regent weiterhin alle Fäden in der Hand behält.

Der Dalai Lama ist in Amdo aufgefunden worden, und man muss ihn jetzt heil und gesund in die tibetische Hauptstadt bringen. Da er sich in einem Gebiet aufhält, das von den Chinesen kontrolliert wird, ist dies mit einigen Problemen verbunden; zudem wartet man gespannt auf jedes Zeichen, das darauf hindeutet, dass auch der Panchen Lama wieder erschienen ist.

Der Konflikt zwischen Reting Rinpoche, dem Kashag und den abtrünnigen Lamas von Tashilhunpo, die immer noch im Gebiet des Kokonor den mumifizierten Körper ihres geistlichen Oberhaupts herumtragen, schwelt nach wie vor. Es ist vereinbart worden, dass sich, sobald Zeichen auftauchen, die auf die Entdeckung der kindlichen Reinkarnation hindeuten, drei Delegationen auf den Weg machen sollen. Eine davon würde vom Gebiet des Kokonor aus aufbrechen. Ein heuchlerisches Bündnis, könnte man sagen, das darauf gerichtet ist, die beiden höchsten geistigen Autoritäten der Gelugpa-Schule aufs Neue zu vereinen: den 14. Dalai Lama und den 10. Panchen Lama.

Mitte August halten sich die höchsten religiösen Würdenträger im Kloster Chökhorgyal auf, nicht weit vom Lhamo Latso, dem See der Visionen.

Reting Rinpoche verbringt das Ende des Sommers zwischen Hoffen und Bangen, dem Warten auf die Ankunft des Dalai Lama und der Ungewissheit des Zeitpunktes dieses Ereignisses.

Wozu in den Gärten des Norbulingka bleiben? Um sich die Zeit zu vertreiben, gibt es doch nichts Schöneres, als seine Kumpane bei einer Schlacht mit Papierdrachen herauszufordern, nah am Fluss Kyi-Chu, der durch Lhasa fließt. Alle Tibeter teilen diese Leidenschaft für Drachen, und die Lhasapas lieben es, sich in Luftschlachten zu stürzen.

So ist Jampa Gyaltsen sofort bereit, bei den Eskapaden seines Bruders mitzumachen, zumal sich auch schon Nyungne Lama und Khardo Rinpoche eingefunden haben. Jampa Gyaltsen fordert sie heraus. Glas wird zerbrochen, sorgfältig zerstampft und anschließend mit Leim vermischt. Dann präpariert jeder seinen Papierdrachen. Der eine – geführt vom Bruder und Kammerherrn des Regenten – trägt die Farben des Klosters Radeng, der andere die von Khardo Rinpoche.

Bei dem Spiel geht es darum, sich dem Drachen seines Gegners zu nähern und ihm die Schnur abzuschneiden.

Während der Vorbereitungen unterhalten sich die Männer über

frivole Themen, machen sich lustig über die jungen Tibeterinnen, mit denen sie sich letzte Nacht vergnügt haben, und wetten auf diejenigen, die in der kommenden Nacht dafür wieder zur Verfügung stehen werden.

Männer und Frauen, Laien und Mönche drängen sich um sie, zumal auch Reting Rinpoche da ist, dem alle möglichen Gerüchte vorauseilen. Sechzehn Kandidaten für die Reinkarnation des 13. Dalai Lama, heißt es, seien auf dem Weg nach Lhasa, und immer häufiger ist die Rede von der Rückkehr der sterblichen Hülle des Panchen Lama nach Tashilhunpo.

Jampa Gyaltsen gegen Khardo Rinpoche: Jeder lässt seinen Drachen steigen, verfolgt den anderen, weicht aus, täuscht einen Angriff vor und flieht. Ein getreues Abbild des politischen Lebens in Lhasa!

Die Menge hat sich in zwei Gruppen aufgeteilt, zur einen gehören die schönen Damen, die Jampa Gyaltsen unterstützen, zur anderen die, die lieber Khardo Rinpoche als Sieger sehen würden, aus welchen Gründen auch immer.

Man setzt auf den einen, ohne den anderen zu unterschätzen. Es ist angeraten, Umsicht zu zeigen. Man kann so schnell seiner Ämter enthoben und seiner Güter beraubt werden. Sturzflüge, Einkesselung, Ausweichmanöver – der Angriff erfolgt selten frontal.

Nachdem die Schnur des Drachens von Khardo Rinpoche gekappt ist, fällt er senkrecht in den Fluss. Ein trauriges Ende. Die Frauen stoßen spitze Schreie aus. Der Besiegte wird das Fest des heutigen Abends mit öffentlichen Geldern ausrichten. Kein Zweifel: Es ist etwas faul im Staate Tibet.

Das ist keineswegs neu in dieser theokratischen Gesellschaft. Im 16. Jahrhundert schon erklärt Drugpa Künleg, »der göttliche Narr«: »Ich habe das religiöse Zentrum von Lhasa besucht, wo die Gastgeberinnen nur Geschenke und die Gunst ihrer Gäste erwarten; auch aus Angst, ein nichtswürdiger Schmeichler zu werden, habe ich mich fern gehalten.« Und weiter schreibt er:

Der dicke Penis des Lama
Ist die Geißel der Nonnen;
Tu was dagegen und schrei laut, um die Nachbarn zu wecken.

Gleichwohl wird das Verhalten von Reting Rinpoche und seinen Freunden von der großen Mehrheit der Bevölkerung als unannehmbar verurteilt. Es hagelt Kritik, und mancher Gelehrte zitiert Nagarjuna[15], um daran zu erinnern, dass der Weg der Weisheit und der Tugend nicht über die Lust führt, denn die zählt zu den drei Giften, zusammen mit Gleichgültigkeit und Hass.

Die Hauptstadt liegt wie unter einer Bleidecke. Während der Regent und seine Freunde die Staatsgelder verprassen, fehlt es den Lhasapas an allem. Die Inflation galoppiert.

Und trotzdem erhebt sich keine einzige Stimme, um zum Aufstand, zur Revolte aufzurufen. Man schreibt das eigene Unglück einem kollektiven schlechten Karma zu. Diese Schuldgefühle rufen bei einigen ein tiefes Bedürfnis nach Sühne hervor, die einzige Möglichkeit, eine bessere Wiedergeburt zu erlangen, wie sie glauben, denn dieses Leben ist nur eine Etappe auf dem Weg zu einem anderen Leben, so wie »die Blumen des Frühlings im Herbst vergehen«.[16]

Zu denen, die diese Überzeugungen und den Glauben eines ganzen Volkes missbrauchen, gehören neben Reting Rinpoche und seinen Kumpanen auch Mitglieder des Kashag, einige Abgeordnete der tibetischen Nationalversammlung und eine Handvoll klösterlicher Würdenträger.

Aber da ist auch die Gewissheit: Es wird unausweichlich der Tag kommen, an dem die, die gefehlt haben, mit den Wirkungen des Karma konfrontiert werden, das sie selbst geschaffen haben. Es gibt viele Alte, die abends am Herdfeuer folgende Geschichte erzählen: »Eines Tages, im Gebirge, zerkleinerte eine Mutter den Kopf eines Schafes zu Pulver und verstaute es dann in ihre Tschuba. Ihr Kind war auf ihren Rücken gebunden. Immer wieder warf sie ihm liebevolle Blicke zu. Da kam ein ausgehungerter Hund. Die Mutter nahm den Stein, den sie als Werkzeug benutzt hatte, und erschlug damit das Tier. Ein Lama, der vorbeiging, beobachtete die Szene und ging lächelnd davon. Seine Reaktion ist so zu erklären: Die Frau hatte gerade sorgfältig den Kopf eines Schafs zertrümmert, das in einem früheren Leben ihr Vater gewesen war; sie hatte grausam den Hund erschlagen, der ihre Mutter gewesen war, und sie liebte ihr Kind, das sie auf dem Rücken trug, mit größter Zärtlichkeit, und doch war es in der Vergangenheit ihr schlimmster Feind gewesen.«[17]

An einem Augustmorgen des Jahres 1938 sitzen Würdenträger von Tashilhunpo am Ufer des Lhamo Latso und meditieren. Wie lange mögen sie, eng zusammengerückt, dort gesessen haben? Sie wären wohl nicht in der Lage, das zu sagen. Aber es war eine sehr lange Zeit. Es ist untersagt, über das, was sie gesehen haben, miteinander zu reden, doch jeder ahnt, dass dieser Moment vielleicht zu einem entscheidenden für die Geschichte ihres Landes und die Gelugpa-Schule werden könnte.

Mönche bringen Bilung Rinpoche, der diese Kundschaftergruppe leitet, in Tee aufgeweichte Tsampa und vor allem etwas zu schreiben.

Inzwischen haben sich die anderen um das Feuer versammelt und beten, während sie darauf warten, dass der Lama mit der Niederschrift seiner Visionen fertig ist: Drei Hasen verfolgen einen grimmigen Tiger; eine Dame von unvergleichlicher Eleganz ist ihm ebenfalls erschienen, sie trägt eine dreieckige Haube, ein Löwe schläft auf einer der Steinstufen zu einem Kloster; er hat auch Mönchszellen gesehen und zwei sehr alte Bäume, die gen Himmel ragen.

Nachdem die Niederschrift und die Zeichnungen beendet sind, wird das Pergament mit rotem Wachs betropft, auf das Bilung Rinpoche das Siegel des Klosters Tashilhunpo drückt. Damit ist die Mission beendet, und alle kehren sofort nach Lhasa zurück.

Die Tradition verlangt, dass nach dem Tod des Panchen Lama das Pergament, das die Niederschrift der Visionen dieser Delegation enthält, dem Dalai Lama übergeben wird, entweder ihm persönlich oder dem Regenten. Normalerweise kommt es Kundun zu, über den Zeitpunkt zu entscheiden, an dem er Kenntnis von dem Bericht nimmt oder ihn interpretiert.

Der 9. Panchen Lama Chökyi Nyiama tat das Gleiche bei der Audienz, die er Kelsang Rinpoche kurz vor seinem Tod gewährt hatte, als er dessen Bericht anhörte und ihn auf das Dorf Taktser verwies.

Doch es gibt ein Problem: Im Gegensatz zu dem verstorbenen tibetischen Herrscher hat der 9. Panchen Lama bei seinem Tode keinen Hinweis hinterlassen, nicht das geringste Zeichen, das den höchsten Vertretern der Gelugpas dabei helfen könnte, seine Reinkarnation zu finden.

Der Rat der Khenpos und der Kashag müssen ihrer Suche also selber eine Richtung geben und sich dabei einzig auf die Berichte derjenigen stützen, die sich zum See der Visionen begeben haben. Die Mönche haben etwas Wichtiges beobachtet: Wenn er sich niederwarf, hatte Bilung Rinpoche des Öfteren den Kopf nach Osten geneigt, in die Richtung, die mehrmals bei den Trancezuständen des Orakels von Nechung bestätigt worden war.

Der Osten Tibets? Schon wieder das Gebiet, das von den chinesischen Kriegsherren kontrolliert wird.

Zu gleicher Zeit haben sich in Amdo die Verhandlungen mit Ma Bufang gut angelassen, er hat die Familie von Lhamo Thöndup eingeladen, einige Zeit in Xining zu bleiben.

Nicht wirklich in Geiselhaft, aber trotzdem Geiseln.

An diesem Tag passiert etwas Unglaubliches: Chinesische Reiter durchsuchen das Dorf, und vor allem das Haus von Dekyi Tsering und Chökyi Tsering. Die Männer fotografieren die Familie und die Gebäude. Die Küche, die Kangs, der Innenhof, der Stall, alles kommt dran.

Kelsang Rinpoche ist mit den anderen Mitgliedern der Delegation anwesend. Ma Bufang fragt ihn, ob das Kind aus Taktser die Reinkarnation des 13. Dalai Lama sei. Ohne die Fassung zu verlieren, antwortet der Leiter der Erkundungsgruppe, dass es noch andere Kandidaten gebe, dass die Entscheidung nicht von ihm, einem einfachen Lama aus Sera, abhängig sei, sondern bei den Behörden von Lhasa liege. Bevor der neue tibetische Herrscher designiert werden könne, sei es also absolut notwendig, alle Kinder herbeizuschaffen. Nicht sofort nach Lhasa, sondern erst nach Xining und dann ins Kloster Kumbum.

Amala, die zum zehnten Male schwanger und kurz vor der Niederkunft war, aus Taktser nach Xining zu bringen, war nicht ohne Risiko, selbst für Bufang nicht, von dem es hieß, er sei so grausam.

Die tibetischen Frauen sind die wahren Chefs der Familie, meistens sind sie es, die sich um die materiellen Ressourcen kümmern. Die Entscheidung, Taktser zu verlassen, ist ohne Schwierigkeiten getroffen worden: Amala hat ohne Probleme Einstimmigkeit um sich herum hergestellt. Wenn das nicht der Fall gewesen wäre, hätte sie eben einen Kompromiss finden müssen, der Eltern, Kinder und die übrigen Familienmitglieder, die unter dem gleichen Dach wohnten, zufrieden gestellt hätte.

Alle versammeln sich also unter den starren Blicken der chinesischen Soldaten. Überrascht von Amalas selbstsicherem Auftreten, lässt Ma Bufang sie gewähren. Mit dabei sind Pala, Tsering Dölma und ihr Mann Phuntsok Tashi sowie Gyalo Thöndup, der gerade aus der Schule kommt und für einen Moment glaubt, seine Eltern seien Gefangene der Chinesen. Kelsang Rinpoche wird es gestattet, sich der Gruppe anzuschließen. Zum Glück ist es ihm gelungen, Amala heimlich zuzuflüstern, dass Lhamo Thöndup das Kind ist, das in Lhasa erwartet wird, und dass dieses Geheimnis unbedingt gewahrt werden muss.

Auf dem Weg nach Xining. Amala weigert sich, im Haus von Ma Bufang Aufenthalt zu nehmen. Man findet also ein Gasthaus. Es kann jeden Augenblick zur Niederkunft kommen, nach einer solch langen Reise zu Pferd zumal.

Pala und ein Onkel der Familie sind in die Residenz des chinesischen Gouverneurs eingeladen, zusammen mit Lhamo Thöndup. Auch andere Kinder sind dort in Begleitung ihrer Eltern. All die kleinen Jungen weinen, mit Ausnahme von Lhamo Thöndup, der einen freien Sitz ausfindig und es sich dort bequem gemacht hat und mit ruhigem Blick betrachtet, was sich um ihn herum abspielt.

Ma Bufang hat sein Verhalten beobachtet. Er tritt an ihn heran, beugt sich zu dem Kind und fragt es, ob es denn wisse, wer es sei. Lhamo Thöndup bejaht das. Das beseitigt die letzten Zweifel des Chinesen: Wenn das reinkarnierte Kind sich an diesem Platz befindet, kann es niemand anderes sein als der Bruder von Taktser Rinpoche, der, jetzt sechzehnjährig, im Kloster Kumbum lebt.

Zum Schluss schickt Ma alle anderen Familien und ihren Nachwuchs nach Hause und fordert, dass Lhamo Thöndup und die Seinen in Xining bleiben. Mit Pala und Amala trifft er sich zu einem langen Gespräch und stellt sich dabei als Freund dar, er verspricht sogar, sich während ihrer Abwesenheit um den Hof in Taktser zu kümmern. Im Vorbeigehen lobt er die Qualität von Chökyis Pferden, nicht ohne auf die Stärken seiner eigenen Streitrösser hinzuweisen.

Wochen vergehen. Kelsang Rinpoche trifft Ma Bufang mehrmals: Der Lama fürchtet vor allem, dass die Guomindang von der Existenz des reinkarnierten Kindes erfährt. Es muss schnell gehandelt werden. Der Kriegsherr legt sich endlich fest: Er fordert von der Delegation ein vorläufiges Lösegeld von hunderttausend Silbermünzen. Die tibetische Regierung stellt diese Summe unverzüglich zur Verfügung, aber für die Gier von Ma Bufang reicht das noch nicht. Er gibt vor, die Mönche von Kumbum hätten die Absicht, die Reinkarnation des Dalai Lama selbst zu verkünden. Seine Forderung lautet, man möge ihm die exorbitante Summe von dreihunderttausend Silbermünzen zusätzlich aushändigen. Es nützt nichts, dass Kelsang Rinpoche ihm erklärt, dass es noch Zweifel gebe und diese Summe zu gewaltig sei. Ma bleibt unerbittlich.

Der Lama von Sera informiert also die tibetische Regierung, und um zu vermeiden, dass die Botschaft abgefangen wird, lässt er sie von Hand zu Hand bis zur tibetischen Hauptstadt weitergeben. Es dauert einige Monate, bis die Nachricht ihren Bestimmungsort erreicht, und die Antwort braucht ebenso lange.

So vergeht das Jahr 1938, und Ma Bufang verweigert immer noch die Abreise Lhamo Thöndups nach Lhasa. In der tibetischen Hauptstadt sind die Verhältnisse auch nicht klarer. Der Kashag wirft dem Regenten vor, dass er die Reinkarnation des 13. Dalai Lama in einer Provinz unter chinesischer Kontrolle gefunden habe, eine Situation, aus der die Guomindang jeden Augenblick Gewinn zu ziehen in der Lage sei. Zum Beispiel derart, dass sie das Kind verschwinden lassen und an seiner Stelle ein anderes designiertes präsentieren könnte.

Alles ist möglich. Und weil Kelsang nicht weiß, was in der Hauptstadt ausgeheckt wird, sucht er nach anderen Lösungen.

Schließlich findet er eine: Muslimische Kaufleute haben vor, sich auf die Pilgerschaft nach Mekka zu begeben und dabei Amdo zu durchqueren, die erste Etappe ihrer langen Reise. Sie werden danach an Lhasa vorbeikommen, bevor sie nach Indien ziehen.

Nach harten Diskussionen sind die muslimischen Kaufleute bereit, die von Ma Bufang geforderte Summe zu entrichten, im Gegenzug verpflichten sich die tibetischen Regierungsbehörden, diese Summe in indischen Rupien zurückzuerstatten.

Ma ist immer noch nicht zufrieden. Er nimmt Lobsang Tsewang als Geisel und verspricht, ihn gegen die Übersendung der kompletten Sammlung der Gewänder des 13. Dalai Lama, dazu noch einer Kollektion von Manuskripten in goldener Schrift, freizulassen; alles unter der Bedingung, dass die kindliche Reinkarnation die tibetische Hauptstadt heil und gesund erreicht. In der Zwischenzeit bringt Amala ein kleines Mädchen zur Welt. Es stirbt. Die Unruhen, die das Gebiet erschüttern, nutzend, kann die tibetische Geisel drei Monate später entkommen.

Im Kloster von Kumbum hält sich Lhamo Thöndup, ein etwas ungewöhnliches Kind, abseits von den kleinen Mönchen um ihn herum. Er malt Häuser auf den Boden und behauptet allen gegenüber, dass er bald in einem davon leben werde. Am frühen Morgen des 21. Juli 1939 verlässt der Konvoi das Kloster Kumbum in Richtung Lhasa.

TEIL II

1940–1949

6 Schattenspiele und kuschlige Nächte

Es ist ein Unglück, dass die Spanne zwischen den Zeiten, in denen man zu jung und in denen man zu alt ist, nicht lange genug dauert. *Montesquieu*

In dem Zimmer, das er mit seinem älteren Bruder Thubten Jigme Norbu teilt, sitzt Lhamo Thöndup und hüllt sich in tiefes Schweigen. Er hört, wie im großen Hof des Klosters die letzten Vorbereitungen für seine Abfahrt getroffen werden. Die Mönche spannen Maultiere und Pferde an, und der Singsang der Mantras kann den Lärm nicht übertönen. Zu dieser Nachtstunde bringt der Wind, der jetzt in den Bäumen singt und von den Bergen kommt, gewöhnlich etwas Kühlung. Diesmal nicht, kein Lüftchen weht.

Der Ältere bricht das Schweigen, vielleicht, weil er die Zeit nutzen will, die noch geblieben ist nach all den glücklichen Stunden, die er hier mit seinem Bruder, der zweiten Reinkarnation in der Familie, verbracht hat. Gemeinsam erinnern sie sich, wie Lhamo Thöndup in den Privatgemächern von Kelsang Rinpoche untergebracht wurde, an ihre kleinen dummen Streiche im Zimmer von Cho-la. Und wie sie die Kuckucksuhren entdeckt haben! Dann die Zeremonie der Inthronisation und danach die Segnung und der Austausch von Khatas, und alle Mönche, vom ältesten bis zum kleinsten Mönchlein, waren gekommen, um sich zu verneigen und eine Silbermünze von ihrem zukünftigen Herrscher in Empfang zu nehmen. Schon als kleiner Knabe wollte Lhamo Thöndup immer den weniger Privilegierten helfen, Menschen und Tieren, selbst den Insekten.

Kaum ein Jahr ist vergangen, und schon ist die Stunde gekommen, in der er aus dem Kloster scheiden, Taktser, das Dorf, das Haus hinter sich lassen und für immer in seinem Gedächtnis verschließen muss.

Ma Bufang hat das Lösegeld bekommen: dreihunderttausend Goldstücke. Das Kloster Kumbum hat seinen Teil gefordert, und Kelsang Rinpoche musste das Geld aushändigen. Dafür ist der tibetische Staat bankrott. Aber einmal ist keinmal. Der Kashag wird es schließlich dennoch schaffen, das Geld zusammenzubekommen und den muslimischen Kaufleuten die geschuldete Summe zurückzugeben, wenn auch erst nach langer Zeit.

Die Karawane mit ihren dreihundertfünfzig Pferden und Maultieren ist bereit. In Begleitung des 14. Dalai Lama befinden sich: Chökying Tsering, Dekyi Tsering, Gyalo Thöndup, der zehn ist, und Lobsang Samten, der bald sieben wird. Nicht zu vergessen die Suchdelegation, immer noch unter Leitung von Kelsang Rinpoche, auf dem eine schwere Verantwortung ruht, und die muslimischen Kaufleute, die es eilig haben, nach Mekka zu kommen.

Der Koranvers, den der Anführer der Karawane spricht, ist an jedes Mitglied der tibetischen Familie gerichtet, das mit ihnen ziehen wird: »Nichts wird euch geschehen, als was Gott euch bestimmt hat.«

Taktser und das Tal zu verlassen war keine Kleinigkeit gewesen, der Abschiedsschmerz groß. Sind doch mit diesem Haus, das man Vettern anvertraut hat, so viele Erinnerungen verbunden, so viele Erlebnisse, glückliche und unglückliche, die man geteilt hatte.

Ein Teil der Familie wird im Dorf zurückbleiben: *mola,* die Großmutter des Dalai Lama mütterlicherseits, und Tsering Dölma, mit neunzehn Jahren von ihrem Mann Phuntsok Tashi schwanger. Thubten Jigme Norbu wird seine religiöse Erziehung im Kloster Kumbum fortsetzen.

Die Trennung von der Familie ist nicht leicht. Auch wenn er nichts sagt, haben ihn doch einige seufzen hören. Er hält sich ein wenig abseits und denkt an die vergangene Zeit. So viele Erinnerungen tauchen wieder auf: Er sieht sich mit den anderen Knaben des Dorfes auf dem angrenzenden Hügel herumtoben, hört das eigentümliche Knattern der Gebetsfahnen, die sommers und winters dem Wind ausgesetzt sind; ein betagter Mönch singt sehr alte Melodien aus tibetischen Opern, mit einer Stimme, die ihm damals ein amüsiertes Lächeln entlockte; und dann der Tag seiner Inthronisation als Reinkarnation von Taktser Rinpoche. Ein großer Augenblick für die Familie! Ein gewaltiges Ereignis für die Bewohner des Tals! Er sieht sich als Halbwüchsigen in den Tempel von Tashi Kyil eintreten. Damals hatte er die Empfindung, kein irdisches Wesen wie alle anderen zu sein, und sein Geist schwebte in höheren Sphären, die Luft, die er atmete, schien ihm von göttlicher Reinheit.

Und dann setzt sich die Karawane in Bewegung. Thubten Jigme Norbu begleitet sie zwei glückliche Stunden lang. Ein paar verstohlene Tränen fallen auf seine Mönchsrobe. Schließlich macht er kehrt.

Schon verschwindet die Karawane am Horizont. Es ist der 21. Juli 1939, die verschlüsselte Botschaft ist bereits von Xining nach Lhasa telegrafiert worden.

In den Wochen vor der Abreise hat Amala alle und alles im Auge gehabt. Der Abt von Kumbum hat ihr versprochen, sich um die Familie zu kümmern und die Ernte zu überwachen. Man muss ihr gar nicht erst erklären, dass sich ihr Leben in Lhasa verändern wird, Amala benimmt sich bereits wie die »Große Mutter«.

In diesem Sommer 1939 hat sich das Gerede, das auf die Familie von Lhamo Thöndup zielte, allmählich gelegt. Jeder hat die Karawane schweren Herzens ziehen sehen. Auch mit Bedauern: Nachdem die Bewohner von Taktser und der Region mehrere Sommer lang unter Hagel und Trockenheit gelitten hatten und nach den besonders heftigen Stürmen der letzten Winter Mangel an Nahrung und Kleidung herrschte, beschenkte sie Chenrezig, dessen Emanation Lhamo Thöndup nun ist, in den letzten Wochen vor der Abreise nach Lhasa plötzlich wieder mit Buchweizen, Gerste, Senfkorn, Weizen, Reis, Sesam und Erbsen, dazu mit Früchten im Überfluss, so viel, dass man die Scheunen des Klosters und auch die eigenen wieder auffüllen konnte.

Vor der Abreise aus Taktser hat die stets umsichtige Amala die Maultiere schwer beladen: Hafer für die Tiere, Datteln, Essig, Tee aus Xining für die Muslime und *tchang* – Gerstenbier – für die Tibeter, Laien und Mönche.

Dann macht sich die Karawane auf den Weg. Zuerst eine Wüstenregion. Kein Vogel am Himmel. Sie ziehen zwischen Tsaring Nor und Oring Nor hindurch, durchqueren dann Sandelbaumwälder, kommen an vielen kleinen Seen mit kristallklarem Wasser vorbei, reiten durch unendlich lang gestreckte Täler, wo man ganze Herden von *kyangs* – Wildeseln – und *bharals* – blauen Schafen – sehen kann. Auch Bären und wilde Yaks kreuzen ihren Weg. Manchmal bringen die *kyangs* die Pferde und Maulesel der Karawane in Panik. Dann wird in die Luft geschossen, um sie zu vertreiben.

Von den Hochplateaus kommend, zieht die Karawane durch fruchtbare Ebenen, die mit Edelweiß übersät sind. Wenn sie die windgepeitschten Höhen erklimmen, verlassen Lhamo Thöndup und Lobsang Samten den *trel-jam*, einen Sitz, der mit Stangen an den Maultieren befestigt ist, und werden von Kelsang Rinpoche und einem anderen Mitglied der Gruppe getragen.

Auch Flüsse müssen durchquert werden. Besonders schwierig und gefährlich ist der Di-Chu. Lhamo Thöndup und die Seinen besteigen kleine, runde Boote aus Yakhaut, die anderen Bambusflöße. Die Kundschafter immer vorneweg und rund herum die Tiere, die mit der Strömung ans andere Ufer schwimmen. Es gibt Verluste an Menschen, Tieren und Gütern.

Nachdem sie Tra-Tsang-la, den Gebirgspass vor Bumchen, passiert haben, sind sie endlich auf tibetischem Boden, nur noch fünfzehn Tagesreisen von Lhasa entfernt. Mehr als drei Monate sind vergangen. Eine erste Delegation war der Karawane schon mit Proviant entgegengekommen. In Bumchen ist ein weiterer Abgesandter der Regierung zu ihnen gestoßen. Außer der Khata, dem allgemeinen Symbol der Begrüßung in Tibet, hat er Lhamo Thöndup das Mendel Tensum überreicht, die dreifache symbolische Gabe, zu der ein Bild des Buddha des langen Lebens aus Gold, heilige Schriften und ein Miniatur-Chörten gehören. Jetzt ist jedem bewusst, dass sich in diesem Kind der 13. Dalai Lama reinkarniert hat.

Noch fünf Tagesmärsche, und die Karawane nähert sich der tibetischen Hauptstadt. Eine weitere Delegation stößt zu ihnen, angeführt vom Vorsitzenden des Kashag, Staatsbeamten und den hohen Würdenträgern der drei Hauptklöster der Gelugpas, Ganden, Drepung und Sera. Man überreicht Lhamo Thöndup die vom Regenten Reting Rinpoche unterzeichnete Proklamation, die ihn zum 14. Dalai Lama macht.

Dann geschah etwas Merkwürdiges: Lhamo Thöndup zog plötzlich seine Kleidung, die eines Kleinbauern aus Amdo, aus, und tauschte sie gegen eine Mönchsrobe. Dann trat Kelsang Rinpoche zu ihm, nahm ihn auf den Arm und brachte ihn zur *phebjam*, der vergoldeten Sänfte, die ihn nach Lhasa tragen sollte.

Am 6. Oktober 1939 feiert man in Rigya, kaum fünf Kilometer von Lhasa entfernt. Dieser Brauch besteht schon lange, man feiert bei jeder Ankunft eines neuen Dalai Lama an einem von den Astrologen festgesetzten Datum. Das Pfauenzelt aus gelbem Satin ist aufgebaut, es ist 4,50 m hoch, die Grundfläche beträgt 30 m^2. Seit Juli 1879, als der 13. Dalai Lama einige Tage vor seiner Inthronisation in der Hauptstadt in Rigya eintraf, ist es nicht mehr benutzt worden.

Der 7. Oktober ist der große Tag: Im Beisein des Regenten, des Premierministers, des Kashag, der Äbte der Gelugpa-Klöster und der Würdenträger der anderen Schulen hält Lhamo Thöndup seine allererste Audienz ab, und ganz Lhasa nimmt daran teil. Auch die ausländischen Delegationen fehlen nicht. Am meisten beachtet wird die Anwesenheit des Chögyal, wie der Titel des Herrschers von Sikkim lautet. Er hat dem jungen tibetischen Herrscher zwei prachtvolle Hengste zum Geschenk gemacht; sie kommen in die Pferdeställe des Norbulingka. Pala, heißt es, seien vor Freude die Tränen gekommen.

Zwei Tage hintereinander nehmen Lhamo Thöndup und seine Familie an verschiedenen Feierlichkeiten teil. Es wird getanzt, sakrale Opern werden gesungen, und es wird viel gebetet. Man verteilt Gebäck und getrocknete Früchte, Zeichen des Wohlstands.

Wieder macht sich Lhamo Thöndup auf Beschluss der Astrologen auf den Weg. Eine dicht gedrängte Menge folgt ihm, sie wird immer größer, je näher man der Hauptstadt kommt.

Langdun reitet an der Spitze, unmittelbar gefolgt von Reting Rinpoche, beide in vollem Ornat. Ihre Pferde sind mit goldbesetztem Brokatstoff geschmückt. Die goldene Sänfte Seiner Heiligkeit wird von sechs Beamten getragen, sie sind in grünen Satin gekleidet und tragen prächtige rote Hüte. Die Mönche schlagen die *da-ma,* eine Trommel, die aus Ladakh stammt und nur bei bedeutenden Anlässen benutzt wird. Andere spielen die *suna,* eine Flöte. Die Töne vermischen sich, werden stärker, vibrieren und erfüllen die Stadt, die Tempel, die Wohnhäuser und den Palast. Die Stimmen der Lhasapas, die *da-ma* und die *suna* haben noch nie so rein geklungen!

Entlang der Strecke knattern Fahnen im Wind.

Langdun folgt einer genau vorgegebenen Route, die mit gelber und weißer Kreide markiert und mit buddhistischen Symbolen bemalt ist. Ungefähr alle zwanzig Meter sind Räuchergefäße aufgestellt, aus denen in dichten Schwaden der Duft von Harz emporsteigt. Aber es gibt am Wegesrand nicht einen Lhasapa, der nicht auch noch Räucherstäbchen in der Hand hielte und in der anderen Hand die Gebetsmühle, die das Mantra OM MANI PADME HUM enthält, tausendmal auf eine Papierrolle geschrieben und von Lamas geweiht, und die sich jetzt ganz bestimmt ein bisschen schneller dreht als sonst. In jeder Geste der Tibeter, in ihren Augen, ihrem Herzen und ihrem Geist kann man glühende Ehrfurcht lesen: Lhamo Thöndup ist Träger so vieler Hoffnungen.

Der Zug zieht schließlich in die Hauptstadt ein. Einmal hat sich der Sänfte eine seltsame Person genähert. Unter seiner enorm großen goldenen Haube, fünfunddreißig Kilo schwer, hat das Orakel von Nechung, das in Trance ist und Schrecken erregend aussieht, seine Stirn gegen die von Lhamo Thöndup gedrückt, ihm eine Khata um den Hals gelegt und unverständliche Worte gestammelt. Nicht einen Augenblick hat das Kind aus Taktser Angst gehabt. Von diesem Moment an hat Kutenla die Sänfte bis zum Eingangstor des Jokhang begleitet.

Der *losar* von 1940 ist Anlass für große Festlichkeiten. Der Dalai Lama wird bald fünf Jahre alt, und trotz seines kindlichen Alters hat er bei allen Veranstaltungen, die man ihm zu Ehren organisiert hat, den Vorsitz.

Der Tag der offiziellen Präsentation des Herrschers ist von den Staatsastrologen, in Absprache mit dem Regenten und der Nationalversammlung, auf den 22. Februar 1940 festgelegt worden, vier Tage nach dem tibetischen Neujahr. Das Protokoll hat man mit großer Sorgfalt ausgearbeitet. Die Zeremonien finden im großen Saal im Ostflügel des Potala statt: Si-Shi Phuntsok, dem Saal aller guten Taten der geistigen und irdischen Welten. Um die Familie herum drängen sich die Repräsentanten Chinas, Großbritanniens, Nepals, Buthans und Sikkims. Man sieht auch Mitglieder der Regierung – Mönche und Laien –, inkarnierte Lamas und die Äbte von Ganden, Drepung und Sera.

Bekleidet mit einer prachtvollen Zeremonienrobe aus Brokat, betritt Lhamo Thöndup den Saal. Er geht voran, ihm folgt Reting Rinpoche, der von jetzt an sein erster Lehrer ist, dann Tagdra Rinpoche, sein zweiter Lehrer, Mitglieder des Kashag, die Kammerherrn, der Gewandmeister, der Tafelmeister und der Zeremonienmeister.

Reting Rinpoche hatte die Ehre gehabt, den Schädel des kleinen Jungen zu rasieren und ihm seinen neuen Namen zu geben: Jetsun Ngawang Lobsang Yeshi Tenzin Gyatso Sisum Wangyur Tsungpa Mepai Dhe Palsangpo.

Am 22. Februar 1940 ist Lhamo Thöndup offiziell der 14. Dalai Lama geworden. Bald wird er in der ganzen Welt unter dem Namen Tenzin Gyatso bekannt sein. Schon berichtet die Agentur Reuter, die 1933 den Tod seines Vorgängers durch Vergiftung bekannt gegeben hatte, über die Inthronisation, und die *Times* räumt dem Ereignis viel Platz ein. Die begeisterten Artikel hat Hugh Richardson, der Chef der britischen Delegation, verfasst.

Die Familie wird mit Titeln überhäuft. Mit dem Ehrentitel Gyalyap Chenmo, was der »Große Vater«, und Gyalyum, was die »Große Mutter« bedeutet, daran muss der Name Yapshi angehängt werden, durch den sie nun zum Adel zählen und Anspruch auf ein Haus in der Hauptstadt und auf Ländereien haben. Der Vater des Dalai Lama erhält auch den Titel des *kung,* vergleichbar dem eines Herzogs. Der Vatersname musste geändert werden: Chökyi Tsering, Dekyi Tsering und ihre Kinder werden für die Tibeter die Yapshi Takhla sein, »Das Haus, das nach Glück trachtet«.

Während Amala diese Titel mit Distanz betrachtet, ist das bei Pala ganz anders. Der abrupte Bruch in seiner Existenz bleibt nicht ohne Folgen. Woran er am meisten denkt: Pferde besitzen! Alle Pferde im Land! Um seiner Passion zu frönen, braucht er Geld, viel Geld. Pala fordert es vom Kashag, der ihm seit 1940 beträchtliche Summen zur persönlichen Verfügung stellt. Er erhält auch noch ein zweites Landgut und eine Teeplantage im Süden Tibets. Aber das reicht immer noch nicht. Er ist doch der Vater von Kundun, der *kung*, der »Große Vater«, und er verlangt immer mehr. Und er hat eine Schwäche für Reting Rinpoche. Kaum in Lhasa angekommen, schnappt die Falle hinter ihm zu.

Man hätte meinen können, mit der Rückkehr des Dalai Lama in den Potala seien die Tibeter zur Besinnung gekommen. Doch dem ist nicht so. Man weiß ja: »Ein Tropfen verdorbene Milch lässt die ganze Milch sauer werden.« Und in einer Lebensregel, die man einem Lama, Rajah du Dugyul, zuschreibt, heißt es: »Unter den geistlichen Herrn gibt es Spitzbuben; in den Bergen wachsen zwischen den Heilpflanzen auch giftige Kräuter; unter denen, die sich unsere Freunde nennen, gibt es Leute, die Übles im Sinn haben. Wappnet euch also immer mit Vorsicht.« Sie sind schon noch da, die Spitzbuben! Nach wie vor hat Reting Rinpoche seinen Bruder, den Kammerherrn, bei sich sowie seine beiden Freunde Nyungne Lama und Khardo Rinpoche.

Noch vor wenigen Tagen riefen die Lhasapas, als ihr junger Herrscher vorbeizog: »Der Tag unseres Glücks ist gekommen!« Aber in Wirklichkeit hat sich in der Hauptstadt nichts geändert. Ernennungen und Aberkennungen erfolgen um die Wette. Ebenso schnell wie jemand auf einen hohen Posten geschoben wird, geht er dessen wieder verlustig.

Man verteilt großzügig Grund und Boden, schon vielmals vergeben und wieder beschlagnahmt, und dann konfisziert man das Land ohne irgendeine Erklärung. Auch Reting Rinpoche mischt mit. Er fordert vom Kashag weiteres Land, ein paar Güter, schlicht und einfach zusätzliche Einkünfte. Angeberisch erklärt er immer wieder, er habe schließlich die Reinkarnation des 13. Dalai Lama gefunden. Die tibetische Nationalversammlung tritt zusammen.

Ein Gouverneur ist empört über das Ansinnen des Regenten und sucht unter den Abgeordneten, die als integer gelten, Verbündete. Die Gegenreaktion lässt nicht lange auf sich warten: Der Mann wird ins Exil geschickt und nicht zurückkehren.

Allerdings geht der Regent geschwächt aus der Sache hervor. Der Kashag gibt seinen Forderungen letztendlich nicht nach und billigt ihm nur einige Ländereien ohne großen Wert zu.

Soweit es sich um finanzpolitische Machenschaften handelt, zeigen sich die Tibeter relativ nachsichtig, aber es gibt Grenzen, die nicht überschritten werden dürfen. Nie ruht das Karma, und ihm entgeht keiner! So steht es für alle Zeiten in den Sutras: »Jeder Mensch, der die Moral verletzt, setzt sich fünf Gefahren aus: Die Güter, die er erstrebt, wird er nicht, wie er es wünscht, bekommen; die, die er erhalten hat, wird er eines Tages verlieren. Wohin er auch geht, niemand wird ihn achten. Sein schlechter Leumund wird sich überall verbreiten. Nicht nur wird am Ende seines Lebens sein Körper zerfallen, er geht auch in die unteren Welten ein.«

Die Lhasapas sind unruhig wie nie zuvor.

Unaufhörlich verbreiten sich Gerüchte. Als Erster wird Reting Rinpoche aufs Korn genommen. Man kennt seine wilden Streiche und nächtlichen Eskapaden im Dorf Shöl, am Fuße des Potala, ebenso seine lasterhaften Kumpane, seinen schändlichen Hang zur Korruption, seine Vorliebe für den Handel – zusammen mit seinen Freunden beherrscht er die Schattenwirtschaft des Landes. Nicht zu reden von der quasi offiziellen Liaison mit einer Dame aus Lhasa.

Jeder weiß noch, wie er in der Hauptstadt eintraf und Einzug in den Potala hielt. Die Lhasapas konnten sich nicht erinnern, dass ein Regent je mit so viel Arroganz in Stimme und Haltung aufgetreten wäre, aber man fand Entschuldigungen, wenn er die Abgeordneten der Nationalversammlung und die Lüstlinge unter den Lamas geißelte – er war ja gerade erst zwanzig Jahre alt. Er hatte keine Hemmungen, Drugpa Künleg, den göttlichen Narren, öffentlich zu zitieren: »Ich habe die Akademie von Ganden besucht. Und in Ganden sucht sich jeder Mönch einen jungen Liebhaber. Deshalb habe ich mich aus Angst, meinen Samen zu vergeuden, abseits gehalten.«[1]

Die Sache ist sehr viel ernster, als es den Anschein hat. Was den Samen anbelangt, so hat der Regent den seinen an alle möglichen Weiber in den berüchtigten Vierteln der Stadt verschwendet. Das geht ja noch. Er ist schließlich nicht der Einzige. Schlimm ist die Liaison. Die Dame lebt sozusagen auf Dauer in den Gemächern des Regenten und genießt dort, wie man mit großem Gelächter bemerkt, ihre spirituelle Ausbildung.

Jede Nacht werden Plakate an den Bäumen, nahe den Tempeln und am Eingang des Jokhang angebracht. Sie erzählen pikante Geschichten von der Dame und ihrem Liebhaber Reting Rinpoche. Das kann so nicht weitergehen. Dabei gibt es berühmte Vorläufer, beispielsweise in Gestalt des 6. Dalai Lama Rigdzin Tsangyang Gyatso, der in einem seiner Gedichte schrieb:

> In meinem Palast, dem Ort des Himmels auf der Erde,
> Nennt man mich Rigdzin Tsangyang Gyatso,
> Den reinkarnierten Chenrezig.
> Aber unterhalb meines Palastes
> Im kleinen Dorfe Shöl
> Nennt man mich Chelpo Dangzang Wangpo, den Verderbten,
> Denn zahlreich sind meine Geliebten.[2]

Die Geschichte nahm mit der Flucht des 6. Dalai Lama ein böses Ende. Er ist der einzige unter Tibets Herrschern, der kein Grabmal im Potala hat, was ihn, nebenbei bemerkt, zur Legende gemacht hat.

Im *Sutta-Nipata*, einem der ältesten Teile der buddhistischen kanonischen Literatur, heißt es: »Ein Mensch, der von den Frauen, vom Alkohol und vom Würfelspiel verdorben ist, der alles vergeudet, was er gewinnt, der hat das Gesicht eines Verlorenen ...« Reting Rinpoche, Regent und erster Lehrer des 14. Dalai Lama, hat ein solches Gesicht.

1940 erwartet Amala ihr vierzehntes Kind. Es wird also Zeit, eine angemessene Bleibe für die Familie Yapshi Takhla zu finden. Der Kashag verschafft ihr eine in der Nähe des Norbulingka, des Sommerpalasts, wo die kindliche Reinkarnation bis zu ihrer Thronbesteigung residiert hat. Sie gehört zu den Häusern, die auf Verlangen des Regenten oder der tibetischen Regierung requiriert werden. Mit Beginn des Frühlings wird der Dalai Lama wieder in den Norbulingka gebracht, was die Dinge sehr erleichtert. Da das Haus der Familie, der Hof der Gyatso genannt, nah beim Palast liegt, können Tenzin Gyatso und sein Bruder Lobsang Samten, sein Zimmer- und Spielkamerad, manchmal dorthin ausreißen, mit dem heimlichen Einverständnis einiger Mönche aus dem Palast …

Die Familie isst zusammen, man lacht und spielt miteinander, das Glück scheint vollkommen.

Durch die Vorbereitungen für den ersten Geburtstag von Tenzin Gyatso als Herrscher von Tibet am 6. Juli treten die Schandtaten des Regenten ein wenig in den Hintergrund. Die Gebetsfahnen flattern über den Dächern des Potala und des Norbulingka.

Aufmerksam beobachtet Kelsang Rinpoche den Jungen im Audienzsaal. Dann beginnen die Zeremonien mit der Opferung von Wacholderweihrauch.

Kunduns Familie ist gerade zum Norbulingka aufgebrochen. Sie wollen ihre Glückwünsche überbringen, und der Kashag und die bekanntesten Persönlichkeiten aus Politik und Geistlichkeit werden es ihnen gleichtun.

Im Audienzsaal herrscht dichtes Gedränge, als Reting Rinpoche und Tagdra Rinpoche, die beiden Lehrer, dem Dalai Lama die Pille des langen Lebens reichen. Nachdem alle gratuliert haben, wird Kundun unter großem Geleit in seiner goldenen Sänfte nach Tsung Lha Yar Sur, zwei Kilometer von der Hauptstadt entfernt, gebracht.

In seinem Zelt wird erneut Weihrauch aus Wacholder geopfert. Der Tsechag Lekhung – der Schatzmeister des Staates – gibt ein großes Fest zu Ehren der Familie Yapshi. Im Gegenzug organisieren Amala und Pala Festlichkeiten zu Ehren der Beamten, die zwei Tage dauern.

Auf den Hügeln von Tsung Lha Yar Sur wird gesungen, getanzt und gebetet, aber es gibt auch eine große Schlemmerei, bei der viel gelacht und getrunken wird.

Als diese Tage zu Ende gehen, bereitet sich Lhasa schon auf den Shotön, das große Joghurtfest, vor – und Amala auf die Geburt ihres Kindes. Zu dieser Zeit hält sie sich gern in den Gärten des Norbulingka auf, wo sie ihre beiden Söhne, Tenzin Gyatso und Lobsang Samten, trifft. Wenn Kundun mit seinen geistlichen Studien beginnt, werden diese glücklichen Augenblicke des Zusammenseins leider ein Ende haben.

Die Mutter und die beiden Brüder spazieren gerne die Alleen entlang, um sich dann zu Füßen einer Baumgruppe niederzulassen, wo sie die Bäume und Blumen betrachten und mit den Tieren spielen.

Tenzin Gyatso und Lobsang Samten hocken auf einem Stein am Teich. Amala denkt, dass es Zeit wird, um eine Audienz bei ihrem Sohn, dem Dalai Lama, zu bitten. Die Geburt steht dicht bevor, und sie möchte, dass er es ist, der dem Kind einen Namen gibt.

Seit 1920 ist Shotön sicher das wichtigste kulturelle und gesellschaftliche Ereignis in Tibet. Vom Kloster Drepung, dem alten Regierungssitz des Großen Fünften, eingeführt, wurde diese Tradition vom 13. Dalai Lama weiterentwickelt. Das Fest findet Ende August oder Anfang September statt, wenn die Weiden noch grün und die Mönche gerade von ihren sommerlichen Exerzitien zurückgekehrt sind. Es ist die Gelegenheit für die zwölf Operntruppen aus der Provinz und die vier Opernensembles der Hauptstadt, all ihre Stücke in den Gärten des Norbulingka aufzuführen.

Während im fernen Europa die Nazis zu triumphieren scheinen und in Asien der japanisch-chinesische Krieg wütet, findet der Shotön erstmals im Beisein des 14. Dalai Lama statt. Unter den Gästen ist auch Hugh Richardson, der britische Konsul in Lhasa, ein großer Liebhaber der Joghurtgerichte, die aus Yakmilch zubereitet werden und köstlich schmecken.

Am fünften Tag des Shotön ist Amala, von niemandem bemerkt, plötzlich verschwunden. Sie hat Tsering Dölma, ihrer ältesten Tochter, die gerade aus Taktser gekommen ist, ein Zeichen gegeben, sie zu begleiten.

Schnell. Tücher, Lappen, eine Schere oder ein Messer! Wohin? Die ersten Wehen setzen ein … Nach Hause? Unmöglich. Dort ist die ganze Familie untergebracht. Die Gemächer Seiner Heiligkeit? Auch voll mit Menschen. Wo ist man ungestört? Es gibt nur …, ja, nur die Speisekammer. Letztendlich kommt bloß der Vorratsschrank in Frage. Hier erblickt, während das Joghurtfest in vollem Gang ist, das vierzehnte Kind von Dekyi Tsering und Ckökyong Tsering das Licht der Welt. Es ist ein Mädchen.

Ein paar Tage später ersucht Amala um eine Audienz beim Dalai Lama. Sie bittet ihn, seiner kleinen Schwester einen Namen zu geben. Tenzin Gyatsos Antwort lautet: »Jetsun Pema!« Jetsun Pema wird also der »tugendhafte Lotos« der Familie Yapshi Takhla sein.

In diesen Spätsommertagen bietet Lhasa ein farbenprächtiges Bild.

Während das einfache Volk unter den Rationierungsmaßnahmen der Regierung leidet und aufgrund der immensen Verteuerung der Lebensmittel bittere Armut herrscht, vergeht kein Tag, an dem die Reichen nicht an den Ufern des Kyi-Chu oder des Tsangpo, des »Flusses der Glückseligkeit«, Feste feiern. Papierdrachen durchpflügen den Himmel. Die Schnur in der Hand, manövriert man mit dem Wind, Familien tragen untereinander Kämpfe aus. Und am Abend geht es darum, wer ein Essen gibt und wer das nächste Fest organisieren wird.

Der Regent lässt weiterhin keine Gelegenheit aus, seine Überheblichkeit zu zeigen. Er fährt jetzt immer mit dem Fahrrad zu seinen Freunden. Kaum eine halbe Stunde, nachdem er seine Gemächer verlassen hat, ist er schon da, auf irgendeinem der grasbewachsenen großen Plätze, wo weiße, reich mit Brokat verzierte Zelte aufgestellt sind. Die Damen üben sich dort im Federballspiel, während die Lhasapas sich drängen, um den Regenten Fußball spielen zu sehen oder den Arzt der britischen Mission zu bewundern, der akrobatische Sprünge vorführt oder Kricket spielt – gegen sich selbst. Ein sicherer Sieg!

Der Adel gibt dauernd Empfänge. In so manchem tibetischen Haus schwelgt man im Luxus und lebt opulent. Die traditionelle Tschuba wird abgelegt, man kleidet sich westlich; die Beleuchtung besteht aus Gas- oder Tilley-Lampen. Statt des gewöhnlichen Gerstenbiers, des *tchang*, trinkt man lieber schottischen Whisky oder französischen Wein, für die Damen gibt es süße Liköre. In Gesellschaft des Regenten und seiner Freunde berauscht man sich am Alkohol und an Worten. Ein paar Aristokraten haben es

Reting Rinpoche gleichtun wollen und sich ebenfalls ein Grammophon angeschafft. Hier und da hört man die Stimme und die Trompete von Louis Armstrong, man tanzt nach den Klängen des *Wild Man Blues*. Die britische Gesandtschaft ist im Besitz eines kinematographischen Apparats. Der Regent und einige Privilegierte sehen hier zum ersten Mal die Wochenschau des Britischen Empire, König George VI., den Premierminister Winston Churchill, den Krieg in Europa, aber sie schauen sich doch lieber Filme von Charlie Chaplin an, wobei sie nicht *Lichtern der Großstadt,* sondern *Goldrausch* den Vorzug geben.

Der Dalai Lama wird in den Potala gebracht, wo er seinen ersten Winter in Lhasa verbringen wird.

Reting, sein Lehrer, ist nach Samye aufgebrochen. Die Begründung: Er will sich zu Exerzitien zurückziehen. Ein paar spirituelle Übungen, ein Rückzug auf sich selbst, eine konsequente Selbstbefragung täten ihm ganz gut, zumal er die Texte des 13. Dalai Lama genauestens kennt, in denen einige seiner Laster zur Sprache kommen:

> Der unmäßige Genuss von Alkohol
> Stärkt die Wurzel aller Schwächen;
> Der Tabakgenuss ist eine Schwäche an sich.
> Wir müssen die Tätigkeiten unseres Geistes
> und unseres Körpers genau beobachten, ebenso unsere Worte,
> Und schädliche Gewohnheiten als Gift betrachten.
> Mögen wir lernen, uns von unsren Fehlern mit Abscheu abzuwenden,
> Und uns entschließen, sie künftig zu vermeiden.

Auf dem Rückweg hält sich der Regent eine Woche in seinem Kloster auf, bevor er wieder in die Hauptstadt zurückkehrt. Dort ist die Atmosphäre äußerst gespannt.

In Radeng hat er seinen Astrologen zu Rate gezogen, der ihm das Horoskop für das Jahr 1941 gestellt hat. In guter Absicht hat der Seher diese Sitzung genutzt, um Reting Rinpoche bittere Enttäuschungen vorherzusagen, wenn er weiterhin Regent bleibe; er nennt ihm als günstigsten Tag für seine Abdankung den 1. Februar

1941. Der Astrologe hat ihm nahe gelegt, mit äußerster Vorsicht vorzugehen.

Bei seiner Rückkehr in den Potala erklärt der Regent dem Dalai Lama, dass er in den letzten Nächten viele beunruhigende Träume gehabt habe. Riesenvögel mit stählernen Schnäbeln hätten sich auf ihn gestürzt, ihm die Augen ausgerissen und schließlich sein Herz zerstückelt.

Diese Träume habe er auch gedeutet. Er sei der Meinung, dass er sich in große Gefahr begebe, wenn er sich nicht so schnell wie möglich in sein Kloster zurückziehe, um sich dort für lange Zeit Exerzitien zu widmen.

Bei der unentwirrbaren Vermischung von spirituellen und abergläubischen Vorstellungen, die in Tibet herrscht, hätte ihn niemand daran gehindert, umso weniger, als der Regent, um seinen Reden Gewicht zu verleihen, sich nicht scheut, den Großen Fünften zu zitieren:

> Die Befriedigung, die eingebildete Vergnügungen verschaffen,
> ist so ziellos wie die wirbelnde Drehung eines Tänzers.
> Lass den Geist des Maßhaltens hervortreten,
> Rein wie die Morgendämmerung, die das Ende der Nacht verkündet.

Reting ist sich bewusst, dass die Tibeter ihm vor allem seine Weibergeschichten vorwerfen.

Er weiß auch, dass er einer neuerlichen Indiskretion preisgegeben ist: Man erzählt sich in Lhasa, der Regent wende die akrobatischen sexuellen Praktiken an, die in einer tibetischen Version des *Kama-Sutra* von Gendün Chöphel[3] beschrieben werden, einem Mönch, der gerne Drugpa Künleg imitierte und ebenfalls für seine erotischen Abenteuer bekannt war.

Nachdem seine Abdankung akzeptiert worden ist, gibt Reting einen letzten Rat: Man solle seinen Nachfolger sehr rasch bestimmen und dazu weder die Orakel, noch den Kashag und auch nicht die Äbte der Klöster befragen.

Tagdra Rinpoche, der zweite Lehrer des Dalai Lama, wird neuer Regent und sein erster Lehrer. Dieser Mann, schon weit in den Sechzigern, ist vor allem für seine Strenge und seine konservative

Haltung bekannt. Er soll den Ideen von Tsarong, dem Freund und Favoriten des 13. Dalai Lama, nahe stehen, der die tibetische Armee modernisieren wollte.

Kaum hat sich die Neuigkeit herumgesprochen, munkelt man schon von einem geheimen Abkommen zwischen Reting und Tagdra. Es sei ausgehandelt worden, dass Letzterer nach drei Jahren des Interregnums Ersterem wieder seinen Platz überlassen solle.

Letzten Endes scheint den tibetischen Regierungsvertreten die Wahl von Tagdra Rinpoche zum Regenten genehm zu sein. So sehr, dass der Kashag und die Nationalversammlung zu einer außerordentlichen Sitzung zusammenkommen und beschließen, ihm den ehrenvollen Titel eines *pandit kenting ta guo-shri* zu verleihen, eine Mischung aus tibetisch, indisch und chinesisch, die »Gelehrter und großer Professor, Ruhm des Landes« bedeutet. Einen Regenten in dieser Weise zu ehren ist weder neu noch selten[4], aber auch nicht gerade alltäglich. Jedermann kennt natürlich die spirituellen Qualitäten von Tagdra Rinpoche. Aber wenn es darum geht, einen Staat zu lenken …

Als Erstes muss das Problem des Panchen Lama angegangen werden. Eine Regelung zu finden ist umso dringlicher, als die Staatsorakel, die des Dalai Lama wie die des Panchen Lama, die Anwesenheit der kindlichen Reinkarnation des 9. Panchen Lama Chökyi Nyima im Osten Tibets bestätigt haben, in einer der Regionen, die von den Kriegsherren der chinesischen Unabhängigkeitsbewegung beherrscht werden.

Der Regent nimmt Kontakt zur obersten Leitung von Tashilhunpo auf und auch zu den abtrünnigen Lamas, die seit drei Jahren im Osten des Landes herumirren. Letztere sind schließlich einverstanden, ihren geistigen Führer zurück in sein Kloster zu bringen.

Um die Reliquien des Verstorbenen in Empfang zu nehmen, ist es von größter Dringlichkeit, ein religiöses Monument, einen Stupa, zu errichten. Das Kloster bekommt die Anweisung, sich darum zu kümmern.

Die Tibeter aus den umliegenden Gebieten eilen den Mönchen von Tashilhunpo zu Hilfe. Sie sind glücklich darüber, dass der Geist ihres spirituellen Führers bald wieder unter ihnen weilen wird, und scheuen keine Mühe. Indem sie an der Errichtung des

Stupa teilnehmen, erwerben sie sich hohe Verdienste für ihr künftiges Leben.

Die sterbliche Hülle des 9. Panchen Lama kommt am 2. April 1941 in Shigatse an.

Die drei Delegationen, die beauftragt sind, die kindliche Reinkarnation des Herrn von Tashilhunpo zu finden, stehen unter starker emotionaler Spannung. Seit mehreren Monaten bewegen sich die Männer – Lamas und Laien – über die ausgedehnten Plateaus des Himalaya in Richtung Osten. Jeden Morgen, kurz bevor sie in den Sattel steigen, erklären ihnen die Lamas, die sie führen, welche Möglichkeiten es gibt und wie die Chancen stehen, ihren Auftrag erfolgreich zu Ende zu führen. Erst dann machen sie sich auf den Weg.

Ein sechs Seiten umfassender Bericht der Behörden der Grafschaft Liang in Kham schildert auf Chinesisch, wie die offizielle Delegation des Kashag unter Führung von Dingie Rinpoche und Lama Huzu Shangen ein Kind fand, das als Reinkarnation des 9. Panchen Lama angesehen wurde.

In diesem unveröffentlichten Dokument erklären die Delegierten die Gründe für ihre Wahl.

> Zunächst die Eltern: Der Vater, Tudun Lingyang, aus Bhutan stammend, Mönch aus Tashilhunpo, folgte dem 9. Panchen Lama Chökyi Nyima ins Exil; nach dem Tod seines Meisters brach er die Gelübde und irrte im Osten des Landes umher; Tudun traf dann zufällig eine junge Tibeterin, ihr Name ist Gesang Quzheng. Tudun und Gesang heirateten, und die junge Frau folgt ihrem Gatten in die Höhle, in der er wohnte, nahe dem Dorf Zhedoutang.
> Am 25. Dezember 1938 zwischen 5 und 6 Uhr morgens wurde ihr Sohn geboren, und bei der Geburt gab es erste Anzeichen: Über dem Himmel ergoss sich ein blendender Lichtschein, der die Mondsichel wie einen gespannten Bogen umschloss, dessen goldener Pfeil direkt auf die Höhle zielte, in der das Kind gerade geboren worden war; es wird sogar erzählt, dass die Spitze dieses Pfeils so tief nach unten reichte, dass man sie mit der Hand hätte greifen können. Sogleich hielt das Kind seine Hände so, wie es Tsongkhapa, der große Reformer des tibetischen

Buddhismus, getan hatte, die beiden Zeigefinger aneinander gelegt, die anderen Finger nach vorne, die Handflächen gegeneinander, die rechte Hand etwas höher als die linke …

In den Wochen und Monaten, die auf die Geburt folgten, gab es Zeichen, die die vorangegangenen bekräftigten: Ein Mantra zeichnete sich über den Augenbrauen des Kindes ab; das gleiche Mantra erschien wieder an seinen beiden Geburtstagen und auch am Geburtstag des Gründers der Gelugpa-Schule; das Kind lernte sehr schnell sprechen, und seine ersten Worte waren jenes Mantra, das es mit erstaunlich klarer und lauter Stimme rezitierte, manchmal im Lotos-Sitz, manchmal im Stehen; inzwischen lehnte der Junge die Brust seiner Mutter ab und ernährte sich nur vom Inhalt der Opferschalen, die auf dem Familienaltar vor der kleinen Statue des Buddha Shakyamuni standen.

Die beiden Unterzeichner dieses Berichts besuchten das Kind und seine Eltern daraufhin öfter. Überzeugt, die Reinkarnation eines buddhistischen Meisters von hohem Rang vor sich zu haben, bat Dingie Rinpoche die Eltern, den Jungen in das Hauptkloster der Gegend von Litang zu bringen, und gab ihnen das nötige Geld für diese Reise. Das erklärte Ziel: Er wollte das Kind besser beobachten können.

Nachdem sie sich im Kloster eingerichtet hatten, begannen die Mönche mit einer Reihe von Tests. Als der Leiter der Erkundungsgruppe dem Kind zwei Vögel zeigt, einer aus Gold, der andere aus Holz, greift es, ohne im Geringsten zu zögern, nach dem Holzvogel und behauptet, es sei seiner. Früher gehörte er dem 9. Panchen Lama Chökyi Nyima. Der Knabe sorgte auch weiterhin für Verblüffung. Auf eine präzise Frage folgte sofort eine richtige Antwort. Wo denn seine Familie sei? In Tashilhunpo! Ob er glaube, dass er bald nach Hause zurückkehren werde? Ja. Ob er denn schon wisse, wie er ankommen werde? Zu Pferd? In der Sänfte? Er werde zu Pferd nach Tashilhunpo kommen.

Als sich Lama Huzu Shangen dem Jungen näherte, erkannte der ihn sofort und nannte ihn nicht nur bei seinem Namen, sondern sogar mit seinem Vornamen, den niemand in der Delegation kannte, nicht einmal die Diener des Lama. Und auch dies passierte: Wenn der Leiter der Suchgruppe ihm voller List zu verstehen gab, es sei eigentlich nicht der Panchen Lama, sondern ein Schwindler, weinte das Kind oder wurde wütend, je nachdem.

Es wird dann noch weitere Kandidaten geben. Einige von ihnen sterben an einer plötzlich auftretenden Krankheit, andere werden überleben, doch die Geschichte des 10. Panchen Lama beginnt jetzt, und sie hält einige Überraschungen parat.

In der Zwischenzeit hat der Dalai Lama wieder seine Gemächer im Sommerpalast aufgesucht.

Im Hof Gyatso treibt Pala weiterhin sein Unwesen. Da der Kashag immer wieder seinen Forderungen nachgibt, herrscht manchmal eine gespannte Atmosphäre im Haus. Amala ist mit dem Verhalten ihres Mannes nicht einverstanden. Der Vater des Dalai Lama verärgert den Kashag mehr und mehr und macht sich allmählich viele Feinde. Er häuft Landgüter an und fordert immer mehr Geld. Auch verlangt er ein neues Domizil, denn das Haus, in dem er mit seiner Familie lebt, gefällt ihm nicht mehr; er will ein neues, größeres.

Pala hat eines seiner Häuser einem Vetter überlassen und ist auch sonst nicht geizig. Seinem Ältesten, Thubten Jigme Norbu, hat er einen Umschlag mit einem netten Sümmchen zukommen lassen, und dazu ein »cremefarbenes Pony«[5], das ihm als Reitpferd dienen soll, wenn er seine gefährliche Reise von Amdo nach Lhasa antreten wird. Aber vorher hat er dem Ältesten noch Anweisung gegeben, mehrere hundert Pferde aus der Region Xining zu kaufen, die schönsten für ihn selbst, die anderen sollen an die örtliche Aristokratie verkauft werden.

In Lhasa haben Amala und Pala mittlerweile den größten Teil der Familie um sich versammelt: Mola, die Großmutter, ihre beiden Töchter, Tsering Dölma, einundzwanzig Jahre alt, und Jetsun Pema, neun Monate, ihre drei Söhne Gyalo Thöndup, zwölf Jahre, Lobsang Samten, zehn Jahre, Seine Heiligkeit Tenzin Gyatso, sechs Jahre, ihren Schwiegersohn Phuntsok Tashi und ihren Enkel Tenzin Ngawang.

Fehlt nur noch Taktser Rinpoche, der in seinem Kloster sehnsüchtig wartet. Erst im Laufe des Sommers 1941 erhält er endlich die Genehmigung von seinen Oberen in Kumbum, sich in die

Hauptstadt zu seiner Familie zu begeben. Taktser Rinpoche wird seine Studien in Drepung nahe Lhasa fortsetzen, wo es von Mönchen nur so wimmelt. Das Kloster besitzt vierundzwanzig Güter; fünftausend Leibeigene und sechzehntausend Nomaden arbeiten dort.

Wie schon im Fall seines Bruders sind muslimische Kaufleute bereit, Thubten Jigme Norbu und seinen Onkel Chandzo Jampa, der auf ihn aufpassen soll, auf dem Weg nach Mekka mitzunehmen. Dazu ungefähr dreißig tibetische Mönche und zwölf Schafe; Letztere dienen als Essensvorrat. Die Aberhunderte von Pferden für seinen Vater und mehrere Dutzend für ihn selbst kommen hinzu. Die Karawane, die den Dalai Lama nach Lhasa brachte, zählte zehntausend Tiere – Yaks, Pferde und Schafe –, die, die jetzt Thubten Jigme Norbu begleitet, umfasst das Doppelte, wenn nicht noch mehr.

Es gehört zur tibetischen Tradition, den Reisenden entgegenzukommen. Von einer berittenen Gruppe umgeben, reitet Pala seinem ältesten Sohn entgegen und trifft ihn zwei Tage später. Er bringt ihm Tee, Tsampa und sein Lieblingsgebäck mit, das Amala für ihn gebacken hat. Thubten Jigme Norbu erkennt seinen Vater, der den Beinamen *kung* trägt, kaum wieder: »In seinen seidenen Gewändern gebärdet er sich wie ein König«, schreibt er später in seinem Buch.[6] Am nächsten Tag stoßen Gyalo Thöndup und Phuntsok Tashi dazu. In der Ferne erhebt sich vor einem wolkenlosen Horizont der Potala.

An diesem Abend fühlt sich die Familie Yapshi Takhla sehr miteinander verbunden. Amala hat mitgeteilt, dass sie ihr fünfzehntes Kind erwartet, es soll 1942 geboren werden. Und die Geschichte des kleinen Tenzin Chota ist recht ungewöhnlich.

Er ist der Erste, der in Tchang Seb-Char geboren wird, einem zweistöckigen Domizil mit sechzig Zimmern, das extra für die Familie Seiner Heiligkeit gebaut wurde, auf einem Grundstück, das früher dem 13. Dalai Lama gehörte. Es ist ein weitläufiges Anwesen, mit Ställen, in denen die Lieblingspferde des *kung* untergestellt sind, und einer Innentreppe, über die man einen direkten Zugang dorthin hat.

Amala sucht jetzt häufig die Orakel auf, Nechung und Gadong, denn Tenzin Chota ist schwer krank und stirbt. Am Bett des Kindes steht Gadong. Unterstützt durch die Gesänge von etwa zwanzig Mönchen, die ihre Rituale vollziehen, und zum Rhythmus der Schlaginstrumente und Hörner fällt er in Trance und überlässt dann die Botschaften seinem Sekretär, der sie als Einziger entziffern kann.

Tenzin Chota wird in seiner eigenen Familie wiedergeboren werden. Das ist sicher. Und es wird nicht auf irgendeine Weise geschehen. Im Kloster Drepung sucht man die Reinkarnation von Ngari Rinpoche, einem sehr engen Freund des 13. Dalai Lama. Kurz bevor er starb, hatte ihm Seine Heiligkeit gesagt: »In unserer nächsten Existenz werden wir einander noch viel näher sein.«

Zunächst freilich muss man an das Begräbnis des kleinen Tenzin Chota denken. Der Astrologe, die Lamas und die Orakel sind alle der gleichen Meinung: Das Kind soll nicht nur in Salz einbalsamiert werden, sondern seine sterbliche Hülle soll auch im Haus bleiben und seinem Körper mit Butter ein Zeichen mitgegeben werden.

Als das sechzehnte Kind der Familie Yapshi Takhla 1946 auf die Welt kommt, ein Junge, das Letzte der Geschwister Seiner Heiligkeit, hat es eine Markierung auf dem Gesäß, genau an der Stelle, wo man die Butter auf den Körper seines toten Bruders gestrichen hatte.

Später wird Tenzin Chögyal als Wiedergeburt von Ngari Rinpoche anerkannt werden.

Die Voraussage des 13. Dalai Lama hat sich bewahrheitet: Durch Reinkarnation sind die beiden Freunde jetzt zu Brüdern geworden.

7 Kungeleien in dreitausend Metern Höhe

Was ein Mensch wirklich ist,
zeigt sich vor allem in dem, was er verbirgt.

André Malraux

In einer Ecke des riesigen Gebäudes versteckt, gibt es eine kleine Tür, deren Holz so massiv ist, dass jedes Mal, wenn der Klopfer zurückfällt, ein tiefer und dumpfer Ton zu hören ist.

Tenzin Gyatso will sie aufstoßen, aber die Tür lässt sich furchtbar schwer bewegen, sie leistet seinen Versuchen mehr Widerstand als sonst, so, als wolle sie ihr Geheimnis um jeden Preis für sich behalten. Doch schließlich geht es dann doch ganz leicht, und sie dreht sich in den Angeln.

Die Tür zu seinem Glück öffnet sich!

Die Luft scheint so klar wie Kristall und der Himmel so weit wie der Weltenraum. Tenzin Gyatso badet im Sonnenlicht, ein lang ersehnter, fast berauschender Genuss. Er fühlt, wie sein Herz schlägt und wie sich sein Blut erwärmt. Er lebt wieder auf. Auch wenn er für alle – besonders für die Ausländer – der Kind-König ist und für die Tibeter »Kundun«, die »Gegenwart des Buddha«, ist er zum jetzigen Zeitpunkt, 1942, gegen Winterende, doch ein kleiner Junge, der bald sieben Jahre wird.

Es ist eine Zeit des Übergangs. Sein Studium hat begonnen. An diesem Morgen Ende März hat er Tagdra Rinpoche, seinen ersten Lehrer, gebeten, ihn auf das Dach des Potala zu begleiten. Es wird ihm gestattet für die Zeit nach den Morgengebeten, unter der Bedingung, dass dort gearbeitet wird.

Ein glücklicher und fröhlicher Tag kündigt sich an. Die Yapshi Takhla werden in den »oberen Gemächern« erwartet, es ist der letzte Besuch der Familie, bevor sie in den Norbulingka übersiedelt, wohin auch Seine Heiligkeit bald gebracht werden wird.

Tagdra Rinpoche hält sich abseits. Er weiß, dass der kleine Herrscher sich gerne frei von jeglicher Überwachung fühlt. Vor Tenzin Gyatso breitet sich ein herrliches Panorama aus, das Tal, die Berggipfel, die Herden wilder Yaks bis zum Horizont, Wildesel und Riesenantilopen, die friedlich am Ufer des Flusses grasen. Das Kind genießt diesen Augenblick mit geschlossenen Augen. Der Wind umtost ihn mit monotonem Singsang, es klingt wie das Klagelied eines Muschelhorns. Bei geschlossenen Lidern scheint ihm die Zeit plötzlich zu entgleiten, aber aus seinen früheren Leben weiß er schon, dass die Zeit nicht existiert, dass er ohne eigentliche Existenz ist, nur eine Vorstellung. Um sich diese Lehre vollkommen anzueignen, muss man viel arbeiten und viel üben. Der Buddha selbst hat im Übrigen gesagt: »Ich habe euch den Weg gezeigt, ihn in der Praxis zu beschreiten ist einzig eure Sache …« Mit geschlossenen Augen schwört sich der kleine Junge, viel zu arbeiten, zu üben und zu meditieren. Um ihn herum tost noch immer der Wind. Ein Adler steigt auf. Der Vogel lässt sich vom Wind tragen, beschleunigt jäh seinen Flug und verschwindet mit heftigem Flügelschlag in Richtung des Kyi-Chu-Flusses. Dieser Adler hat ihm Lust gemacht zu fliegen.

Aber schon naht Tagdra Rinpoche. Schluss mit der Träumerei, jetzt wird gearbeitet!

Auf dem Programm stehen die Nebenfächer: Musik, Tanz, Astrologie, Dichtkunst und Komposition. Später kommen die Hauptfächer dazu: Sanskrit, Medizin, Dialektik, Kunst, Kunsthandwerk, Metaphysik und – für einen Mönch das Wichtigste – Religionsphilosophie.

Schon seit achtzehn Monaten ist der Dalai Lama im Wesentlichen damit beschäftigt, mit Hilfe seines ersten und zweiten Lehrers das Tibetische in der Druckschrift lesen zu lernen. In einigem Abstand sitzt sein zehn Jahre alter Bruder Lobsang Samten auf einem Kissen und ist dabei, die gebräuchliche Form der tibetischen Schrift zu erlernen. Eine wahre Marter. Die Methode besteht darin, die Buchstaben auf einer schwarz lackierten Holztafel nachzuschreiben. Die Schüler bestäuben sie mit weißer Farbe und ziehen dann mit einem Bambusgriffel die Zeichen nach. Zuerst kommen die großen dran, dann werden sie immer kleiner. Kaum ist die kleine Tafel voll geschrieben, wischen die Schüler sie wieder ab, und die Prozedur beginnt von vorne, unablässig und unbarmherzig. Später werden der Dalai Lama und sein Bruder lernen, auf Papier zu schreiben.

Danach wird Trijang Rinpoche, ihr Lehrer in den Nebenfächern, sie in der Grammatik unterrichten. Kundun und Lobsang Samten werden insgesamt fünf Jahre lang mit dem Studium des Tibetischen verbringen. Mit der eigentlichen religiösen Ausbildung des Dalai Lama wird erst begonnen, wenn er zwölf Jahre alt ist. Aber die wird er nicht gemeinsam mit seinem Bruder erhalten.

Von seinem Sitz auf der Mitte des Daches erhebt sich der Dalai Lama ganz plötzlich und wirft seinem Bruder einen herausfordernden Blick zu – der hat darauf nur gewartet. Die beiden Brüder stürzen sich mit Gebrüll aufeinander und balgen sich wie Hund und Katze. Sollte man sie in Zukunft besser voneinander trennen? Den Lehrern kommt dieser Gedanke immer häufiger. Es wäre zu ihrem Besten.

In der Zwischenzeit macht man ihnen ernste Vorhaltungen und erteilt strenge Verweise. Wenn sich tausende von Gläubigen vor ihm niederwerfen, hat der Dalai Lama nie besondere Angst empfunden. Dagegen ist es ein Furcht erregender Moment, wenn sich seine Lehrer vor ihm verbeugen.

Dreimal! Dreimal dräut Gefahr, denn, wie es in einem tibetischen Sprichwort heißt:

Fürchte nicht die Götter,
Fürchte nicht Gespenster,
Nur deine Lehrer fürchte,
Wenn sie sich vor dir niederwerfen.

Schon hat Tagdra Rinpoche hinter den Brüdern die kleine Tür zugemacht und verriegelt sie mit einem gewaltigen Vorhängeschloss.

Bei den Yapshis beginnt das quirlige Familienleben schon mit Anbruch der Morgendämmerung. Alle kleiden sich an, rennen hierhin und dorthin, rufen nach einander, gemeinsam wird gebetet und gesungen. Es geht aber auch lustig zu, vor allem die Kinder haben viel Spaß. Zum Zeitvertreib spielen sie oft Verstecken, im Haus mangelt es nicht an Schlupfwinkeln, im Garten dagegen ist es schwierig, dafür bietet das Gelände um das Haus herum bessere Gelegenheiten. Es ist ein freies und unbeschwertes Leben, vor den Blicken von Außenstehenden geschützt, denn eine unüberwindliche Mauer umgibt das Anwesen der Familie.

Amala macht sich wie gewöhnlich in der Küche zu schaffen. Sie hat gerade *momos,* eine Art Maultaschen, für den Dalai Lama zubereitet. Draußen haben die Stallknechte bereits die Pferde gesattelt. Es geht zum Potala.

Bevor Amala die geheiligten Orte des Winterpalastes betritt und sich nahe zu ihrem Sohn setzt, hat sie ihren Hut aus Amdowa abgesetzt. Für Ausländer, die dem jungen Herrscher einen Besuch abstatten, ist die Kleiderordnung strenger: keine Stiefel – nur tibetische Stiefel sind erlaubt – und keine Waffen. Man nimmt den Hut ab und wappnet sich einzig und allein mit einigen Khatas.

Die Familie geht am Namgyal, dem privaten Kloster des Dalai Lama, vorbei und durchquert einen Hof, jetzt müssen sie noch einige Stufen steigen. Amala treibt die Ihren an, und weiter geht es. Sie kommen an den Mausoleen früherer Dalai Lamas vorbei, von denen einige, mit Gold und Edelsteinen bedeckt, an die zehn Meter hoch sind. Dann betreten sie einen düsteren Flur, steigen weitere Stufen empor, die sehr hoch sind und von den Kleinsten nur mit Mühe erklommen werden. Die Mutter des Dalai Lama geht immer voran. Eine letzte Anstrengung, und sie sind in einem Raum, der mit Thankas und Kultobjekten behängt und mit schweren Teppichen und Kissen ausgelegt ist.

Dort erwartet Kundun sie schon mit Ungeduld. Nachdem ihre Fragen nach der Gesundheit und den Lernfortschritten ihrer beiden Söhne zufrieden stellend beantwortet sind, schwatzt Amala im Kreis der Familie so allerlei. Und bevor die *momos* ausgeteilt werden, kostet ein Mönch systematisch alle Speisen. Man weiß ja nie!

Vergiftungsfälle sind in Tibet tatsächlich oft vorgekommen. Mehrere Dalai Lamas gelangten auf diese Weise in eine andere Welt. Fast wäre auch der letzte Herrscher das Opfer einer Vergiftung geworden, er war damals zwanzig Jahre alt.[1] Folgendes trug sich zu: Norbu Tsering, ein Bruder des Regenten Demo Rinpoche, hatte einen Lama, der unter dem Namen Nyagtru bekannt war, um Beistand ersucht. Diese sehr zweifelhafte Person aus dem Osten von Tibet hatte dann die Gottheit Shindje Tsheda angerufen und sich bereit erklärt, mit Hilfe gewisser Riten der schwarzen Magie ein besonders machtvolles Yantra[2] herzustellen, das den Tod des Herrschers bewirken sollte. Um das Bildnis eines Menschen mit ausgestreckten Armen und Beinen herum hatte der skrupellose Lama verschiedene Mantras aufgezeichnet und im Innern des Körpers den Namen von Thubten Gyatso und sein Geburtsdatum eingefügt. Nachdem die Rituale beendet waren, schob Nyatru das Yantra zwischen die Sohlen eines Stiefelpaars, und Demo Rinpoche hatte nichts Eiligeres zu tun, als sie Lama Sogyal, einem der Tutoren des Dalai Lamas, zu schenken. Wie der Zufall so spielt, war aber das Orakel von Nechung zu jener Zeit mehrmals in Trance gefallen und hatte dabei einmal laut geschrien, dass das Leben des 13. Dalai Lama nur noch an einem Faden hänge, man müsse schnellstens ein Paar Stiefel finden, die Lama Sogyal übergeben worden seien. Der Dalai Lama rief den Mönch herbei, und Sogyal erzählte in allen Einzelheiten, wie er an das Geschenk gekommen war und wie verdächtig ihm diese merkwürdigen Stiefel vorkamen. Seitdem er sie trug, hatte er Nasenbluten. Es wurde also befohlen, Sogyals Stiefel in den Versammlungsraum zu bringen. Nachdem man sie zu Füßen des jungen Herrschers gelegt und vollständig auseinander genommen hatte, wurde das Yantra unter der Innensohle entdeckt. Daraufhin erfolgte die Verhaftung von Demo Rinpoche, Norbu Tsering und Nyatra. Demo Rinpoche, der in Lhasa unter Hausarrest stand, starb wenig später, und so kamen Gerüchte auf: Man habe den früheren Regenten in einem riesigen, mit Wasser gefüllten Kupferbottich ertränkt; Norbu Tsering und Nyatra seien im Gefängnis ermordet worden. Kurz darauf konfiszierte der Kashag alle Güter des früheren Regenten und ließ bekannt machen, dass er für lange Zeit keine Reinkarnation aus dem Geschlecht der Demo[3] mehr anerkennen werde. Vorsicht und Misstrauen waren in der Umgebung des 14. Dalai Lama also sehr wohl angebracht.

Zu der Zeit, als die beiden endlich miteinander versöhnten Brüder eingeschlafen waren, kamen ihre Lehrer zu dem Entschluss, sie in Zukunft zu trennen: Tenzin Gyatso sollte sich vermehrt seinen Studien widmen.

Eine jubelnde Menge füllt die Hauptstadt: Der Dalai Lama begibt sich in den Norbulingka mit seinen Gärten, Blumen und Tieren. Eine wunderbare Erinnerung für ein Kind und ein Fest für das ganze Volk.

Während noch alles jubelt, ziehen in Lhasa schwierige Zeiten für die Bevölkerung wie auch für die Familie Yapshi herauf. Man weiß, wie wichtig der Vater Seiner Heiligkeit seine Pferde nimmt. Hier und da hört man murmeln, dass Pala seinem Sohn nie einen Besuch abstatte, ohne zuvor durch die Pferdeställe des Sommerpalastes gegangen zu sein. Das wäre nicht weiter tragisch, wenn nicht noch so manches hinzukäme. Zur großen Enttäuschung des neuen Regenten hat sich Pala auf Irrwege begeben. Zu seinen Freunden zählt der unvermeidliche Reting Rinpoche. Unmäßiger Stolz, Eitelkeit, ja Größenwahn kennzeichnen alles, was er tut. So streift der Vater des Dalai Lama, umgeben von Freunden und Dienern, die gleichzeitig seine Leibgarde bilden, jeden Morgen durch das Umland von Lhasa, um dort sein Gesetz zu diktieren. Die Reiter, die seinen Weg kreuzen, laufen Gefahr, verprügelt zu werden, wenn sie nicht absteigen, um ihn zu grüßen. Wenn ihm ein Pferd gefällt, kann sich sein Besitzer auf einiges gefasst machen. Wie viel soll es kosten? Nach einer kurzen Diskussion voller Drohungen wirft der *kung* ein Geldstück hin. Pala geht noch weiter. Er greift in die Angelegenheiten des Staates, des Kashag und der Nationalversammlung ein, indem er Richter besticht oder diejenigen, die nicht in seinem Sinn handeln, bedroht, Selbstjustiz übt und sich weigert, Steuern für seine Landgüter zu entrichten.

Der Vater des Dalai Lama missbraucht seinen Status, seine Titel und seine Macht.

Im November 1942 beruft Tagdra Rinpoche die Nationalversammlung zu einer dringlichen, außerordentlichen Sitzung ein. Am Ende wird eine Verordnung erlassen, die überall in der Stadt ausgehängt wird:

> Der Vater des Dalai Lama fordert von armen Händlern Viehfutter, Korn, Butter, Salz, Brennholz und Yakdung und bezahlt dafür nicht den angemessenen Preis. Mehr noch, er erhebt hohe Geldstrafen für geringe Vergehen, ohne der tibetischen Regierung die Fälle vorzulegen.
> Was noch schwerer wiegt, ist, dass er seinen Bauern befohlen hat, der Regierung Arbeitsleistungen zu verweigern, obgleich sie dazu verpflichtet sind.
> Es wird hiermit öffentlich bekannt gemacht, dass dem Vater des Dalai Lama befohlen werden wird, sich in gleicher Weise wie die übrigen Mitglieder der Familie Yapshi zu verhalten.
> Wenn sich einer seiner Diener eines Vergehens schuldig gemacht hat und der Kashag keine Maßnahmen ergreift, um den Vater des Dalai Lama zu verurteilen, wird die Nationalversammlung unverzüglich die Untersuchung des Falles einleiten.
> Die vorliegende Verfügung ist von der Nationalversammlung gebilligt worden und trägt das Siegel des Kashag.

Die Yapshis sind tief getroffen. Glücklicherweise hat Amala ein paar wirkliche Freunde um sich: Die Großmutter Tsarong, Ragashar Lacham und einige andere Frauen, die ihr Unterstützung und Trost geben. Zusammen gehen sie in die Tempel der Stadt, in den Ramoche und vor allem in den Jokhang, um zu beten.

Pala selbst tut so, als ob nichts wäre. Aber, wie es in den Lehren des *Dhammapada* heißt: »Behandle das Böse nicht leichtfertig, und sage nicht, es wird mich nicht treffen! Der Krug füllt sich Tropfen um Tropfen: Das Törichte schlägt nach und nach in das Böse um ...«

Der Geist der Denunziation legt sich schwer auf die Stadt.

Tagdra Rinpoche bleibt bei seiner rückständigen Politik. Keine Öffnung hin zur Außenwelt, keine Modernisierung. Der Regent folgt seiner eigenen kompromisslosen Logik, die in völligem Widerspruch zu den Ereignissen steht, die die Welt erschüttern. China und die USA haben sich gegen Japan verbündet, und in Europa tobt der Zweite Weltkrieg.

Im Frühjahr 1942 tragen zwei Ereignisse dazu bei, den Verlauf des japanisch-chinesischen Krieges zu verändern. Das eine findet bei Chongqing, der Hauptstadt von Sichuan, statt, wo die Operation Drache[4] beginnt, die in der Gründung eines chinesisch-amerikanischen Geheimdienstes besteht; das andere in Neu-Delhi, wo sich zwei US-Amerikaner auf die Reise nach Tibet machen. »Wozu dient den Menschen die Vernunft, wenn man sie nur durch Gewalt beeinflussen kann?«, hat Lew Tolstoi kurz vor seinem Tod geschrieben. Nun ist aber einer der beiden US-Amerikaner niemand anderes als ein Enkelsohn des großen russischen Schriftstellers. Man nennt ihn, dessen Vorname eigentlich Ilja lautet, Bill Tolstoi. Sein Weggefährte ist Brooke Dolan, ein berühmter Forschungsreisender. Ihre Mission? Mit Tenzin Gyatso, dem 14. Dalai Lama, in Kontakt zu treten und ihm und seiner Regierung die Unterstützung der Vereinigten Staaten zuzusichern. Zu diesem Zweck trägt Bill Tolstoi einen persönlichen Brief von Präsident Roosevelt bei sich.

Die Audienz bei dem Kind-König, die drei Monate später stattfindet, werden die beiden US-Amerikaner nie vergessen. Im Namen ihrer Regierung überreicht Bill Tolstoi dem Dalai Lama ein Paar Singvögel, ein Schiffsmodell und eine goldene Taschenuhr. Eine der Leidenschaften des Dalai Lama ist es damals, Uhren auseinander zu nehmen und wieder zusammenzubauen, um ihren Mechanismus zu studieren. Seine Heiligkeit hat dabei auch beträchtliche Misserfolge zu verzeichnen gehabt, und so manche Sprungfedern wurden unter seinen Fingern unbrauchbar, auch wenn einige Uhren sich wieder in Gang gesetzt haben.

Tolstoi überreicht dem jungen Dalai Lama auch den Brief, von Präsident Franklin D. Roosevelt am 3. Juli 1942 verfasst und unterschrieben:

> Wie Sie wissen, ist das Volk der Vereinigten Staaten, verbündet mit siebenundzwanzig anderen Nationen, in einen Krieg eingetreten, der der Welt von Ländern aufgezwungen wurde, die auf Eroberung aus und

> bestrebt sind, die Freiheit des Gedankens, der Religion und des Handelns überall zu vernichten.
> Diese verbündeten Nationen führen einen Kampf zu ihrer Verteidigung und zum Erhalt der Freiheit; sie sind zuversichtlich, dass sie den Sieg erringen werden, weil ihre Sache gerecht und ihre Entschlossenheit nicht zu erschüttern ist …

Die US-Amerikaner verlangen ein Durchzugsrecht für das tibetische Territorium. Als Gegenleistung fordert der Kashag Waffen, Munition und Sendeanlagen für ein Radio.

In Washington gibt ein US-Amerikaner irischer Abstammung, Chef des OSS (Office of Strategic Services) und General obendrein, dem bewusst ist, was die 1913 so teuer erworbene tibetische Unabhängigkeit wert ist, seine Zustimmung.

Die Verärgerung der Chinesen kümmert diesen Pragmatiker nicht, und die Forderung nach einem Anschluss Tibets an das Mutterland ist nicht sein Problem, nicht im Augenblick.

Niemand hat sich an diesem Tag gefragt, ob die US-Amerikaner den Tibetern zur Hilfe eilen würden, falls die Nationalchinesen oder die Kommunisten die Integrität ihres Territoriums verletzen würden – eine Frage der Strategie und des gesunden Menschenverstandes.

Als einfache Kuriere wären Tolstoi und Dolan im Übrigen sehr verlegen um eine Antwort gewesen. Bleibt also, dass bei der ersten Radiosendung des OSS, die von tibetischem Territorium ausgestrahlt wird, der Enkelsohn von Lew Tolstoi diese enthusiastische Botschaft zusammenstümpert:

> Wir sind hier ganz wunderbar aufgenommen worden, und ich hoffe, dass wir die Grundlagen für eine fruchtbare Zukunft gelegt haben. Die Tibeter begreifen jetzt besser, was die Vereinigten Staaten von Amerika symbolisieren. Wir haben hier Freunde.

Die beiden Abgesandten begeben sich im März 1943 wieder auf den Weg nach Chongqing und machen Halt im Kloster Radeng, wo sie ein langes Gespräch mit dem ehemaligen Regenten Reting Rinpoche haben. Während dieser unendlich langen Reise nach

China erfahren Tolstoi und Dolan mit Bestürzung, welche Bedrohung über dem tibetischen Volk liegt. Es vergeht kein Tag, an dem die Menschen nicht über eine bevorstehende Invasion sprechen.

Ohne es zu wissen, legt Tolstoi mit seiner Mission den Keim für eines der außergewöhnlichsten Unternehmen der Nachkriegszeit in dieser Region: den geheimen Krieg Tibets für seine Unabhängigkeit.

In Yan'an, dem Gebiet mit den vielen Höhlen, das nach dem Langen Marsch von 1934/35 zum Zentrum der Revolution geworden ist, reift der Plan zur Machtergreifung der Kommunisten, der, wie die Vorstellungen der Nationalisten auch, die Annexion Tibets einschließt. Aber zurzeit haben ihre Strategen mit Mao Zedong[5] und Kang Sheng, dem Chef der chinesischen Geheimdienste, an der Spitze, viel zu tun: Sie bereiten die ersten Säuberungen vor und bringen eine »Kulturrevolution« in Gang, die »Kampagne der Korrektur«.

1944 ist erneut viel vom Panchen Lama die Rede. Vor allem in Kumbum, jenem Kloster im Osten Tibets, das den Dalai Lama vor seiner Reise nach Lhasa beherbergt hatte. Im Tempel verschließt der Abt gerade die Truhe, aus der er mehrere Objekte herausgenommen hat, um sie sorgfältig auf einem kleinen Tisch in der Mitte des Raumes aufzubauen. Nachdem das getan ist, wartet er geduldig, bis die Mönche ihre Gebete beendet haben, und gesellt sich dann zu ihnen.

Zu Beginn der zweiten Hälfte des Jahres 1944 ist die Suche nach der Reinkarnation des 9. Panchen Lama kurz vor ihrem Ziel. Die drei Delegationen befinden sich in Kumbum. Sie haben die Aufgabe, den 10. Panchen Lama zu designieren, von dem man glaubt, er befinde sich im Saal.

Von den zehn Kandidaten, die in der Vorauswahl bestimmt wurden, sind vier an einer rätselhaften Krankheit gestorben. Ein Zufall? Man wird lieber ein schlechtes Karma dieser Kinder als Grund angeben.

Es bleiben also sechs, alle stammen aus dem Amdo, dem Gebiet, das von Ma Bufang, dem chinesischen Kriegsherrn, kontrolliert wird. Unter ihnen befindet sich das von Dingie Rinpoche ausgewählte Kind.

Die Stunde der Entscheidung ist angebrochen. Als der Abt des Klosters nach einer langen Meditation den Kopf hebt, strahlt sein Blick heitere Gelassenheit aus. Seit einem Jahr haben alle auf diesen Moment gewartet. Ein Jahr, in dem man gehofft und gebetet hatte. Vergeblich.

Unter den sechs Kindern, die einer Gruppe von Mönchen und Laien gegenübersitzen, ist Lobsang Tseten, Sohn von Kongpo Tseten und Sonam Drölma. Er ist am 3. Februar 1938 in der Region Karang Bidho in einer halbnomadischen Bauernfamilie geboren und hat einen taubstummen Bruder.

Bei verschiedenen Auswahlprüfungen hat er schon Gegenstände wiedererkannt, die aus dem persönlichen Besitz des 9. Panchen Lama stammten. Aber das ist noch kein zwingender Beweis.

Diesmal jedoch scheint alles anders zu sein. Man beobachtet ihn, studiert seine Haltung und seine Ausdrucksweise und untersucht seinen Charakter aufs Genaueste. Und Lobsang Tseten tritt mit Geistesklarheit und Urteilskraft auf. Er antwortet auf alle Fragen, die die Erwachsenen ihm stellen, klar und deutlich, und seine Bewegungen sind gewandter als gewöhnlich. Jemand bemerkt zwar, dass er zu stottern scheint, aber auf fast unmerkliche Art. Das Kind fasst nach einem Ring und streift ihn über den Finger: Chökyi Nyima hat ihn oft getragen. Das Kind zieht eine Jacke über, nimmt eine Perle: Beides gehörte dem verstorbenen Panchen Lama. Das Kind greift nach einer Teeschale: nach der des verstorbenen Panchen Lama. Das Kind stottert, vor allem, wenn es wütend ist. Wie der Panchen Lama.

Es wäre alles einfach, wenn es im Saal nicht einen Knaben gäbe, der die Gegenstände ebenfalls wiedererkannt hat. Sogar schneller als der kleine Lobsang Tseten. Dieses zweite Kind ist der Kandidat, den Dingie Rinpoche und Lama Houzou Shanggen als vermutliche Reinkarnation ausgewählt haben. Wer von beiden ist der 10. Panchen Lama? Niemand im Saal kann mit Sicherheit sagen, welches der Kinder die Reinkarnation ist.

Die einzige Gewissheit: Die vier anderen Kandidaten sind ausgeschieden und aus dem Raum gebracht worden. Was haben die

Orakel geweissagt? Sie erklären, dass dieser Tag eine glückliche Neuigkeit bringen wird, dass er ein Tag höchster Freude sein wird.

Plötzlich richtet sich Lobsang Tseten auf seinem Kissen auf, erhebt sich und zieht seine Tschuba zurecht. Er hat einen Mann entdeckt und bewegt sich jetzt quer durch den Tempel in seine Richtung, mustert ihn sekundenlang und sagt dann: »Katchen Pasang!« Gemurmel erhebt sich. Lobsang Tseten hat diesen Menschen noch nie getroffen, und trotzdem hat er gerade seinen Namen ausgesprochen. Die Anwesenden staunen. Katchen Pasang hat für den 9. Panchen Lama in der Oper gesungen, er war sogar sein Lieblingssänger.

Am Ende der Prüfungen, nach einem aufreibenden Tag für alle, dreht sich Lobsang Tseten zu den Mönchen und Laien um. Er geht auf sie zu, drückt einigen die Hand, nickt anderen leicht amüsiert zu und lässt nur bei wenigen Menschen Zeichen der Zuneigung erkennen. Einzig und allein bei denen, die zum Gefolge des 9. Panchen Lama gehört hatten.

Der Rat der Khenpos sieht nun eine Verbindung zwischen Lobsang Tseten und den Offenbarungen am Lhamo Latso, dem See der Visionen.

Von allen ausgesuchten Kindern ist Lobsang Tseten das Einzige, das nach dem tibetischen Kalender im Jahr des Erd-Tigers 1938 geboren ist; auf dieses Jahr folgt das Jahr des Erd-Hasen 1939: Die drei Kaninchen sind also dazu bestimmt, einem Tiger hinterherzulaufen; die elegante Dame, schön wie eine Göttin, ist niemand anders als die Schutzgottheit des Panchen Lama: Sie öffnet den Vorhang, um Seine Heiligkeit bei seiner Inthronisation zu empfangen.

Im Laufe seiner Nachforschungen hat Bilung Rinpoche entdeckt, dass die Zellen des Klosters Karang Bidho starke Ähnlichkeit mit denjenigen in seinen Visionen haben. Und vor der Tür des Klosters erheben sich zwei mächtige Bäume, die denen aus den Visionen am See vollständig gleichen.

Lobsang Tseten wird also der 10. Panchen Lama. Aber er wird erst fünf Jahre später, am 10. August 1949, im Kloster Kumbum ordiniert, unter dem Namen Lobsang Trinley Lhundrup Chökyi Gyaltsen. Im Alter von sechs Jahren wird Chökyi Gyaltsen im Kloster Kumbum zur Geisel von Ma Bufang.

1944, sieben Jahre nach dem Tod des 9. Panchen Lama und elf Jahre, nachdem der 13. Dalai Lama verstorben ist, sind viele Probleme innerhalb der Gelugpa-Schule ungelöst, und die Spaltung bleibt ebenfalls bestehen. Das Gelände ist völlig vermint. Und dazu kommt noch der Druck der Nationalchinesen. Die Guomindang beeilt sich, als Nachfolger des 9. Panchen Lama das Kind zu designieren, das der Rat der Khenpos ausgesucht hat. Dem ist es gelungen, die Behörden von Nanking von der Authentizität ihres Kandidaten zu überzeugen. Was wird aus dem anderen? Das im Namen des Kashag und der tibetischen Regierung von Dingie Rinpoche und Lama Houzou Shanggen ausgesuchte Kind von Litang wird natürlich abgelehnt. Immerhin gesteht man ihm den Status eines Tulku »zweiten Grades« zu. Er wird Tibet 1950 für ein sehr langes Exil in Europa verlassen, wo er noch heute lebt.

Die tibetische Gesellschaft ist dem Untergang geweiht. Die Tibeter werden durch eine Adelsklasse von unglaublicher Unvernunft und von unverantwortlichen religiösen Würdenträgern zugrunde gerichtet. Die Korruption verbindet sich mit der Gier nach Macht. Tagdra Rinpoche erweist sich als unfähig, wieder Ordnung in das Land und in das politische und soziale System zu bringen. Ihn treibt nur der Hass. Es reicht, den Namen Reting Rinpoche auszusprechen, um bei ihm erschreckende Wutanfälle auszulösen.

Worin liegen die Gründe dafür, dass Tibet derartig leidet?

Die isolierte Lage, durch die Geographie zu erklären, eine verluderte Politik und die permanente Vermischung öffentlicher Ereignisse mit dem Karma sind sicher daran beteiligt. Man darf auch nicht vergesen, dass die überwiegende Mehrheit des Volkes aus Analphabeten besteht. In seiner ganzen Geschichte hat Tibet nie auch nur Ansätze zu einer wirklichen politischen Kultur gekannt, vielleicht mit Ausnahme der ersten Monate der Regierungszeit des 13. Dalai Lama. Aber mit seinen Modernisierungsvorhaben war dieser Vorreiter des Fortschritts schmählich gescheitert.

1944 ist Tagdra Rinpoche zu einer Konzession bereit: Nachdem die britischen Behörden beschlossen haben, ihm Waffen zu liefern, gestattet er die Eröffnung einer englischen Schule in Lhasa. Der

Skandal ist gewaltig! Die religiösen Oberhäupter von Sera, Drepung und Ganden sind schockiert. Sie drängen auf Schließung dieser Schule und haben am Ende Erfolg.

Die Situation hat etwas Surrealistisches: Zwanzig Jahre zuvor war der 13. Dalai Lama unter ähnlichen Umständen mit demselben Resultat konfrontiert worden; unter dem Druck eben dieser Klöster war er gezwungen gewesen, die englische Schule zu schließen.

Seit der Unabhängigkeit von 1913 wurde die Schlinge um Tibet immer enger gezogen. Aber jetzt beschleunigen sich die Dinge.

Chiang Kai-shek hat einen seiner engsten Berater, Shen Tsunglien, nach Lhasa geschickt – sicherlich nicht, damit der die gute Luft der tibetischen Hauptstadt atmet.

Durch ihr Ungeschick haben Tagdra Rinpoche und seine Regierung den Boden für einen bewaffneten Konflikt mit dem mächtigen chinesischen Nachbarn bereitet. Die Ereignisse überstürzen sich, aber es sind nur Ausländer, auf Durchreise in Lhasa, die spüren, wie die Tragödie sich anbahnt. Alle Voraussetzungen dafür sind gegeben.

Seine Heiligkeit Tenzin Gyatso ist neun Jahre alt. Vor seinem achtzehnten Lebensjahr kommt er nicht an die Regierung. Bis dahin kann alles Mögliche passieren. Und seine Eltern? Amala ist ganz Liebe und Mitgefühl und weiß nicht, was die Worte Politik, Macht und Staat bedeuten. Pala bleibt weiterhin in seine Geschäfte verwickelt und ist von falschen Freunden wie Reting Rinpoche umgeben. Für ihn wie auch für das einfache Volk in Lhasa kann ein Tulku, der die Reinkarnation des Dalai Lama gefunden hat, nicht die Missetaten begangen haben, die einige ihm vorwerfen und wie sie schon Kelsang Gyatso, der 7. Dalai Lama, beschrieben hat:

> Das Gesetz spricht von Gerechtigkeit, begünstigt aber die Mächtigen.
> Das einfache Volk kann nicht frei über das, was ihm zusteht, verfügen.
> In Wahrheit bekämpfen sich alle, und einer nutzt den anderen aus.
> Welch trauriger Anblick:
> Der Kopf ist verabscheuenswert, der Schwanz verkommt im Dreck;
> man möchte weinen ...

In dieser Septembernacht haben die Lhasapas Angst. Tiefe, undurchdringliche Dunkelheit umfängt die Stadt. Es regnet in Strömen.

In den kleinen Straßen tobt ein böiger Wind, er heult, pfeift höhnisch, knurrt drohend wie ein Hund. Er spricht zu den Einwohnern der Stadt, beleidigt die Schutzgötter und lässt sie ergrimmen. Ein kleiner Junge ist gerade geboren worden, er trägt Hörner. Man glaubt, er sei die Reinkarnation des Königs Langdarma[6], des Verfolgers der Buddhisten, der 842 von einem Mönch namens Pelgyi Dorje ermordet wurde. Der Wind trägt diese Nachricht fort, zum Potala, zu den Tempeln Jokhang und Ramoche, überallhin, wo es Jünger des Buddha gibt. Ein sehr schlechtes Vorzeichen. Der tibetische Buddhismus ist in Gefahr und auch das Volk des Dharma. Der Wind trägt die Nachricht weiter über die verschneiten Gipfel, in die Täler, Weiler und Dörfer, die Nomadenlager und Höhlen. Die Tibeter schleppen ihre Verzweiflung überall mit sich herum. Es heißt, dass es in Lhasa noch schlimmer sei, und man verbreitet die schlimmsten Dinge über den Kashag, die Kalöns und den Regenten, den alten und den neuen.

Die Zeit der Unruhen und der Verwirrung ist gekommen.

Seit langer Zeit schon haben die Mönche von Dje im Kloster Sera, einem Kollegium, dem Reting Rinpoche angehört, ein System von Darlehen an Bauern für schlechte Erntejahre entwickelt. Bei der Bemessungsgrundlage für die Rückzahlung kommt es zu unglaublichem Missbrauch und enorm hohen Zinssätzen. In dieser Erntesaison durchkämmen die Mönche von Sera die Täler und das Hochland, um die Schulden einzutreiben. Wer nicht zahlt, dem sind Prügel sicher. Nun hat aber der Kashag dieses System abgeschafft: Zu groß ist die Zahl der Adeligen und Mönche, die sich auf diese Weise bereichern. Die Einwohner des Distrikts von Lhundrup sind die Ersten, die entschlossen sind, dem Druck und den Drohungen der Mönche nicht nachzugeben. Als die Mönche eintreffen, werfen sich die Bauern, die einem Halbkreis gebildet haben, zu Boden. Mit gesenktem Kopf und gebeugtem Rücken geht der Dorfälteste an den Reitern vorbei zum Rinpoche, dem inkarnierten Lama, der die Gruppe anführt. Die Stirn fast an der Flanke des Pferdes, fühlt der unglückliche Bauer alle Blicke auf sich ruhen. Er zittert vor Angst. Und wieder belfernde Befehle, Frauen, die weinen, Kinder, die sich verstecken, und Männer, die ihre Wut und ihre Verzweiflung herausschreien. Vor ihren Augen öffnen die Mönche die Scheunen, konfiszieren die Ernte, beschlagnahmen die Pferde. In den Tälern bringen sie die Yakherden und die Schafe an sich, mehrere hundert Stück. Bald schon sind sie im nächsten Weiler, im nächsten Marktflecken.

Im Dezember 1944 lädt das Kollegium Dje von Sera, das in erster Linie für diesen Machtmissbrauch verantwortlich ist, den ehemaligen Regenten Reting Rinpoche ein, um einen frisch restaurierten Tempel einzuweihen. Der Tempel ist so voll, dass Neuangekommene entnervt beschließen, draußen zu bleiben. Alle sind Aristokraten, Lamas aus der Region, Parteigänger des früheren Regenten. Sie tauschen Blicke, beobachten einander aus den Augenwinkeln und kommentieren die letzten Amtsernennungen von Tagdra Rinpoche. Ihre Worte sind gemäßigt – dem Ort geschuldet –, aber ihre Blicke täuschen nicht … Alle wissen von der Existenz des Kindes mit den Hörnern, alle sind sich über die Bedeutung im Klaren: Es muss gehandelt werden. Notfalls, indem Tagdra Rinpoche ausgeschaltet wird. Tatsächlich hat der Regent gerade eine tief greifende Umbildung der tibetischen Regierung vorgenommen und dabei auf alle Schlüsselposten seine Leute gesetzt.

Offensichtlich gut informiert, hat Reting Rinpoche den Entschluss gefasst, die Regentschaft wiederzuerlangen.

Die Einweihung des Tempels war auch keineswegs zufällig, sondern geschickt vorbereitet worden.

Plötzlich herrscht Verwirrung. Ist Reting Rinpoche nicht zu einer Privataudienz vom Dalai Lama empfangen worden?

Das erste Mal seit seiner Abdankung. Und hat es nicht eine lange Unterredung mit Tagdra Rinpoche gegeben? Kein Zweifel, die beiden machen gemeinsame Sache.

Was bereiten sie vor, wenn sie sich zusammentun? In Lhasa vermutet man flüsternd, dass Tagdra Rinpoche abtreten und Reting seinen Platz überlassen werde. Es heißt, jetzt würde die Abmachung, die sie vor drei Jahren getroffen hatten, in Kraft gesetzt werden.

Tibet kokettiert auf gefährliche Weise mit dem Bürgerkrieg. Die Bedrohung durch eine chinesische Invasion wächst und wächst, aber es gibt niemanden, der die geistlichen Oberhäupter und die Aristokraten zur Vernunft bringen könnte.

Im Dezember 1944 halten die Einwohner des Distrikts Lhundrup Rat und kommen zu dem Schluss, sich an ihren lokalen Vertreter zu wenden, einen gewissen Chöphel Thubten, der unlängst von Lhasa in sein Amt eingesetzt worden ist, mit seinem Bruder Djokdrup Tendar als Assistenten. Zu diesem Zweck macht sich eine Delegation schnellstens auf den Weg.

Als Anhänger Tagdra Rinpoches empört sich der Beamte über so viel Ungerechtigkeit, bittet seine Besucher heimzukehren und verspricht, bei den Äbten von Sera zu intervenieren.

Tatsächlich schickt er zwei Kuriere zum Kollegium Dje, die eine Botschaft überbringen, die keinerlei Diskussion zulässt. Die Mönche sollen das Vieh und die konfiszierten Pferde zurückerstatten, das gestohlene Getreide zurückgeben und die Ausschreitungen gegen ihre Untergebenen unterlassen.

Damit hätte die Angelegenheit beendet sein können, aber die Mönche von Sera haben noch nicht alle Karten ausgespielt. Als Erstes informieren sie Reting Rinpoche, der im Kollegium Dje von Sera seine Ausbildung erhalten hat. Seiner Unterstützung sicher, lehnen sie es ab, den Anordnungen der Regierung Folge zu leisten. Nachts brechen heimlich Reiter aus dem Kloster auf.

Und dann kommt es zu einem Drama. Chöphel Thupten, der Beamte, findet seinen Bruder im Schnee, erschlagen, das Genick gebrochen.

Die Nachricht erreicht sehr bald die Hauptstadt, wo der Regent den Kashag zu einer außerordentlichen Sitzung einberuft, in der beschlossen wird, eine Untersuchungskommission einzusetzen.

Natürlich begibt sich die Kommission als Erstes in den Distrikt. Chöphel Thupten erzählt, was passiert ist, ebenso die Dorfbewohner. Die Äbte der beschuldigten Kollegien hüllen sich in hartnäckiges Schweigen, das macht sie verdächtig. Als der Kashag den von der Kommission verfassten Bericht zur Kenntnis nimmt, schreibt man schon Ende Januar 1945. Tagdra Rinpoche verlangt von der Regierung, die Schuldigen, an die dreißig Mönche, inkarnierte Lamas und *dobdos*, in die Hauptstadt zu überstellen, damit sie sich für dieses abscheuliche Verbrechen verantworten. Als der Regent erfährt, dass die Äbte der betroffenen Kollegien sich gegenüber den Befehlen der Regierung taub stellen, werden seine Lippen zu einem schmalen Strich. Es kommt nicht in Frage, die Verfolgung solcher Verbrecher einzustellen.

Zwei Tage vor dem *losar* des Jahres 1945 erteilt der Kashag der geistlichen Obrigkeit von Sera den Befehl, vor Beginn des *Mönlam Chenmo*[7], des »Großen Gebets«, die Schuldigen den Justizbehörden zu überstellen. Die Feierlichkeiten werden zwei Wochen nach dieser Aufforderung beginnen. Die Antwort der Äbte lässt nicht auf sich warten. Zunächst äußern sie scheinheiliges Erstaunen über die Haltung des Regenten und des Kashag und fragen sich nach den Gründen von so viel Verbissenheit. Und am Ende drohen sie, nicht an den gemeinsamen Zeremonien der Segenswünsche teilzunehmen, die den Beginn jedes Jahres begleiten. Diesen Hieb kann man nicht parieren. Am *losar* werden sich tausende von Mönchen in allen Ecken der Hauptstadt drängen. Die Abwesenheit der religiösen Oberhäupter von Sera würde sofort auffallen. Man beschließt also, den Prozess aufzuschieben. Damit ist die Angelegenheit freilich nur vertagt.

Drei Monate später, im April 1945, wird die Sache wieder aktuell, als der Regent und der Kashag erneut in die Offensive gehen. Bliebe das Verbrechen an Djokdrup Tendar ungesühnt, bestünde die große Gefahr, dass es öfter zu solchen Niederträchtigkeiten kommt. Die Regierung ernennt eine Sonderkommission. Die Äbte der Kollegien von Sera kommen endlich doch einer der vielen Aufforderungen zu erscheinen nach. Ein Prozess wird anberaumt und findet schließlich auch statt: Neunundzwanzig Mönche, darunter ein Mongole, von denen es in Sera viele gibt, werden für den Mord an dem Bruder des Verwaltungsbeamten von Lhundrup zur Verantwortung gezogen; die Äbte, die gedroht haben, die religiösen Zeremonien zu boykottieren, werden ihrer Ämter enthoben und durch andere ersetzt, die Mönche aus dem Kloster gejagt und ihre Besitztümer beschlagnahmt.

Der Dalai Lama ist zu diesem Zeitpunkt zehn Jahre alt – immer noch ein Kind. Das heißt eine Marionette in den Händen der aufeinander folgenden Regenten.

Reting Rinpoche hat sich nach Radeng zurückgezogen. In diesen Zeiten ist das klüger. Jedenfalls ist es das, was ihm sein Astrologe geraten hat.

In einer Winternacht des Jahres 1946 lauscht Reting dem Toben des Schneesturms, der anscheinend an Stärke zunimmt, je mehr die Nacht voranschreitet und das Dunkel sich verdichtet. Um Viertel vor zwei nimmt Reting eine Lampe und geht wieder in sein Zimmer, sein Gesicht leuchtet in einem breiten Lächeln auf. Eigentlich müsste der Anschlag um diese Zeit schon verübt worden sein …

Tatsächlich wird in dieser Nacht Lhalu Tsewang Dorje, der Sohn von Lungshar, Favorit des 13. Dalai Lama, der nach einem feuchtfröhlichen Abend auf dem Weg nach Hause ist, unter Beschuss genommen. Die Schützen stehen zu weit ab und sind zudem ungeschickt: Er wird nicht getroffen. Nur sein Pferd wird getötet.

Nun folgt eins aufs andere. So hat Chiang Kai-shek Reting Rinpoche persönlich eingeladen, am Kongress von Nanking teilzunehmen. Reting selbst hat nicht reisen können, aber zwei Delegierten aus der Region Kantse im östlichen Kham, das unter chinesischer Herrschaft steht, einen Brief mitgegeben.

Was steht in diesem Brief? Der Exregent bittet ganz einfach um die Unterstützung der Guomindang und Nationalchinas bei seinem Vorhaben, Tagdra Rinpoche zu stürzen. Dieser heikle Plan wird in die Tat umgesetzt.

Beim Butterfest ist es Tradition, dass der Regent, der Kashag und die hohen Staatsbeamten an einem Umzug durch die Straßen der Hauptstadt bis zum Jhokang teilnehmen, wo anschließend religiöse Zeremonien abgehalten werden. Aber seit einigen Tagen machen in der Stadt alle möglichen Gerüchte die Runde: Auf dem Weg zum Tempel sei ein Hinterhalt gelegt; man beabsichtige, den Regenten und seine engsten Mitarbeiter zu ermorden.

Der Kashag nimmt also davon Abstand, öffentlich in Erscheinung zu treten. Es wäre purer Wahnsinn, die Anstifter eines solchen Komplotts herauszufordern. Ein Name ist in aller Munde: Reting Rinpoche. Aber der ist immer noch in Radeng.

Was soll man tun? Was, vor allem, mit dem mysteriösen Paket, das im Sekretariat des Regenten abgelegt worden ist? Es ist sehr schwer. Man legt es in eine Ecke. Darum kümmern kann man sich später. Ein Mönch, der vorbeikommt, geht hin und macht sich daran, es zu öffnen.

Ein merkwürdiges Geräusch dringt aus dem Paket. Ein leises Zischen ... Eine Bombe!

Der Mönch schreit. Eine dumpfe Explosion lässt die Fensterscheiben bersten und verwüstet das Zimmer. Es ist, als sei der Potala in seinen Grundfesten erschüttert.

Gerüchte kommen auf. Es folgt eine Untersuchung und all das Übrige. Die offizielle tibetische Vertretung in Nanking hat übrigens gerade die Befürchtungen des Regenten bestätigt: Reting Rinpoche plante einen Staatsstreich.

Am 14. April 1947 wird eine weitere außerordentliche Sitzung in einem der riesigen Säle des Potala abgehalten. Es soll über das Schicksal von Reting Rinpoche entschieden werden. Am Ende der Sitzung erhebt sich Tagdra Rinpoche und lässt auf jedem der Anwesenden einen traurigen Blick ruhen. Der Beschluss lautet: Reting soll verhaftet werden. Der Regent betraut zwei seiner Minister, Surkhang und Lhalu, mit diesem riskanten Auftrag. Die beiden Regierungsvertreter verlassen Lhasa noch am selben Abend mit einer Eskorte in Richtung des Klosters Radeng.

Ausgangssperre in Lhasa. In Erwartung seines Prozesses vegetiert Reting Rinpoche in einer Kerkerzelle. Hin und wieder fallen Schüsse und schrecken die Lhasapas aus ihrer Nachtruhe auf. Die Anhänger von Reting haben an Mönche und sympathisierende Regimenter Waffen verteilt. Der Adel ist beunruhigt, so sehr, dass man an nepalesische Händler Wertgegenstände veräußert, Seiden- und Brokatgewänder gegen Bekleidung aus heimischer Produktion eintauscht und sich schließlich in den Potala flüchtet.

Am 20. April 1947, drei Tage nach der Verhaftung Retings, feuert die Artillerie, die unterhalb der Stadt postiert ist, einige Kanonenschüsse in Richtung des Klosters Sera. Die Mönche erwidern das Feuer, so gut sie können. Sie besitzen eine einzige Kanone, handgeschmiedet. Der Kashag hat Verstärkung durch weitere Regimenter angefordert. Inzwischen haben die Soldaten der Garnison von Drapshi begonnen, die Häuser zu plündern.

Die Händler meiden jetzt die Hauptstadt. Die Lagerbestände gehen zur Neige. Die Bevölkerung leidet Hunger.

Die Tage vergehen, und die Spannung steigt weiter. Trotz aller Aufforderungen, sich zu ergeben, weigern sich die Mönche von Sera noch immer, die Waffen niederzulegen. Sie fordern die Freilassung von Reting Rinpoche.

In dieser Atmosphäre wird der Prozess gegen ihn eröffnet. In seinem schriftlichen Geständnis bekennt der Exregent, Chiang Kai-shek um Hilfe beim Abwerfen von Flugblättern gebeten zu haben, in denen die Abdankung Tagdra Rinpoches gefordert wird. Man spricht von einer Konspiration großen Ausmaßes, die auf die physische Vernichtung des Regenten und seiner Angehörigen hinauslaufen sollte.

Für die Dauer des Prozesses haben siebzehn bewaffnete Männer den Befehl erhalten, Radeng zu bewachen. Aber in einer Neumondnacht schleichen sich die Mönche aus den Zellen, überraschen die Männer im Schlaf und schneiden ihnen die Kehle durch. Als der Kashag davon erfährt, entschließt er sich, Truppen zu entsenden. Die Soldaten erstürmen das Kloster, durchsuchen die Räume und besetzen die Privatgemächer von Reting. Es gibt Tote auf beiden Seiten. In den Gebäuden plündern die Soldaten, brandschatzen und zerstören die kostbarsten Heiligtümer, schneiden die vergoldeten Schriftzeichen aus uralten Manuskripten und lassen ihre Pferde im Tempel frei. Dutzende von Männern wühlen in den chinesischen Silbermünzen. Unter brüllendem Gelächter schaufeln sie das Geld zusammen und versuchen, es in die Taschen ihrer Uniform zu stopfen. Beim Rückzug bietet sich ein groteskes Bild: Einige schaffen es nicht, ihr Pferd zu besteigen, nur mit Hilfe ihrer Kameraden gelingt es ihnen, sich in den Sattel zu hieven. Das Schlimmste ist, dass diese Haudegen nichts verschont haben, weder die Gärten noch die Blumen. Sie haben sogar die schönsten Bäume ausgerissen, um sie nach den Wünschen ihrer zweifelhaften Liebschaften wieder einzupflanzen. Was die Offiziere anbelangt, die das Kommando hatten, so haben sie ihren Anteil des Geldes beiseite geschafft und die achthundert Seiden- und Brokatgewänder Retings unter sich aufgeteilt.

Am 29. April lassen die Mönche des Kollegiums Dje von Sera endlich Anzeichen von Erschöpfung erkennen. So sieht man, wie sie ihre Gottheiten heraustragen, demoralisiert von deren Unfähigkeit, sie zu schützen. Zuvor haben sie ihnen noch ihre Gewänder ausgezogen. Sie verlassen das Kloster und versuchen, die nächstgelegenen Berghügel zu erreichen oder nach Radeng zu gelangen. Sie werden eingefangen und auf der Stelle niedergemacht.

Zur gleichen Zeit wird diskutiert, welche Strafe Reting erleiden soll. Soll man ihm die Augen ausbrennen? Droht ihm, wie Lunghar, die Blendung? Während Tagdra Rinpoche sich einer solchen Barbarei widersetzt, schlägt sich Kutenla in Trance mehrere Male an die Brust und wirft Gerstenkörner in die Luft. Es heißt, selbst im Potala sei Reting unmenschlich behandelt worden. Tatsache ist, dass er, unter Hunger und Kälte leidend, sehr schnell krank geworden ist. Einwohner von Shöl und selbst von Lhasa sagen, sie hätten bei Einbruch der Nacht schreckliche Schreie, wie das Heulen eines verletzten Wolfs, aus den Mauern dringen hören. Man erzählt, dass der Dalai Lama, damals zwölf Jahre alt, den Gefangenen besuchen wollte, dass er aber von seinen Ratgebern daran gehindert worden sei.

Am 8. Mai stirbt der frühere Regent endlich in seiner Zelle im Potala: Er soll vergiftet worden sein, seine Genitalien seien zerquetscht gewesen. Seltsamerweise soll man ihn in Meditationshaltung aufgefunden haben. Noch erstaunlicher: Die Schale, aus der er gewöhnlich seinen Tee trank, sei angeblich in die Luft geworfen worden, habe sich aber in einen Holzpfeiler am anderen Ende des Raums verkeilt: Das Äußere der Schale sei zum Inneren, das Innere zum Äußeren geworden. Es wird auch gesagt, dass Reting es vorgezogen habe, sein Herz selbst zum Stehen zu bringen, noch bevor das Gift habe wirken können.

Am 18. Mai befiehlt Tagdra Rinpoche, die anderen am Komplott Beteiligten zu züchtigen: zweihundertfünfzig Peitschenschläge für den Bruder von Reting. Auch für die Mönche des Kollegiums Dje gibt es die Peitsche, sie erhalten die Erlaubnis, anschließend zu ihren Familien zurückzukehren. Retings Besitztümer werden versteigert, das meiste jedenfalls. Es kommen einige Millionen *sangs* zusammen, was die in den letzten Jahren arg gebeutelten Kassen der Finanzverwaltung aufzufüllen hilft. Am Ende tauchen auch die von den Soldaten gestohlenen Wertgegenstände und Gewänder aus Seide und Brokat wieder auf: Sie werden unter der Hand an den Straßenecken der Hauptstadt verkauft, wo die Adeligen und die geistlichen Würdenträger oft vorbeikommen.

8 In Lhasa wird abgerechnet!

Ich habe die Tage voller Falschheit, die krummen
Gesetze durchforscht,
die trüben Fackeln unserer Sitten, in die der Wind fährt.

Victor Hugo

Auf dem Schachbrett der internationalen Politik hat sich nach dem Ende des Zweiten Weltkriegs fast alles verändert. Seit dem 15. August 1947 ist Indien unabhängig. Seine Nationalflagge hat den Union Jack ersetzt. In Tibet sind die britischen Missionen und die Handelsvertretungen in Lhasa, Gyantse, Gartok und Yatung nun logischerweise indisch. Ein Glücksfall, den die Regierungsbehörden in Lhasa nicht nutzen werden. Immerhin ist ihnen 1946 ein Achtungserfolg gelungen: Sie haben eine Abordnung[1] nach Indien geschickt, die Glückwünsche für die Alliierten überbringt, dem Vizekönig Wavell[2] und dem US-amerikanischen Präsidenten Truman[3], Letzterem über seine Botschaft in Neu-Delhi. Während der panasiatischen Konferenz im März 1947, die von der indischen Kongresspartei organisiert worden war, hatte die tibetische Fahne sogar zum ersten Mal neben denen anderer Nationen geweht. Die beiden tibetischen Delegierten – um nicht zu sagen »Botschafter« – waren offiziell von Pandit Nehru und Mahatma Gandhi empfangen worden. Für Gandhi, damals auf dem Gipfel seines Ruhms, stellte Tibet tatsächlich eine unabhängige Nation dar. Natürlich erhob China Protest.

In Lhasa freilich gibt es nichts Neues, sondern das Übliche: völligen Stillstand. Tagdra Rinpoche, der vage Erinnerungen an seine politische und religiöse Vergangenheit bewahrt, ist verwirrt und unsicher und zeigt sich entschieden nicht von seiner besten Seite: Er versinkt immer mehr in eine Art Amnesie, was sich für Tibet bald fatal auswirken wird, und er erreicht den Gipfel der Inkompetenz, als er es unterlässt, die neue Regierung von Indien sofort anzuerkennen: Es dauert bis zum 11. Juni 1948, ehe der Kashag diesen Fehler korrigiert und akzeptiert, dass Indien alle Tibet betreffenden, vom Britischen Empire unterzeichneten Abkommen übernimmt.

Tagdra Rinpoches Unfähigkeit erreicht neue Dimensionen, als er auf die Idee kommt, London zu ersuchen, sich für die Unabhängigkeit Tibets einzusetzen. Das heißt, die Haltung zu ignorieren, die britische Repräsentanten gegenüber Indien einnehmen, und darüber hinaus die Haltung der gesamten westlichen Welt. Zwischen dem Ende des 19. und dem Anfang des 20. Jahrhunderts strebte das Empire danach, Handelsbeziehungen mit Tibet herzustellen; um das zu erreichen, war es unbedingt notwendig, die Grenzstreitigkeiten zu regeln, die die beiden Länder zu Gegnern machten. Zu der Zeit waren die Briten unschlüssig, ob sie direkt mit den Tibetern verhandeln oder auf gewisse krumme Abmachungen mit den Chinesen zurückgreifen sollten. Sie unterzeichneten schließlich Vereinbarungen mit Peking, die die Handel und Verkehr in Tibet und in Birma betreffenden Fragen regeln sollten. Am 17. März 1890 legte ein erstes Papier die Grenze zwischen Tibet und Sikkim fest und stellte Umgangsnormen für die Beziehungen zwischen den tibetischen und den britischen Behörden in Indien auf; am 5. Dezember 1893 gestand eine neue britisch-chinesische Vereinbarung Großbritannien gewisse Handelsrechte im Süden von Tibet, zwischen den Grenzen von Sikkim und Bhutan, zu. Nachdem der Kashag die Abmachungen für unwirksam erklärt hatte, häuften sich die Zwischenfälle: 1904 umzingelten englische Truppen die Hauptstadt, und am 7. September 1904 unterzeichnete die tibetische Regierung, in Abwesenheit des 13. Dalai Lama, der sich im Exil befand, einen Vertrag, der die Grenzen und die Handelsrechte bestätigte. Niemand hatte dabei China erwähnt; und, noch erstaunlicher, Peking hatte keinerlei Protest erhoben. Was blieb in dieser Angelegenheit alles unausgesprochen! Angefangen mit den Doppeldeutigkeiten und der Feigheit der Briten: Aus Furcht, Russland könnte seinen Einfluss in Asien ausdehnen, erkannte London die Oberhoheit Chinas über Tibet an und verhandelte direkt mit Peking, sobald es sich um das Dach der Welt handelte. Die Engländer hatten für die östlichen Subtilitäten entschieden keinen Sinn. Wenn ihre Salondiplomatie Tibet auch eine stillschweigende Souveränität zugestand, sollte diese Entscheidung, die a priori günstig für Lhasa war, sich doch als verhängnisvoll erweisen. Tatsächlich hatte London den Mandschus das Feld überlassen, die 1910 Tibet überfielen.

Aber kehren wir zu den 40er Jahren zurück. Im November 1947 verlässt eine Delegation, geleitet von Shabakpa, dem Staatssekretär für Finanzen, die Hauptstadt. Bei der Reise handelt es sich in Wirklichkeit um den Versuch, eine Goldreserve zusammenzubringen, die dem Wert der in Umlauf befindlichen Geldnoten entspricht. Es ist schon ziemlich paradox, dass die Tibeter niemals Nutzen aus den Bodenschätzen ihres Territoriums – Bauxit, Uran, Eisen, Chrom, Kohle, Lithium, Salz, Zinn, Gold und Erdöl – gezogen und lieber Großbritannien und die Vereinigten Staaten um Hilfe gebeten haben.

Zunächst begibt sich Shabakpa nach China, nach Shanghai, Peking und Nanking, wo die Delegation im Mai 1948 eintrifft. Die Nationalchinesen stempeln nicht ohne Zögern einen Visavermerk in die tibetischen Pässe, die ihnen bei der Ein-und Ausreise vorgelegt werden. Und als Gesandte eines freien Landes überbringen Shabakpa und seine Kollegen Glückwünsche für Chiang Kaishek, der im April 1948 Staatspräsident geworden ist.

Die große Rundreise der tibetischen Delegation führt danach in die Vereinigten Staaten und nach Europa: Honolulu, San Francisco, Washington, wo Shabakpa einen Brief des Dalai Lama an Präsident Truman überbringt, und schließlich London. In Washington lehnt es Truman ab, die Tibeter zu empfangen: Er will Chiang Kai-shek nicht brüskieren. Shabakpa und seine Freunde haben sich lediglich mit einigen Abgeordneten unterhalten können. In London empfängt sie der Premierminister Attlee von der Labour-Partei, Nachfolger von Winston Churchill. Auch da lässt man Vorsicht walten. Niemand wagt es, Chiang Kai-shek die Stirn zu bieten.

In den Nachkriegsjahren ist Tenzin Gyatso, der zukünftige Herrscher Tibets, mit seinen religiösen Studien beschäftigt. Das Kind muss sich eine unglaubliche Menge von religiösen Texten, Verträgen und den dazugehörigen Kommentaren einprägen. Um ihm zu helfen, lösen sich sieben Gelehrte aus den sieben Kollegien von Drepung, Ganden und Sera ab, manchmal im Potala, manchmal im Norbulingka. Man muss feststellen, dass es eine große Lücke in seiner Ausbildung gibt: Niemand bereitet ihn auf die Ausübung der Macht vor.

Sicherlich, der Dalai Lama liest den *Tibet Mirror*[4], ein Journal in tibetischer Sprache, das von einem seiner christlichen Landsleute in Bengalen herausgegeben wird. Die Zeitschriften *Life* und *Illustrated London*, die ihm die britische Vertretung regelmäßig zukommen lässt, geht er durch, ohne die Texte wirklich zu verstehen, und betrachtet die Fotos mit den englischen Bildunterschriften. Er nimmt auch kurz gefasste Berichte zur Kenntnis, die von Lamas erstellt werden, denen es freilich an Kenntnissen in den politischen Wissenschaften vollständig mangelt.

Tibet geht nicht zuletzt an seiner Nicht-Politik zugrunde.

Zu dieser Zeit sind zwei Österreicher, die wie durch ein Wunder aus einem britischen Gefangenenlager in Indien entkommen sind – Heinrich Harrer und Peter Aufschnaiter –, nach Lhasa gelangt. Für den jungen Dalai Lama ist ihre Anwesenheit ein Glücksfall. Jedes Mal, wenn Heinrich Harrer im Potala oder im Norbulingka eintrifft, erlebt Seine Heiligkeit so etwas wie eine frische Brise der Entspannung und Freiheit. Aus diesen Treffen entwickelt sich eine tiefe Freundschaft. Harrer unterrichtet den Dalai Lama in Englisch, Geographie und – ein wenig – auch in Politik.

Durch den Kontakt zu den beiden Europäern wird Tagdra Rinpoche allmählich bewusst, wie ernst die Situation seines Landes ist.

Harrer und Aufschnaiter sind Bergenthusiasten. Wenn sie nicht gerade einen Gipfel ersteigen, nehmen die beiden Freunde gerne Lobsang Samten und einige Spielkameraden ins Schlepptau. Auf dem Programm für den Bruder des Dalai Lama, der zu der Zeit fünfzehn Jahre alt ist, stehen Schlittschuhlaufen, Skifahren und gelegentlich eine Einführung in das Bergsteigen, alles Aktivitäten, die damals in Tibet unbekannt waren.

Es ist also nicht erstaunlich, dass die beiden Österreicher auch von der Familie des Dalai Lama empfangen werden. Heinrich Harrer erzählt von seinem ersten Treffen mit Amala und Pala:

> Dann geht es durch einen großen Garten mit Gemüsebeeten und schönen Gruppen von Weidenbäumen zum Palast. Wir werden in den ersten Stock geführt, eine Tür geht auf – ehrfürchtige Verbeugungen: Wir stehen vor der Mutter des Gottkönigs. In dem großen, hellen Raum sitzt sie auf einem kleinen Thron, umgeben von Dienern, eine imposante Frauengestalt voll Adel und Würde. Uns ist die demütige Ehrfurcht fremd, die der Tibeter vor der »heiligen Mutter« empfindet, dennoch legt sich die Feierlichkeit des Augenblicks beklemmend auf uns. Aber die »heilige Mutter« lächelt uns freundlich entgegen und ist sichtlich erfreut, als wir ihr mit einer Verbeugung die weißen Schleifen (Khatas) überreichen. Sie strahlt über ihr ganzes gutmütiges Gesicht, als sie uns entgegen der tibetischen Sitte die Hand reicht.
> Im selben Augenblick tritt der Vater des Dalai Lama ein, ein stattlicher, älterer Mann. Wieder Verbeugungen, zeremonielles Überreichen der Schleifen, aber auch er gibt sich ganz ungezwungen und schüttelt uns die Hände.[5]

Jedes Mal, wenn die Österreicher erscheinen, ist das wie ein Fest für die Kinder in Tchang Seb-Char. Und das gilt auch umgekehrt: Harrer zum Beispiel liebt es, mit der jüngsten Tochter Jetsun Pema auf den Schultern durch die Gärten des weitläufigen Anwesens spazieren zu gehen. Seit ihrem ersten Zusammentreffen macht er einen starken Eindruck auf die kleine Schwester des Dalai Lama: Seine blauen Augen faszinieren sie, und die golden schimmernden Lichtreflexe auf seinem dichten Haarschopf auch. Wenn sie hoch oben thront, bereitet es ihr ein diebisches Vergnügen, mit den Fingern in den Haaren des Österreichers herumzuwühlen.

Es wird viel gespielt in Tchang Seb-Char. Die Mädchen springen Seil und wippen auf der Schaukel. Und wenn der Stallbursche nicht in der Gegend ist, ist es an einem der Österreicher, auf einen Baum zu klettern und dort das Seil für die Schaukel festzumachen. Es wird viel diskutiert und auch gezankt, man rennt um die Wette, oder man spielt Verstecken mit Heinrich und Peter. Lobsang Samten macht sich dann lieber davon und überlässt es seinen Freunden, sich mit den Kleinen abzugeben.

Manchmal herrscht auch Ruhe. Dann sitzen die Kinder im Kreis. Neben ihnen stehen Säcke, gefüllt mit Schafsknochen, die sie polieren; jeder hat einen großen Stein zwischen die Knie geklemmt und bearbeitet sie zu kleinen Knöchelchen. Die werden dann grün, gelb, rot oder blau angemalt. Wenn es um die Auswahl der Farben geht, fangen die Streitereien wieder an.

Harrer und Aufschnaiter haben gleich bemerkt, wie lebhaft die tibetischen Kinder sind. Ob beim Verstecken oder beim Spiel mit den Knöchelchen, jeder versucht, die anderen mit immer neuen Varianten zu übertreffen. Es gibt verschiedene Arten, mit den Knöchelchen zu spielen: Bei der einen werden kleine Löcher in die Erde gegraben; dann wird darüber diskutiert, welche Farben genommen werden, und wenn das geklärt ist, legt jeder sein Knöchelchen in ein Loch; der Reihe nach werfen die Kinder einen flachen Stein in die Luft, und wenn der in das Loch mit dem eigenen Knöchelchen fällt, hat man gewonnen und sammelt alle ein. Natürlich darf der Stein nicht ins gegnerische Loch treffen, dann ist das Spiel verloren.

Lobsang Samten teilt die Leidenschaft der Lhasapas für das Drachensteigenlassen. Einer seiner besten Freunde hilft ihm immer, seinen Drachen für die nächste Herausforderung zu präparieren, für eine neue Schlacht am Himmel, der mit bunten Flugkörpern übersät ist.

Zu jener Zeit gibt es in Lhasa schon ein paar kleinere Einrichtungen, die von den Beamten für die Kinder ihrer eigenen und der Adelsfamilien geschaffen worden sind. Thubten Jigme Norbu und Gyalo Thöndup, die beiden älteren Brüder des Dalai Lama, hatten einen Mönch von großer Gelehrsamkeit als Lehrer. Daher hat sich Amala an seinen Stellvertreter gewandt, der in Lhasa geblieben war, und ihn gebeten, Jetsun Pema, ihre jüngste Tochter, ihre vierjährige Enkelin Khando, das jüngste Kind von Tsering Dölma und Phuntok Tashi, ihren sechsjährigen Enkel Tenzin Ngawang und die drei Kinder ihrer Diener zu unterrichten.

Gestern noch im Spiel vereint, sind sie jetzt auf dem Weg zur Schule. Ganz früh aufgestanden, schlecht gelaunt und oft noch im

Halbschlaf, machen sie sich auf, und Jetsun Pema, die Älteste der Gruppe, trägt die Verantwortung. Zwanzig Minuten zu Pferd, sommers wie winters.

In 3500 Meter Höhe wird der Kopf schnell klar. In dicke Tschubas gekleidet, bis über den Kopf in kuschlige Decken gehüllt, die Hände in fingerlosen Handschuhen, sind sie nach einer Schale Tee und ein paar Löffeln Tsampa fast so weit. Etwas fehlt noch: Jedem wird auf Gesicht und Hände eine Mischung aus Milch und Honig aufgetragen und dann Lippen und Finger mit Bienenwachs bestrichen, damit sie nicht aufspringen.

Jeden Morgen sehen die Lhasapas den Konvoi in dieser Aufmachung Tchang Seb-Char verlassen, um das Haus des Lehrers aufzusuchen. Jetsun Pema ist nicht die Einzige, die sich auf dem Weg immer wieder mit der Zunge über die Lippen fährt. Wunderbar! Milch und Honig und Bienenwachs! Da kann man nicht widerstehen.

Der Unterricht in Kalligraphie, der jetzt folgt, ist eine Qual für die Kleinen, die gestern noch nur ans Spielen dachten. Die Methode, die tibetische Schrift zu erlernen, ist für alle gleich. Jetsun Pema und ihre Kameraden, im Schneidersitz auf einem Kissen sitzend, haben alle eine Tafel. Die Tortur beginnt.

Stunden später kehren die erschöpften Kinder endlich nach Tchang Seb-Char zurück, zu Amala, zum Versteckspiel und zur Schaukel. Nie gibt es Hausaufgaben. Das ist in Tibet nicht üblich.

Am Abend ist es immer lustig, vor allem, wenn Heinrich Harrer zusammen mit der Familie isst. Jetsun Pema erinnert sich noch, wie der Österreicher einmal mit einem westlichen Essen in die Küche kam. Ein Brathühnchen. Amala kostet und leckt sich die Finger ab. Pala auch.

Und Jetsun Pema? Brathühnchen wird eines ihrer Lieblingsessen, später kommen noch Schokolade und Senf dazu.

Im Kloster Kumbum, das unter der Herrschaft Chinas steht, ist Lobsang Tseten mittlerweile neun Jahre alt geworden und noch immer nicht als 10. Panchen Lama inthronisiert.

Auch er hat Schreiben gelernt. Unter der Aufsicht seiner Lehrer studiert er auf gleiche Weise wie Tenzin Gyatso. Lobsang Tseten hat über diese Jahre berichtet:

> Ich kann mich nicht erinnern, dass mein jüngster Tutor mich je geschlagen hätte. Er kniff mich einfach ins Ohr oder gab mir manchmal einen Klaps auf den rasierten Schädel, wenn er wütend war, weil ich die heiligen Texte nicht richtig rezitieren konnte. Aber seine Ohrfeigen waren nicht so heftig, dass sie mir wehgetan hätten. Jedoch hatte er eine besondere Technik, um mich zu schlagen: Mit leicht gekrümmter Hand schlug er mit einem »paf«, das klar und laut widerhallte. Ich fand das komisch und hoffte manchmal auf eine zweite Ohrfeige. Bei dieser dummen Idee musste ich einfach lachen, und das machte ihn noch wütender. Aber er war gutmütig. Wenn er wütend war, verlor er die Geduld und schrie, mit wirrem Bart und aufgerissenen Augen. Manchmal schwenkte er die Fäuste vor unserem Gesicht, aber ich hatte keine Angst. Ich fand ihn sogar ausgesprochen komisch ...

Der Dalai Lama ist im Norbulingka. Vor jedem Eingang der Sommerresidenz steht eine Wache, zwei Meter große Kolosse, die im ganzen Land rekrutiert werden. Der Klang der Trompeten schallt bis nach Lhasa und in die umgebenden Täler, das Murmeln der Mantras ist allgegenwärtig. Aber es gibt noch ganz andere Dinge zu hören.

Harrer und Lobsang Samten fahren Ski. Auf dem Gipfel, von dem aus man über Lhasa blickt, machen sie eine Verschnaufpause und versuchen, die furchtbare Nachricht zu verarbeiten: Lhamo Thöndup, der Tenzin Gyatso, 14. Dalai Lama geworden ist, ist angeblich nicht der Dalai Lama!

Nach Aussage von Tagdra Rinpoche und seiner Freunde ist kein Zweifel möglich. Tenzin Gyatso wäre demnach ein Hochstapler, eingesetzt von Reting Rinpoche. Ditru Rinpoche, verwandt mit Thubten Gyatso, dem verstorbenen Herrscher, ist der wahre Dalai Lama! So jedenfalls das letzte Gerücht, das in Lhasa umgeht. Die Wahrheit ist: Tagdra Rinpoche erträgt die Familie Seiner Heiligkeit nicht. Die Yapshi Takhla haben immer Reting Rinpoche nahe gestanden, und das hat dem alten Regenten nicht gefallen. Und da Kelsang Rinpoche nicht mehr da ist, gibt es nicht viele, die sich den Machenschaften Tagdra Rinpoches widersetzen könnten.

Zuerst waren es Demütigungen, die Pala erleiden musste. Dann sein Tod: Er kam gerade von einer Sitzung mit dem Dalai Lama, dem Regenten und dem Kashag, in der die laufenden Geschäfte und das Tagesprogramm besprochen worden waren. Gegen 11 Uhr traf er jeden Tag zu Hause ein, schon erwartet von seinen Kindern und Enkeln, wenn die nicht zur Schule mussten; immer brachte er etwas zum Naschen mit, meistens Reis mit Rosinen. Aber eines Morgens durften die Kinder nicht in sein Zimmer. Es war der letzte Tag des tibetischen Jahres. Schon seit einigen Tagen hatte er über Benommenheit und Schwindelanfälle geklagt.

Amala hat gerade einen Boten zum Potala geschickt, um ihren Sohn zu benachrichtigen. Man fürchtet das Schlimmste. Aber alles kommt so unerwartet, dass man sich viele Fragen stellt.

Am Tag des *losar* schöpft die Familie wieder Hoffnung. Pala scheint es ein wenig besser zu gehen. Er hat sich erhoben und darauf bestanden, die Butterlämpchen auf dem Familienaltar anzuzünden und Opfergaben anlässlich des neuen Jahres darzubringen. Amala hat ihm Tee gebracht, den er im Familienkreis und in Anwesenheit der Diener und Mönche trinkt, die regelmäßig kommen, um die heiligen Texte vorzulesen.

Thubten Jigme Norbu hat vor, einigen Freunden Glückwünsche zum neuen Jahr zu überbringen. Aber kurz nachdem er gegangen ist, holt ihn ein Bote ein und bittet ihn, schnellstens nach Tchang Seb-Char zurückzukehren. Als er wieder eintrifft, ist sein Vater schon tot. Die Ärzte sind da und auch die Mönche aus dem Kloster Namgyal. Alle beten und rezitieren den *Bardo Thödol,* das Tibetische Totenbuch.

In der tibetischen Hauptstadt hat sich die Nachricht bereits verbreitet. Man glaubt, Pala habe Krebs gehabt. Die andere Version: Er sei an einer Lebensmittelvergiftung gestorben. Sein Lebenswandel gibt Anlass zu einigen Kommentaren. Der Gedanke, Pala könnte ermordet worden sein, liegt nicht fern. Gyalo Thöndup, einer der älteren Brüder des Dalai Lama, hat die Existenz eines schriftlichen Zeugnisses bestätigt. Demnach hätten die Mörder eine Pflanze benutzt, die unter dem Namen »verrückter Elefant« bekannt ist.

Nach dem Tod von Pala, Kelsang Rinpoche und Reting haben der Regent und der Kashag tatsächlich nur einen Gedanken: Mit allem, was die Vergangenheit Retings betrifft, aufzuräumen. Eine Revision der Geschichte, die mit der Verhaftung, sogar der Beseitigung aller Söhne Amalas beginnen könnte. Söhne, die zurzeit sehr beschäftigt sind. Thubten Jigme Norbu, der bald sechsundzwanzig Jahre alt wird, bringt die Asche seines Vaters nach Kumbum, in einer kleinen Urne, die auf seinen Rücken geschnallt ist. Er ist der künftige Abt dieses Klosters. Wenn er es heil und gesund erreicht!

Gyalo Thöndup, achtzehn Jahre, hält sich zusammen mit seinem Schwager Phuntsok Tashi in Nanking auf. Lobsang Samten, fünfzehn, lebt bei Amala in Tchang Seb-Char – er ist der einzige Sohn der Familie, der nicht Mönch ist. Schließlich noch der Jüngste, Tenzin Chögyal, 1946 geboren, umbenannt in Ngari Rinpoche. Er trägt immer noch die Markierung seines kleinen Bruders, der zwei Jahre vor ihm gestorben war. Inmitten seiner eigenen Geschwisterschar wiedergeboren, ist er die dritte Reinkarnation in der Familie und das sechzehnte und letzte Kind von Amala und Pala.

Wären die Männer ausgeschaltet, bliebe für die Verschwörer noch die Sache mit den Frauen zu regeln: Amala, die »Große Mutter«, Tsering Dölma, die Älteste, und Jetsun Pema, die Jüngste, die Tagdra und der Kashag dann nach Xining zurückschicken würden.

Die Lage ist umso ernster, als Amala Tagdra Rinpoche und seinen Komplizen allein gegenübersteht: Der Ehemann tot, die Söhne weit weg von Lhasa, bleibt nur Tenzin Gyatso, den man als Geisel im Norbulingka betrachten kann.

Eine Möglichkeit gäbe es für Amala: Ma Bufang, den chinesischen Kriegsherrn, rufen, der großen Respekt vor der Familie des Dalai Lama hat. Wenn Amala ihn um Hilfe bäte, würde Ma nicht eine Sekunde zögern. Er würde in die tibetische Hauptstadt einmarschieren, um ihren Sohn aus den Klauen von Tagdra zu befreien. Seine Heiligkeit könnte dann auf dem Dach der Welt weiterhin die Tugend der Weisheit pflegen. Der einzige Nachteil wäre, dass das Land in die Hand der Chinesen fallen würde.

Die andere Lösung bestünde darin, alles den Gottheiten, den Schutzgöttern, den Emanationen des Buddha zu überlassen.

Gibt es außer ihrem Sohn irgendjemanden in Lhasa, der die Nöte und Leiden Amalas zu verstehen, ihre Angst und ihre Zweifel zu teilen vermag? Es sind nur noch sehr wenige, die ihre Meinung klar zum Ausdruck bringen. Die anderen hindert die Angst und auch die Feigheit daran.

Tsarong, ein hoher Staatsbeamter, teilt die apokalyptischen Visionen des Regenten nicht.

Eines Tages vertraut er ihr an, dass die Wahrheit von den Göttern kommen wird. Und die Wahrheit kommt wirklich durch sie.

Tagdra Rinpoche, der Kashag und die Orakel sind übereingekommen, sich zu einer Divination zu versammeln, mit dem Ziel, eine Reinkarnation zu bestätigen, die über alle Zweifel erhaben ist. Die Zeremonie wird von Opfergaben, Gebeten und Ritualen, die die Konzentration fördern, begleitet. Das Los soll bestimmen: Tagdra selbst schreibt die Namen von Ditru Rinpoche und Tenzin Gyatso auf zwei kleine Zettel, die er dann in zwei Tsampa-Kugeln von gleicher Größe steckt. Er dreht auch die Schale, bis eine Kugel herausspringt: »Tenzin Gyatso« ist beim ersten Mal zu lesen; »Tenzin Gyatso« enthüllt die Kugel beim zweiten Mal; »Tenzin Gyatso« steht da ein drittes Mal.

Jetzt gibt es keinen Zweifel mehr.

Die Divinationen haben dreimal hintereinander zur gleichen Antwort geführt: Lhamo Thöndup, das Kind aus Taktser, der Sohn Amalas, ist wirklich der 14. Dalai Lama.

Nach diesem Ergebnis kann man in den Mienen von Tagdra und seinen Freunden Enttäuschung lesen. Aber sie werden es nicht wagen, sich der Entscheidung der Götter zu widersetzen. Andere finstere Pläne beschäftigen sie. Im Visier haben sie diesmal den 10. Panchen Lama.

In Kumbum legt Lobsang Tseten immer wieder ungewöhnliche Eigenschaften an den Tag.

In diesem Jahr, 1947, er ist neun Jahre alt, setzt er seine Umgebung folgendermaßen in Erstaunen: Er sitzt gerne unter den Novizen und lehrt sie die heiligen Texte des Dharma; er spricht lange zu ihnen, so lange, dass sogar die Lamas stehen bleiben, um die Lehren des Kindes zu hören. Ist Lobsang nun der 10. Panchen Lama? Um davon überzeugt zu sein, reicht es, zu beobachten, wie er Knoten verschenkt, die er selbst geknüpft hat und denen man die Macht zuspricht, vor Unheil zu schützen.

Alles wäre vollkommen in der besten aller Welten, gäbe es da nicht die fortwährenden Streitigkeiten zwischen dem Kashag und dem Rat der Khenpos, dem Verwaltungsgremium des verstorbenen Panchen Lama. Seitdem dieser 1944 designiert worden ist, fordert der Kashag mit Nachdruck, Lobsang nach Lhasa zu bringen. Im Übrigen nicht nur ihn, sondern alle in der Vorauswahl ermittelten Kandidaten. Geht es dabei um neue Manöver von Seiten der tibetischen Regierung, mit dem Ziel, das von Dingie Rinpoche ins Auge gefasste Kind durchzusetzen?

Tatsache ist, dass der Kashag sich plötzlich Sorgen wegen des Alters von Lobsang macht. Der 9. Panchen Lama ist am 1. Dezember 1937 gestorben und Lobsang am 19. Februar 1938 geboren. Nur zwei Monate und achtzehn Tage liegen also zwischen dem Tod und der Wiedergeburt. Zu wenig nach Meinung des Kashag, der zumindest einen Zeitraum von neun Monaten, wie er einer Schwangerschaft entspricht, für wünschenswert hält.

Die Reaktion des Rates der Khenpos folgt umgehend. Nach seiner Überzeugung stimmt die Wahl von Lobsang Tseten mit der Lehre überein. Ein Tulku kann sich zu seinen Lebzeiten im Körper einer anderen Person inkarnieren, gemäß seiner natürlichen Affinität zu einem Wesen, das er in seinem früheren Leben getroffen hat. Und die Khenpos erklären, dass es zum Beispiel Mystiker gegeben habe, die zu ihren Lebzeiten eine schwangere Frau als ihre zukünftige Mutter bezeichnet hätten. Bevor sie starben, begannen sie mit der Übertragung ihres Bewusstseins ... Nun hat aber, wie schon gesagt, der 9. Panchen Lama keinerlei Zeichen hinterlassen, die bei der Suche nach seiner Reinkarnation eine Hilfe hätten sein können.

Als die Chinesen der Guomindang wieder die Szene betreten, wird die Situation noch komplizierter. Chiang Kai-shek entschließt sich, die Kandidatur von Lobsang Tseten zu unterstützen.

Zu diesem Zweck veröffentlicht Nanking ein Dekret, das auf den 3. Juni 1949 datiert ist:

> Das Kind aus Qinghai, Lobsang Tseten, ist reinen Geistes und voller Weisheit. Die von uns durchgeführten Überprüfungen haben bewiesen, dass es wirklich die Reinkarnation des 9. Panchen Lama ist. Es wird also von der Auslosung dispensiert und durch eine Sondergenehmigung zum 10. Panchen Erdeni.

Nicht ungeschickt versucht Nanking so, die Stelle der tibetischen Regierungsbehörden einzunehmen, indem es aus einer Designierung, die ausschließlich religiösen Charakter hat, eine politische Angelegenheit macht. Die Chinesen beziehen sich dabei auf ein vom Mandschu-Kaiser Qianlong verkündetes Edikt. 1793 hatte der – damals schon – versucht, in das Durcheinander, das durch die Designierung der Dalai Lamas, der Panchen Lamas und anderer Nachfolger der großen buddhistischen Schulen entstand, Ordnung zu bringen. Sein Text umfasste neunundzwanzig Punkte.

Begierig, endlich über eine eigene wichtige Figur auf tibetischem Territorium zu verfügen, wirft die Guomindang die Angel noch weiter aus. Nachdem sie die Designierung des kleinen Lobsang Tseten gebilligt haben, überbringen ihm die Nationalchinesen Geschenke, darunter eine große Menge Gold, und sie schicken einen Vertreter ins Kloster Kumbum, der bei der Inthronisation den Vorsitz führen soll.

Die Zeremonien finden am 10. August 1949 statt. In Anwesenheit des chinesischen Repräsentanten und Thubten Jigme Norbus, des Abtes von Kumbum, vollziehen die Lamas von Tashilhunpo das Ritual des Tonsurschneidens. Lobsang Tseten wird so offiziell der 10. Panchen Lama Chökyi Gyaltsen.

Als Antwort beschließt der Kashag, den chinesischen Gesandten Shen Tsung-lien, der Chiang Kai-shek nahe steht, auszuweisen, ebenso die vierhundert in Lhasa ansässigen Chinesen, von denen einige zudem als kommunistische Agenten gelten. Das ist nicht weiter erstaunlich, denn Mao hat gerade den Bürgerkrieg gewonnen.

In China machen sich Chiang Kai-shek und seine treuesten Anhänger bereit, ein Kriegsschiff mit Kurs auf die Insel Taiwan zu besteigen. Vor diesem Hintergrund beauftragt die Guomindang Ma Bufang mit einer geheimen Mission. Er soll dem neuen

Panchen Lama und seiner Familie den Vorschlag machen, ihm zu folgen.

Die Zusammenkünfte finden in Kumbum im Sommer 1949 statt, einige Tage nach der Inthronisation von Chökyi Gyaltsen. Von zwei Agenten der Nationalchinesen beraten, drängt Ma die Eltern des Panchen Lama und den Rat der Khenpos, Tibet in Begleitung des damals elfjährigen Kindes zu verlassen.

In Kumbum mehren sich die Treffen, immer nachts und stets in Abwesenheit des Panchen Lama. Ma schlägt vor, Chökyi Gyaltsen ihm anzuvertrauen, er werde ihn sicher bis nach Taiwan bringen.

Bei einer der Zusammenkünfte taucht der Junge plötzlich auf. Er bekommt einen Wutanfall, weil er bisher von den Diskussionen und den Entscheidungen, die in erster Linie ihn betreffen, ausgeschlossen worden war. Man erklärt ihm die letzten Entwicklungen: Dass die Nationalchinesen flüchten und die Kommunisten kommen. Was soll geschehen? Unter den Khenpos gibt es Lamas, die heimlich für Mao tätig sind. Es ist der 10. Panchen Lama Chökyi Gyaltsen selbst, der es ablehnt, Tibet, sein Land und sein Volk, zu verlassen. Schon bald wird der Panchen Lama eine Geisel der Volksrepublik China sein, des neuen Regimes, verbündet mit der Sowjetunion und Feind des Westens.

TEIL III

1950–1964

9 Diner der Betrogenen

Plötzlich tönt ein dumpfes Rauschen von der Erde:
Der Tiger ist gezähmt.
Und die Tränen, die wie Regentropfen rinnen,
Schwellen zu einem Sturzbach an.

Mao Zedong

»Das chinesische Volk hat gesiegt!«, ruft Mao Zedong. Tausende von Chinesen haben sich versammelt, um die Stimme ihres Herrn zu hören. Lautsprecher tragen seine Worte über den Tiananmen-Platz, der von seinen Appellen und Schmähreden widerhallt. Vor seinem gewaltigen Porträt, mit einem roten Band im Knopfloch, verkündet der neue »Sohn des Himmels« seine Botschaft, sein »Himmelsmandat«, das künftig das chinesische Volk mit der kommunistischen Dynastie verbindet.

Es ist der 1. Oktober 1949. Der Schrei der Menge wird noch lauter, als Mao Zedong ausruft:

> Im Namen der politischen Konsultativkonferenz des chinesischen Volkes proklamiere ich die Volksrepublik China.

Die rotseidene Fahne mit den fünf goldenen Sternen steigt vor dem blauen Himmel auf und reißt die Menge zu weiteren Hochrufen hin: »Mao Zedong wanxue!« – »Es lebe Mao Zedong!«

Wer hätte an diesem historischen Tag gegen die von der Kommunistischen Partei vertretenen Prinzipien protestieren sollen? Warum sollte ein archaisches, armes und korruptes China nicht sein Vertrauen in Mao und die Kommunistische Partei Chinas setzen? Das chinesische Volk hat vielleicht gesiegt, aber die Wirtschaft des Landes ist am Boden. Das bedeutet, dass die große Mehrheit der sechshundert Millionen Chinesen die von der Partei durchgeführten Kampagnen gegen das Bürgertum und die Kapitalisten billigt und unterstützt. Das ändert sich auch nicht, als die konterrevolutionäre Bewegung unterdrückt wird, die religiösen Einrichtungen systematisch abgeschafft und der Grundbesitz und alle Habe derjenigen, die als Rechte gelten, konfisziert werden. »Der Osten ist rot!«, ruft Mao Zedong immer wieder.

In Vietnam befreit Ho Chi Minh an der Spitze der kommunistischen Truppen sein Land vom französischen Kolonialismus. Die niederländischen Kolonialherren haben Djakarta verlassen, und Indonesien erklärt ebenfalls seine Unabhängigkeit. Der Aufstand der Huks könnte sie auch den Philippinen bringen. Und die revolutionäre Agitation erschüttert Korea, wo im Norden der Halbinsel Kim Il-sung, ein in China geschulter Kommunist, sein Gesetz diktiert. Stalin und Mao unterzeichnen am 14. Februar 1950 einen Freundschaftsvertrag, in dem Stalin Mao seinen Schutz durch seinen »nuklearen Schirm« zusichert.

Was das Innere betrifft, so verkündet Peking am 18. Mai 1950 die Landreform, die mit einer gigantischen Umsiedlung der Bevölkerung einhergehen wird. Die sechsundvierzig Millionen Hektar, die fünfzehn Millionen Eigentümern weggenommen wurden, werden an dreihundert Millionen arme Bauern und Landlose verteilt. Bei dieser gewaltigen Umwälzung werden drei Millionen Chinesen ermordet, ebenso viele kommen ins Gefängnis. Es gibt Massendeportationen: Seit dem 1. Oktober 1949 sind zehn Millionen Chinesen in die *laogais* geschickt worden, besondere Arbeitslager, in denen die Kerkermeister die effektivsten Techniken zur »geistigen Umerziehung« anwenden, die einer Gehirnwäsche nahe kommen.

Seitdem sich Mao in der Verbotenen Stadt eingerichtet hat, hegt er, wie die chinesischen Kaiser, die Hoffnung, seine Macht auf Korea und Tibet ausdehnen zu können. Schon bald, im Jahre 1950, wird sein Expeditionskorps an der Seite von Kim Il-sungs Truppen kämpfen. Bleibt Tibet. Also beauftragt er Lin Bao[1], einen

Plan auszuarbeiten, um Tibet von der Macht des Dalai Lama und der Theokratie zu »befreien« und die Bevölkerung aus der Leibeigenschaft zu führen. Rund um das Dach der Welt, in Lhasa und den anderen großen Städten wimmelt es schon von Agenten der *tewu*, der chinesischen Geheimdienste. Im Nachbarland Indien macht man sich Sorgen. Zhou Enlai schickt seine Abgesandten, um Pandit Nehru zu beruhigen. Mit ihm zusammen hofft er die Dritte-Welt-Bewegung zu fördern, die auf der Konferenz von Bandung Gestalt annehmen wird. Die »Befreiung Tibets vom feudalen und imperialistischen Joch« werde sich auf friedliche Weise vollziehen, versichert er.

Am 1. Januar 1950 heißt es, dass es zu den Hauptaufgaben der Volksbefreiungsarmee gehöre, Tibet zu befreien. Am 5. August zitiert die Presseagentur Xinhua einen Leiter der Militärkommission, Liu Bocheng: »Tibet muss wieder in die große vaterländische Familie zurückgeführt werden.« Am 30. September 1950, anlässlich des ersten Jahrestages der Errichtung der Volksrepublik, geht Premierminister Zhou Enlai zum Angriff über. »Es wird höchste Zeit, Tibet zu befreien!«, ruft er aus.

Zwischen September und Oktober 1949 hat Thubten Jigme Norbu, der Älteste in der Familie, endlich eine wichtige Aufgabe im Sinne der Familientradition erfüllt: Er hat die Asche seines Vaters in der Umgegend von Taktser, seinem Heimatdorf, verstreut.

Aber in der Zwischenzeit haben die Kommunisten die Grenze bei der chinesischen Stadt Ya'an überschritten, danach die Brücke von Luding – tibetisch Chadzampa –, die traditionellerweise die Grenze zwischen den beiden Ländern bezeichnet, und sich in Dartsedo in der Provinz Qinghai einquartiert. Ma Bufang, der chinesische Gouverneur von Qinghai, hat bei seiner Flucht nicht die Ankunft der kommunistischen Truppen abgewartet. Sie besetzen also Amdo, ohne auf den geringsten Widerstand zu stoßen. Von schönen Worten in Bann geschlagen, zögern einige Amdowas nicht, zu kollaborieren. Zivile Beauftragte der Kommunistischen Partei verteilen Geld an die lokale Bevölkerung und versprechen ihr ein besseres Leben, Wohlstand und die Respektierung ihrer Bräuche und ihrer Religion.

Thubten Jigme Norbu, Abt des Klosters Kumbum, sitzt wie auf Kohlen. Dem 10. Panchen Lama, Chökyi Gyaltsan, eingesetzt von der Guomindang, ist es gelungen, bei Nacht das Kloster zu verlassen, einige Wochen vor dem Eintreffen der Roten. Eine Flucht, die nicht lange dauern kann, gewiss, aber dem Bruder des Dalai Lama bereitet sie große Sorgen. Ihm droht, für diese »eigenmächtige Abwesenheit« zur Verantwortung gezogen zu werden.

Der Panchen Lama wird sehr schnell nach Kumbum zurückkehren. Einflussreiche, von Agenten Pekings manipulierte Mitglieder seines Regierungsrats haben ein Glückwunschtelegramm an Mao Zedong geschickt.

An Mao, den Präsidenten der zentralen Volksregierung, und an Zhu De, Oberbefehlshaber der Volksbefreiungsarmee, mit der respektvollen Bitte um Lektüre.
Die Intelligenz und die taktische Kühnheit Ihrer Exzellenzen haben dazu geführt, das Land und sein Volk zu retten. Überall, wo die Armee der Gerechtigkeit erschienen ist, hat sich die gesamte Nation gefreut.
Der Panchen Lama, der ein Leben lang die Gunst Chinas genossen hat, spricht Ihnen seine Dankbarkeit und seine Wertschätzung aus.
Seit mehr als zwanzig Jahren kämpfe ich[2] ohne Unterlass für die Integrität und die Souveränität Tibets. Mein Gewissen ist belastet, weil ich mein Ziel nicht erreicht habe. Ich werde also in Qinghai bleiben, erwarte aber Ihre Befehle, nach Tibet zurückzukehren.
Es ist ein Glück, dass unter der Führung Ihrer Exzellenzen der Nordosten Chinas befreit und eine zentrale Volksregierung eingesetzt wurde. Aufrechte und tapfere Menschen werden sich ermutigt fühlen. Von jetzt an haben wir Aussicht auf Frieden und das Glück des Volkes, wir können auf die Wiederherstellung unseres Landes und die Befreiung Tibets hoffen.

Am 23. November 1950 antworten Mao Zedong und Zhu De auf diese Botschaft. Für sie ist sie das Zeichen, dass die zweite Etappe der Annexion Tibets beginnen kann. Hier der Text:

Mit Freude haben wir Ihr Telegramm vom 1. Oktober empfangen.
Das tibetische Volk liebt seine Heimat und widersetzt sich der auslän-

dischen Invasion. Unzufrieden mit der reaktionären Politik der nationalistischen Regierung, wird es gerne zu einem Teil des neuen, vereinten und reichen China, in dem alle Nationalitäten gleichberechtigt zusammenarbeiten werden.

Die zentrale Volksregierung kann mit Gewissheit die Hoffnungen des tibetischen Volkes erfüllen. Wir hoffen, dass Sie, gemeinsam mit allen Tibetern, die ihr Heimatland lieben, beharrlich für die Befreiung Tibets und den Zusammenschluss der Tibeter und der Han arbeiten werden.

Thubten Jigme Norbu ist immer noch erregt. Gerade hat er den Rat der Khenpos gewarnt. Aufgebracht und mit harten Worten hat er mit ihnen über die Konsequenzen ihrer fatalen Initiative gesprochen. Ihr Eifer liefert den Panchen Lama, ein Kind von elf Jahren, den neuen Herren in Peking aus und bringt das Leben des Dalai Lama in Gefahr.

Am 24. November gibt Radio Peking bekannt, dass der Panchen Lama persönlich einen Appell an Mao gerichtet hat, Tibet zu befreien.

In Lhasa steuert das Leben der Yapshi Takhla vollends auf eine Tragödie zu. Nach dem Tod von Chökyong Tsering hat sich die Mutter des Dalai Lama der persönlichen Dinge ihres Mannes entledigt. So wird sein Geist daran gehindert, in ihrem Heim zu bleiben.

Kaum ist die Trauerzeit beendet, da beeilt sich der Kashag auch schon, einen Ratgeber zu benennen, der Amala angeblich helfen soll, ihre Güter zu verwalten. In Wirklichkeit will er sie unter Aufsicht stellen. Amala durchschaut das.

Sie beschließt, Lhasa für einige Wochen zu verlassen, unter dem Vorwand, zwei oder drei ihrer zahlreichen Güter zu besuchen. Eins davon wird von ihrem Neffen Chen Chen verwaltet. Tsering Dölma, Jetsun Pema und ihre Neffen begleiten sie. In Gegenwart einer starken Eskorte verlässt die Gruppe Lhasa in Richtung Duntse, wo die Yapshis ein weiteres Haus besitzen. Es heißt, einst habe es Tsongkhapa gehört, dem Begründer der Gelugpa-Schule. Dreihundert Familien leben auf diesen Ländereien.

Sie hält sich dort nicht zum ersten Mal auf, und jedes Mal hat sie ein seltsames Gefühl verspürt. Amala ist sehr abergläubisch. Diesmal erfüllt es ihr Herz mit einer Art von prophetischem Schmerz, als die Diener die Fensterläden schließen und kein Tageslicht mehr ins Haus dringt.

Spätabends steigt Amala die Treppe hoch, die die fünf Stockwerke verbindet, und betritt den Flur, der zu ihrem Zimmer führt. An den zentralen Punkten des Hauses gibt es reich geschmückte Altäre. Es sind insgesamt vier, einer befindet sich auf ihrer Etage. Die Diener sind schon schlafen gegangen, die Kinder auch. Amala ist allein. Sie betrachtet aufmerksam diesen Altar, die wundervollen alten Thankas an den Wänden oberhalb der kleinen Statuen und der Götterbilder. Die Butterlampen knistern. Nichts Ungewöhnliches. Aber da ist diese Trommel, die mit einer besonders dicken Haut bespannt ist. Die hatte sie früher nicht bemerkt. Und vor allem den Blutgeruch.

Die Mutter Seiner Heiligkeit erschrickt, sie ruft die Mönche. Immer noch riecht es nach Blut. Ein Lama erklärt, ein Bewohner des Landgutes sei ohne Zweifel tot oder sterbe gerade.

Der Mönch rät Amala, in ihr Zimmer zu gehen. Er und seine Brüder würden beten und die ganze Nacht Opfergaben für den Verstorbenen darbringen.

Am nächsten Morgen ordnet Amala an, dass der Konvoi weiterziehen soll. Sie will sich nach Tashilhunpo, dem Kloster des Panchen Lama, begeben und dort zur Ruhe kommen.

Die Tage verstreichen friedlich, unter Gebeten und Spaziergängen. In Tashilhunpo erfährt Amala von der Existenz von Chökyi Gyaltsen, dem 10. Panchen Lama, dessen Eltern, ebenso wie die ihren, aus Amdo stammen. Sie vermisst ihre Heimat sehr, insbesondere Taktser. Aber angesichts der jüngsten Ereignisse ist es unmöglich, dorthin zu reisen. Das hieße, ihr Leben aufs Spiel zu setzen.

Kaum nach Lhasa zurückgekehrt, wird Tsering Dölma ernsthaft krank. Die Ärzte von Men-Tsee-Khang, dem Institut für Medizin und Astrologie, wechseln sich an ihrem Krankenbett ab. Ihr Zustand wird als so alarmierend angesehen, dass sie nach Indien gebracht werden soll.

Und man wird die Gelegenheit nutzen, um die Kinder in einem Internat unterzubringen. Diese Entscheidung war vom Dalai Lama und von Amala getroffen worden. In den Vorkriegsjahren war es üblich gewesen, dass die aristokratischen Familien Tibets ihre Kinder in ein Internat der christlichen Missionen nach Indien schickten. Das wird jetzt auch mit Jetsun Pema und den beiden Kindern von Tsering Dölma geschehen.

In Tchang Seb-Char sind alle mit Reisevorbereitungen beschäftigt. Amala erteilt Befehle, benennt die Diener, die auf die beiden Mädchen aufpassen sollen, und empfängt viele nepalesische, indische und tibetische Händler, die ihr heimisches Geld sowie Silber- und Goldstücke gegen indische Rupien eintauschen. Je näher der Abschied rückt, desto beeindruckender wird die Menge der indischen Geldnoten. Damals war ein *sang* fünfzehn Rupien wert. Das bedeutete, dass ein Berg von Rupien zusammengetragen werden musste, um den Aufenthalt der ganzen Truppe, die Krankenhauskosten und das Internat für Jetsun Pema und die beiden Enkel bezahlen zu können.

Die Vorbereitungen kommen voran. Die Gepäckstücke und die großen Koffer sind sorgfältig verschlossen und mit dichten Planen geschützt, und aus den Ställen des *kung* sind die besten Pferde ausgesucht worden. Lamas und Mönche von riesenhaftem Wuchs, die berühmten *dobdos*, Khampas und Leute aus Amdo, Furcht einflößende Krieger, bewaffnet mit Dolchen und Gewehren, und schließlich noch ein Onkel der Kinder werden die übrige Eskorte bilden.

Bevor es über Sikkim nach Kalimpong geht, findet noch eine Audienz beim Dalai Lama statt. Khatas werden getauscht und letzte Ratschläge gegeben. An diesem Morgen ist jeder bedrückt und tieftraurig.

Einige Wochen später kann sich Tsering Dölma bei Freunden in Gangtok, der Hauptstadt von Sikkim, endlich erholen, ehe sie nach Kalkutta ins Krankenhaus kommt. Ihre Kinder und Jetsun Pema erreichen in der Mitte des Schuljahrs das Kloster Loreto in Darjeeling, wo Nonnen aus Irland Dienst tun. Es ist eine schlagartige und totale Umstellung. Dazu kommt noch die Notwendigkeit, schnellstens Englisch zu lernen.

Im August 1950 trifft sich Shabakpa mit einer chinesischen Delegation in Neu-Delhi. Aber die Gespräche scheitern in den wesentlichen Punkten: Auf fremdem Territorium kann keine fruchtbare Diskussion über Tibet stattfinden. Offizielle Abgesandte sollen sich nach Peking begeben. Mao betrachtet Tibet als strategisch wichtiges Gebiet für die Verteidigung des Südens und Ostens von China; er fürchtet, umzingelt zu werden.

Im September 1950 überqueren vierzigtausend Soldaten der Volksbefreiungsarmee den Jangtsekiang an mehreren Stellen. Niemand tritt ihnen entgegen. Achttausendfünfhundert Tibeter bilden eine Operettenarmee mit höchstens fünfzig Geschützen und zweihundert Maschinengewehren. Mit anderen Worten: Tibet kann sich nicht verteidigen.

Wenn sich in Kumbum einige Berater des Panchen Lama mit der Volksrepublik China angefreundet haben, so gilt das nicht für Thubten Jigme Norbu. Wer ihn gut kennt, kann die Verzweiflung in seinem Gesicht lesen.

Das einfache Volk von Amdo, Partisanen der Guomindang und Antikommunisten strömen nach Kumbum in der stillen Hoffnung, bei Taktser Rinpoche und dem 10. Panchen Lama Chökyi Gyaltsen Zuflucht zu finden. Was sie berichten, ist grauenvoll: Zuerst hörte man Explosionen in der Nähe der Klöster; nachdem die Mönche mit Äxten erschlagen worden waren, wurden die Tempel geplündert, die heiligen Schriften verbrannt; dann ließen die Soldaten der Volksbefreiungsarmee ihre Pferde dort frei. Tashi Khyil, das Kloster bei Taktser, ist vollkommen zerstört. Die Dorfbewohner leiden Hunger. Und in Xining ist ein Lager errichtet worden.

Thubten Jigme Norbu hält es nicht mehr aus. Er fährt nach Xining, um den Gouverneur aufzusuchen. Anfangs hatte er der von Mao Zedong verkündeten Botschaft Glauben schenken wollen. Aber diese Hoffnung währte nicht lange. In den Dörfern und Weilern von Amdo haben Versammlungen stattgefunden, und die ersten Flüchtlinge berichten in Kumbum von Zusammenkünften, die *thamzing* genannt werden: Eine Art Volksgericht, das von Soldaten und von Tibetern, die von Geheimagenten manipuliert wurden, abgehalten wird. Die betreffenden Personen stehen über Stunden auf dem Marktplatz, mit dem Gesicht zu den Dorfbewohnern. Sie üben Selbstkritik und bezichtigen sich eines Vergehens, das sie nicht begangen haben. Die Chinesen schlagen ihre Opfer während dieser Versammlungen nie: Sie zwingen die Tibeter dazu. Wenn diese nicht heftig genug zuschlagen, nehmen sie den Platz des unglücklichen Opfers ein und stehen dann selbst in Ketten gefesselt, die Arme über der Brust gekreuzt, in der Mitte des Kreises. Zum Ende der Versammlung sucht man ein Kind aus, das jüngste der Familie, das seinen Vater, seine Mutter, einen Bruder oder Onkel töten soll …

Der kommunistische Gouverneur von Qinghai verspricht eine Untersuchung. Daraus wird natürlich nichts. Dafür wird der älteste Bruder des Dalai Lama einem regelrechten Verhör unterzogen: Man will alles über sein Tun und Treiben wissen; er wird aufs Genaueste befragt; seine Zimmer und seine persönlichen Dinge werden durchwühlt; man verlangt von ihm ein detailliertes Verzeichnis des Adels von Amdowa und seiner Güter, eine Liste der Klöster und der dazugehörigen Gebiete. Er wird zu dieser oder jener Familie befragt, die angeblich der Guomindang nahe steht; man will etwas über seine persönlichen Besitztümer wissen. Zu diesem Zweck schicken die Chinesen zwei Leute nach Kumbum, die Taktser Rinpoche überwachen sollen, Angehörige des chinesischen Geheimdienstes, die darauf aus sind, ihn zu zermürben. Wenn er also meditiert oder im Tempel Opferrituale verrichtet, öffnen sie gewaltsam die Türen und provozieren ihn, etwa mit der Frage, ob seine Gebete denn schon einmal die Menschen in Taktser vor dem Hungertod bewahrt hätten. Sobald er seine Gebete beendet hat, zwingen sie ihn, politische Parolen zu studieren, drängen ihn, seine Denkweise zu ändern und eine andere Haltung einzunehmen, das werde ihm in Zukunft viel Ärger ersparen. In der übrigen Zeit tun die beiden Männer alles, um Thubten Jigme Norbu und den Dalai Lama zu verleumden. Natürlich stellen sie Chökyi Gyaltsen und seine Berater als Beispiel hin: Das seien gute Chinesen, ihrem Vaterland treu ergeben.

Der Älteste der Yapshis ist am Ende seiner Kraft. Und so fleht Thubten Jigme Norbu am ersten Jahrestag seiner Nominierung zum Abt die Mönche an, seinen Rücktritt anzunehmen.

Einen Monat später lassen ihn die Chinesen nach Xining kommen und erteilen ihm den Befehl, nach Lhasa zu reisen und dem Dalai Lama die Beschwerden der Volksrepublik China darzulegen.

Die Behörden von Xining gehen sogar noch weiter. Sie schlagen vor, Taktser Rinpoche zum Helden des Vaterlandes zu machen: Dafür solle er seinen Bruder von den kommunistischen Grundsätzen überzeugen und dazu bringen, die Soldaten der Volksbefreiungsarmee als Sieger in Lhasa zu empfangen. Falls der Dalai Lama dies verweigere, müsse man ihn liquidieren. Thubten Jigme Norbu selbst könne das übernehmen.

Zuerst lehnt der Älteste der Yapshis die Forderungen der Chinesen rundweg ab; aber der Druck wird so stark, dass er sich schließlich doch entscheidet, aus Kumbum wegzugehen und seine Landsleute ihrem Schicksal zu überlassen. Er reitet in Richtung Lhasa. Man hat ihm drei Pferde, eine Pistole, drei Gewehre, ungefähr zwanzig Magazine und ein bisschen Geld mitgegeben. Seine beiden Zerberusse begleiten ihn bis zur Grenze von Qinghai, danach sollen ihn Khampa-Reiter eskortieren. Die Grenze ist noch weit. Die beiden Chinesen tun alles, um die Reise nach Lhasa in die Länge zu ziehen. Endlich nähern sie sich dem Grenzgebiet. Thubten Jigme Norbu ist fast in Sicherheit. Da bricht einer der Chinesen in Gelächter aus und ruft: »Die Stadt Chamdo in Kham ist gefallen!«

Es ist der 19. Oktober 1950. In Radio Peking ist zu hören:

> Der angloamerikanische Imperialismus unterdrückt Tibet, es muss befreit werden! Irgendwelche Einmischungen in tibetische Angelegenheiten werden nicht geduldet.

Die Kommunisten halten Ngabo Ngawang Jigme, den Gouverneur von Kham, gefangen. Es ist die Reaktion auf den gewaltsamen Tod eines Mönchs namens Gerda, den Peking im Juli nach Chamdo geschickt hatte, um mit den Khampas zu verhandeln.

Ein Mann zuckt zusammen, als er den Aufruf zum Krieg gegen den angloamerikanischen Imperialismus hört. Es ist der ehemalige Pilot der Royal Air Force Robert Webster Ford, Angestellter der Regierung von Lhasa. Er hält sich in Chamdo auf. Man hat ihn beauftragt, ein Radio- und Fernsprechnetz aufzubauen. Die Tibeter sehen in ihm so etwas wie einen offiziellen Vertreter Londons in dieser Region. Während zehntausende Soldaten der Volksbefreiungsarmee nicht ohne Mühe die Vorgebirge von Kham erklimmen, sagt Ford mit typisch britischen Humor zu sich: »Der anglo-amerikanische Imperialismus in Tibet? *Who, me?*« Ford ist nicht der einzige Engländer, der im Land des Schnees lebt. Richardson, ein britischer Verwaltungsbeamter, der 1936 nach Tibet gekommen war, arbeitet noch immer als Historiker in Lhasa. Dann gibt es da noch einen Radiotechniker in Lhasa. Er ist indischer Herkunft, heißt Reginald Fox und leidet unter rheumatischer Arthritis, die ihn stark behindert. Schließlich darf man die beiden Österreicher nicht vergessen, Peter Aufschnaiter und Heinrich Harrer.

Nachdem Chamdo eingenommen ist, findet sich Ford im *laogai* wieder, für fünf Jahre, um seinen Geist »umzuerziehen«. Er wird des Mordes an dem Prälaten Gerda angeklagt, und wie hunderte von Tibetern auch wird er in speziellen Verhörzentren, die von der *tewu* in der Provinz Chengdu errichtet worden sind, Schulungen unterzogen.

Am 24. Oktober gibt Radio Peking bekannt, dass die chinesische Armee Befehl erhalten habe, »die Verteidigung an der Westgrenze Chinas zu verstärken«. Die Kommunisten marschieren nach Lhasa.

In der Zwischenzeit hat Lhasa ein Erdbeben von beträchtlicher Stärke erlebt. Die prompte Deutung dieses Ereignisses durch die Staatsorakel verbreitet sich in der Hauptstadt: Die Stadt ist bedroht, und der Dalai Lama auch.

Der Oktober ist kaum zu Ende, als Thubten Jigme Norbu im Potala erscheint. Er bittet darum, den Dalai Lama unverzüglich sprechen zu dürfen. Ein Gewitter entlädt sich mit gewaltiger Kraft über Lhasa, als er das Zimmer seines Bruders betritt, aber er achtet nicht auf Donner und Blitze. Sein Gesicht ist von Leiden zerfurcht. Noch nie hat Seine Heiligkeit seinen ältesten Bruder so leichenblass gesehen.

Thubten Jigme Norbu beginnt mit seinem Bericht über die Ereignisse, die den Osten des Landes, Amdo und Kham, erschüttern. Er erzählt vom Vormarsch der chinesischen Truppen, der Einnahme von Chamdo, dem Hunger in ihrem Heimatdorf und der gesamten Region, der unerträglichen Haltung gewisser Khenpos, die den Panchen Lama an die Kommunisten ausgeliefert haben, und er spricht auch von dem schändlichen Verhalten einiger Aristokraten und religiösen Würdenträger, die der Zwangsarbeit Kollaboration und Verrat vorgezogen haben.

Er klagt auch die mächtigen Autokraten und hohen Geistlichen an: Sie hätten dem Volk beistehen sollen und haben es nicht getan. Einige schmachten jetzt in den Lagern, andere hat ihre Feigheit ins Grab gebracht. Schließlich erzählt er ausführlich vom Widerstand und wie die jungen, tapferen Khampas ihr Leben für Tibet und seinen Herrscher geopfert haben. Ihr Mut sollte allen ein Vorbild sein.

Der Kashag kann sich offensichtlich nicht zum Handeln aufraffen. Die Lhasapas bringen zum Ausdruck, dass sie von den Regenten, Lamas und Tulkus genug haben: Man fordert den Kopf des alten Tagdra. Der Dalai Lama soll die Regierung übernehmen. Seine Heiligkeit, erst sechzehn Jahre alt, kann aber nicht regieren. So steht es in der Verfassung! Wenn sie aber geändert würde …

Der Regent wendet sich an die Vereinten Nationen. Während die tibetische Regierung lauthals die Entsendung einer Untersuchungskommission fordert, erteilt ihnen die internationale Gemeinschaft eine bittere Abfuhr: Am 15. November 1950 wird die Tibetfrage auf Antrag El Salvadors zwar in der Vollversammlung der Vereinten Nationen verhandelt, aber am 24. November wird sie *sine die* – auf unbestimmte Zeit – vertagt. Tibet, so heißt es, falle »in die nationale Zuständigkeit Chinas«. Was die Briten angeht, so bringen sie ihre Sympathie für das tibetische Volk zum Ausdruck, bedauern aber, in dieser Angelegenheit nicht intervenieren zu können. Indien erschöpft sich in diplomatischen Warnungen. Nur die Nationalchinesen hätten gerne eingegriffen, haben sich aber von ihrer militärischen Bankrotterklärung im Jahre 1949 noch nicht wieder erholt.

Als der 13. Dalai Lama Thubten Gyatso 1913 die Unabhängigkeit Tibets ausrief, befand er es nicht für nötig, in den Hauptstädten der Welt Botschaften zu eröffnen. Er dachte auch nicht daran, dem Völkerbund beizutreten. In seinen Augen bestand an der Unabhängigkeit niemals ein Zweifel. 1950 hätte diese Unabhängigkeit außer Frage gestanden, wäre Tibet nicht so rückständig gewesen. Die Schuld hieran ist in hohem Maße den religiösen Würdenträgern und den Regenten zuzuschreiben. Trotz seines jugendlichen

Alters wird dem Dalai Lama bewusst, dass es unmöglich ist, in völligem Isolationismus zu leben, und sei es auf dem Dach der Welt.

Das Volk fordert immer wieder die Inthronisation von Tenzin Gyatso. Die Lhasapas haben Angst und bringen diese auf Plakaten, die nahe bei den Tempeln aufgehängt werden, zum Ausdruck. Das Orakel von Nechung hat in Trance erklärt, Tagdra Rinpoche solle abtreten, »seine Zeit sei gekommen«. Deshalb tritt die Nationalversammlung auf Empfehlung des Kashag zu einer außerordentlichen Sitzung zusammen.

Tenzin Gyatso, ohne politische Erfahrung und erst sechzehn Jahre alt, ist die einzige Person, auf die die Tibeter noch hoffen können. Die Entscheidung fällt nicht leicht.

Der Dalai Lama zögert. Das Volk braucht ihn, und er braucht sein Volk.

Als er schließlich seine Zustimmung gibt, ist ihm das Ausmaß der Verantwortung, die ihm jetzt zufällt, vollkommen bewusst. Die Thronbesteigung wird am 17. November 1950 zelebriert.

Trotz des Vormarsches der chinesischen Truppen und trotz der Berichte über Ausschreitungen, die immer häufiger zu ihnen gelangen, jubeln die Lhasapas.

Das Fest wird von kurzer Dauer sein.

Die erste Amtshandlung des jungen Herrschers besteht darin, zwei Premierminister zu benennen, beides starke Persönlichkeiten: einen Mönch, Lobsang Tashi, und einen Laien, Lukhangwa.

Nach einer langen Besprechung wird entschieden, diplomatische Abordnungen nach China, in die Vereinigten Staaten, Großbritannien und Nepal zu schicken. Eine einzige gelangt ans Ziel, die erste.

Alarmierende Gerüchte besagen, dass die Kommunisten sehr bald in Lhasa einmarschieren werden. Ein Verbleiben im Potala würde eine große Gefahr für den Dalai Lama bedeuten. Ein Teil des Adels hat das sinkende Schiff schon verlassen, die Flucht geht in Richtung Indien oder Nepal.

Anfang Dezember tritt die Nationalversammlung erneut zusammen. Die Sitzung ist von äußerster Wichtigkeit: Die Abgeordneten bitten Seine Heiligkeit, Lhasa zu verlassen, um zu verhindern, dass das Symbol der tibetischen Integrität in die Hände der Kommunisten fällt. Das andere Symbol, in Gestalt des 10. Panchen Lama, halten sie bereits gefangen.

Der Dalai Lama verlässt Lhasa in der Nacht des 18. Dezember in Richtung Dromo, im Tal von Chumbi, etwas mehr als dreihundert Kilometer von der Hauptstadt und vor allem nur ungefähr zehn Kilometer von der indischen Grenze entfernt. In Begleitung Seiner Heiligkeit befinden sich Amala, Ngari Rinpoche, Thubten Jigme Norbu, der nicht länger in Tibet bleiben kann, weil er in den Augen der Chinesen ein Verräter ist, und Lobsang Samten, der Staatsbeamter geworden ist. Er ist schwer krank und wird auf einer Trage transportiert, die auf ein Pferd geschnallt ist. Wenn er das Bewusstsein verliert, drücken ihm die Ärzte, die ständig um ihn sind, ein rotglühendes Eisen auf die Haut, um ihn wieder zurückzuholen.

In Gyantse schließt sich Heinrich Harrer der Karawane an. Seine Anwesenheit ist ein Trost für die Mutter des Dalai Lama und seinen Freund Lobsang Samten, von dem man schon glaubte, er werde das Ende der Reise nicht überleben. Lobsang wird die Schockbehandlung überstehen.

Eine Sänfte gibt es nicht. Alle reiten auf Pferden, und wenn ein sturmgepeitschter Pass überquert werden muss, steigt man ab und hält sich am Schwanz des Tieres fest. Die Wächter gehen voran, die Diener folgen. Diese seltsame Karawane besteht aus tausend Tieren, wenn nicht mehr, darunter auch hunderte von Mauleseln. Die einen tragen Goldstaub, die anderen, die Mehrheit, transportieren Silberbarren und alte Münzen. Dieser kostbare Schatz wird neun Jahre lang, bis 1959, versteckt gehalten werden, mit dem heimlichen Einverständnis des Chogyal von Sikkim.

Der Dalai Lama und seine neue Regierung lassen sich in dem bescheidenen Kloster Dungkhar nieder, das sie am 2. Januar 1951 erreicht haben. In den Tagen nach ihrer Ankunft ist das Wetter wieder umgeschlagen. Der Schnee fällt dichter, und Windstöße wirbeln ihn auf. Im dichten Schneegestöber erkennt der Dalai Lama zu seiner Überraschung eine Gruppe von Reitern, die sich langsam nach Dungkhar hochbewegt. Wer kann so verrückt sein, sich mitten im Winter an einen solchen Ort zu wagen?

Es ist Tsering Dölma, deren Gesundheitszustand sich nach der Behandlung in Kalkutta merklich gebessert hat. Der beste Beweis dafür: Sie ist da!

Auch Jetsun Pema sowie ihre beiden Neffen Tenzin Ngawang und Khando Tsering sind dabei. Jetsun Pema hat Loreto mit Begeisterung verlassen, um alle wieder zu treffen: Seine Heiligkeit, Lobsang Samten, jetzt ein erwachsener junger Mann von zwanzig Jahren, und Ngari Rinpoche, den unausstehlichen kleinen Bruder. Und dann ist da ja auch Heinrich Harrer, ihr treuer Spielkamerad.

Als der Frühling naht, erlauben Kundun und Lobsang Samten lange Spaziergänge am Flussufer. Das nutzen auch die Kinder und Heinrich Harrer. Auf dem Programm steht der Bau kleiner Deiche. Auf diese Weise kann man Karpfen, wilden Lachs und auch Forellen mit der bloßen Hand fangen.

Dem Österreicher läuft das Wasser im Munde zusammen. Dieser Mensch hat entschieden komische Sitten. Karpfen auf dem Rost grillen! Wilden Lachs verspeisen! Eine Forelle verschlingen! Das muss man sich mal vorstellen! Jetsun Pema macht es vor: Man fängt die Fische und wirft sie sofort wieder ins Wasser – jenseits des Deiches. Für den Fall, dass Heinrich auf die dumme Idee kommen könnte, sie wieder zu fangen.

Von der internationalen Gemeinschaft im Stich gelassen, abgekapselt in Dungkhar, dem Weg ins Exil näher als dem Zentrum seines Landes, hat der Dalai Lama kaum Einfluss und muss mehr oder weniger ohnmächtig dem zuschauen, was sich zusammenbraut. Außerdem ist seine Regierung uneins: Ein Teil würde gerne den Aufenthalt im Tal von Chumbi nutzen, um von hier aus endgültig ins Exil zu gehen. Ein anderer Teil will über den Vorschlag verhandeln, den Ngabo Ngawang Jigme, der zu den Chinesen übergelaufene Gouverneur von Kham, telegrafiert hat: Eine Delegation soll sich nach Peking begeben, um über eine friedliche Lösung des chinesisch-tibetischen Problems zu verhandeln. Dann sind da noch die Getreuen Seiner Heiligkeit, die meinen, dass sich der Aufenthalt in diesem isolierten Kloster nicht ewig hinziehen könne. Eine Rückkehr nach Lhasa wäre ehrenhafter als die Flucht.

Tenzin Gyatso wägt in Ruhe das Für und Wider ab und benennt schließlich vier Abgesandte, die Ngabo Ngawang Jigme nach Peking begleiten sollen. Keines der Mitglieder dieser Delegation ist berechtigt, irgendein Dokument ohne die Zustimmung des Dalai Lama zu unterzeichnen.

Der Dalai Lama kann sich ein Zusammengehen der Tibeter mit Mao Zedong und seinen Genossen nicht vorstellen. Auch aus diesem Grund: Am 8. Juli 1949, nachdem sich Chiang Kai-shek auf die Insel Formosa zurückgezogen hatte, bestellte der Kashag Shen Tsung-lien, seinen Repräsentanten in Lhasa, ein, um ihm offiziell mitzuteilen, dass das Treueband, das aus der kaiserlichen Epoche herrührte, jetzt jeder Grundlage entbehre und dass er so schnell wie möglich tibetisches Territorium verlassen müsse, zusammen mit den drei- oder vierhundert in Tibet ansässigen Chinesen.

Es ist wichtig, sich die Art der Beziehungen vor Augen zu halten, die die tibetischen Herrscher mit denen des Mandschu-Reiches verband. In deren Vorstellung bestand zwischen den beiden Staaten das Band des *chöyön,* ein Begriff, der auf die symbiotische Beziehung zwischen einer religiösen Persönlichkeit und einem Schirmherrn aus dem Laienstand hinweist. Die Tibeter ihrerseits verstanden darunter nicht das Verhältnis eines Untertanen zu seinem Herrn, sondern die besonderen Beziehungen zwischen einem spirituellen Lehrmeister und seinem Schutzherrn.

Mao Zedong und seine Berater wussten über diese symbiotische Beziehung sehr gut Bescheid. Auf deren Doppeldeutigkeit stützte sich Peking denn auch, um eine Vereinbarung durchzusetzen, die bereits formuliert und zur Unterschrift bereit war.

In Peking entdeckten Ngawang Jigme Norbu und seine vier Gefährten zu ihrer Überraschung, dass der 10. Panchen Lama Chökyi Gyaltsen, den sie noch nie gesehen hatten, ebenfalls eingeladen worden war. Seine Heiligkeit war am 27. April 1951 mit dem Flugzeug eingetroffen, zusammen mit 45 Personen in seiner Begleitung.

War der Gouverneur von Chamdo über die Anwesenheit des Panchen Lama bei diesen Verhandlungen informiert gewesen? Man ist sich nicht sicher. Jedenfalls sind seine vier Gefährten äußerst erstaunt, als sie sehen, dass der 13-jährige Chökyi Gyaltsen und ein Teil des Rates des Khenpos an einer politischen Versammlung von allerhöchster Wichtigkeit teilnehmen. Denn, wie schon gesagt, aus Sicht der Gelugpa-Schule haben die Panchen Lamas eine sehr begrenzte weltliche Macht; sie haben kein Recht, die Nachfolge der Dalai Lamas anzutreten, und keine Befugnis, irgendein Dokument zu unterzeichnen, das die Souveränität Tibets betrifft.

Indem sie an diesem 29. April 1950 die Anwesenheit des Panchen Lama groß herausstreichen, bringen die Kommunisten klar zum Ausdruck, dass sie die Absicht haben, Chökyi Gyaltsen und Tenzin Gyatso zu Widersachern zu machen. Der 10. Panchen Lama wird zum Hauptsprecher für Tibet, auf Kosten des 14. Dalai Lama.

Am 23. Mai 1951 unterzeichnen Ngabo Ngawang Jigme und die vier Tibeter, die ihn begleiten, ein »17-Punkte-Abkommen« – unter Bedingungen, die vom Dalai Lama und seiner Regierung stets als unakzeptabel betrachtet worden sind. Es ist ein Dokument, für das man das Siegel des jungen tibetischen Herrschers gefälscht hat.

An diesem Tag hat Tibet aufgehört, als unabhängige Nation zu existieren.

Einige Punkte dieser Vereinbarung sind es wert, zitiert zu werden: »Das tibetische Volk wird mit vereinten Kräften die aggressiven Mächte des Imperialismus aus Tibet verjagen.« Nur hatte es seit 1913, als man die Unabhängigkeit proklamiert und die Mandschus aus Tibet vertrieben hatte, keine Ausländer in nennenswerter Zahl mehr gegeben. »Die lokale Regierung von Tibet wird aktiv am Einzug der Volksbefreiungsarmee in Tibet und an der Verstärkung der nationalen Verteidigung mitwirken.« Das ist Artikel 2. In Artikel 8 wird festgelegt: »Die tibetischen Streitkräfte werden etappenweise im Rahmen der Volksbefreiungsarmee umorganisiert und Bestandteil der nationalen Verteidigungskräfte der Volksrepublik China.«

Es versteht sich, dass China nicht vergessen hat, in diese Vereinbarung Versprechen einzufügen, vor allem die, nicht an die Stellung, die Aufgaben und die Machtbefugnis des Dalai Lama zu rühren, die

Religionsfreiheit zu respektieren und niemanden zu zwingen, die von den Besatzungstruppen durchgeführten Reformen anzuerkennen.

Das erste Treffen zwischen Mao Zedong und dem jungen Panchen Lama findet wenige Tage nach der erzwungenen Unterschrift unter das »17-Punkte-Abkommen« statt. An diesem Tag sagt der Vorsitzende zu Chökyi Gyaltsen: »Diese Vereinbarung ist ein schöner Sieg, aber es ist nur der erste Schritt. Der zweite wird darin bestehen, das Abkommen in Kraft zu setzen. Das wird uns viel Arbeit kosten.«

Am selben Abend gibt Mao ein großes Festessen, um die »Befreiung« Tibets zu feiern.

Chökyi Gyaltsen wird an einen Tisch direkt neben Zhou Enlai gesetzt. Gleich nach der Ansprache Maos wird ein junger buddhistischer Mönch von dreizehn Jahren, in seine Zeremonienrobe gekleidet, auf das Podium gedrängt, um einen Toast auszubringen und seine erste politische Rede zu halten. Die Worte des Panchen Lama sind inhaltsschwer.

> Die Nationalitätenfrage in China und die tibetische Frage, die lange Jahre ungelöst blieb, sind jetzt unter der Führung des Vorsitzenden Mao gelöst worden.
> Die Befreiung Tibets ist ein glückliches Ereignis in der großen Vielvölkerfamilie Chinas …

Als sein Gast wieder an den Tisch zurückkehrt, zeigt sich Zhou Enlai besonders liebenswürdig.

In den Augen der Tibeter ist Chökyi Gyaltsen bereits der »rote Lama«.

Noch weiß niemand, dass der Panchen Lama während der ersten Jahre der Besetzung seines Landes sozusagen überwintert hat, dass er so gut wie möglich zu verbergen versuchte, worum es ihm wirklich ging, nämlich um Tibet und sein Volk.

In Dungkhar nimmt Tenzin Gyatso die enthusiastische Botschaft zur Kenntnis, die ihm Chökyi Gyaltsen aus Anlass der Unterzeichnung der Vereinbarung in Peking geschickt hat.

Der Herrscher prüft das Dokument aufmerksam und sagt sich, dass Mao und seine Genossen versuchen, die beiden Autoritäten der Gelugpa-Schule zu Marionetten in ihren Händen zu machen, das, was den Nationalchinesen bei dem 13. Dalai Lama und dem 9. Panchen Lama nicht gelungen war.

Kundun antwortet Chökyi Gyaltsen in einem Telegramm vom 19. Juli 1951, am Vorabend seiner Abreise in die tibetische Hauptstadt.

> Günstige Wahrsagungen haben mir die Gewissheit gegeben, dass sich der letzte Panchen Lama in Euch reinkarniert hat.
> Ich habe mich also entschieden, anzukündigen, dass Ihr Euch im Kloster Tashilhunpo niederlassen werdet.
> Wir wünschen Eure baldige Rückkehr und bitten Euch, uns über Eure Reiseroute in Kenntnis zu setzen.

Mitte August ist der Dalai Lama wieder im Norbulingka. Am 5. September lässt Tenzin Gyatso den Panchen Lama wissen, dass er vier Abgesandte zu ihm geschickt hat. Diese Delegation, die aus Laien und religiösen Würdenträgern der Klöster Drepung, Ganden und Sera besteht, erreicht Kumbum im Dezember.

Die Veränderung in der Haltung des jungen tibetischen Herrschers ist bemerkenswert. Er möchte um jeden Preis die Unstimmigkeiten im Verhältnis zu der anderen spirituellen Autorität der Gelugpa-Schule ausräumen und den Pancha Lama vor allem besser kennen lernen, denn Kundun glaubt nicht einen Moment lang, dass Chökyi Gyaltsen ein schlechter Mensch und ein Verräter an seinem Vaterland ist. Da ist er wohl fast der Einzige.

Inzwischen haben dreitausend Soldaten der 18. chinesischen Armee in Lhasa Einzug gehalten. Um ihre Feindseligkeit zu demonstrieren, rufen ihnen die Lhasapas Spottverse zu, werfen Steine und singen Abzählreime, um die Dämonen zu verjagen. Aber diese Dämonen werden niemals wieder abziehen!

In Kumbum ist das Kloster von Soldaten und Agenten des Tewu besetzt: Die meisten der Mönche, die hier leben, haben Peking Treue geschworen; diejenigen, die das abgelehnt haben, sind in Lager gebracht oder getötet worden.

Am Tag nach ihrer Ankunft trifft die Delegation den Panchen Lama und den Rat der Khenpos. Der Oberste der Gruppe teilt ihnen mit, dass die Bewohner der Gebiete, die sie passieren müssen, zu Hilfeleistungen verpflichtet worden sind. Die Dorfbewohner werden tatsächlich gezwungen, für den Transport der Personen und Güter, die zur Karawane des Panchen Lama gehören, zu sorgen.

Chökyi Gyaltsen verlässt Kumbum am 19. Dezember 1951 und kommt vier Monate später nach einer anstrengenden Reise in Lhasa an. Die Lhasapas empfangen den neuen Herrn von Tashilhunpo mit inbrünstiger Freude, für den Dalai Lama gilt das nicht. Seine erste Zusammenkunft mit dem um drei Jahre Jüngeren ist von allen Anwesenden, tibetischen wie chinesischen, als frostig empfunden worden. Im Verlauf dieses informellen Treffens geben sich Tenzin Gyatso und Chökyi Gyaltsen jedoch das Versprechen, all die Streitfragen zu regeln, die ihre Vorgänger über die Jahrhunderte hinweg zu Gegnern gemacht haben. Sobald sie jedoch unbeobachtet sind, beschließen der 14. Dalai Lama und der 10. Panchen Lama, ihre Beziehungen auf der Grundlage einer tiefen und wahrhaftigen Freundschaft fortzusetzen.

10 Die rote Horde

Der Mensch wird frei geboren, und überall ist er in Ketten. *Jean-Jacques Rousseau*

In Tibet ist die Wahrheit in den Windungen seiner Geschichte mit ihren vielen historischen, sozialen und religiösen Doppeldeutigkeiten verborgen.

»Zu verstehen, wie wichtig die Wahrheit ist, um Missverständnisse, Zweifel und Furcht zu verringern; Mitgefühl kultivieren, das aus tiefem Respekt für die Rechte des anderen kommt, damit sich dieses Eintreten für die Wahrheit entwickelt«, das ist es, worum sich Tenzin Gyatso im Jahre 1952 bemüht.

Obwohl seine Jugend von Ereignissen überschattet war, die dazu führten, dass er das Schicksal einer besetzten, uneinigen und korrupten Nation in die Hand zu nehmen hatte, bemerkt man an ihm so viel spirituelle Energie, mutige Beharrlichkeit und Stolz, dass der Dalai Lama bei allen Bewunderung erregt.

Das neue Jahr beginnt für Tenzin Gyatso mit stiller Einkehr. Tagdra Rinpoche ist gestorben.

Seine Heiligkeit hat Wert darauf gelegt, selbst den Grab-Stupa seines alten Lehrers und Regenten einzuweihen. Tausende von Mönchen waren anwesend. Und das, obwohl überall bewaffnete Soldaten standen und chinesische Zivilisten die Zeremonien filmten.

Für den Sommer hat sich der Dalai Lama im Norbulingka niedergelassen. Er spaziert mit Lobsang Samten in den Garten. Die beiden Brüder gehen durch die Alleen zu einem See, wo sie auf einem flachen Stein Platz nehmen. Erinnerungen werden wach: der Tod des Vaters, das Hinscheiden von Tagdra. Sie vermissen ihre Mutter, aber sie soll bald aus Kalimpong zurückkommen. Durch ihre Überlegungen hindurch ist spürbar, dass sie nicht alle Hoffnung aufgegeben haben.

Lobsang Samten ist davon überzeugt, dass der Dalai Lama der einzige Lichtquell ist, der die Finsternis, die sich über Tibet gelegt hat, erhellen kann. Die Nachrichten, die von überall her eintreffen, sind nicht gerade beruhigend. Die beiden Brüder haben erfahren, dass außer den dreitausend Soldaten, die seit dem 26. Oktober ihr Lager fast schon provokativ auf dem Gelände hinter dem Norbulingka aufgeschlagen haben, weitere zwanzigtausend Soldaten eingetroffen sind, die die größeren Städte wie Shigatse, Gyantse, Yatung und Gartok besetzt halten. Sie kontrollieren auch die strategischen Stellungen entlang der indischen und nepalesischen Grenze.

Der nachdenkliche Blick des Dalai Lama erregt die Neugier von Lobsang. Tenzin Gyatso erklärt, dass er die Chancen bei einer etwaigen Schlacht für äußerst gering halte.

Sein Bruder verstummt für eine Weile, lässt sich die Gedanken des Dalai Lama durch den Kopf gehen und erzählt ihm dann, wie sehr er im Kloster Dungkhar den Besuch des Generals Zhang Jingwu befürchtet hatte, der zum Kommissar für zivile und militärische Angelegenheiten ernannt worden war. Die Yapshis hatten am 26. Mai 1951 im Radio gehört, dass die Verhandlungen in Peking erfolgreich gewesen seien. Wider Erwarten war Chiang im Tal von Chumbi eingetroffen und hatte einen Brief des chinesischen Staatspräsidenten und eine Kopie des »17-Punkte-Abkommens« überbracht.

Nach dieser Zusammenkunft zwischen dem Dalai Lama und Lobsang Samten kommt es zu einer Verkettung unglücklicher Umstände. Zunächst einmal will der General die Provokationen der Lhasapas nicht länger dulden.

Eines Morgens rollt er mit großem Getöse im Norbulingka an, überschüttet den Dalai Lama mit Vorwürfen und fordert, dass mit diesen Praktiken Schluss sein müsse. Das sei ein »rückständiges und reaktionäres« Benehmen, erklärt er.

Tenzin Gyatso macht ihm daraufhin vage Versprechungen. Er weiß ganz genau, dass die spöttischen Zurufe aus dem Volk nicht zu stoppen sind. Und wenn die Lhasapas Beifall klatschen, wenn die Soldaten vorbeimarschieren, so ist das eben ihre Art, die Dämonen zu verjagen. Ein Brauch, der bei den Tibetern sehr verbreitet ist.

Und um welche Dämonen handelt es sich? Das sind weder *khyirongs* noch *theprangs* … Wie kann man das einem Chinesen erklären, auch wenn er ein General ist? Die Art, wie die Tibeter die Realität wahrnehmen, ihr Hängen an Bräuchen, die seit Jahrhunderten in ihrem Alltag verankert sind, das sind Dinge, die Zhang Jingwu, der in Schablonen denkt, nicht zu begreifen imstande ist.

Danach wird auf den Dalai Lama und seine Regierung permanent Druck ausgeübt. Die Militärbehörden fordern zwanzig Tonnen Gerste. In der Nationalversammlung ist die Stimmung äußerst bedrückt. Wie soll man die Forderungen der Chinesen erfüllen, wenn die Reserven fast erschöpft sind, weil die Bevölkerung für die Verpflegung der chinesischen Armee aufkommen muss?

Man lehnt also ab. Ein Bericht geht an den Dalai Lama, eine Kopie an den Kashag. General Zhang Jingwu bezeichnet Lobsang Tashi und Lukhangwa, die beiden Premierminister, als »Imperialisten«. Er fordert ihren Kopf. Der Kashag sucht nach Ausflüchten. Aber nicht lange. Das Herz voller Bitterkeit, von Kummer überwältigt, gedemütigt und verletzt, müssen Lobsang Tashi und Lukhangwa zurücktreten. Eine unehrenhafte Kapitulation.

Diese Angelegenheit hat weit reichende Folgen, zumal die Chinesen planen, zusätzliche Abgaben und Steuern zu erheben, um die Finanzierung des Krieges, den sie gegen die US-Amerikaner in Korea führen, zu sichern.

Und noch etwas geschieht, während sich die Volksbefreiungsarmee auf tibetischem Boden befindet. Der Kashag und die obersten Vertreter der Klöster aller Schulen haben Weisung erteilt, in den Tempeln, Klöstern und vor den Familienaltären die religiösen Zeremonien und die Opfergaben an die Götter zu vervielfachen. Kein gläubiger Buddhist in Tibet würde es wagen, an der Bedeutung und der Wirksamkeit dieser Anrufungen zu zweifeln und so das Initiationsgelübde, *samaya*, zu brechen, das zwischen ihm und seinem Lama oder Tulku besteht. Das ist ein Band, das um jeden Preis respektiert werden muss.

Zu tausenden werden Gebetsfahnen verteilt, man stellt Gebetsmühlen her, ebenfalls zu tausenden; darin stecken Rollen, die das Mantra OM MANI PADME HUM enthalten. Unmengen von Weihrauch werden bereitgestellt.

Und so ziehen hunderte von Tibetern im Morgennebel los, manchmal bei Regen, Sturm und Wind, begleitet vom monotonen Klang der Mantras, der Oboen und dumpfem Trommelwirbel, und erklimmen in kleinen Gruppen Felsen, Bergpässe, ihre Prozessionen führen an Seen entlang, sie umgehen Wasserfälle, die aus unsichtbaren Höhen herniederschäumen, um sich an die heiligen Stätten zu begeben, von denen es in Tibet so viele gibt.

Die Ältesten bleiben am Rande der Dörfer und der Nomadenlager. An den heiligen Stätten vollziehen die Tulkus Rituale, fast immer die gleichen: Sie nehmen etwas geröstete Gerste, die von den Meistern oder den Orakeln geweiht wurde, verteilen sie auf der rechten Handfläche, wobei der Gesang der Mantras nicht unterbrochen wird, und werfen Körner und Weihrauch ins Feuer. Immer wieder werden Wacholderzweige nachgelegt und manchmal etwas Öl hineingegossen, damit es nicht ausgeht.

Die Rituale werden einige Wochen lang Tag und Nacht durchgeführt. Tulkus, Lamas, Mönche und Novizen verdoppeln ihre Gebete und heiligen Gesänge; die Mönche lesen Texte vor; alle beschwören die Buddhas und Bodhisattvas, überzeugt, dass die Reinheit ihrer Gedanken, der Wert ihrer Opfergaben und die Weihrauchwolken, die von den Winden in alle Himmelsrichtungen getragen werden, ausreichen werden, um ihre Freiheit und Unabhängigkeit zu garantieren.

In den Klöstern sind die Orakel in Trance gefallen. Aber ihren Weissagungen lassen sich diesmal nur ziemlich schlechte Vorzeichen entnehmen.

Und während die Tibeter die ganze Zeit an den Lippen der geistlichen Würdenträger hängen, wird schon jetzt, 1952 – angefangen bei Amdo und Kham –, deutlich, dass Peking fest entschlossen ist, die tibetische Gesellschaft nach maoistischem Vorbild radikal umzugestalten.

Es sind dieselben Tulkus, dieselben Aristokraten, früher vom Regenten, jetzt von den Kommunisten bestochen, die ihren jungen Herrscher dazu gedrängt haben, das »17-Punkte-Abkommen« anzuerkennen.

Nun ist es vorbei mit der Unabhängigkeit Tibets.

In Tashilhunpo, dem Kloster nahe Shigatse, herrscht eine bedrückende Atmosphäre. Nachdem Peking Chökyi Gyaltsen zu einer politischen Bedeutung verholfen hat, die seine Vorgänger nie wirklich besessen hatten, kommen chinesische Soldaten und Zivilisten dorthin, jeden Tag ein bisschen zahlreicher. Sie treibt die Neugier, einen Knaben von vierzehn Jahren kennen zu lernen, der der Liebling von Mao und von Zhou Enlai ist.

Die Herren Pekings sehen in ihm einen Hauptakteur in Sachen Tibet, von so großer Bedeutung, dass der Panchen Lama sehr oft an den Versammlungen des Komitees für Arbeitsteilung in Shigatse teilnimmt, ganz offensichtlich auf Kosten seiner spirituellen Erziehung.

Der junge Mann spricht nicht darüber, weder mit seiner Familie noch im engsten Kreis seiner Berater, aber er hat sofort erahnt, worauf es seine Gastgeber abgesehen haben. Das Schlimmste wäre, wenn einige seiner einflussreichen Khenpos eines Tages zu Mittätern würden. Um sich wieder zu fassen, betrachtet er gelegentlich das Porträt des Dalai Lama auf seinem Altar. Dessen sanften und großmütigen Blick vor Augen, erinnert er sich gern an ihr erstes Zusammentreffen.

Aber direkt vor das Porträt von Tenzin Gyatso haben die Chinesen ein Foto von Mao Zedong auf seinen Altar gestellt, größer als das des obersten tibetischen Mönchs.

Der 10. Panchen Lama hat die Absicht der Chinesen begriffen, die versuchen, ihn zum Widersacher des 14. Dalai Lama zu machen, dem, historisch gesehen, zumindest die Rolle des Tutors, wenn nicht Freundes zukäme. Könnte der Dalai Lama angesichts der Umstände beides sein, Tutor und Freund?

Freunde sind sie bereits, denn ein geistiges Band macht es den beiden Oberhäuptern der Gelugpa-Schule möglich, eine Symbiose auf seelischer Ebene einzugehen, etwas, das sich außerhalb des

Rahmens des Gewöhnlichen abspielt und anderen oft unvorstellbar oder unverständlich erscheint.

Chökyi Gyaltsen erbebt bei der Vorstellung, dass der Kampf gegen die Besatzer bereits verloren sein könnte. Gewiss, die Roten haben ihn einen großen Teil ihrer Karten sehen lassen. Aber sie haben nicht in die seinen geguckt und noch weniger begriffen, was er verbirgt. Auch die Tibeter glauben, er sei der »Lama der Han«. Welch ein Irrtum der chinesischen Regierung, auch nur einen einzigen Moment lang zu glauben, er, der Panchen Lama, könnte sein Land, seine Traditionen, seine Religion und den Dharma verraten!

Hätte der Dalai Lama 1951 Washingtons Vorschlag angenommen, Tibet zu verlassen, um zunächst nach Indien und dann in ein langes Exil in die Vereinigten Staaten zu gehen, hätte die Regierung in Peking dem Panchen Lama sicherlich nahe gelegt, sich im Potala niederzulassen.

Chökyi Gyaltsen betrachtet weiterhin den Altar, das Bild des Dalai Lama verdrängt das Porträt Maos, und er lächelt im Halbdunkel. Schon in seinem vergangenen Leben, als er noch der 9. Panchen Lama Chökyi Nyima war, hatten die *ambans*, die kaiserlichen Kommissare, Druck auf ihn ausgeübt, den Platz des 13. Dalai Lama, der im Exil war, einzunehmen. Chökyi Nyima war sogar in den Norbulingka gebracht worden, wo er in die Gemächer des tibetischen Herrschers einzog. Er hatte so sehr mit Lien Yu, den von den Lhasapas am meisten gehassten Abgesandten, sympathisiert, dass die beiden Männer, als sie eine Opernaufführung besuchten, von der Menge ausgebuht wurden. Die Lhasapas bewarfen ihre Sänfte sogar mit Dreck und schmutzigen Socken.

Diese Ereignisse hatten sich 1910 zugetragen. Wenn die Kommunisten nun, vierzig Jahre später, den 10. Panchen Lama Chökyi Gyaltsen manipulieren zu können meinten, so kannten sie die junge Reinkarnation des 9. Panchen Lama schlecht. Sicher, der bewusste Vorschlag war von den chinesischen Behörden erst gar nicht gemacht worden, weil der Dalai Lama es vorgezogen hatte, nach Lhasa zurückzukehren.

Der Panchen Lama bricht in schallendes Gelächter aus: Er ist überzeugt davon, dass er die Roten zur Weißglut getrieben hätte, aber er hätte für seine jugendliche Überheblichkeit mit dem Leben bezahlt.

Thubten Jigme Norbu hat den Namen Taktser Rinpoche endgültig abgelegt. Für ihn ist der Buddhismus eine Lebenshaltung, eine Philosophie. Die Behauptung, mit Sicherheit die Reinkarnation des verstorbenen Taktser Rinpoche zu sein, ist für ihn schwer aufrechtzuerhalten: Er akzeptiert nicht die Ansicht, dass man sich bei einer solchen Wahl nicht irren könne. Darüber möchte er mit seiner Familie keine lange Debatte anfangen. Nur in einem ist er sich sicher: Er kann sich nicht vorstellen, sein ganzes Leben im Kloster zu verbringen, in Kumbum oder anderswo. Nicht, weil er den Glauben ablehnen würde. Es ist einfach der Wunsch, andere Erfahrungen zu machen, es geht um einen anderen Lebensentwurf.

Der Älteste der Yapshis ist kein Mensch, der hinsichtlich dessen, was ihn im Zusammenhang mit seiner Reinkarnation bewegt, bei seinen Verwandten sein Herz ausschütten würde, aber er denkt, in Augenblicken des Alleinseins, viel über seine Vergangenheit und seine unmittelbare Zukunft nach. Wenn man ihn fragt, bekommt man keine keine Antwort, Thubten hört nur geduldig zu.

In Kalimpong, wo er mit einem Teil der Familie wohnt, wird er bald von einem Verein, dem »Komitee für ein freies Asien«, kontaktiert. Dahinter steckt die CIA, und man schlägt ihm vor, in die Vereinigten Staaten zu reisen und dort eine Zeit lang zu bleiben. Nach reiflicher Überlegung akzeptiert er diese neue Wendung des Schicksals.

Mehrere Gründe sind ausschlaggebend für diese Entscheidung, einer davon betrifft Amdo und Kham: Von dort kommen erschütternde Nachrichten. Aber Peking hat sich verkalkuliert, als es in Kham einfiel. Es ist in der Tat unmöglich, dort eine Armee in permanenter Kriegsbereitschaft zu halten, ohne dass sie zuvor lange vorbereitet und trainiert worden wäre. Das ist aber nicht der Fall bei den chinesischen Truppen, die ohne vorherige Ausbildung auf die Hochplateaus des Himalaya geschickt worden sind.

Noch etwas anderes haben die kommunistischen Machthaber unterschätzt: den Widerstand der Khampas. Das sind erprobte Reiter und harte Kämpfer. Zu Beginn der Invasion haben ihre Guerilla-

Operationen noch etwas Amateurhaftes, aber jedes Mal, wenn die Chinesen in diese Region Tibets eindringen, haben sie Angst. Von den verschneiten Gipfeln herunterkommend, greifen die Khampas ständig an, locken die Chinesen in einen Hinterhalt, und wenn die Kampfhandlungen beendet sind, ziehen sie sich wieder in die Berge zurück und verstecken sich dort in den vielen Grotten und Felslöchern, aus denen man sie praktisch nicht vertreiben kann.

Mensch und Pferd sind an große Höhen gewöhnt, während die Soldaten, die zu ihrer Verfolgung eingesetzt werden, an der Höhenkrankheit leiden: Schwindelanfälle, Sehstörungen und Lähmungserscheinungen werden zu ihren schlimmsten Feinden; einer nach dem anderen fällt in Ohnmacht.

Lin Bao hat die Lage analysiert. Er weiß, dass er die Khampas nie besiegen wird.

Daher beschleunigt der General die Phase der Stabilisierung in Amdo und in Kham. Zusammen mit Deng Xiaoping widmet er sich fortan seinem liebsten Zeitvertreib, der Landreform. Dazu gehören die »Korrekturen«, Massenexekutionen von Widerstand Leistenden, die Schändung von Heiligtümern und die Zerstörung von Klöstern, Ausschreitungen und Massaker.

Jugendliche aus Tatsang in Amdo im Alter von fünfzehn bis fünfundzwanzig Jahren werden nach China geschickt. Wie es heißt, um ihnen dort eine bessere Ausbildung zu geben, als es in dem »feudal-autokratischen System« Tibets möglich wäre.

1951, als das »17-Punkte-Abkommen« schon unterzeichnet ist, umzingeln chinesische Soldaten in Amdo und Kham immer noch Dörfer, Marktflecken und Nomadenlager, um Jungen zwischen acht und fünfzehn Jahren aus ihren Familien herauszuholen. Chinesen in Zivil und Kollaborateure schwören, dass sie diese Kinder nur mitnähmen, um ihnen Filme und Theaterstücke vorzuführen. In zwei, drei Tagen seien sie wieder zurück. In Wahrheit sind Aberhunderte von Jugendlichen auf diese Weise verschwunden und nie wieder nach Tibet zurückgekehrt.[1]

Die Nachrichten von diesen Verbrechen gelangen nicht nur nach Lhasa, sondern auch nach Kalimpong. Thubten Jigme Norbu ist von dem, was sich abspielt, erschüttert. Er entschließt sich, seine Familie zu verlassen, um schnellstens nach Kalkutta zu reisen. Von dort aus wird es für ihn leichter sein, die Reise in die Vereinigten Staaten zu organisieren.

Kurz vor seiner Abreise schreibt er einen langen Brief an den Dalai Lama. Er bekennt, dass ihn die Unmöglichkeit, etwas zu tun, belastet, dass er aber deswegen Tibet, das tibetische Volk und seine Leiden nicht vergessen wird. Eine Rückkehr in sein Land wäre für ihn jedenfalls verhängnisvoll, nachdem er sich zwei Jahre zuvor geweigert hatte, den Dalai Lama zu ermorden. Was Thubten verschweigt, sind seine wirklichen Pläne.

In Kalkutta erfährt er noch rechtzeitig, dass die tibetische Delegation, die das »17-Punkte-Abkommen« unterzeichnet hat, in der chinesischen Botschaft unter strenge Bewachung gestellt worden ist. Thubten gelingt es bei einer Unterhaltung mit General Zhang Jingwu, seine gefangenen Landsleute zu sehen. Er schafft es gerade noch, seinem Schwager Phuntsok Tashi ein paar Worte zuzuflüstern, in der Hoffnung, dass der ihn niemals verraten wird.

Dann endlich die Abreise in die Vereinigten Staaten. Thubten Jigme Norbu wird dort von einem gewissen Robert Ekvall erwartet, dem Sohn von Missionaren, die in Amdo gelebt haben und fließend den Dialekt seiner Heimat sprechen.

Schwer krank wird Thubten zunächst in ein Krankenhaus gebracht und behandelt. Danach gelangt er nach Virginia, wo ihm die Ekvalls eine kleine Farm zur Verfügung gestellt haben.

Für Thubten Jigme Norbu beginnt ein neues Leben. Die Tibeter, die von all seinen Projekten nichts wissen, glauben an Verrat, eine Version, die von den Kommunisten gestützt wird.

Am anderen Ende der Welt lebt Gyalo Thöndup, sieben Jahre jünger als Thubten. Er ist sich vollkommen bewusst, wie sehr das tibetische Volk an Leib und Seele unter der chinesischen Unterdrückung leidet. Aber es ist immer schwieriger geworden, in den vielen Ländern, durch die er reist, über die Lage in Tibet zu sprechen. Begleitet wird er von seiner chinesischen Ehefrau Chu-tang und ihrer kleinen Tochter Yangzom Dölma, die 1950 geboren wurde.

Dank der fünfzigtausend Dollar, die ihm Chiang Kai-shek und seine Frau großzügigerweise angeboten hatten, um sein Studium der Politikwissenschaft fortzusetzen, konnten Gyalo Thöndup und seine kleine Familie den ältesten Bruder in Virginia wiedertreffen.

Diese Reise hat fast drei Jahre gedauert. Weil die Briten sich geweigert haben, ihm ein Visum für Hongkong auszustellen, wo die Mutter von Chu-tang lebt, haben Gyalo und die Seinen eine Odyssee von Taiwan in die Vereinigten Staaten via Japan hinter sich.

Keine Paläste, keine Festivitäten, kein Tourismus. Nichts von alledem. Gyalo Thöndup und Chu-tang haben einfach Augen und Ohren aufgesperrt. Sie haben beobachtet, zugehört, gesehen und verstanden.

Gyalo Thöndup, der bald dreiundzwanzig Jahre alt wird, hat viel aus seinen Begegnungen gelernt. Die internationale Isolierung Tibets ist ihm klar vor Augen getreten. Die Lage ist noch dramatischer, als er gedacht hatte. Seine Phantasie arbeitet heftig, und sein Geist auch.

Gyalo Thöndup spricht mit seinem ältesten Bruder über das, was ihn bewegt.

Die beiden sind grundsätzlich einer Meinung. Aber eins unterscheidet sie: Gyalo Thöndup, der einzige der Brüder, der kein Mönch ist, will der ganzen Welt zeigen, was ein Tibeter, nach Meinung der Kommunisten »rückständig« und dem »theokratischen Feudalismus« entsprungen, leisten kann, wenn er für die Freiheit und für sein Volk kämpft.

Für Thubten Jigme Norbu ist es der reine Wahnsinn, jetzt nach Tibet zurückzugehen.

Gyalo Thöndup gilt dort als ehemaliger Protegé von Reting Rinpoche, später dann von Chiang Kai-shek. Niemand hat das vergessen, weder die Lhasapas noch die Chinesen.

Außerdem hat man ihm angeboten, an die Universität von Stanford zu gehen. Das ist eine Chance, die man ergreifen sollte, und sie wird sich nicht ein zweites Mal bieten.

Nachdem ganze Tage mit erregten Diskussionen vergangen sind, schafft es Gyalo Thöndup, seinen Bruder zu überzeugen.

Er erklärt ihm, dass er viel Zeit gebraucht habe, um den Wert der Freiheit schätzen zu lernen.

Viel zu lange im Herzen der Finsternis begraben, hat er schließlich auch die Bedeutung begriffen, die man dem nationalen Interesse beimessen muss.

Letztendlich ist sein Schicksal mit Tibet und dem Dalai Lama verbunden. Zusammen haben sie sich Reformprojekte ausgedacht, es ist dringend notwendig, sie in die Tat umzusetzen, wenn die Chinesen ihnen die Zeit und die Möglichkeit dafür lassen.

Im Februar 1952 verlässt Gyalo Thöndup, zusammen mit seiner Frau und seiner Tochter, die Vereinigten Staaten, um nach Indien zu gehen.

Bei dem Gedanken, die Seinen wiederzusehen und ihnen endlich Chu-tang und Yangzom Dölma vorzustellen, spürt er keine Vorfreude, im Gegenteil, ihn befällt Furcht. Eigentlich kann ihn hier in Kalimpong niemand erwarten in dem Haus, das seine Schwester Tsering Dölma gemietet hat. Während er auf die erleuchtete Veranda zugeht, muss Gyalo an die glücklichen Stunden denken, die er mit der Familie in Tchang Seb-Char verbracht hat. Und hier erscheint ihm alles so fremd, die Geräusche und Gerüche sind so ganz anders als in Lhasa.

Und dann ist es plötzlich da, das Glück. All die Gesichter, in die er blickt, leuchten vor Freude. Amala, die ihre Reise zu den heiligen Stätten des Buddhismus in Indien abgekürzt hat, ist da, Tsering Dölma mit ihren beiden Kindern und auch die Jüngste der Familie, der »tugendhafte Lotos«, Jetsun Pema.

Amala hatte sehr wohl die Nachricht ihres Sohnes erhalten und entschieden, dass man ihn mit der Familie in Kalimpong erwarten solle.

Nachdem ihr alle vorgestellt worden sind, teilt Chu-tang mit, dass sie ihr zweites Kind erwartet. Es muss also schnell ein Haus für die Familie gefunden werden. Die Wahl fällt auf eines in Darjeeling, auf der gegenüberliegenden Seite des Tals. Chu-tang wird dort den kleinen Tenzin Khedrup zur Welt bringen.

Als sie zum allerersten Mal allein in ihrem Haus in Darjeeling sind, beschließen Gyalo Thöndup und Chu-tang, die Kinder während der Internatsferien bei sich aufzunehmen: Das ist eine schöne Gelegenheit für die Yapshis, wieder als Familie zusammen zu sein.

Amala verhehlt nicht, dass sie glücklich ist und jetzt in Ruhe über ihre Rückkehr nach Tibet, in die Nähe von Tenzin Gyatso, nachdenken kann.

Den Dalai Lama und Gyalo Thöndup verbindet der gleiche Ehrgeiz: Sie streben eine umfassende Landreform an. Schon seit mehreren Jahren denken sie daran, aber solange Tagdra Rinpoche Regent war, war es ihnen unmöglich, auch nur irgendetwas zu tun. Nun stehen die Dinge anders.

Tenzin Gyatso hat die weltliche Macht inne – aber wie lange noch? Es muss ganz schnell gehandelt werden, bevor die Chinesen ihre eigene Reform in Angriff nehmen.

Für Peking herrscht in Tibet ein extrem rückständiges System, geprägt von der Leibeigenschaft. Das soll geändert werden.

In den Büros der chinesischen Regierungsvertreter in Lhasa hängt eine riesige Karte von Tibet an der Wand, die dazu dienen soll, »soziale Fortschritte« in die Wege zu leiten. Daneben gilt es, den Dalai Lama endgültig aus dem politischen Spiel zu nehmen. Lange genug hat man sich angehört, wie dieser junge Mann den Worten Maos buddhistische Gebote aus vergangenen Zeiten entgegenhält.

In der tibetischen Hauptstadt führen die Besatzer jeden Namen einzeln auf. Die Yapshis, angefangen mit Tenzin Gyatso, dann Thubten Jigme Norbu, Gyalo Thöndup, Lobsang Samten und Ngari Rinpoche, sind nicht die Einzigen. Da sind auch noch die Anführer der Khampa-Rebellen. Was für eine lange Liste!

Fürs Erste bemüht sich Peking, die ganze Welt von der Habgier des tibetischen Staates, seiner geistlichen Herren, des korrupten Adels und des jungen Dalai Lama und seiner Familie zu überzeugen.

Shabakpa, Chef der tibetischen Handelsmissionen in Indien, den Vereinigten Staaten und Großbritannien, schreibt seit 1952 an einem langen Bericht über die Lage Tibets vor der chinesischen Invasion. Er wird ihn sieben Jahre später der Internationalen Juristenkommission vorlegen und die Aufzeichnungen auch bei der Abfassung seiner Memoiren benutzen.

Hier also, was Shabakpa über die Leibeigenschaft in seinem Land schreibt: »Diese Praxis gibt es nicht in Tibet, in welcher Form auch immer. Wie in anderen Ländern Asiens gehört der Boden letzten Endes dem Staat und wurde seit langem an Personen vergeben, die sich Verdienste erworben hatten. Manchmal handelte es sich um große Landgüter. Die Klöster dienen dem Staat durch Gebete und religiöse Zeremonien; die anderen Besitzer sind in Wirklichkeit Beamte, die mit der Verwaltung dieser Landgüter beauftragt sind. Jedenfalls gehört der größte Teil des Bodens kleinen Eigentümern, die eine direkte Steuer an den Staat entrichten, und unterliegen keinen weiteren Beschränkungen, in welcher Form auch immer. Auf den großen Landgütern, die den Klöstern oder Großgrundbesitzern gehören, erhalten die Bauern ein abgeteiltes Stück Land, das sie bebauen, um die Bedürfnisse ihrer Familien zu befriedigen. Sie leisten dem Besitzer Abgaben in Form von Naturalien oder stellen ihm die Dienste eines Familienmitglieds zur Verfügung, sei es als Hausdiener oder Landarbeiter. Die übrigen Familienmitglieder genießen völlige Freiheit: Sie können eine Tätigkeit ihrer Wahl ausüben, jedweden Beruf ergreifen, in ein Kloster eintreten oder ihren eigenen Boden bearbeiten. 1909 hat der 13. Dalai Lama eine Verordnung erlassen, die allen Pächtern das Recht zusprach, sich bei Misshandlung oder Machtmissbrauch von Seiten des Besitzers direkt an ihn zu wenden.«

Die vom Dalai Lama und Gyalo Thöndup während der Regentschaft von Tagdra projektierten Reformen sind das Ergebnis einer schonungslosen Bilanz. Sie wollen neue Gesetze, die drastische Maßnahmen beinhalten. Beide glauben nämlich, dass eine ungleiche Verteilung der Reichtümer mit dem Buddhismus nicht zu vereinbaren ist. Sie beschließen, in zwei Bereichen anzusetzen: beim Grundbesitz und bei den Steuern.

Zu diesem Zweck wollen sie eine fünfzigköpfige Reformkommission einsetzen, die die Aufgabe hat, jeden Vorschlag gründlich durchzuarbeiten, bevor alles der Nationalversammlung zur Entscheidung vorgelegt wird.

Was die Verteilung von Grund und Boden angeht, bestätigt der Dalai Lama im Übrigen die Äußerungen von Shabakpa: In Tibet gehört das Land dem Staat.

Aber in seinem eigenen Projekt stellt der Herrscher einige Punkte klar: Bis jetzt erhielten die Bauern ihr Stück Land in Pacht. Um die Pacht zu bezahlen, gaben die einen Teil ihrer Ernte an die Regierung ab, das war im Grunde die Hauptquelle der staatlichen, für die Klöster bestimmten Bestände, die anderen leisteten die Pacht in Form von Arbeit ab. Diese Steuern oder Arbeitsleistungen waren nicht sehr hoch bemessen. Wenn das Land dem Staat gehörte, war die Pacht auf jeden Fall erblich. Ein Bauer setzte also alles daran, sein Stück Land ungemindert oder gar vergrößert an seine Erben zu übergeben; andererseits hatte der Bauer das Recht, seinen Landanteil zu beleihen, eine Hypothek darauf zu nehmen oder zu verkaufen, aber das war selten der Fall.

Die Bodenreform sollte sich in erster Linie auf Privatbesitz erstrecken, oder auf Land, das dazu geworden war, weil es tibetischen Adelsfamilien oder den Klöstern übereignet worden war. Die beiden Brüder hatten vor, alles Land wieder zu Staatseigentum zu machen, von Fall zu Fall gegen einen entsprechenden Ausgleich. Danach hätte man es wieder an die Bauern verteilt, die, nun zu Staatsbauern geworden, eine gewisse soziale Gleichheit erlangen würden.

Seit eh und je hatte der tibetische Staat für jede Provinz einen Steuerbetrag festgelegt. Aber schon immer hatten die Provinzbehörden auch zusätzliche, nicht offizielle Steuern erhoben, um verschiedene Ausgaben zu decken. Niemals hatte es Gesetze gegeben, um diese Abgaben zu beschränken, und erst recht keine Gesetze, um sie zu verbieten.

Der Dalai Lama und Gyalo Thöndup wollten nun all diese Praktiken unterbinden.

Ihrem Projekt zufolge sollten die lokalen Behörden die Gesamtsumme der Abgaben an den Staat abführen. Dafür würden sie dann einen von der Zentralregierung festgesetzten Betrag erhalten.

Bei solchen Reformen würde es wahrscheinlich einige Unzufriedene geben, umso mehr, als die Regierung schon seit einigen Jahren an Bauern, die sich in Schwierigkeiten befanden, Geld verlieh. Missbräuche waren vorgekommen, und einige hatten davon profitiert und sich enorm bereichert.

Als die Untersuchungskommission ihnen Beweise für solche Unterschlagungen vorlegte, machten sich der Dalai Lama und sein Bruder sofort daran, die Empfänger dieser Darlehen in drei Kategorien einzuteilen: diejenigen, die weder das Darlehen noch die Zinsen zurückzahlen konnten; die, deren jährliches Einkommen nicht ausreichte, um die Zinsen zu zahlen, die aber in der Lage waren, das Darlehen zurückzuzahlen, zumindest in Raten; schließlich die, die sich durch den unkontrollierten Empfang von Krediten bereichert hatten, und Darlehen und Zinsen zurückzahlen konnten und sollten …

Dem jungen Herrscher erschienen solche Reformen gerecht. Sie und andere, die noch folgen sollten, würden es Tibet möglich machen, in das neue Zeitalter einzutreten als eine gerechtere Gesellschaft, die letzten Endes auch eher den Lehren des Buddha entsprechen würde, als es in der Vergangenheit der Fall gewesen war.

Aber die Chinesen werden die Umsetzung dieser Reformen verhindern; freilich wären sie ohnehin von den Abgeordneten der tibetischen Nationalversammlung abgelehnt worden.

Gyalo Thöndup schließt daraus, dass man von den Besatzern nichts erwarten kann, und von der tibetischen Regierung nicht viel.

Er bittet die chinesischen Behörden, die Familiengüter nahe der indischen Grenze besuchen zu dürfen. Die Genehmigung wird unter der Bedingung erteilt, dass er zuvor dem Mutterland Treue schwört. Der Bruder von Kundun ist eigentlich unfähig zu einer Handlung, die in den Augen vieler seiner Landsleute als feige erscheinen muss, aber er leistet das Versprechen, um Lhasa verlassen zu können.

Unter größter Geheimhaltung organisiert Gyalo Thöndup sein Unternehmen. Nicht einmal dem Dalai Lama teilt er den Tag seiner Abreise mit. Er trägt nur eine kleine Summe Geldes bei sich und verzichtet auf Kleidung, die seine Pläne verraten könnte.

Seine Flucht wird als Desertion empfunden.

Gestern noch als pronationalistisch angesehen, gilt Gyalo Thöndup jetzt als prokommunistisch.

Gyalo Thöndup kommt frühmorgens in Darjeeling an. Er hat eine lange Reise über den Himalaya hinter sich in diesem Winter 1953/54, und hier stürmt es jetzt fast so wie im heimatlichen Amdo.

Der Schnee, die Erschöpfung und die Krankheit haben die letzten Kilometer zu einer unendlich langen Strecke werden lassen. Seine Hoffnungen sind enttäuscht, was er spricht, ist kaum zu hören, er ist nur ein Schatten seiner selbst. Auf den letzten Metern bis zu seinem Haus müssen ihn die Diener stützen. Die Malaria hat über seine Kräfte und seinen Mut gesiegt.

Niemand unter den Yapshis könnte sagen, wie viele Wochen zwischen der Ankunft Gyalos in Darjeeling, seiner langsamen Genesung und der Geburt von Ngawang Tempa, dem dritten Kind des Paares, vergangen sind. In den Winterferien sind Jetsun Pema, die zu einem hübschen Teenager von vierzehn Jahren herangewachsen ist, und die beiden Kinder von Tsering Dölma, die bei Amala und der Urgroßmutter in Tchang Seb-Char wohnen, nach Hause gekommen. Eine herrlich lange Zeit, auch für die Kinder von Gyalo, vier und zwei Jahre alt.

Lhamo Tsering, der Sekretär von Gyalo, wacht darüber, dass sich die Angehörigen der jungen Generation ihrer Heimat nicht entfremden. Manchmal sehen sie, wie Gyalo Thöndup, der sich allmählich erholt, die fernen Gipfel des Himalaya betrachtet. Noch glaubt er an eine Zukunft. Die Verzweiflung, die Geldsorgen, die die älteren Kinder ahnen, unter denen sie aber niemals haben leiden müssen, all das wird sich bald in Anekdoten verwandeln, die man sich eines Tages lachend erzählen wird.

Es scheint unmöglich, dass sich ihre Geschichte in eine Tragödie verwandeln könnte.

Das Ende des Koreakrieges im Juli 1953 ist wahrscheinlich einer der Gründe für die schreckliche Repression, die die Chinesen in Tibet in Gang gesetzt haben. Doch es gibt noch andere Vermutungen hinsichtlich der Motive dafür, dass sich der Konflikt so sehr verstärkt hat.

Peking befürchtet, dass die diplomatischen Schritte, die der Dalai Lama und seine Brüder Thubten Jigme Norbu und vor allem Gyalo Thöndup unternommen haben, dazu noch die Erhebung der Khampa-Stämme im Osten des Landes, am Ende zu einer US-amerikanischen Intervention in Tibet führen könnten. Präsident Truman hat eine Vorbedingung für eine solche Aktion gestellt: die Ablehnung des »17-Punkte-Abkommens« durch den jungen tibetischen Herrscher.

Eine Zeit lang war eine Reise des Dalai Lama nach Washington im Gespräch. Tenzin Gyatso wurde von seinen religiösen Beratern davon abgebracht, Tulkus, die keinerlei Erfahrung mit der internationalen Politik hatten. Die Staatsorakel, zu Rate gezogen, bestätigten in Trance, dass eine solche Reise für den jungen Herrscher gefährlich sei: Der Aberglauben gewinnt also wieder einmal die Oberhand über den politischen Realismus. Als Krönung des Ganzen erinnern dieselben Leute den Lama daran, dass er seine spirituellen Studien zum Abschluss bringen müsse.

Washington spielt nicht mit offenen Karten. Das wird man später merken. Jedenfalls weigert sich Präsident Truman, Tibet offen zu unterstützen, auf die Gefahr hin, die Spannungen in Asien nach der Niederlage im Koreakrieg noch zu vergrößern, auch wenn zeitweise die Rede davon war, China mit einem regelrechten *cordon sanitaire* zu umgeben, um zu verhindern, dass sich ganz Asien mit dem kommunistischen Virus infiziert.

Pandit Nehru hört nicht auf zu lavieren. Auch wenn er privat missbilligt, dass die chinesische Armee auf dem Dach der Welt aufmarschiert, bleibt er ein großer Realist: Nachdem Peking Anspruch auf bestimmte Grenzregionen erhoben hat – Aksai Chin, NEFA[2] –, unterzeichnet Indien schließlich eine Vereinbarung mit China, in der es auf seine extraterritorialen Rechte in Tibet verzichtet, und stimmt den »Fünf Prinzipien der friedlichen Koexistenz« zu.

Im Februar 1954, zurzeit von Mönlam, den religiösen Zeremonien, die auf das tibetische Neujahr folgen, empfängt Tenzin Gyatso, der 14. Dalai Lama, die volle Ordination.

Die Vertreter der chinesischen Regierung in Lhasa nutzen die Gelegenheit, um ihn nach Peking einzuladen, auf Bitten von Mao Zedong.

Der 10. Panchen Lama und die Oberhäupter der anderen Schulen erhalten ebenfalls eine Einladung.

Ende Juni 1954 herrscht in Shigatse, der zweitgrößten Stadt des

Landes, nahe bei Tashilhunpo, große Spannung. Chökyi Gyaltsen war zu lange fort von seinem Kloster, seinen Mönchen und seinen Getreuen; alle zittern bei dem Gedanken, dass er wieder nach China fährt. Sie glauben, dass er nicht so bald zurückkehren wird.

Unter sengender Sonne herrscht in der Stadt und im Kloster ein unablässiges Gedränge von hunderten von Menschen.

In Tsurphu, dem Kloster des Karmapa Rangjung Rigpe Dorje, im Nordosten von Lhasa gelegen, kann man die Pilger ebenfalls zu hunderten zählen. Auch wenn er schon bald einunddreißig wird, glauben Mönche und Laien, dass ihr Karmapa von einer solchen Reise Schlimmes zu befürchten hat: Die Tibeter kennen seine oppositionelle Haltung gegenüber den Kommunisten.

In Lhasa verdichten sich die Gerüchte über eine unmittelbar bevorstehende Abreise des Herrschers nach Peking.

An den Ufern des Kyi-Chu werden große Palaver abgehalten, obwohl die Besatzer Zusammenkünfte verboten haben. Das chinesische Militär ist aufmarschiert. Und die Lhasapa klatschen in die Hände, um sie zu vertreiben, diese Eindringlinge, die so zahlreich gekommen sind, um ihnen das Leben zu vergällen. Überall ist Feindseligkeit zu spüren.

Der Kashag veranstaltet eine Abschiedszeremonie an den Ufern des Flusses, der durch Lhasa fließt. Die vergoldete Sänfte naht. Das ist der Dalai Lama, begleitet von seiner Leibgarde, hohen religiösen Würdenträgern und Vertretern Chinas. Die Soldaten überwachen ihn aus der Nähe.

Plötzlich tritt Stille ein: Es wird gebetet, und man bringt Opfergaben dar.

Die beiden Gruppen, die am 11. Juli 1954 gemeinsam aus der Hauptstadt aufbrechen, verkörpern zwei getrennte Welten. Auf der einen Seite der Dalai Lama, Amala, Tsering Dölma, Lobsang Samten, Ngari Rinpoche, Staatsbeamte, Mönche und tibetische Diener; auf der anderen Seite eine chinesische Schwadron unter dem Befehl von Zhang Jingwu, der das »17-Punkte-Abkommen« mit unterschrieben hat, vor allem aber seit drei Jahren kommissarischer Verwalter für zivile und militärische Angelegenheiten in Tibet ist.

Thubten Gyatso, der 13. Dalai Lama.
1913 erklärt er die Unabhängigkeit Tibets.
Er stirbt 1933.

1954 werden Tenzin Gyatso, der 14. Dalai Lama (rechts),
und Chökyi Gyaltsen, der 10. Panchen Lama (links),
von Mao in Peking empfangen.

Der Dalai Lama und seine Familie 1956 in Neu-Delhi.
Seine Mutter steht links neben Seiner Heiligkeit.

Kalimpong, 1976.
Dekyi (Amala) Tsering,
die Mutter des
Dalai Lama.

1956 werden der 14. Dalai Lama und der 10. Panchen Lama zur 2500-Jahr-Feier der Geburt des Buddha (Buddha Jayanti) nach Neu-Delhi eingeladen.

Chökyi Gyaltsen, der 10. Panchen Lama, segnet tibetische Flüchtlinge im Kotah House in Neu-Delhi, 1956.

1964 verhaftet, wird der 10. Panchen Lama von chinesischen Volksvertretern während einer öffentlichen »Selbstkritik«-Sitzung *(thamzing)* in Peking angeklagt.
Hinter dem Panchen Lama hängt ein Porträt Maos.

Chökyi Gyaltsen, der 10. Panchen Lama, in seiner Residenz in Peking, in der Jin-Bao-Straße 23, einige Wochen nach seiner Freilassung aus dem Gefängnis Qin Cheng, 1979.

Tenzin Chödrak, der Leibarzt des Dalai Lama, in Privataudienz bei Seiner Heiligkeit in dessen Residenz in Dharamsala.

Gyalo Thöndup (links), einer der Brüder des Dalai Lama, neben dem 10. Panchen Lama (Mitte) und Phuntsok Wangyal in Peking 1980.

Ngari Rinpoche, Bruder des Dalai Lama, empfängt den Autor im Kashmir Cottage in Dharamsala.

Thubten Ngodup, derzeitiges Orakel von Nechung, wird regelmäßig vom Dalai Lama befragt.

Der Dalai Lama empfängt Gilles van Grasdorff zu einer Privataudienz.

Jetsun Pema, die jüngste Schwester des Dalai Lama, mit Gilles van Grasdorff in Dharamsala.

Der Dalai Lama hält einem verletzten Pagageien, den er pflegt, seine *mala* hin.

Seine Heiligkeit der (vom Dalai Lama offiziell anerkannte) 17. Karmapa Urgyen Trinley Dorje bei einer Audienz mit dem Autor.

Seine Heiligkeit der 17. Karmapa Trinley Thaye Dorje bei einer Audienz mit dem Autor.

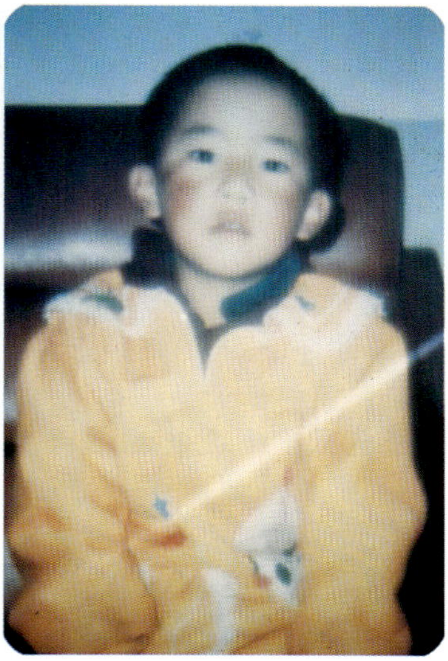

Gendün Chökyi Nyima, der im Mai 1995 als 11. Panchen Lama designiert wurde.
Von den Chinesen im Alter von sechs Jahren entführt, gilt er noch immer als verschwunden.

Porträt Seiner Heiligkeit des 14. Dalai Lama.

Dreihundert Menschen sind es insgesamt. Die Tibeter sind an das raue Klima ihres Landes gewöhnt. Die Soldaten auf der Gegenseite sind kaum zwanzig Jahre alt. Mit alten Gewehren oder Maschinenpistolen bewaffnet, in ihren verwaschenen Uniformen, sind sie nicht darauf vorbereitet, die gewaltigen Hochebenen des Himalaya zu durchqueren.

An der Spitze dieser seltsamen Karawane befindet sich der Dalai Lama mit seinem Gefolge, umrahmt von Generälen. Dann folgen der 16. Karmapa Rangjung Rigpe Dorje, das geistliche Oberhaupt der Kagyüpa-Schule, und Chung Rinpoche, das Oberhaupt der Nyingmapa-Schule, zu der Zeit nach Kham entsandt.

Fünf Tage später bricht der 10. Panchen Lama Chökyi Gyaltsen nach Peking auf. Ungefähr hundert Personen begleiten ihn.

In Tashilhunpo und in Shigatse ist die Stimmung ähnlich düster wie in Lhasa.

Als die Kinder die Soldaten sehen, werfen sie mit kleinen Steinen, und die Erwachsenen klatschen in die Hände, um die Roten zu verjagen.

Die Reise ist lang und gefährlich.

Die erste Karawane ist der zweiten immer um vier bis fünf Tage voraus. Eine Maßnahme, die verhindern soll, dass sich die beiden spirituellen Autoritäten der Gelugpas treffen oder gar miteinander sprechen können.

Seit drei Tagen kommt man nur sehr langsam voran. Das Gelände ist so abschüssig, dass alle vom Pferd steigen müssen. Nur die Kinder bleiben im Sattel. Die tibetischen Führer müssen die Yaks, auf denen man sie festgeschnallt hat, führen.

Nirgendwo gibt es noch Blumen, nur Geröll, so weit das Auge reicht.

Die Männer verstauchen sich die Knöchel. Die Pferde rutschen aus, die steilen Böschungen scheuern ihre Flanken wund, sie bluten. Es ist der reine Wahnsinn, diesen Weg zu nehmen. Trotzdem kommt es nicht in Frage, anzuhalten. Ebenso wenig, wie umzukehren.

Der Dalai Lama hat daran gedacht. Nicht seinetwegen, sondern um die Seinen zu schonen.

Die Chinesen werden nervös, stacheln die Tiere an. Zu viel Zeit geht verloren, denken sie unter dem Druck, den Befehlen ihrer Vorgesetzten nachzukommen.

Dann passiert das Unglück. Ein Yak stürzt ab, noch eins … Und dann, ein paar Meter weiter, reißt es ein Pferd in den Abgrund. Zum Glück ohne seinen Reiter.

Alle erleben die Szene wie in Hypnose: In dem verzweifelt wiehernden Pferd nimmt ihre Angst Gestalt an.

Wie viele Mantras haben die Tibeter gebetet, damit ihrem Herrscher, Amala, all den hohen Geistlichen und dem Panchen Lama nichts zustoßen möge!

Und dann geschieht etwas völlig Unwirkliches. Ein Adler mit weit ausgespannten Flügeln schwebt majestätisch über dem jungen Herrscher. Nur einige Sekunden lang, aber die scheinen ewig zu dauern.

Die erste Karawane hat mehr als zehn Tiere verloren. Die zweite, die den gleichen Weg genommen hat, hat sehr viel mehr eingebüßt, als sie eine wacklige Brücke überquerte. Die Tiere sind mit ihrer Last in die tosenden Wasser auf dem Grund der Schlucht gestürzt.

Etwas später hat ein Erdrutsch eine Gruppe fast mit sich gerissen. Ein paar Meter weiter nur, und das Geröll hätte Amala, den Jüngsten der Yapshis, ihre Diener und die Soldaten, die folgten, unter sich begraben.

Noch zwei höllische Tage, und nachts eine Rast, wo es sich gerade ergibt.

Jetzt geht es durch ein begrüntes Tal. Danach noch ein Marsch von zehn Tagen bis zur chinesischen Grenze.

Von einem Hügel aus beobachten Männer, Frauen und Kinder, alle in blauen Drillich gekleidet, die vorbeiziehenden Karawanen: Es sind Insassen der *laogais*, der Gefangenenlager des chinesischen Regimes.

Autos stehen bereit. Man lässt den Dalai Lama, seine Familie, die Beamten und Mönche, die Seine Heiligkeit begleiten, einsteigen.

Auf den Panchen Lama und seine Familie sowie den Rat der Khenpos warten ebenfalls Autos, genauso wie auf die übrigen Rangoberen.

Die Begleitkarawanen treten nach einer Ruhepause von ein paar Tagen den Rückweg an, die eine in Richtung Lhasa, die andere begibt sich wieder nach Shigatse und ins Kloster Tashilhunpo.

Inzwischen hat der Autokonvoi Chengdu erreicht, die erste chinesische Stadt hinter der Grenze. Dort stehen Flugzeuge bereit, die sie nach Xian bringen, wo sie am 1. September 1954 eintreffen. Die Mitglieder der tibetischen Delegation steigen zum ersten Mal in ihrem Leben in einen »stählernen Drachen«, er ist nagelneu und mit roten Fahnen und einem riesengroßen Porträt Maos geschmückt.

Nach zwölfstündiger Reise treffen sie in Peking ein, in Empfang genommen von Mao Zedong, Zhu De, Zhou Enlai, Deng Xiaoping und anderen Parteigrößen.

Applaus, Glückwünsche, die chinesische Jugend ist in Massen angetreten.

Der große Zirkus kann beginnen.

1954 hat Peking noch viele Spuren seiner Vergangenheit bewahrt. Die nördliche Hauptstadt ist »lebendiges Mittelalter« geblieben.

Am Bahnhofsausgang warten sowjetische Wagen. Die roten Fahnen mit den Sternen flattern zu beiden Seiten der Motorhaube. Während der Fahrt ahnt Tenzin Gyatso die tausend Gerüche, die über dem Gewirr der kleinen Straßen liegen, er stellt sich die vielen hundert Lädchen hinter ihren seidenen Aushängeschildern vor, das tätige Gewimmel des Volkes, all der kleinen Leute, die gut mit ihren Aufgaben, auch den schwierigen, zurechtkommen.

General Zhang erklärt ihm, dass all diese Viertel verschwinden sollen, weil das Mutterland mit den Fehlern der Vergangenheit aufräumen will, um die Zukunft der Volksrepublik China als eines reichen und glücklichen Landes voranzutreiben. Zhang lobt den großen Sieg des Kommunismus in Vietnam, aus dem sich die Franzosen seit Mai zurückgezogen haben. Vorher haben sie noch eine demütigende Niederlage in Dien Bien Phu erlitten, dank der Unterstützung und der Ratschläge Chinas, wie er versichert.

Schließlich äußert er sich zufrieden über die erste Nationalversammlung der Republik, die am 15. Juli stattgefunden hat: Der Vorsitzende Mao ist wiedergewählt worden, Zhou Enlai, ab jetzt

Regierungschef, hat Deng Xiaoping mit der Leitung des Generalsekretariats der chinesischen KP betraut.

Der General hofft, mit diesen Neuigkeiten den Dalai Lama erfreuen zu können, aber er verhehlt auch nicht seine Enttäuschung: Gyalo Thöndup hat nämlich aus Kalimpong telegrafiert, dass er nicht nach Peking kommen werde, auch der Rest der Familie nicht. Dafür hat Amala eine einfache Erklärung: Ihre Familie habe sicherlich gute Gründe, den Vorsitzenden Mao nicht mit ihrer Anwesenheit zu beehren, auch wenn sie persönlich das bedauere. Amalas Kommentar macht den General wütend.

Auch wenn es damit sein Bewenden hat, spürt Amala doch, dass die Haltung Zhangs sich verändert hat. Die Beziehungen werden allmählich gespannt.

Am 11. September 1954 empfängt Mao Zedong den Dalai Lama, den Panchen Lama und die Oberhäupter der anderen Schulen.

Der Übersetzer, ein Tibeter namens Phuntsok Wangyal, ist einstmals aus Lhasa, wo er im Schulwesen gearbeitet hatte, ausgewiesen worden. Bekannt als Kommunist, trat er dem »Komitee für die Befreiung von Chamdo« bei und gewann dort großen Einfluss.

Die Atmosphäre scheint herzlich: Mao äußert sein Entzücken darüber, dass Tibet in den Schoß Chinas zurückgekehrt sei. Und er versäumt nicht, seine Gäste daran zu erinnern, dass auch er eine Emanation sei, nicht von Chenrezig, dem Bodhisattva des Erbarmens, nicht von Amithaba, dem Bodhisattva des Unendlichen Lichts, deren Emanationen natürlich der Dalai Lama und der Panchen Lama seien, sondern von Manjushri[3], dem Bodhisattva der Weisheit, wie die chinesischen Kaiser der Vergangenheit.

Damit ist die Sache klar. Der Kommunist Mao, überzeugter Atheist zudem, nimmt ohne zu zögern das Erbe der Mandschu-Kaiser für sich in Anspruch.

Seine beiden Hauptgesprächspartner sind neunzehn und sechzehn Jahre alt. In den Augen Maos sind es Knaben. Wie könnte der kommunistische Führer auch ahnen, dass sie vor der Zeit gereift sind.

Tenzin Gyatso ist mit der heimlichen Hoffnung nach Peking gekommen, eine friedliche Lösung für sein Land aushandeln zu können. Zu Beginn ihrer Gespräche klingen Maos Antworten ermutigend. Aber die Stimmung verschlechtert sich sehr schnell, als der tibetische Herrscher auf Maos Weigerung stößt, das »17-Punkte-Abkommen« unverzüglich in die Praxis umzusetzen.

Mao hat sich nämlich etwas viel Besseres ausgedacht: ein »Vorbereitungskomitee für die Autonome Region Tibet«. Diese Einrichtung würde die Funktionen des Kashag und der tibetischen Nationalversammlung übernehmen. Der Dalai Lama wäre ihr Präsident, der Panchen Lama einer der Vizepräsidenten und Ngawang Jigme Norbu, der große Reumütige, der Generalsekretär.

Tenzin Gyatso durchschaut diese Pläne. Er, der Dalai Lama, wäre dann für Lhasa und die Zentralregion von Tibet zuständig, der Panchen Lama für den Westen des Landes, und Ngawang Jigme Norbu schließlich hätte mit seinem »Befreiungskomitee von Chamdo« die Oberhand in Kham. Kurz, Tibet wäre dreigeteilt. Und er könnte nichts mehr tun.

Währenddessen verärgert das Verhalten Amalas die Gastgeber – sie nutzt jede Gelegenheit, sich den Banketten, den Besuchen von Museen und Universitäten zu entziehen.

Sie kann einfach all die Leute nicht mehr ertragen, die ihr keinen Augenblick Ruhe lassen, einzig und allein mit der Absicht, ihr zu zeigen, was Kommunismus chinesischer Prägung bedeutet.

Amala weiß die Antwort: Maoismus, das ist um vier Uhr morgens aufstehen, sieben Tage in der Woche, und abends sehr spät zurückkommen, auch das sieben Tage in der Woche. Wenn es kein Bankett gibt, werden die Mahlzeiten im Kreis der Familie eingenommen, auf ein Klingelzeichen hin. Am Anfang ist das noch amüsant, aber dann …

Die Mutter des Dalai Lama kann nicht mehr. Noch ein Besuch einer Schule? Jetzt reicht es. Und das mit gutem Grund: Ihre Arthritis macht sich wieder bemerkbar. Die Schmerzen sind unerträglich.

Am nächsten Tag steht der Besuch einer Fabrik auf dem Programm. Unmöglich, Amala hat große Schmerzen. Zu der Arthritis ist noch ein anderes Leiden gekommen.

Am übernächsten Tag sucht Zhang sie auf, um sie in eine Bauernkooperative, wie sie Tibet in einigen Monaten haben wird, einzuladen. Bloß nicht! Amala ist allergisch gegen Blütenpollen und Milch.

Seltsamerweise fällt der General jedes Mal darauf herein. In diesem Fall lässt er jedoch lieber einen Arzt rufen. Wenn ihr etwas zustoßen sollte, würde sich der Zorn ganz Chinas über ihm entladen.

Der Arzt kommt an das Krankenbett der Tibeterin und verschreibt ihr einige Medikamente. Aber kaum hat Zhang den Rücken gedreht, da versteckt sie sie schon.

Gestern hatte sie mal dieses und mal jenes Leiden. Auch heute tut es ihr wieder hier, dann da weh.

Zhang erweist ihr jede Aufmerksamkeit.

Der Arzt kommt wieder. Diesmal verschreibt er ihr eine Reihe von Spritzen, denen die Kranke nicht entgehen kann.

Einige Tage später lässt sie den General schließlich wissen, dass es ihr schon etwas besser gehe, und lobt bei dieser Gelegenheit die Fähigkeiten des chinesischen Arztes. Sie fühlt sich sogar kräftig genug, um an einigen Besuchen teilzunehmen, unter der Bedingung, dass sie nicht zu anstrengend sind.

Zhang findet die Idee ausgezeichnet.

So vergehen drei Monate.[4]

Beim letzten Gespräch mit dem Dalai Lama sagt Mao: »Gestern habe ich Ihnen erklärt, dass mein Gehalt bescheiden ist, dass ich aber viele Ausgaben habe: Ich rauche, trinke Tee und muss viele Bücher kaufen. Was dann übrig bleibt, ist wenig. Zum Abschied kann ich Ihnen jetzt kein Geschenk überreichen, außer diesen wenigen Worten: Einheit, Fortschritt und Entwicklung …«

Zum Abschluss ihrer Zusammenkünfte fügt der chinesische Staatspräsident, ein besserer Marxist als Diplomat, noch hinzu: »Die Religion ist Gift.«

11 Tsampaesser gegen Reisesser

Manche Wahrheiten entfalten ihre Kraft nur im Schatten
und wenn sie mit Füßen getreten werden.
Am hellen Tag entschwinden sie
und kehren in ihren unvergänglichen Himmel zurück.

Roger Nimier

Februar ist schon vorbei, man hat *losar* gefeiert, und es gibt überhaupt keine Nachricht von der Delegation, die der junge Herrscher anführt.

Die Tibeter klammern sich an die unerschütterliche Hoffnung, dass Tenzin Gyatso schließlich doch von seiner Reise nach China zurückkehren wird, unversehrt und bei guter Gesundheit.

All ihre Gebete, all ihre Diskussionen enden mit diesem Wunsch. Jeden Augenblick denken sie daran und wenden den Blick forschend zum Himmel, auf das geringste Zeichen wartend, das ihre Gedanken bestätigen könnte. Nur allzu offenkundig ist es, dass Tibet schreckliche Erschütterungen erlebt: Die Voraussagen des 13. Dalai Lama bewahrheiten sich jetzt, und zurzeit gibt es niemanden, der den Tibetern Leitung geben könnte.

Neben den Zusammenkünften mit den Führern der Volksrepublik China und den Kadern der KPC kam es auch zu Treffen des Dalai Lama mit ausländischen Gästen: Mit Nikita Chruschtschow, Generalsekretär der KPdSU, mit U Nu, dem Staatspräsidenten von Birma, und mit Nehru, der um jeden Preis einen Konflikt mit dem mächtigen Nachbarn vermeiden wollte.

Es war ein vollkommen veränderter junger Mann, der im Zug nach Shanghai saß, der vorletzten Etappe seiner Reise. Seine Vertrauten erlebten ihn deprimiert und erschüttert. Was halfen ihm die zweitausend chinesischen Schriftzeichen, die man ihn gelehrt hatte? Der Dalai Lama litt.

Er hatte das Gefühl, dass die Chinesen überhaupt nichts vom Buddhismus verstanden: Die Niederwerfungen, Fahnen, Gebetsmühlen und Malas waren in ihren Augen nur Schnickschnack, der dazu diente, dass sich die Lamas auf Kosten eines »rückständigen« Volkes bereichern konnten.

Tenzin Gyatso konnte ihnen noch so oft erklären, dass diese religiösen Praktiken einer Transformation des Geistes dienten, seine Gesprächspartner schleuderten ihm nur entgegen: »Der einzig mögliche Glaube ist der Marxismus!«

Für das Land auf dem Dach der Welt bedeutete das die Ausrottung all seiner religiösen Traditionen: Bön, der ursprünglichen Religion Tibets, des Buddhismus, des Christentums und des Islam, die alle dort praktiziert wurden.

In den Augen Pekings konnte die Transformation der tibetischen Gesellschaft nur mittels der systematischen Zerstörung seiner Religionen und des Verlustes seiner Sprache erfolgen.

Die Bewohner im Süden Chinas schienen weniger unglücklich als die im Norden. Es herrschte geschäftiges Treiben, und die Menschen arbeiteten offenbar mit Freude. In Seide und Brokat gekleidet, waren die Frauen schön anzusehen und lachten gern.

Die Gleichförmigkeit, die in Peking und anderen chinesischen Städten herrschte, schien es hier nicht zu geben. An manchen Orten konnte man noch den Zauber des alten China ahnen. Man hätte durchaus beeindruckt sein können.

Aber der Dalai Lama zuckte die Schultern angesichts der großen, breiten Straßen, die ihn die Staatsvertreter entlangfahren ließen. Der Konvoi umging systematisch die hässlichen und armseligen Orte.

Vor der Invasion von 1949 gab es in Tibet mindestens sechshunderttausend Mönche. Allein Kumbum bot Raum für mehrere tausend. Als der Dalai Lama fünf Jahre später auf dem Weg nach Lhasa in dem Kloster eintraf, konnte er nach den Berichten seiner Anhänger noch nicht das ganze Ausmaß der Tragödie erkennen. Er ahnte es nur.

Kumbum hatte sich geleert: Die Mönche waren nach China gebracht worden. Die, die Widerstand geleistet hatten, waren getötet, ihre Leichen in Massengräber geworfen worden. Von den anderen hörte man monate-, sogar jahrelang nichts.

Die Tempel waren ihrer schönsten Kunstwerke beraubt worden, der Rest verbrannt, ohne Rücksicht auf die uralten, heiligen Texte.

Die Feierlichkeiten, die während seines Aufenthaltes organisiert werden, werden nichts an seiner Überzeugung ändern. Auch nicht die Parolen, die seine Landsleute bei jeder Segnung wiederholen, die Gesichter von Tränen überströmt: »Durch die Gnade des Vorsitzenden Mao leben die Amdowas glücklich, und es mangelt ihnen an nichts!«

Er ist sich sicher: Tibet ist verloren. Aber sein Volk?

In der ersten Wut über das Leid hat auch Tenzin Gyatso eine wilde Anwandlung verspürt, gegen die Barbarei der Besatzer und ihre arrogante Sturheit zu rebellieren. Aber er schweigt lieber und setzt ihnen seinen scheinbaren Gleichmut und ein Lächeln entgegen, das viel über seine Entschlossenheit aussagt.

Nach langen Verhandlungen haben Amala und ihre Familie die Erlaubnis erhalten, in Begleitung einiger Delegationsmitglieder nach Taktser zu reisen. Früh am Morgen geht es los, im Auto. Der Konvoi fährt auf einer Straße, die nach Aussagen der Übersetzer erst vor kurzem gebaut wurde.

Zwei Stunden später sind es dieselben, die ein Erdbeben vorschieben, um etwas verlegen zu erklären, dass die Straße gesperrt ist. Den Rest des Weges muss man also zu Pferd zurücklegen.

Amala ist erschöpft. Eine dumpfe Angst befällt sie. Auch Tenzin Gyatso ist ratlos. Das Tal, in dem er seine Kindheit verbracht hat, liegt vor ihren Augen, nackt und öde, so weit der Blick reicht. Eine Einsamkeit, die allen aufs Gemüt schlägt.

Als der Dalai Lama und seine Familie in Taktser ankommen, geht der Winter 1955 seinem Ende entgegen.

Der Führer gibt Befehl, die Pferde am Waldrand zum Stehen zu bringen und abzusteigen.

Ein Mann geht ihnen voraus, es ist ein Chinese. Die Mutter Seiner Heiligkeit ist die Erste, die ihr Erstaunen äußert: Wo ist denn ihr Haus, das Dach mit den türkisfarbenen Ziegeln, die Fahnenstange auf dem Hof? Sie hört nicht mehr dieses besondere Pfeifen, wie früher, wenn der Wind an den Gebetsfahnen riss.

Amala stellt sehr viele Fragen und bekommt sehr wenige Antworten. Den Behörden von Qinghai lag das Wohlbefinden ihrer Familie am Herzen. Sie haben den Abt von Tashil Kyi und seine Mönche aufgefordert, das alte Haus abzureißen, und an seiner Stelle wurde ein anderes gebaut.

Das war gewiss das Letzte, was Amala erwartet hatte. Ihre Knie werden weich, die Hände zittern. Die bewaffneten Soldaten, die vor dem Eingang postiert sind, sind die ersten Personen, die sie wahrnimmt. Schnarrende Befehle. Es wird viel Aufhebens um ihre Anwesenheit gemacht. Sobald man erfahren hatte, dass der tibetischen Herrscher und Amala angekommen waren, verbreitete sich die Nachricht im Tal.

Menschen aus Amdo tauchen auf. Aber was haben sie hinter sich, diese Männer und Frauen mit den abgehärmten Gesichtern, in ihren abgetragenen und geflickten Tschubas? Amala geht erst zu ihnen und begibt sich dann zum Haus.

Amala hat nicht mehr dieses Gefühl des Aufgehobenseins, das sich früher sofort einstellte. Im Gegenteil, ein tiefes Unbehagen überkommt sie. Ihre Vergangenheit ist von nun an nur noch in ihrer Phantasie lebendig, sie schrumpft zusammen auf den Glauben, dass alle Mächte des Bösen, all die grimmigen Dämonen, alle *khyirongs* sich auf dieses Haus und diese Familie gestürzt haben.

Der Dalai Lama besteht darauf, den Menschen, die draußen in der winterlichen Kälte warten, seinen Segen zu geben. Es hat ziemlich wenig Austausch gegeben, ein bisschen harmloses Geplauder mit den Kindern, niemals ein Wort zu viel, das die armen Leute aus dem Tal in Gefahr hätte bringen können. Sowieso wird Tenzin Gyatso bei jeder Geste, jedem Wort belauert. Wenn er mit Amala einige Augenblicke allein bleibt, stehen Lauscher an der Tür.

Dann fahren sie ab, mit schwerem Herzen. Kaum mehr als drei oder vier Stunden sind vergangen.[1]

Die Amdowas blicken ihnen nach. Tränen laufen über ihre Gesichter. Sie werfen sich nieder, beginnen, Mantras zu rezitieren. Aber das wird ihnen nun ausdrücklich untersagt. Die Soldaten beschimpfen sie, brüllen sie an, sie seien armselige Reaktionäre, und wenn sie nicht sofort mit ihren rückwärts gewandten Jammereien aufhören würden, dann würden sie sie umbringen.

Während der Dalai Lama seine Blicke auf den fernen Horizont richtet, ballen sich Wolken über Taktser zusammen, der Himmel wird dunkel, und ein Sturm bricht los. Vielleicht rettet er seine Landsleute für einige Stunden vor der Tortur der *thamzing*-Versammlungen. Eine kleine Atempause dank der Wut der entfesselten Elemente.

Am 9. März 1955 gibt Peking die Schaffung eines Komitees bekannt, das den Auftrag hat, die regionale Autonomie Tibets vorzubereiten.

In der Region Kham liefern sich die chinesische Armee und der tibetische Widerstand, unterstützt von der Bevölkerung rund um die Städte Lithang, Batang, Dergue, Chamdo und Kantse, mörderische Kämpfe.

Die Chinesen stecken in einem Landstrich fest, dessen Höhen oft 4500 Meter übersteigen und in dem die Temperaturen zwischen minus 25 und minus 40 Grad schwanken.

Für China hat ein zwanzigjähriger Krieg in Tibet begonnen.

Der Dalai Lama kommt im April in der Hauptstadt an, und getreu ihrer Tradition sind die Lhasapas ihrem Herrscher entgegengezogen, aber die Kommunisten sind allgegenwärtig. Die Lautsprecher, die an den Dächern der Häuser in allen vier Ecken der Stadt aufgehängt sind, geben den ganzen Tag lang krächzend einen Schwall von Parolen und patriotische Lieder von sich.

Die Feierlichkeiten zu seinem zwanzigsten Geburtstag sind am 6. Juli im Norbulingka abgehalten worden.

Danach verbringt Tenzin Gyatso die sonnigen Sommermorgen damit, durch die Gärten zu schlendern. Manchmal begleitet ihn Lobsang Samten. Sooft es möglich ist, kommen Amala, Tsering Dölma und Ngari Rinpoche dazu.

Wenn die Mönche in der Morgendämmerung zum Tempel ziehen, sehen sie oft ihren Herrscher. Er sitzt dann allein am Teich, wie geistesabwesend. In seinen Gedanken ermisst er die Tragweite der Tragödie, die sich vor seinen Augen abspielt.

Der Rest des Tages teilt sich für den Dalai Lama auf in Treffen mit dem Kashag, Sitzungen der Nationalversammlung, der er kaum mehr zu trauen wagt, Privataudienzen für die chinesischen Staatsvertreter und die seltenen Kontakte mit den Khenpos, dem Kabinett des Panchen Lama.

Wenn der Abend kommt, verfällt Tenzin Gyatso in tiefe Traurigkeit. Als er erfuhr, dass Peking einen Waffenstillstand akzeptiert hat, der in Kham von einer Delegation unter der Leitung des 16. Karmapa Rangjung Rigpe Dorje ausgehandelt worden war, sah er darin einen kleinen Hoffnungsschimmer. Dieser schien stärker zu werden, als am 1. Oktober die Eröffnungssitzung des »Vorbereitungskomitees für die Autonome Region Tibet« abgehalten wurde: Der Dalai Lama hoffte noch, das »17-Punkte-Abkommen« Wort für Wort umsetzen zu können.

Aber dann verfinsterte sich die Lage wieder.

Der Waffenstillstand war letzten Endes nur Augenwischerei gewesen und diente dazu, dass die chinesischen Truppen sich reorganisieren konnten.

Gegen Ende des Winters 1956 gehen die Soldaten der Volksbefreiungsarmee erneut zum Angriff auf die Dörfer und Klöster über.

Im Mai desselben Jahres fallen mehrere hundert chinesische Soldaten bei den Angriffen der Tensung Danglang Maggar, der nationalen Freiwilligenarmee zur Verteidigung Tibets, die ihre Guerillaattacken in Kham verstärkt.

Als Vergeltung für diese für sie so verlustreiche Offensive kesseln die Chinesen Lithang ein. Bei dieser Gelegenheit erfindet Mao, niemals um Einfälle verlegen, einen neuen Slogan: »Nach Hause mit den Lamas!«

Das Kloster wird am 1. Juni von Iljuschins bombardiert. Der Gouverneur der Stadt wird auf der Stelle umgebracht, die Äbte enthauptet. Die Überlebenden werden gefoltert, manche getötet und in Massengräber geworfen, die anderen mit unbekanntem Ziel deportiert.

Während im Osten des Landes gekämpft wird, tagt in Lhasa am 22. April das »Vorbereitungskomitee für die Autonome Region Tibet« zum ersten Mal, in Anwesenheit von Chen Yi, Vertreter des Zentralkomitees der KPC, Vizepräsident des Staatsrats und Chef der Delegation der Zentralregierung. Das Komitee besteht aus einundfünfzig Mitgliedern: Fünfzehn sollen die Lokalregierung vertreten, das heißt den Dalai Lama; zehn den Panchen Lama und seinen Rat der Khenpos; zehn das Befreiungskomitee von Chamdo; fünf die Zentralregierung von Tibet, das heißt Peking; die elf übrigen sind hohe Würdenträger der drei größten Gelugpa-Klöster und verschiedene weltliche Vertreter. Erster Vizepräsident ist der Panchen Lama, zweiter Vizepräsident wird General Zhang Guo-hua, seit 1952 Befehlshaber der Militärregion Tibet.

An diesem Tag erklärt Chen Yi: »Es ist im Sinne der Zentralregierung, dass die Reformen in Tibet mit der Zustimmung des tibetischen Volkes umgesetzt werden. Die Chinesische Kommunistische Partei und die Zentralregierung des Volkes sind der Ansicht, dass die Reformen nur in dem Maße durchgeführt werden können, wie die tibetischen Führer und ihr Volk sie einmütig fordern und fest entschlossen sind, sie durchzusetzen. Sie können also nicht von Angehörigen einer anderen Nationalität ausgeführt werden. Folglich werden es immer die Führer und die Vertreter aller Gesellschaftsklassen Tibets sein, die die inneren Angelegenheiten des tibetischen Volkes prüfen und über sie entscheiden.«[2]

In Wahrheit hat der Dalai Lama, eingezwängt zwischen dem Panchen Lama, Ngawang Norbu und den Repräsentanten der Zentralregierung, alle Macht verloren. Chen Yi soll gleichwohl versuchen, den tibetischen Herrscher dazu zu bringen, mit den anderen Mitgliedern bei der tief greifenden Umwandlung der tibetischen Gesellschaft mitzuarbeiten.

Bei einer Sitzung des Komitees am 6. Mai versichert Chen Yi dem Dalai Lama und dem Kashag, wie sehr die tibetische Frage die Zentralmacht beschäftige. Er kündigt an, dass die Reformen, die im »17-Punkte-Abkommen« vorgesehen sind, für die Dauer von sechs Jahren ausgesetzt werden. Und ergänzt: »Aber machen Sie sich keine Sorgen! Sicher, das Reformprogramm ist verschoben worden, aber wir können jetzt darüber diskutieren, wie die Reformen in Zukunft in die Praxis umgesetzt werden sollen. Es geht um das Wohlergehen des tibetischen Volkes. Als wir in China die Kapitalisten enteignet haben, wurde ihr Leben nicht angetastet. Zu der Zeit, als ich Bürgermeister von Shanghai und Nanking war, hatte ich selbst viele Freunde, die Kapitalisten waren. Sie waren sehr reich und besaßen viele Fabriken und Geschäfte. Wir haben ihre Unternehmen zurückgekauft und eine friedliche Umwandlung unserer Gesellschaft vollzogen. Die Kapitalisten, die Arbeiter und das Vaterland haben alle von unseren Aktionen profitiert.«

Zur gleichen Zeit nützt Chen Yi die Unerfahrenheit des achtzehnjährigen Panchen Lama gründlich aus und eröffnet mit ihm in Shigatse eine Schule, an der dreihundert Studenten eingeschrieben sind, alle aus dem Adel und handverlesen. In dieser Einrichtung wird Tibetisch, Chinesisch und Hindi unterrichtet, Reiten und Schießen werden trainiert, die Schüler lernen zu fotografieren. Eine obligatorische militärische Ausbildung steht auch auf dem Programm.

In seiner Eröffnungsrede erklärt Chen Yi, dass Tibet in Zukunft »eine große Anzahl von Kadern, Spezialisten für Ökonomie, Kultur, Erziehung, Kunst und Wissenschaft« benötigen werde.

Wenn man dies liest, scheint sich zu bestätigen, dass Chökyi Gyaltsen angesichts der Machtverhältnisse endgültig Partei ergriffen hat. Er ist wohl doch der »Lama der Han«.

Eine beunruhigende Tatsache muss vermerkt werden: Der Herr von Tashilhunpo, gedrängt von seinen Khenpos, bittet die Chinesen, das Reformprogramm zu beschleunigen und die Region von Tsang und Shigatse zu einer Experimentierzone zu machen.

In Lhasa haben die allgegenwärtigen Chinesen Lobsang Samten, dreiundzwanzig Jahre alt, zum obersten Kammerherrn des Dalai Lama ernannt.

Die Chinesen wissen, dass die beiden ihre Kindheit gemeinsam verbracht haben und dass sich die Brüder bei aller Verschiedenheit sehr zugetan sind. Man schreibt Lobsang Samten, der mit Namgyal Lhamo verheiratet ist, einen unbeständigen, eher nachgiebigen Charakter zu, es heißt, er sei gutmütig und großzügig. Er hat nur einen Traum: Den Tibetern und den Chinesen das Zusammenleben beizubringen.

Die Lhasapas haben natürlich gemerkt, dass der ältere Bruder des Dalai Lama die kommunistischen Machthaber häufig aufsucht. Hinter dem Rücken der Yapshis wird viel geklatscht. Erst der Vater und nun die Söhne: Thubten Jigme Norbu, Gyalo Thöndup und Lobsang Samten …

Amala erträgt diese neuen Anschuldigungen, so gut sie kann. All das erscheint ihr schrecklich ungerecht. Als Mutter ist sie zunehmend beunruhigt, zumal Lobsang von schwacher Konstitution ist. Denn der Arzt, der sich bis jetzt um die Familie gekümmert hatte, ist gerade gestorben. Es bleiben nur zwei alte Ärzte, statt der vier *emchis*, die traditionellerweise dazu da sind, für die Gesundheit des Dalai Lama und seiner Familie Sorge zu tragen.

Mit der Berufung der beiden anderen sollte man nicht zu lange warten.

Bei einer Sitzung seiner Regierung bringt der Dalai Lama das Problem zur Sprache.

Der Kashag wendet sich an das Men-Tsee-Khang, das Institut für Medizin und Astrologie, und bestimmt sechs Kandidaten, die Besten ihres Fachs.

Die Astrologen haben natürlich den günstigsten Tag ermittelt, bevor es an die Auslosung geht … Der erste Name, der herausfällt, ist der von Yönten Tcharchin[3], der zweite der von Tenzin Chödrak[4].

Dr. Chödrak ist für die Familie kein Unbekannter, vor allem nicht für die Mutter von Tenzin Gyatso. Als sie sich 1952 in Kalimpong aufhielt und schwer erkrankte, wandte sie sich an ihren Sohn, um die Hilfe eines tibetischen Arztes in Anspruch nehmen zu können. Der Kashag bat den Direktor des Men-Tsee-Khang, einen *emchi* zu Amala zu schicken. Es wurde einer ausgewählt, der sein Studium gerade abgeschlossen hatte, als Bester zwar, aber ohne jede Erfahrung.

Einige Tage später wurde Tenzin Chödrak an das Bett der Kranken geführt. Er fühlte ihr den Puls, verschrieb mehrere Behandlungen und ließ sie die kostbare Pille *pang-gyen 15* nehmen.

Eines Morgens rief Amala, endlich genesen, Tenzin Chödrak zu sich: Sie fühle sich überhaupt nicht gut. Der Doktor maß erneut den Puls, untersuchte die Augen, die Zunge …

Der Arme war außerstande, eine Diagnose zu stellen. Plötzlich brach Amala in lautes Lachen aus und gestand Tenzin Chödrak, dass sie absichtlich Piment geschluckt hatte, um ihn zu testen. Seit diesem Tag verband sie so etwas wie Kameradschaft.

Kehren wir ins Jahr 1956 zurück …

An einem schönen Augustmorgen findet die Audienz im Norbulingka statt: Der Dalai Lama wird die Ernennung seiner neuen beiden Ärzte offiziell bestätigen.

Tenzin Chödrak, ab jetzt Lhamenpa, ein Titel, mit dem die Tibeter noch heute alle Ärzte des Dalai Lama ansprechen, verlässt den Norbulingka und begibt sich in das Haus der Yapshis. Er soll sich Amala, Ngari Rinpoche und Tsering Dölma vorstellen. Außer *mola*, der Großmutter, kennt er schon alle. Amala bittet ihn, zum Abendessen zu bleiben. Heute hat sie, wie so oft, das Essen für die Familie, den Haushofmeister, die Diener und die durchreisenden Mönche selbst zubereitet.

Am Morgen nach seiner Ernennung tritt der Lhamenpa seinen Dienst an. Er kehrt zum Sommerpalast zurück, um den Dalai Lama zum ersten Mal zu untersuchen.

Das Pulsfühlen amüsiert Tenzin Gyatso. Aber danach beginnt Seine Heiligkeit, Fragen über die tibetische Medizin zu stellen, und Tenzin Chödrak bemüht sich, sie nach besten Kräften zu beantworten, in der Hoffnung, dass sich der Herrscher damit zufrieden zeigt.

Am Abend ruft der Lhamenpa vor seinem Hausaltar die Götter an und bittet sie, ihm die Kraft und die Fähigkeit zu verleihen, ein guter Arzt für den Dalai Lama und seine Familie zu sein. Bald wird den Dalai Lama und Tenzin Chödrak eine enge und lange währende Freundschaft verbinden.

In den Jahren nach 1950 bildet die CIA viele Experten für Spezialaufträge aus. Die Bilanz, die General Douglas MacArthur zu jener Zeit zieht, ist eindeutig: zu viele Verluste unter den koreanischen Agenten, zu magere Resultate. Daraufhin versucht der General, eigentlich kein Freund geheimer paramilitärischer Aktionen, seine Spezialisten von dieser Bühne abzuziehen.

Was soll mit diesen vielen, gut trainierten Leuten geschehen?

1953, gegen Ende des Koreakrieges, verlegt die Spezialdivision ihre Tätigkeit in andere Länder, darunter das kommunistische China. Sie initiiert Widerstandsbewegungen und organisiert Einschleusungsaktionen, bis zu dem Tag, an dem zwei ihrer Leute, John Downey und Richard Fecteau, sich mit nationalchinesischen Agenten erwischen lassen.

Diese neuerliche negative Bilanz führt dazu, dass sich die Spezialdivision von China abwendet, um sich anderen, ihrem Vorhaben günstigeren Regionen zu widmen. Der Aufstand der Huks auf den Philippinen, der dank der CIA niedergeschlagen wird, ist ein Beispiel; die Unterstützung der chinesischen Nationalisten in Birma, wo sie einen sehr einträglichen Opiumhandel betreiben, ist ein zweites; die Konsolidierung des Diem-Regimes in Vietnam das dritte.

Das Interesse der CIA für das Dach der Welt beginnt in den Jahren 1955/56 zu wachsen.

Gyalo Thöndup und Shabakpa haben aus ihrem »Wohlfahrtskomitee für Tibet« einen Brennpunkt des Widerstands gemacht, und die Nationale Freiwilligenarmee zur Verteidigung Tibets hat sich vor Ort immer besser organisiert.

Da Gyalo Thöndup und Diki Dolkar – seine Frau ist Chinesin – ausgezeichnete Beziehungen zu den Nationalchinesen in Taiwan pflegen, wenden sich die Tibeter selbstverständlich an ihre Freunde.

Taiwan ist bereit, Waffen und anderes Material für die Guerilla über dem Kham abzuwerfen; aber hinter diesen ersten Operationen in Tibet steckt die CIA. Das tibetische Problem gewinnt im Übrigen eine solche Tragweite, dass Taiwan Gyalo Thöndup und Shabakpa drängt, direkt mit den Befehlshabern der Spezialdivision zu verhandeln.

Am 20. September 1956 unterzeichnen Nepal und China einen Vertrag, in dem die Nepalesen die Herrschaft des kommunistischen China über Tibet anerkennen und die Konzessionen, die sie dort aufgrund des Vertrages von 1856 besitzen, aufgeben.

Am 15. November gelangen Berichte nach Indien, die sich auf neue Kämpfe zwischen dem tibetischen Widerstand und chinesischen Truppen beziehen.

Zu diesem Zeitpunkt kommt Thubten Jigme Norbu in Darjeeling an. Er hat drei Jahre in Japan verbracht, um das Land kennen zu lernen und die Sprache zu studieren und um neue, für Tibet wichtige Freundschaften zu knüpfen.

Im Haus seines Bruders und seiner Schwägerin herrscht lebhaftes Treiben. Alle seine Nichten und Neffen sind da, und auch Jetsun Pema, seine jüngste Schwester, die gerade sechzehn geworden ist. Seit seiner Abreise in die USA hat er sie nicht mehr gesehen.

Die Familie ist bemüht, sich eine gewisse Nervosität nicht anmerken zu lassen. Die Nachricht ist jetzt offiziell: Der Dalai Lama wird an den Zeremonien zur 2500-Jahr-Feier der Geburt des Buddha teilnehmen, der Panchen Lama und die anderen Rangoberen des tibetischen Buddhismus werden auch anreisen.

Es hatte heftige Diskussionen zwischen Gyalo Thöndup und Shabakpa, den offiziellen Vertretern der Yapshis in Indien, und Nehru gegeben, um den Pandit dazu zu bewegen, in aller Form eine Einladung an den Dalai Lama und einige andere religiöse Würdenträger zu schicken.

Schließlich musste man auf die Vermittlung des Maharadscha von Sikkim zurückgreifen, damit die Besatzungsbehörden in dieser Angelegenheit Konzessionen machten; sie argwöhnten ein politisches Manöver von Seiten der Yapshis.

Menschen kommen von überall her nach Darjeeling, aus Neu-Delhi, Kalimpong, Mussouri und von noch viel weiter her.

Die bevorstehende Ankunft des Dalai Lama erklärt nicht alles.

Gyalo Thöndup ist pausenlos unterwegs. Manchmal verschwindet er für ein paar Tage. Es ist schwer, ihm Informationen zu entlocken.

Beim Abendessen im Kreis der Familie und wenn Thubten da ist, spricht Gyalo Thöndup bereitwillig darüber, wie sich die Situation entwickelt. Aber nur fünf bis zehn Minuten, niemals mehr: Er hat es sich zum Prinzip gemacht, nicht zu viel darüber zu reden.

An den letzten Abenden kommt es vor, dass er schon nach wenigen Löffeln Suppe die Schale wegschiebt, mit einer nervösen Ungeduld, die man sonst an ihm nicht kennt.

Gyalo erhebt sich vom Tisch und geht nach nebenan. Er öffnet die Schublade, holt Papier heraus, setzt sich an den Schreibtisch und verbessert einige Worte in dem tibetischen Text, den er gestern Abend geschrieben hat.

Dann stellt er die Druckerpresse an, die Maschine macht einen Höllenlärm. Spielt keine Rolle, es werden immer neue Flugblätter gebraucht.

Spät in der Nacht heben Gyalo Thöndup und Diki Dolkar manchmal den Kopf und sehen einander an. Nach ein paar Sekunden des Träumens machen sie sich wieder an die Arbeit. Der tibetische Widerstand kann nicht warten.

In diesem November kommt Thubten Jigme Norbu gerne dazu, um mit seinem Bruder die tibetischen Texte zu redigieren.

Während die drei Kleinen der Familie schlafen, helfen Jetsun Pema und die Kinder von Tsering Dölma den Erwachsenen, die Flugblätter zu falten. Sie drängeln sich, um ihren Beitrag für die Sache zu leisten.

Jeden Morgen werden die Säcke zum amerikanischen Luftwaffenstützpunkt transportiert. Sie werden über Lhasa, Gebieten von Amdo, Kham und Zentraltibet abgeworfen und rufen die Tibeter auf, sich dem Widerstand anzuschließen.

Für die zukünftigen Kämpfer ist es ein richtiges Hindernisrennen: Von Tibet aus müssen sie die Bergkette des Himalaya überqueren, dann gibt es eine kurze Ruhepause in der Umgegend von Darjeeling, bevor sie ins benachbarte Pakistan gebracht werden.

Die tibetischen Freiwilligen besteigen dann Flugzeuge der US-amerikanischen Armee. Es geht in Richtung Kalifornien oder zu einer Insel im Nordpazifik, wo sie in den Trainingscamps der Marine eine Guerillaausbildung machen.

Ein Jahr später – manchmal auch schon früher – werden sie mit Fallschirmen über den Widerstandsgebieten abgesetzt. Sie haben 132 Dollar in tibetischen und chinesischen Banknoten bei sich, ein altes japanisches Radio, eine Pistole und ein Maschinengewehr. Das Armband, das sie ums Handgelenk tragen, enthält eine Zyankalitablette.

Ihre Mission besteht darin, ihre Landsleute zu informieren, zu rekrutieren und auszubilden; danach sollen sie den Feind angreifen.

Für sie geht der Kampf weiter.

Zu der Zeit ist Gyalo Thöndup, neben Shabakpa, sicherlich derjenige, der am besten weiß, was sich in Tibet abspielt.

In langen Gesprächen informiert er Thubten über die Lage: Die Autonome Region stellt nur noch ungefähr ein Drittel des tibetischen Territoriums vor der Invasion dar. Detailliert berichtet er über die Ausschreitungen der Chinesen.

Die letzten Zeugenaussagen sind erschreckend.

In Amdo und weiten Gebieten von Kham, die an die Provinz Qinghai angeschlossen wurden, bombardieren die Chinesen die Klöster, plündern die geweihten Kunstwerke, verbrennen, was ihnen von minderem Interesse scheint, und deportieren seit 1951 junge Tibeter. Während der Ortsversammlungen geben die Behörden eine ständig steigende Zahl dieser Transporte nach China bekannt, wo die Kinder angeblich moderne landwirtschaftliche Methoden und die Verwaltung von Kommunen erlernen. Von dort kommen nur selten Informationen. Ein Zeuge berichtet, dass er in seinem Dorf zwangsweise teilnahm »an der Kreuzigung eines Mannes namens Patung Anga, der aus einer wohlhabenden Familie stammte. Er sah, wie ein Feuer unter ihm entzündet wurde und sein Fleisch schmorte. Insgesamt wurden noch fünfundzwanzig weitere Personen aus wohlhabenden Familien gekreuzigt; der Zeuge war bei all diesen Foltern anwesend.« Das waren die berüchtigten Thamzing-Versammlungen. Derselbe Zeuge, Mitglied der Nationalen Freiwilligenarmee zur Verteidigung Tibets, sah, wie die Chinesen »vierundzwanzig Personen töteten, indem sie ihnen Nägel in die Augen trieben. Auch da wurde die Bevölkerung gezwungen, an den Exekutionen teilzunehmen. Die Opfer gehörten zur Mittelschicht, und die Chinesen erklärten, dass sie ihr Schicksal verdient hätten, weil sie sich nicht für den Kommunismus engagiert und sich geweigert hätten, zu kollaborieren und ihre Kinder auf ihre Schulen zu schicken.«[5]

Weitere erschütternde Zeugenberichte erreichen Gyalo Thöndup und Shabakpa aus Tatsang in Amdo. Er fasst sie für seinen Bruder zusammen: »Die Chinesen nahmen die Neugeborenen an sich und erklärten den Eltern, dass sie so besser in der Lage wären zu arbeiten. Diejenigen, die sich weigerten, wurden exekutiert mit der Begründung ›Ihr Gehirn ist verfault, und man muss bei den

Kindern ähnliche Schäden verhüten.‹ Die Alten und Behinderten wurden ausgesondert und bekamen nur ein absolutes Minimum an Nahrung.«[6]

Es ist auch von erzwungenen Abtreibungen und Sterilisationen in Amdo und Kham in den Jahren 1955 und 1956 die Rede.

Die Zeugen kommen öfters auf die Entführung von Kindern zurück: « All die Neugeborenen wurden ihren Eltern zehn bis fünfzehn Tage nach ihrer Geburt weggenommen. Alle Geburten mussten angemeldet werden, und das medizinische Personal ging durch die Häuser, um die Kinder von dort abzuholen. Man erklärte der Bevölkerung, dass die Kommunisten und die Chinesen sich um sie kümmern würden. Niemand wusste, wohin die Babys gebracht worden waren: In das örtliche Krankenhaus jedenfalls nicht.«[7]

Diese Ereignisse haben sich in Doy-Gyatsang abgespielt, und dieser Zeugenbericht erweist sich später als sehr wichtig: »1955 erklärten die Chinesen, dass die kleinen Kinder von vier bis sechs Jahren weggebracht würden, um erzogen zu werden, denn sie behinderten die Eltern bei der Arbeit. Aus dem Dorf des Zeugen, in dem ungefähr siebzig Familien wohnten, wurden an die zwanzig Kinder weggebracht. Von 1956 an wurden Pflegerinnen beauftragt, sie für zwei oder drei Jahre zu versorgen, danach sollten sie zur Schule geschickt werden.«[8]

Überall in Tibet waren Lastwagen voller Kinder zu sehen, die nach China fuhren.[9]

Ging es wirklich darum, sich um die Kinder zu kümmern? Später war zu erfahren, dass einige der Kinder, die nach China gebracht worden waren, dort nie eine Ausbildung erhalten hatten: Sie arbeiteten auf den Feldern. Bei den anderen weiß man nicht, was aus ihnen geworden ist.

Und die Säuglinge?

Der folgende Ausschnitt aus dem Buch des Chinesen Wei Jinsheng ist besonders eindrücklich und zeigt, dass die Tibeter nicht die einzigen Opfer der Politik Mao Zedongs waren. Das chinesische Volk war genauso betroffen. Der chinesische Dissident bringt das Schicksal von Säuglingen in der Volksrepublik China in Erinnerung: »Wir fuhren direkt am Dorf vorbei ... Die hervorbrechenden Sonnenstrahlen ließen das Unkraut, das zwischen den Erdwällen wuchs, jadegrün aufleuchten, hoben den Kontrast zu den Reisfeldern ringsherum deutlich hervor und ließen die Landschaft noch trostloser erscheinen. Als mein Blick auf das Unkraut fiel, stieg plötzlich eine Szene vor meinen Augen auf, mir war davon während eines Banketts berichtet worden: Familien tauschten untereinander ihre Kinder aus, um sie zu essen. Ich sah deutlich die verhärmten Gesichter der Eltern vor mir, die das Fleisch von Kindern kauten, die sie gegen ihre eigenen eingetauscht hatten. Knaben jagten hinter Schmetterlingen her, und ich hatte das Gefühl, sie seien Reinkarnationen der von ihren Eltern verschlungenen Kinder. Sie taten mir Leid. Aber für ihre Eltern hatte ich noch mehr Mitgefühl. Was hatte sie dazu gebracht, die Tränen und das Leid der anderen Eltern vor Augen, dieses Menschenfleisch zu verschlingen, etwas, was sie sich selbst in ihren Alpträumen niemals hätten vorstellen können? Mao Zedong hatte den ›Großen Sprung nach vorn‹ befohlen und Abertausende von Bauern, abgestumpft vor Hunger, dazu gebracht, ihre ehemaligen Kameraden mit der Hacke zu töten, um das eigene Leben zu retten. Nein, die Henker waren nicht sie, die Henker waren Mao Zedong und Konsorten.«[10]

Inzwischen erwies sich die Landreform, die in Amdo und Kham bereits seit zwei Jahren (1955/1956) durchgeführt wurde, als ein Desaster. Gerste, die traditionell in Tibet angebaut wird, war durch Weizen ersetzt worden. Unter den klimatischen Bedingungen dieser Region reifte er nur sehr selten heran, meistens erfror er auf dem Halm. In den Tälern hatten die lokalen chinesischen Behörden den Bauern vorgeschrieben, alles Land zu bebauen, und jetzt sah man ausgedehnte Flächen mit Weizen, der niemals wachsen würde. Bauern und Nomaden hatten seit Jahrhunderten große Flächen brachliegen lassen, die dann als Weideland für ihre Herden dienten.

Mit diesem Ergebnis der Reform unzufrieden, requirieren die Chinesen dreißig *gyamas,* ungefähr fünfzehn Kilo Nahrung pro Person. Dabei wird keine Rücksicht darauf genommen, ob jemand alt oder behindert ist. Die Tibeter ernähren sich einzig von Tsampa und Tee. Die Familien der Soldaten und der ersten Ansiedler erhalten zwischen dreißig und fünfunddreißig Gyamas Reis und Mehl und dreieinhalb Gyamas Öl pro Person im Monat.

Zahlreiche Zeugen haben gesehen, wie die Soldaten der Volksbefreiungsarmee wilde Yaks und *kyangs*, wilde Esel, mit Panzerfahrzeugen jagten und unter hysterischem Gelächter Gewehrsalven abgaben. Lastwagen fuhren hinterher. Die Zeugen wurden gezwungen, die Kadaver auf die Ladeflächen zu packen.

Diese abscheulichen Schlächtereien sind Vorboten einer Katastrophe für die Fauna und Flora Tibets. In manchen Gebieten haben die Chinesen mit der massiven Abholzung von uralten Baumarten begonnen.

Thubten Jigme Norbu schließt die Augen. Die Umgebung verschwimmt. Tiefe Traurigkeit überkommt die beiden Brüder. Was auch immer in Zukunft in ihrem Land geschieht, nichts wird mehr so sein wie früher.

Es ist noch dunkel. Der Älteste seufzt und denkt an die letzten zehn Jahre, in denen alles in ihrem Leben ins Schwanken gekommen ist. Alte Erinnerungen kommen hoch: Das Kloster Kumbum, seine erzwungene Abdankung als Abt, sein Dorf, die Ankunft in Lhasa, das Leben in Drepung, der Mord an seinem Vater, seine Reise in die Vereinigten Staaten, die Universität von Berkeley, wo er noch vor drei Jahren studiert hat, Japan und jetzt Darjeeling, der Widerstand … Er stellt sich vor, wie in den Bergen gekämpft wird – der Geruch von Blut, Tod und Schreie der Verzweiflung … Tränen laufen über sein Gesicht.

Die beiden Brüder fassen einen Entschluss. Sie wollen ihren jungen Bruder dazu drängen, so schnell wie möglich ins Exil zu gehen: Das Leben von Tenzin Gyatso und Amala steht auf dem Spiel.

Am 15. November 1956 erreichen sie neue Berichte über besonders mörderische Kämpfe zwischen der chinesischen Armee und den Widerstandskämpfern der Freiwilligenarmee.

Sie erhalten auch ein Telegramm: Im November 1956 sind der Dalai Lama und seine Familie von Lhasa nach Tashilhunpo abgereist, von wo aus sie gemeinsam mit dem Panchen Lama die Route über das Tal von Chumbi nehmen werden.

Die Stimmung ist sehr gedrückt, als der Dalai Lama und die anderen Würdenträger des tibetischen Buddhismus mit ihrer Delegation in Neu-Delhi eintreffen. Zahlreiche chinesische Funktionäre,

Agenten des Geheimdienstes Tewu und Offiziere der Volksbefreiungsarmee flankieren den Dalai Lama und den Panchen Lama und trennen sie voneinander.

Auf dem Weg nach Rajgat, dem Ort, an dem Gandhis Leiche verbrannt worden war und wo der Dalai Lama sich lange aufgehalten hat, drängen sich tausende von Menschen.

Danach teilt sich der Zug. Der Dalai Lama und einige tibetische und chinesische Gäste werden in der Residenz des Präsidenten Rajendra Prasad zum Essen erwartet. Auch der Premierminister Pandit Nehru ist anwesend.

Zum ersten Mal konnte man nun die Stimme des Dalai Lama hören, der in Bodhgaya, Ajanta, Benares und an vielen anderen heiligen Stätten buddhistische Lehren erteilte, aber auch offizielle, zuvor von den Chinesen in Lhasa verfasste Reden hielt. Die tibetische Delegation durchquert Indien in einem Zug, den ihr Nehru zur Verfügung gestellt hat.

Amala nutzt die Reise, um die Bekanntschaft mit der Mutter des Panchen Lama zu vertiefen. Die beiden Frauen schwatzen über die kleinen Dinge des Alltags, übers Sticken, Kochen und Stricken. Ernsthaftere Gespräche sind so gut wie unmöglich. Ein chinesischer Funktionär, der sehr gut Tibetisch versteht, hält sich stets in der Nähe auf.

Der Dalai Lama trifft seine Familie so oft wie möglich. Auch dann werden ihre Worte belauscht. Wenn es kein Chinese ist, dann vielleicht ein Tibeter aus der Delegation, der sich wie ein Kollaborateur verhält, was Amala tief betrübt.

In den seltenen Momenten, in denen er wirklich allein ist, lässt der Herrscher seine Gedanken schweifen und blickt dabei auf die wundervollen indischen Landschaften, die an ihm vorbeiziehen. Indien, wo seine älteren Brüder, Tibeter im Exil und indische Freunde ihn drängen zu bleiben, ihn und den Panchen Lama.

Wahrscheinlich hat der Dalai Lama seine Entscheidung, nach Tibet zurückzukehren, am 10. Dezember 1956 getroffen, am Ende eines Gesprächs mit Zhou Enlai und Pandit Nehru.

Der chinesische Außenminister verspricht seinen Gesprächspartnern, dass Tibet Autonomie genießen und China den Kommunismus niemals mit Gewalt einführen werde.

Der Dalai Lama fährt nach Lhasa zurück, wo er im April 1957 eintrifft. Er begibt sich direkt in den Norbulingka.

Thubten Jigme Norbu kehrt in die Vereinigten Staaten zurück.

Gyalo Thöndup und Diki Dolkar reisen wieder nach Darjeeling. Ihre Mission dort ist noch nicht beendet, ganz im Gegenteil.

In der Zwischenzeit hat die Kollektivierung der Landwirtschaft in China zu einem dramatischen Misserfolg geführt. In den »proletarischen Massen« gärt es, überall gibt es kleinere Erhebungen. Arbeitsniederlegungen lähmen die Städte, auf den Docks von Kanton kommt es zu Schlägereien, die Fabriken werden von Streikenden blockiert. Die Arbeitslosigkeit, von Mao und den Seinen geleugnet, erreicht eine Rekordhöhe. Das chinesische Volk leidet Hunger.

Am 2. Mai 1957 ruft Mao die Kampagne der »hundert Blumen« aus. Er übernimmt den Wahlspruch des Konfuzius: »Lasst hundert Blumen blühen und hundert Schulen in Wettstreit treten«, und fordert die Intellektuellen und Künstler auf, ihre Kritik an der Politik der Partei zum Ausdruck zu bringen. Er kreiert den Slogan: »Verschweige nichts, was du weißt.« Und er verspricht: »Niemand, der redet, wird getadelt; das, was er sagt, wird nutzbringend verwendet.«

1957 ist Harry Wu[11] zwanzig Jahre alt und studiert in Peking. »Weil ich aus einer wohlhabenden Familie stammte und außerdem noch Katholik war und schließlich, weil ich mich negativ über die Unterdrückung der Volkserhebung in Budapest 1956 durch die sowjetische Armee geäußert hatte, wurde ich vom Parteibüro zum ›rechten Konterrevolutionär‹ erklärt. Anfangs waren sich die meisten Leute nicht im Klaren darüber, dass die Kommunistische Partei mit der Politik der Hundert Blumen eine Falle gestellt hatte. Sobald die Intellektuellen und vor allem die Studenten ihre Kritik geäußert, sogar unorthodoxe politische Meinungen vertreten hatten, erklärte die Partei das ›Erblühen von hundert Blumen‹ für nicht mehr erwünscht und verkündete ihre Absicht, ab jetzt ›das Unkraut auszureißen‹. Man schätzt, dass während der politischen Repression von 1957 fast eine Million Menschen zu ›rechten Konterrevolutionären‹ erklärt wurden. Ich war einer von ihnen. Unter dem kommunistischen Regime wurde jeder, egal wer, der zum

›Klassenfeind‹ oder Angehörigen einer ›feindlichen Klasse‹ erklärt worden war, ebenso unweigerlich verfolgt wie ein Jude unter dem Naziregime. Aber die ›rechten Konterrevolutionäre‹ waren zu zahlreich, als dass man alle hätte verhaften, verhören und verurteilen können. Die kommunistische Regierung führte also die Methode der progressiven Eliminierung ein. Zuerst wurden die verhaftet, die sie ›rechte Ultrareaktionäre‹ nannten. Gleichzeitig wurde die Strafmaßnahme der ›Umerziehung durch Arbeit‹ eingeführt, die sie als eine Art ›behördliche Sanktion‹ ausgaben, was Verurteilungen ohne vorherigen juristischen Prozess möglich machte. Indem sie die Rechten mittels einer solchen Maßnahme verurteilen konnte, hatte die kommunistische Regierung eine Methode gefunden, die ebenso praktisch wie effektiv war. Ich gehörte zu den ›gewöhnlichen Rechten‹, darum wurde ich erst zwei Jahre später, im April 1960, verhaftet und zur ›Umerziehung durch Arbeit‹ verurteilt. So begann dann mein Leben im *laogai*. Ich habe dort neunzehn Jahre verbracht, bis zu dem Tag, an dem ich freigelassen wurde, mit zweiundvierzig Jahren.«

1957 ist Tibet mehr und mehr gespalten: Auf der einen Seite der Dalai Lama, der dem Prinzip Gewaltlosigkeit treu bleibt und regelmäßig zur Einstellung der Kämpfe aufruft, auf der anderen Seite die Kollaborateure, die immer zahlreicher werden; und schließlich die Armee des Widerstands, die Kämpfer der Nationalen Freiwilligenarmee zur Verteidigung Tibets und die Gruppe Mimang, die unter dem gleichen Banner vereint sind, und die Chushi Gangdrug, »Vier Flüsse, sechs Bergketten«, nach dem ehemaligen Namen für Osttibet benannt. Es sind achtzigtausend, Männer, Frauen und Kinder, die im Untergrund leben.

Seit Mai organisiert eine Gruppe von Kaufleuten aus Kham regelmäßig Bittzeremonien für ein langes Leben des Dalai Lama und sammelt Spenden für einen goldenen Thron, den sie ihm, der bald zweiundzwanzig Jahre alt wird, zum Geschenk machen wollen. Der Führer der Gruppe, Gompo Tashi, wird bald zum Befehlshaber der Chushi Gangdrug ernannt werden.

Im Juli werden im Norbulingka Festlichkeiten zu dem Zweck organisiert, dem Herrscher diesen Thron zu übergeben. Bei dieser

Gelegenheit erfährt er, dass der Widerstand den Kampf gegen die Besatzer verstärken will.

Tatsächlich greifen die Widerstandsgruppen vermehrt chinesische Garnisonen und Arbeiter an, die mit dem Bau von Straßen beschäftigt sind.

Am 22. April feiert man in Lhasa den zweiten Jahrestag der Gründung des Vorbereitungskomitees für die Autonome Region Tibet. Chen Yi nimmt an der Versammlung teil. Noch wichtiger ist indessen der Auftritt von Zhang Jingwu: »Das Ansehen des Vorbereitungskomitees in der tibetischen Bevölkerung wächst stetig. Seine Mitglieder haben von der Schulung in der Praxis profitiert. Technische Geschicklichkeit, professionelle Fähigkeiten, das politische Verständnis und der Patriotismus dieses Personals sind gewachsen. Diese Errungenschaften schaffen die Grundlage dafür, dass in Zukunft eine Autonome Region Tibet errichtet werden kann.«[12]

General Zhang Guo-ha ergreift das Wort, um die Kooperation des »tibetischen Personals« zu betonen.

Am 23. Mai 1958 stellt Deng Xiaoping den Bericht vor, der offiziell zum »Großen Sprung nach vorn« aufruft.[13] Im September fährt er in China und Teilen von Tibet herum, um zur Einführung von Volkskommunen aufzurufen. In Lhasa, Shigatse und Lhokha werden Versuchszentren eingerichtet.

Radio Peking und die KPC preisen unter Aufbietung aller Propagandamittel die Vorzüge dieser Kommunen, die den Bauern der mittleren und unteren Schichten die Möglichkeit in Aussicht stellen, aus ihrer armseligen Lage herauszukommen und *turing* – Präsident – oder *dhutang* – Vorarbeiter – zu werden, unter der Bedingung, dass sie bereit sind, im geeigneten Moment alle »Reaktionäre« zu denunzieren, die sie kennen.

Um die Nomaden, das heißt die Mehrheit der Bevölkerung, sesshaft zu machen, nimmt man ihnen die Herden weg und überführt sie in Kommunen. Die Führer, die dort ausgebildet werden, schickt man anschließend in andere Gebiete, um dort neue Kommunen zu schaffen. Die *turings* und *dhutangs* werden auf diese Weise ihren Landsleuten helfen, in das »moderne Zeitalter« einzutreten. Die Kommunen werden tatsächlich eine gewisse Autonomie genießen; so können sie, wenn nötig, anderen Kommunen bei ihrer Entwicklung helfen.

Der Druck Chinas auf Tibet wird stärker. Die »Anti-Rechts«-Kampagne trifft die Funktionäre, die es gewagt haben, ihre Landsleute vor dem »Großen Hanismus« zu warnen: Sie werden ihrerseits angeklagt, den reaktionären tibetischen Nationalismus zu unterstützen.

Ende 1958 sind die meisten der sechstausendzweihundert Klöster zerstört: Es bleiben nicht mehr als zweitausendsiebenhundert.

Die Tibeter fliehen in Massen aus der Kampfzone in die tibetische Hauptstadt. Fünfzehntausend Menschen suchen in Lhasa und Umgebung Zuflucht; sie lassen sich in Lhokha nieder, das sehr schnell zur Hochburg der Widerstandsbewegung Chushi Gangdrug wird.

Der Dalai Lama hat nicht die Absicht, den Kampf gegen die Chinesen aufzunehmen. Er weiß, dass die Kräfte zu ungleich verteilt sind. Man hat ihn jedoch darüber informiert, dass nach den Spezialkommandos aus Taiwan jetzt erstmals auch die CIA Waffen über den Gebieten abgeworfen hat, die vom Widerstand gehalten werden.

Die Gräueltaten, die die Chinesen an der Bevölkerung und der Geistlichkeit begehen, erfüllen ihn mit Entsetzen. Die Menschen werden erschossen, gehängt, erwürgt, mit kochendem Wasser übergossen, Mönche bei lebendigem Leibe verscharrt, enthauptet oder verstümmelt ... Bei den *thamzing*-Versammlungen werden die Leute aus dem Dorf gezwungen, an den abscheulichen Verbrechen teilzunehmen: Kinder müssen ihre Eltern durch Genickschuss töten, Mönche unter den Blicken ihrer Folterer mit Nonnen kopulieren; Frauen werden dafür bezahlt, die Mönche sexuell zu attackieren; Lamas werden vor den Pflug gespannt und ihre Peiniger besteigen sie wie Lasttiere, um sie danach zu Tode zu quälen. Frauen von zwölf Jahren an werden sterilisiert, an Müttern bis zum achten Schwangerschaftsmonat gewaltsame Abtreibungen vorgenommen.[14]

Der Dalai Lama sieht darin die »Auswirkungen der expansionistischen Politik Chinas; den entschlossenen Willen, Tibet zu zerstören, sein Volk auszulöschen, sich der reichen Bodenschätze zu bemächtigen und schließlich Hass, die Ursache aller Verbrechen.«[15]

Und dann ist auch schon zu hören, dass Mitglieder der Familie Yapshi zum Sündenbock gemacht werden – Mola, Amala und Ngari Rinpoche, zwölf Jahre alt, der im Kloster Drepung unter Druck gesetzt wird und Demütigungen erleidet.

Die Idee, Tibet zu verlassen und in ein langes Exil zu gehen, hat seit Beginn des Winters 1958 in den Köpfen der Familie zu keimen begonnen.

Wenn Amala und Tsering Dölma unter sich sind, sprechen sie davon und schmieden Pläne. Tsering Dölma betrachtet ihre Mutter mit einem trüben Lächeln, wenn ihr etwas einfällt.

Ungeduld und Angst bringen manchmal Ideen hervor, die ebenso sonderbar wie unrealistisch sind. Mutter und Tochter könnten als Nonnen verkleidet das Land verlassen; man dürfte nur nicht vergessen, sich den Schädel zu rasieren und das Gesicht zu schwärzen, um ganz echt auszusehen.

Amala betrachtet ihre Älteste mit einer Mischung aus Erstaunen und Mitleid. Sie sind nicht die Einzigen, die an Flucht denken. Einige Aristokraten bereiten sie vor, andere sind schon weg, und manche sind gerade dabei, Lhasa in größter Heimlichkeit zu verlassen, eine Stadt voller Denunzianten und Kollaborateure.

Die Schwester des 16. Karmapa ist sogar nach Tchang Seb-Char gekommen, um den Vorschlag zu machen, mit ihnen zu fliehen. Auch in Tsurphu ist die Situation unerträglich geworden, die Chinesen haben das Kloster umzingelt und schießen auf alles, was ihnen vor die Augen kommt. Der Dalai Lama befragt regelmäßig seine Orakel: Der Zeitpunkt ist noch nicht gekommen. Darüber informiert er die Seinen. Es heißt abwarten. Die Lage wird jedoch immer schlimmer.

Die Chinesen beschuldigen den Kashag, im Sold des Widerstands zu stehen; der Chushi Gangdrug wiederum ist davon überzeugt, dass die tibetische Regierung mit dem Feind kollaboriert. Aus diesem Grund schickt der Kashag eine Abordnung nach Lhokha. Sie kommt niemals zurück; die fünf Männer schließen sich den Freiheitskämpfern an.

Der Panchen Lama schickt dem Vorsitzenden Mao eine Grußadresse zum chinesischen Neujahr: Chökyi Gyaltsen verspricht, darauf hinzuwirken, dass die Sabotage in Tibet abgestellt wird.

Es folgt das tibetische Neujahr 1959 …

Während des Mönlam, des Festes des »Großen Gebets«, vergessen die Tibeter einige Tage lang die Unterdrückung, den Krieg und die Besatzung: Der Dalai Lama legt im Jokhang sein letztes öffentliches Examen, in Metaphysik, ab.

Die Lhasapas und hunderte von Lamas und Mönchen drängen sich um den Jokhang, um an diesem seltenen und rein religiösen Ereignis teilzunehmen.

Die chinesischen Streitkräfte sind rund um den Tempel aufmarschiert.

Am 3. März empfiehlt das Orakel von Nechung, nachdem es in Trance gefallen ist, dass Seine Heiligkeit um keinen Preis seinen Palast verlassen soll.

Am 5. März, dem letzten Tag des »Großen Gebets«, entschließt sich Tenzin Gyatso, im Norbulingka zu bleiben: Es ist zu riskant, sich von einem Ort zum anderen zu begeben.

Gerüchte von einem Aufstand sind schon bis zu ihm gedrungen.

Kaum in seiner Sommerresidenz eingezogen, bekommt er Besuch von zwei Offizieren, die ihm eine Einladung zu einer Theateraufführung im chinesischen Stabsquartier überbringen.

Am 7. März lässt der Dalai Lama sagen, dass er zu dieser Veranstaltung kommen wird.

Am 9. März bestätigt er diese Absicht, die unter den Lhasapas große Bestürzung auslöst: Hat denn ihr Herrscher ein solch kurzes Gedächtnis? Während der letzten zwei Jahre sind mehrere religiöse Würdenträger und hohe Staatsbeamte, deren Feindschaft gegenüber den Kommunisten bekannt war, zu Empfängen eingeladen worden; sie kamen nie zurück, wahrscheinlich wurden sie vergiftet oder auf andere Weise getötet.[16]

Am selben Tag wird dem Dalai Lama von Seiten der chinesischen Militärbehörde mitgeteilt, er solle allein kommen, ohne seine Minister, und es solle ihn auch keiner seiner Leibgardisten begleiten.

Am frühen Morgen des 10. März verlässt Tenzin Chödrak Tchang Seb-Char für die tägliche Visite beim Dalai Lama. Er ist überrascht von der Menge, die sich um den Norbulingka versammelt hat und von Minute zu Minute mehr Zulauf bekommt. Die Frauen haben diese Bewegung ausgelöst: Sie rufen laut chinesenfeindliche Parolen, fordern den Abzug der Fremden aus Tibet und die Unabhängigkeit ihres Landes.

Der Arzt kommt nicht an den Palast heran. So wird er Zeuge des ersten Aufstands tibetischer Frauen in der Geschichte ihres Landes. Es sind zehn-, zwanzig-, vielleicht sogar dreißigtausend Frauen aus Lhasa, die den Norbulingka blockieren. Unmöglich, hineinzukommen, und auch herauszukommen ist ausgeschlossen, vor allem, wenn man der Dalai Lama ist.

Aus den Lautsprechern hört man krächzende Befehle, die Chinesen fordern die Menge auf, auseinander zu gehen.

Die Spannung steigt.

Ein Jeep der Regierung mit chinesischer Eskorte versucht durchzukommen: Er wird von der Menge beiseite gedrängt.

Sampho, der als Denunziant bekannt ist, will sich mit dem Motorrad einen Weg durch die Menge bahnen. Er wird zu Boden gerissen und zu Tode gesteinigt.

Später, gegen Mittag, organisieren sich die Demonstranten: Ein Teil kontrolliert den Norbulingka; ein anderer verteilt sich in den Straßen und ruft alle Lhasapas dazu auf, sich dem Aufstand anzuschließen. Barrikaden werden gebaut. An mehreren Orten sind große Holzhaufen errichtet worden: Waffenverstecke …

Inzwischen ist ein Freund der Yapshis nach vielen Umwegen nach Tchang Seb-Char gelangt.

Dort herrscht heitere Stille. Die Diener gehen ihren alltäglichen Beschäftigungen nach. Sie scheinen nicht auf dem Laufenden zu sein.

Amala sitzt an einer Stickerei. Tsering Dölma und Mola sind bei ihr. Bisher ist niemand nach Tchang Seb-Char gekommen.

Plötzlich erscheint Phuntsok Tashi, der Schwiegersohn, vollkommen außer sich. Sein Chauffeur, der sie abholen sollte, wäre fast misshandelt worden. Ein Glück für ihn, dass die Lhasapas ihn erkannt haben.

Die Zeit drängt. Die Chinesen können jeden Moment auftauchen.

Die Diener verriegeln Türen und Fenster und schließen sich im Innern des Hauses ein. Sie sollen die Großmutter in ihre Obhut nehmen und unter keinen Umständen nach draußen gehen. Amala und Tsering Dölma verlassen Tchang Seb-Char, ohne etwas mitzunehmen.

Als sie im Sommerpalast eintreffen, hat Seine Heiligkeit gerade drei seiner Minister zum chinesischen Stabsquartier geschickt.

Es ist 13 Uhr.

Die Botschaft, die sie überbringen sollen, ist klar und eindeutig: Der Dalai Lama wird nicht kommen.

Auch im Inneren des Norbulingka werden Vorkehrungen getroffen: Man beginnt damit, die »Reisesser« auszusondern; und die »Tsampaesser« scharen sich umeinander, um Sofortmaßnahmen zu ergreifen, die zum Schutz des Dalai Lama und seiner Familie zwingend geboten sind.

In der Nacht vom 10. zum 11. März bleiben tausende von Menschen, Frauen, Männer und Kinder vor dem Norbulingka versammelt.

Wagen der chinesischen Armee fahren die Straßen auf und ab und mahnen zur Ruhe.

Die Lhasapas trauen dem nicht und machen sich auf einen Akt der Gewalt gefasst.

Sie haben nicht ganz Unrecht. Im Moment halten die Besatzungstruppen die Anhöhen im Norden des Flusses Kyi-Chu besetzt und richten ihre Kanonen auf den Potala und den Norbulingka.

Am 11.März versammeln sich fünftausend Frauen und beschließen, eine Delegation zum Norbulingka zu schicken. Sie wollen, dass die Unabhängigkeit ausgerufen wird.

In Anwesenheit der weiblichen Delegierten proklamieren einige Minuten später der Dalai Lama und einige Getreue feierlich die Unabhängigkeit Tibets.

Der Tag vergeht mit einer Versammlung nach der anderen. Tenzin Gyatso ist gegen eine Kraftprobe: Die Bevölkerung würde unterliegen.

Jeder kommt mit seiner Lösung des Problems, seinem Vorschlag. Als Leibarzt des Dalai Lama nimmt Tenzin Chödrak den fünften

Platz an der Staatsspitze ein, er ist dafür, nicht zu kämpfen. Es muss um jeden Preis verhandelt werden.

Die Nacht bricht an. Tenzin Chödrak bittet um die Erlaubnis, nach Tchang Seb-Char zurückzukehren, um die Großmutter und die Diener zu beruhigen.

Als er ankommt, erfährt er eine schreckliche Neuigkeit: Ngari Rinpoche, der jüngste von Amalas Söhnen, ist von den Chinesen abgeholt worden.

Auch acht bewaffnete Männer und vier Frauen sind nach Tchang Seb-Char gekommen, die hartnäckig wissen wollten, wo sich Amala und Tsering Dölma aufhielten; alle sechzig Zimmer des Anwesens, Vorratsräume und Keller haben sie durchsucht und sind dann wieder umgekehrt, mit Wut im Bauch.

Panische Angst ergreift Tenzin Chödrak. Er will wieder gehen und sich auf die Suche nach Ngari Rinpoche machen. Mola hindert ihn daran. Sie fürchtet sich, alt wie sie ist, und bittet den Arzt inständig, bei ihr zu bleiben.

Was Tenzin Chödrak nicht weiß: Auch die Lhasapas suchen nach Ngari Rinpoche. Tatsächlich ist er ins chinesische Stabsquartier gebracht worden. Die Wut der beiden Generäle Zhang Jingwu und Zhang Guo-hua ist noch nicht verraucht, ihre Fäuste sind geballt. Sie fühlen sich hereingelegt, und das schätzen sie gar nicht. Nicht dieser Junge interessiert sie, sondern der Dalai Lama. Sie provozieren Ngari Rinpoche ein bisschen, beleidigen ihn … Es hagelt Faustschläge – auf den Tisch, nicht auf ihn.

Am späten Nachmittag befiehlt man ihm, zu verschwinden. Ngari Rinpoche macht sich also wieder auf den Weg nach Drepung. Ein Diener Amalas fängt ihn gerade noch vor dem Kloster ab und bringt ihn unversehrt in den Norbulingka.

Im Inneren der Sommerresidenz hat an diesem Abend des 11. März 1959 jeder verstanden, dass die tibetische Regierung mit Tenzin Gyatso an der Spitze den Chinesen kein Verhandlungsangebot machen kann. Die Chinesen haben keine friedliche Regelung der tibetischen Frage im Sinn.

Die Nacht vom 11. auf den 12. März … Es ist 2 Uhr 30, sehr spät für eine friedliche Stadt, aber das ist Lhasa nun nicht mehr.

Das Wetter ist umgeschlagen, und der Schnee, der in den letzten Tagen in dichten Flocken fiel, deckt den Garten von Tchang Seb-Char zu.

Der Weg, der zum Norbulingka führt, ist von jungfräulichem Weiß, weit und breit keine Spur von Schritten, als die Wachen, die Dobdo-Mönche, ihren Rundgang beenden.

Tenzin Chödrak schreckt aus dem Schlaf empor.

Die Chinesen haben mit Kanonen geschossen. Zweimal nur ... Warnschüsse vor dem Angriff. Die Geschosse sind in den Gärten des Norbulingka eingeschlagen.

Feuerstöße knattern.

Maschinengewehre antworten: Die Chushi Gangdrug sind auf ihren Posten.

Die Chinesen gehen jetzt in die Offensive. Ihr Ziel: der Potala und Shöl, das Dorf am Hang des Hügels, der Norbulingka und Tchang Seb-Char. Ab und zu fallen Schüsse in Richtung des Hauses der Yapshis.

Tenzin Chödrak schreit Befehle, sucht Mola und treibt alle in den Keller, wo sie sich einschließen.

Am Morgen des 12. März findet in Shöl eine improvisierte Nationalversammlung statt. Ungefähr fünfzig tibetische Beamte sind dabei. Dokumente zur Unabhängigkeitserklärung werden abgefasst, und in einem Brief, der für Shabakpa bestimmt ist, werden die Fakten und Ereignisse mit genauen Zeitangaben dargelegt; schließlich bittet man ihn inständig, die Weltöffentlichkeit über die Besetzung Tibets durch die Volksrepublik China zu informieren. Dieser Brief wird seinen Adressaten nie erreichen.

Bei Tagesanbruch landet ein erstes Geschoss im Garten von Tchang Seb-Char.

Von allen Seiten fallen jetzt Schüsse. Die Wachen werden niedergemäht, die Mauern rund um die Residenz sind beschädigt.

Es hagelt Befehle.

Die Tür zum Keller wird aufgestoßen.

Mola hat sich an Tenzin Chödrak geklammert, hält ihre Mala und rezitiert das Mantra OM MANI PADME HUM.

Dann geht es Schlag auf Schlag.

Die Soldaten stürmen den Keller, richten Bajonette auf die

Tibeter, in der Mehrzahl unbewaffnete Mönche, und zwingen Tenzin Chödrak, die Großmutter des Dalai Lama, den Haushofmeister und die Diener, nach draußen in die Eiseskälte zu gehen.

Im Schnee liegen fünfundzwanzig blutige Leichen: die Wachen von Tchang Seb-Char, denen keine Zeit mehr geblieben war, ihre Karabiner und Dolche zu gebrauchen.

Die Überlebenden werden gefangen genommen. Sie werden an Händen und Füßen gefesselt und aneinander gekettet.

Mola wird freigelassen, weil sie zu alt ist.

Für die anderen beginnt die Hölle. Tenzin Chödrak und seine Gefährten werden in das Haus von Tsarong gebracht, das vorübergehend als Gefängnis dient. Die meisten von ihnen wird man nie wiedersehen.

Für Tenzin Chödrak ist dieser 12. März 1959 der Beginn von einundzwanzig Jahren Lagerhaft und Zwangsarbeit. Einundzwanzig Jahre täglicher Folter für diesen Mann, der permanent ums Überleben kämpfen musste.

In dem Moment, in dem man ihn fesselt, im Garten der Yapshis, gelten seine Gedanken dem Dalai Lama und seiner Familie.

Vom 12. bis zum 17. März sind die Lhasapas in Shöl versammelt. Inzwischen haben die Khampas von der Freiwilligenarmee und die Männer von der Chushi Gangdrug sich längs des Flusses Kyi-Chu postiert.

Die Pferde sind aus dem Norbulingka herausgeführt worden. Am Kontrollposten haben die Soldaten gefragt, was man mit ihnen vorhabe. Der Tibeter hat ihnen erklärt, die Tiere würden Heu brauchen.

Die Lhasapas wissen nicht, was passiert ist.

Die Chinesen beraten.

Am 15. März ist das Orakel abermals in Trance gefallen: Es ist nicht der richtige Tag. Es droht große Gefahr. Man muss sich gedulden, noch abwarten.

Und dann, am Morgen des 17., verfällt er noch einmal in Trance.

Nechung raunt ungewohnte Worte.

Der Dalai Lama geht ganz nah an ihn heran. Kutenla flüstert ihm ins Ohr, dass sie aufbrechen sollen, noch heute Abend.

Immer noch in Trance, ergreift das Orakel ein Stück Papier und eine Feder. Es zittert, krächzt die Worte heraus, Speichel rinnt aus seinem Mund; es schreibt.

Kutenla rückt ganz dicht an den Dalai Lama heran und reicht ihm das Papier. Darauf steht die Route, die die Yapshis nehmen müssen, um heil nach Indien zu gelangen.

Der Dalai Lama und sein Orakel tauschen einen letzten Blick. Kutenla bricht plötzlich tot zu Füßen Seiner Heiligkeit zusammen. Der Geist seiner Gottheit hat jetzt, da seine Mission erfüllt ist, seine Reinkarnation verlassen.

Das Orakel von Nechung wird wiedergeboren werden, das ist gewiss.

In der Abenddämmerung betritt der Dalai Lama den Tempel, um zu Mahakala, seiner persönlichen Schutzgottheit, zu beten. Er beschwört die Götter, dem Orakel von Nechung eine gute Wiedergeburt zu gewähren.

Die Butterlämpchen knistern, die Mönche murmeln Mantras und bringen Tsampa-Opfergaben dar.

Der Moment ist gekommen.

Der Dalai Lama kehrt in seine Räume zurück. Man erwartet ihn dort schon, um ihm eine chinesische Uniform überzuziehen. Er ist ruhig und gelassen.

Amala, Tsering Dölma und Ngari Rinpoche zeigen sich viel nervöser.

Amala hat unter ihrer Uniform einen Pelz angezogen. Ihre Stiefel sind auf dem Barkhor besorgt worden, die Mönche haben Staub darauf verrieben. Ngari Rinpoche trägt einen Helm; er muss laut darüber lachen. Man macht ihm ein Zeichen, dass er schweigen soll.

Fast könnte man glauben, dass der Geist von Nechung, Mahakala und alle Gottheiten des tibetischen Buddhismus sie beschützen, und für diejenigen, die daran nicht glauben, sagen wir einfach, dass sie großes Glück haben.

Dichter Nebel hüllt die Sommerresidenz ein.

In der Stadt wimmelt es von Militär.

In Lhasa hört man immer öfter Schüsse.

Plötzlich Stimmen. Schattenhafte Gestalten. Der Weg ist frei.

Bevor Nechung seinen Körper verließ, hatte er noch angegeben, wann die erste Gruppe losziehen sollte: 20 Uhr 45.

Amala besteigt ein Maultier; ihre Arthritis ist nicht geheilt und bereitet ihr furchtbare Schmerzen, vor allem bei diesem feuchten Wetter. Tsering Dölma und Ngari Rinpoche halten sich an ihrer Seite. Das Tor öffnet sich einen Spalt breit. Die Gruppe prescht los, Richtung Süden, denn die Chinesen halten den Norden und Nordosten besetzt, in den südlichen Teilen des Landes ist der Widerstand intakt.

Fünfzehn Minuten später verlassen der Dalai Lama und sein Schwager Phuntsok Tashi die Residenz. Ein Mann reitet voran.

Alles geht gut.

Die Gruppe kommt an einem Lastwagen vorbei: Das Orakel von Gadong, die Lehrer und die treuen Anhänger aus dem Kashag halten sich unter einer Plane versteckt. Der Chauffeur hat Anweisung, genau um 9 Uhr 30 loszufahren.

In dieser Nacht vom 17. zum 18. März 1959 hängt das Leben aller an einem seidenen Faden. Vom Militärlager trennt sie nur die dichte Finsternis, die der Nebel, der sich wie ein schützender Schleier über den Norbulingka gesenkt hat, noch undurchdringlicher macht.

Die Lichter, die sie schwach erkennen können, mahnen zu allergrößter Vorsicht.

Der Dalai Lama und die kleinen Gruppen, die vor und hinter ihm reiten, nähern sich jetzt einer anderen Welt.

Auch wenn sie niemanden sehen und keinen Ton hören, sind sie doch niemals allein: Man hat auf sie Acht.

Einer nach dem anderen erreichen sie die Ufer des Kyi-Chu.

Ein Befehl ... Die Schatten werden lebendig. An die dreißig Reiter nehmen sie in Empfang.

Austausch von Khatas, gemurmelte Dankesbezeugungen. An der Spitze dieser Männer stehen Führer, von denen viele im gleichen Alter wie ihr Herrscher sind.

Schnell, aufs Pferd!

Nachdem sie eine Weile direkt nach Süden geritten sind, schlagen sie jetzt die südwestliche Richtung ein, auf die Bergketten des Himalaya zu. Wenn sie die überquert haben, können sie auf verschiedenen Pfaden an die indische oder bhutanische Grenze gelangen. Eine Nachhut von vierhundert bis an die Zähne bewaffneten Reitern deckt ihre Flucht.

Am 19. März um 1 Uhr morgens werden die Lhasapas vom Donnern der Geschütze und Maschinengewehre aus dem Schlaf gerissen.

Im Umkreis von zehn Kilometern suchen die Soldaten der Volksarmee im verschneiten Tal nach Flüchtlingen.

Flugzeuge überfliegen die Stadt und die Berge, nehmen die Bevölkerung und die Herden unter Feuer, zielen auf alle Orte, die den Dalai Lama und seine Familie aufgenommen haben könnten, schießen aufs Geratewohl in der Hoffnung, dass sich in einer der Gruppen, die unter Beschuss genommen werden, Tenzin Gyatso befindet.

Erst am nächsten Tag, am 20. März, wird der Panchen Lama über die Ereignisse in Lhasa informiert.

Hu Bing, stellvertretender Sekretär des Ministeriums für die Arbeit der Einheitsfront und Chinesischlehrer von Chökyi Gyaltsen, hütet sich, ihm die Wahrheit zu sagen.

Der junge Mann ist beunruhigt und macht sich Sorgen um Amala, den Dalai Lama und die anderen Yapshis.

Der Chinese wiederholt nur immer wieder, Tenzin Gyatso sei von konterrevolutionären Elementen gekidnappt worden, und niemand wisse, wo er sich befinde. Vielleicht in Lhokha? Oder anderswo?

Der Panchen Lama blickt den Chinesen an. Soldaten mit aufgepflanztem Bajonett sind über das Klostergelände verteilt. Man kommt nicht mehr rein und nicht mehr raus.

Hu Bing lügt.

Chökyi Gyaltsen fühlt das, sagt aber nichts.

Der Chinese nutzt die Verwirrung des Panchen Lama, um seine Drohungen zu präzisieren: »Wir hoffen, dass das Kloster von Tashilhunpo die Rebellen nicht unterstützen wird. Wenn das passieren sollte, fürchte ich, dass Sie nicht mehr in der Lage sein werden, die Situation unter Kontrolle zu halten. Wir fordern Sie auf, dem Rat der Khenpos, den Mönchen und Ihren Polizeikräften zu sagen, dass sie sich ruhig verhalten sollen …«

Der Panchen Lama verspricht, dass es kein Blutvergießen geben wird.

In dem Moment, in dem sich der Chinese anschickt, das Büro zu verlassen, hält ihn Chökyi Gyaltsen zurück und sagt heftig: »Ich möchte, dass Sie mich informieren, sobald sie neue Nachrichten über Tenzin Gyatso haben. Hoffentlich stößt ihm nichts zu!«

Am 23. März hissen die Chinesen ihre rote Fahne mit den Sternen auf dem Dach des Potala: »Die chinesische Flagge, Symbol des Lichts und des Glücks, flattert über Lhasa und begrüßt die Wiedergeburt dieser alten Stadt …«

Zwischen dem 20. und dem 23. März sind in der Hauptstadt fünfzehntausend Tibeter umgekommen.

Am 23. März bringt der indische Premierminister Nehru seine Besorgnis über das Schicksal des Dalai Lama zum Ausdruck.

Auf der von Nechung beschriebenen Route haben der Dalai Lama und seine Familie den Che-La-Pass überwunden, dann den Tsangpo und den Brahmaputra in Booten aus Yak-Haut überquert, sind wieder aufs Pferd gestiegen und durch das erste Dorf, Kyeshong, gekommen.

Nach einem zehnstündigen Ritt wird in Ra-me Halt gemacht. Eine Botschaft geht an zwei Mitglieder des Kashag, die in Lhasa geblieben sind.

Was sie in Ra-me erfahren, ist sehr beunruhigend: Der Norbulingka ist bombardiert worden; der Potala getroffen. Ein Geschoss hat im Mausoleum des 13. Dalai Lama eingeschlagen; das Dorf Shöl, teilweise schon zerstört, liegt unter heftigem Beschuss; Chakpori, eines der Institute für Tibetische Medizin, existiert nicht mehr; keine Spur von Tenzin Chödrak; Mola scheint am Leben zu sein.

Die Klöster von Sera, Drepung und Ganden sind verwüstet

Schließlich schreibt der Sekretär noch, dass die Soldaten jeden Leichnam in der Sommerresidenz umdrehen, in der Hoffnung, den des tibetischen Herrschers zu finden.

Am nächsten Tag überqueren sie den Sabo-La-Pass und erreichen Chenye und sein kleines Kloster. Bei dem Versuch, Radio Lhasa zu empfangen, das zu diesem Zeitpunkt schon nicht mehr sendet, bekommen die Mönche einen amerikanischen Sender herein. Voice of America berichtet, dass in Lhasa heftige Kämpfe stattgefunden haben. Keine Nachricht vom Dalai Lama!

Nach tagelangen Märschen erreichen sie endlich Lhuntse Dzong.

In diesem Kloster mit seinen so gut wie uneinnehmbaren Befestigungsanlagen wollen sie zwei Tage bleiben und sich erholen. Hier ernennt Gyatso eine neue Regierung, zu deren amtlicher Bestätigung Dokumente aufgesetzt werden. Die Mönche halten Opferzeremonien ab und beten für ein langes Leben ihres Herrschers, danach werden die Dokumente gesiegelt.

Die tibetische Nation existiert noch, und der 14. Dalai Lama ist der Garant dafür.

Am selben Tag schickt Seine Heiligkeit einen Brief an den 10. Panchen Lama.

Die Orakel des Klosters sagen voraus, dass der letzte Abschnitt der Reise ohne Probleme verlaufen wird.

Amala und Tsering Dölma werden vorausreisen. Trotz ihrer Erschöpfung haben sie jeden Tag Brot für die nächste Etappe gebacken. Bevor sie an diesem Morgen aufbrechen, haben sie noch für Seine Heiligkeit und seinen jüngsten Bruder vorgesorgt.

Im Internat verfolgt Jetsun Pema die Ereignisse über BBC. Die indischen Zeitungen berichten auf der ersten Seite über die Ereignisse in Tibet und über das Verschwinden des Dalai Lama.

In dem Haus in Darjeeling, das sie an jedem Wochenende besucht, herrscht ungeheure Spannung. Alle befürchten das Schlimmste für Tenzin Gyatso, Amala, Tsering Dölma, Phuntsok Tashi und Ngari Rinpoche.

In Loreto versammeln sich die Nonnen der Klosterschule jeden Abend zum Gebet für die »Familie von Pema«.

So vergehen drei endlose Wochen.

Die Nachricht hat sich in der ganzen Welt verbreitet: Der Dalai Lama und seine Familie sind wohlbehalten in Indien eingetroffen, es wird dem tibetischen Herrscher politisches Asyl gewähren.

Der Kalender zeigt den 31. März 1959.

12 Jeder Augenblick im Leben ist eine Chance

Ich gehöre zu jenem Volk, das keine Grabstätten hat
Das bereit ist zu sterben, ohne seinem Glauben abzuschwören
Das Schmähungen trotzt
Das dennoch überlebt und sich nicht beklagt.

Charles Aznavour

Tezpur in Assam, April 1959.

Seitdem sich die Nachricht verbreitet hat, sind barfüßige Männer, Frauen und Kinder auf dem Marsch. Durch unendlich weite Täler sind sie gezogen, haben tosende Gebirgsbäche durchquert und mit gleichförmigen, langsamen Schritten die Berghänge erklommen.

Es sind tausende. Sie trotzen dem Hunger und dem Durst und leiden unter der furchtbaren Hitze.

Aberhunderte von Kilometern sind sie den Ganges hochgekommen, aus Chandighar, aus Neu-Delhi und Kalkutta ...

Alle wollen *ihn* empfangen, und alle wissen, dass einige nie ankommen werden: Erschöpfung, Fieber, Krankheiten und wilde Tiere werden stärker sein als ihre Kräfte und ihr Glaube.

Für Reporter, Abenteurer und die Buddhisten Indiens ist Tezpur zum Brennpunkt der Welt geworden.

Zwei Tage vor der Ankunft des Dalai Lama in Tezpur kabelt Georges Reyer an *Paris Match*[1]:

> Ein schlechter Weg, vom Monsun verwüstet, führt tief hinunter zum Tal von Assam, eine der unberührtesten Regionen Indiens. Eine grandiose Landschaft zu Füßen der Berge, hier fließt der Brahmaputra, der zweite heilige Fluss Indiens, und führt die Wasser, die den eisigen Quellen des Himalaya entspringen. Denn diese Unendlichkeit der Bergkuppen und Gipfel, die im ewigen Schnee funkeln, ist der Furcht einflößende, grenzenlose Himalaya, der sich von Tibet bis nach China erstreckt …
> Aus dieser Welt, aus der man nicht wiederkommt – der Himalaya erregt bei den Menschen der Ebene wahrhaft Furcht und Schrecken –, ist der lebende Buddha zurückgekehrt …

Georges Reyer hat gerade seinen Bericht über die »größte Menschenjagd der Geschichte« geschrieben, dessen Held niemand anderes ist als der 14. Dalai Lama Tenzin Gyatso. Er berichtet, dass der tibetische Herrscher in der Nacht vom 16. auf den 17. März eine Vision hatte:

> Eine Priesterin des Buddha, in Yak-Fell gekleidet und mit bloßen Füßen, wollte den Dalai Lama sprechen. Als sie ihre Kapuze abgenommen hatte, erkannte er sie. Es war Rhipierdorje, die erste Soldatin Tibets, Heerführerin der bewaffneten weiblichen Streitkräfte bei den Truppen des Widerstands. Jene Rhipierdorje, die von den fünfhundert Millionen Buddhisten in aller Welt heute als Heldin Tibets angesehen wird, die »Jeanne d'Arc des Buddhismus«. Rhipierdorje – das tibetische Wort *dorje* bedeutet sowohl »Blitz« als auch »Zepter« – war nämlich gekommen, um den Dalai Lama zu warnen, dass die Chinesen sich bereithielten, ihn festzunehmen, und ihm zu sagen, dass alles für seine Flucht organisiert sei.[2]

In seinem mit Anekdoten gespickten Bericht lässt sich der französische Reporter auch zu allerlei Spekulationen hinreißen:

> Der Meister des Yoga, heißt es, hat ohne die geringste Erschöpfung die Strapazen der Expedition ertragen und war seinen abgehärtetsten Kameraden an Kräften überlegen. Eines Abends rutschte sein Pony aus und wäre fast in den Abgrund gestürzt. Der Dalai Lama sprang noch rechtzeitig ab. Obwohl am Bein verletzt, hielt er nicht einmal an und lehnte eine Behandlung ab, die Wunde schloss sich augenblicklich. […]

Aber das ist nur eine Kleinigkeit für einen Yogi, der durch die Kontrolle seines Atems Schnee zum Schmelzen bringen kann, einzig durch das Feuer seines Glaubens, der sich einen Monat lang eingraben lassen kann und den Elementen gebietet. Es ist, als würde man träumen in diesen indischen Dörfern, wo die Sterne zu dieser Jahreszeit ganz dicht über dem Reisfeld stehen ...[3]

Auch Gyalo Thöndup kommt nach Tezpur, um die Yapshis zu begrüßen. Heinrich Harrer ist bei ihm, aber er hegt die Befürchtung, der Dalai Lama könne ihn nicht wiedererkennen.

In *Life*[4] beschreibt Harrer den bewegenden Moment ihres Wiedersehens:

Ich hätte mir keine Sorgen machen müssen, denn als sein Jeep sich mir näherte, machte er mir Zeichen und lächelte mich an, entzückt, mich wiederzusehen. Als er aus dem Wagen stieg, verwandelte sich meine Nervosität in Verblüffung. Er war so groß geworden! Als er mich wie einen *trogpo*, einen alten Freund, begrüßte, bemerkte ich, dass seine Stimme, die damals, als ich Lhasa verließ, die eines Jungen mitten im Stimmbruch war, mittlerweile voll und tief klang. Ich war ebenfalls erstaunt, dass er seine Brille in der Öffentlichkeit trug, auch wenn ich ihm dazu geraten hatte, als er fünfzehn war.

Dieser 18. April ist der Tag, an dem der tibetische Herrscher zum ersten Mal während seines Exils eine Erklärung abgibt. Er berichtet von einigen Abschnitten seiner Flucht und dankt dem Premierminister Nehru für seine Willkommensbotschaft.

Inzwischen begibt sich Diki Dolkar, die Frau von Gyalo Thöndup, die in Darjeeling geblieben war, ins Kloster Loreto und trifft dort ihre Nichte, ihren Neffen und Jetsun Pema an.

Am selben Tag schlägt die Oberin von Loreto der Familie vor, BBC zu hören. Die irischen Schwestern schließen sich an, um der Rede des indischen Premiers zu lauschen:

Anlässlich Ihrer wohlbehaltenen Ankunft auf indischem Territorium möchten meine Kollegen und ich Ihnen Willkommensgrüße übermitteln. Wir werden uns glücklich schätzen, Ihnen, Ihrer Familie und

> Ihrem Stab alles, was für Ihren Wohnsitz in Indien nötig ist, zur Verfügung zu stellen. Unser Volk, das eine tiefe Verehrung für Sie hegt, wird zweifellos den traditionellen Respekt, der Ihrer Persönlichkeit gebührt, zum Ausdruck bringen …

Es ist immer noch der 18. April, als der Dalai Lama Nehru offiziell für seine freundschaftlichen Worte dankt.

Die chinesische Nachrichtenagentur reagiert sofort und verlautbart, dass Tenzin Gyatso nicht der »Autor« dieser Mitteilung sei.

Der Krieg der Presseerklärungen hat begonnen.

In der Klosterschule gibt die Oberin den jungen Yapshis einen Tag frei.

Auf nach Siligari! Jetzt gibt es ein Wiedersehen!

Drei Jahre sind seit dem letzten Familientreffen, 1956 in Indien, vergangen.

Dampfend und zischend fährt der Zug in den Bahnhof ein.

Der Dalai Lama steht am Fenster und blickt auf die dicht gedrängte Menge von gestikulierenden Menschen. Sie heben die Hände zum Himmel, ein Wald von Armen.

Mehrere tausend sind gekommen.

Jetsun Pema, die anderen Kinder der Familie und Diki Dolkar erleben einen wahren Tumult intensiver Gefühle, in die Fröhlichkeit mischt sich Verwirrung, bei aller Freude erfasst sie eine untergründige Traurigkeit: Zum ersten Mal fühlen sie, dass auch sie Exilierte sind.

Sie bahnen sich einen Weg, ohne auf ihre Kleidung zu achten, und gelangen unter gewaltigen Anstrengungen bis zum Zug.

Die Waggontür öffnet sich.

Die Wachen postieren sich.

Der Dalai Lama erscheint, abgemagert, erschöpft, sorgenvoll und traurig.

Jetsun Pema überreicht ihm eine Khata. Als sie ihm den weißseidenen Schal um den Hals legt, laufen ihr die Tränen übers Gesicht.

Dann stürzt sie in den Waggon und wirft sich Amala in die Arme. Im Abteil wird das Wiedersehen von allen freudig gefeiert.

Zwei Stunden voll leidenschaftlicher, tiefer Gefühle. Dann ist es schon Zeit für die Rückfahrt nach Darjeeling, das sie vor Einbruch der Nacht erreichen müssen.

Über die Gesichter von Amala und Jetsun geht ein Schatten. Sie reichen sich die Hände und sehen sich noch einmal an: Die Yapshis leben alle in Ungewissheit, aber sie versprechen, sich in den Schulferien alle wieder in Mussoori zu treffen.

Die junge Generation der Yapshis – Jetsun wird im September neunzehn Jahre alt – erträgt das Internatsleben nur schwer.

Es vergeht kein Tag, an dem Pema nicht an Tchang Seb-Char, an Amala und die Geschwister und an all die Tibeter denkt, die der Sturm der Geschichte mit sich gerissen hat …

Bei der Abreise aus der Klosterschule gibt sie sich selbst das Versprechen, mit einigen ihrer Schulkameraden immer in Kontakt zu bleiben. Aber wie kann man ein solches Versprechen halten, wenn man Flüchtling ist? Das wird ihr so recht bewusst, als sie später, als sie endgültig im Exil beim Dalai Lama lebt, schmerzhafte Entscheidungen treffen muss.

Im Moment will Jetsun Pema nur die kommenden vier Tage genießen, vier Ferientage, glückliche Tage …

Gyalo Thöndup und Diki Dolkar kommen am nächsten Morgen, um sie abzuholen.

Die Yapshis leben jetzt in Mussoorie, einem Kurort an den Ausläufern des Himalaya, im Norden von Neu-Delhi.

Am Abend vor der Abreise hat Jetsun Pema nur schwer einschlafen können. Sie hat Angst, zum ersten Mal in ein Flugzeug zu steigen, und träumt vom Wiedersehen mit Amala und Seiner Heiligkeit. Sie würde so gerne ihrem Bruder und damit dem tibetischen Volk helfen.

Dann geht es los nach Mussoorie. Jetsun Pema taucht in die Realität ein.

Was für ein komisches Gefühl, mit dem Flugzeug zu fliegen!

Dann der Flughafen von Neu-Delhi, die Gerüche.

Die staubige Hitze dringt in die Kleider, lässt sie an der Haut kleben. Man schwitzt wie wahnsinnig …

In Mussoorie sind die Temperaturen erträglicher. Außerdem wohnen sie bei Birla, einem reichen indischen Industriellen, der den Yapshis sein prachtvolles Anwesen zur Verfügung gestellt hat: Der Dalai Lama bewohnt zwei Zimmer; Amala und Ngari Rinpoche teilen sich eins, Tsering Dölma und Phuntsok Tashi ein anderes; die Ratgeber und Sekretäre Seiner Heiligkeit haben zwei Zimmer für sich.

Die indische Regierung hat sich um alles gekümmert und den Yapshis auch Diener zur Verfügung gestellt.

Aber das Mädchen für alles ist Gyalo Thöndup, der gerade ein Haus in der Hauptstadt gemietet hat. Wenn Tassen fehlen, fährt er durch die Stadt, um welche zu finden; Amala hat keinen Kaffeelöffel – er treibt einen auf.

In Mussoorie hat die Mutter Seiner Heiligkeit übrigens den Kaffee für sich entdeckt.

Und Gyalo Thöndup rennt herum, um noch den kleinsten Wunsch seiner Mutter zu erfüllen: Tatsächlich fehlt den Yapshis alles Mögliche.

Draußen halten Soldaten der indischen Armee rund um die Uhr Wache.

Ein erstes Treffen zwischen Nehru und dem Dalai Lama hat am 27. April 1959 im Haus von Birla stattgefunden.

Der indische Premierminister sagt ihm bei dieser Gelegenheit: »Sie sind in einem freien Land, handeln Sie nach Ihrem Gutdünken.«

Am Nachmittag des gleichen Tages hält der Pandit eine lange Rede vor dem Parlament und erklärt:

> Seit seiner Ankunft in Mussoorie sind wir bemüht, zu verhindern, dass der Dalai Lama von all den vielen Leuten, die ihn sehen wollen, und auch den Journalisten bedrängt wird. Davon abgesehen, unterliegt seine Bewegungsfreiheit keinerlei Einschränkungen. Es ist ihm offiziell mitgeteilt worden, dass er, ebenso wie seine Mitarbeiter, sich innerhalb und außerhalb von Mussoorie frei und nach Belieben bewegen kann. Man sollte daran erinnern, dass der Dalai Lama nicht nur eine lange, sehr anstrengende und gefährliche Reise hinter sich hat, sondern auch erst vor kurzer Zeit erschütternde Ereignisse durchgemacht hat, die jedem Menschen, auch dem abgehärtetsten, an die Nerven gegangen wären. Er ist gerade erst vierundzwanzig geworden.

Nehru schlägt Peking ein Treffen mit dem Dalai Lama in Indien vor. Oder man könne den 10. Panchen Lama Chökyi Gyaltsen nach Neu-Delhi schicken. Der Pandit hat ihn bei den Feiern zum zweitausendfünfhundertsten Jahrestag der Geburt des Buddha kennen gelernt.

Am 29. April lehnt der Panchen Lama selbst die Einladung Nehrus ab. Er erachtet diesen Besuch in Indien als »unnötig ..., da die Tibetfrage nur in Tibet gelöst werden kann«.

Währenddessen nutzt Amala die Zeit, in der Jetsun Pema im Haus ist, um mit ihr Spaziergänge in den Gärten der Birlas zu machen oder ins Kino zu gehen, was sie gerne tut, seit sie es durch Heinrich Harrer in Lhasa kennen gelernt hat. Aber erst in Kalkutta hat sie die indischen Filme entdeckt, und so kommt es zu regelmäßigen Kinobesuchen.

Aber alles hat ein Ende. Auch wenn Amala auf die Wünsche ihrer Enkelkinder und ihrer jüngsten Tochter immer sehr viel Rücksicht nimmt, muss doch eine Entscheidung getroffen werden. Sie hat mit Seiner Heiligkeit darüber gesprochen.

Die Kinder von Tsering Dölma, achtzehn und sechzehn Jahre alt, schon immer Spielgefährten und die engsten Vertrauten im Internat, werden in Mussoorie bleiben; Jetsun Pema wird also alleine nach Loreto zurückkehren.

Die Jüngste der Yapshis ist verzweifelt bei dem Gedanken, dass sie ihre Familie verlassen soll. Und die Gesellschaft ihrer Nichte und ihres Neffen wird ihr sehr fehlen.

Der Dalai Lama hat lange mit ihr diskutiert: Pema »der tugendhafte Lotos« soll bei allem, was sie in Zukunft vorhat, mit ganzem Herzen dabei sein und weiterhin eine moderne Ausbildung erhalten. Tenzin Gyatso findet immer neue Argumente und legt die Gründe dar, die Amala und ihn veranlasst haben, diese Entscheidung zu treffen, so dass Pema schließlich, als die Audienz beendet ist, das Gefühl hat, sie sei mit einer wichtigen Mission betraut worden: Sie wird ihre Ausbildung beenden, um sich danach in den Dienst ihres Volkes zu stellen.

Die Gesundheit ihrer Mutter macht den Yapshis ebenfalls Sorgen. Eines Nachmittags hat Tsering Dölma Amala auf einem großen

Kissen sitzend vorgefunden, an die Wand gelehnt und mit leerem Blick. Befragt, spricht sie vage von Schluckbeschwerden. In Lhasa hatten ihr chinesische Ärzte geraten, sich in Peking oder Shanghai operieren zu lassen; Amala hatte das abgelehnt. In Mussoorie sind wieder Schmerzen aufgetreten, heftiger als früher.

Eine Familienversammlung wird anberaumt, bei der der Dalai Lama seiner Mutter vorschlägt, in ein Krankenhaus ins Ausland zu gehen, um sich dort untersuchen, unter Umständen sogar operieren zu lassen. Amala lehnt das kategorisch ab: Sie will sich nicht operieren lassen, sie hat Angst, auf dem Operationstisch zu sterben.

In Mussoorie trifft der Dalai Lama auch Mitglieder der Internationalen Juristenkommission. Die hatte sich im Januar 1959 zu einem Kongress in Neu-Delhi versammelt, um den Begriff der Legalität und der Rechtsstaatlichkeit in Bezug auf Institutionen, Verfahren und Gesetze zu klären und zu definieren.

Da die Länder Asiens dort sehr zahlreich vertreten waren, war es nicht erstaunlich, dass die bedrohliche Lage in Tibet zur Sprache kam.

Nach den Ereignissen im März, der Flucht des Dalai Lama und den Kämpfen zwischen dem Widerstand und der chinesischen Armee bestimmte die Internationale Juristenkommission eines ihrer Mitglieder, eine Expertengruppe zu bilden, die Beweise für die Verletzung der Menschenrechte in Tibet sammeln sollte: Purshottam Trikamdas, ein hoch angesehener indischer Jurist, Generalsekretär der indischen Juristenkommission, einer der Gründer der Sozialistischen Partei Indiens, ehemaliger Sekretär Mahatma Gandhis, hatte am Unabhängigkeitskampf seines Landes teilgenommen und sechs Jahre im Gefängnis verbracht, eins davon in Isolationshaft in britischen Kerkern.

Der Dalai Lama und der indische Rechtsanwalt teilen viele Erfahrungen. Der eine befand sich im Kampf mit den chinesischen Kommunisten, der andere vegetierte im Gefängnis. Trikamdas erzählt dem tibetischen Herrscher, dass er sich während seiner Isolationshaft einmal in einem zerbrochenen Spiegel sah – bis auf die Knochen abgemagert und halb tot. So sehr er über seinen körperlichen Zustand auch erschrak, wusste er in diesem Moment doch, dass Mahatma Gandhi und *ahimsa*, die Idee der Gewaltfreiheit, schließlich doch siegen würden, dank ihrer universellen Botschaft:

> Die Gewaltlosigkeit ist die stärkste Waffe,
> Die die Menschheit zur Verfügung hat.
> Sie ist mächtiger
> Als die zerstörerischste Waffe, die der Mensch je erfunden hat

Am 20. Juni reagiert Seine Heiligkeit auf die andauernde Kritik der Chinesen, insbesondere des Panchen Lama. Auf einer Pressekonferenz kündigt er das »17-Punkte-Abkommen« auf und klagt die Chinesen an, die Kultur und die Religion Tibets, ja, das tibetische Volk selbst ausrotten zu wollen.

In seiner Erklärung zieht er Bilanz: »Während der ganzen Zeit habe ich geduldig und aufrichtig versucht, mein Volk zu beruhigen und seinen Hass zu besänftigen. Gleichzeitig habe ich mein Bestes getan, um die chinesischen Behörden davon zu überzeugen, eine Politik der Versöhnung und der Freundschaft zu pflegen. Trotz wiederholter Misserfolge habe ich diese Haltung beibehalten und bin bis zum letzten Moment in Tibet geblieben, um meinem Volk einen Dienst zu erweisen. Es waren die Umstände, die mich gezwungen haben, mein Land zu verlassen, um ihm weitere Gefahr und eine neue Katastrophe zu ersparen …«

Anschließend antwortet der Dalai Lama auf Fragen der Journalisten und gibt zum ersten Mal eine wichtige Information weiter: »Außer dem zivilen und militärischen Personal, das sich bereits in Tibet befindet, sind fünf Millionen chinesische Ansiedler im Osten und Nordosten der Provinz Tso eingetroffen. Dazu werden weitere Millionen kommen, für deren Ansiedlung man die Provinzen U und Tsang in Zentraltibet vorgesehen hat. Viele Tibeter sind nach China deportiert worden. Was die Chinesen vorhaben, läuft auf eine vollständige Verdrängung und das Verschwinden der tibetischen Rasse hinaus … Ich werde Ihnen einen kurzen Überblick über die Ereignisse geben, wie sie mir meine Untertanen berichtet haben … Die Einwohner von Lhasa sind in drei Gruppen aufgeteilt worden. Die erste Gruppe wurde nach China deportiert, über ihr Schicksal ist nichts bekannt. Diejenigen, die zur zweiten Gruppe gerechnet werden, sind inhaftiert und von verschiedenen chinesischen Kommandobehörden ohne Pause verhört und gezüchtigt worden. Die dritte Gruppe erhält die schlechteste Nahrung und ist zur Zwangsarbeit verpflichtet; jeder muss täglich hundert Säcke Erde schleppen, bei Strafe des Nahrungsentzugs. Bewaffnete Truppen sind auf den Straßen Lhasas postiert, wo die Tibeter nicht das Recht haben, sich in Gruppen von mehr als zwei Personen zu unterhalten, und man sieht nur noch Männer und Frauen in vorgerücktem Alter. Der Haupttempel und andere Kultstätten sind geschlossen. Außerdem haben die Chinesen eine Aufstellung aller Reserven der tibetischen Regierung und der Besitztümer von Privatleuten gemacht und betreiben eine intensive Propaganda für die Bildung von Volkskommunen …«[5]

Als ein amerikanischer Journalist ihn fragt, ob die Revolte in Tibet weitergeht, antwortet Tenzin Gyatso: »Tibet ist groß, und in einigen Regionen wird noch gekämpft, verschiedene Gebiete im Osten und Norden von Lhasa sind unter der Kontrolle der Khampas …«

»Sie haben kürzlich drei Briefe an die chinesischen Regierungsbehörden in Lhasa geschrieben. Was wollen Sie erreichen?« Auf diese Frage eines anderen amerikanischen Journalisten antwortet Seine Heiligkeit mit gewohnter Offenheit: »Ich habe zu einem Zeitpunkt, zu dem das Schicksal unzähliger Menschen in ihren Händen lag, drei Briefe an die Chinesen geschrieben. Das war mit der Absicht geschehen, Frieden zu stiften. Als die Umstände, unter denen diese Briefe geschrieben wurden, in der Weltöffentlichkeit bekannt wurden, haben sie nur das Ausmaß bezeugt, das die chinesische Unterdrückung angenommen hatte …«

Auf die unvermeidliche Frage nach der Rolle des Panchen Lama äußert der Dalai Lama die Ansicht, dass Seine Heiligkeit Chökyi Gyaltsen »seit seiner Jugend dem Einfluss der Chinesen unterworfen war und nie auch nur die geringste Unabhängigkeit genossen hat«.

Als man ihn schließlich fragt, ob er vorhabe, »Waffen im Namen der Aufständischen zu fordern«, antwortet der tibetische Herrscher ganz klar: »Obwohl ich nicht die Absicht habe, die Freiwillige Nationale Verteidigungsarmee ohne Hilfe zu lassen, ist es doch mein Ziel, zu einer Lösung mit friedlichen Mitteln statt mit militärischer Gewalt beizutragen.«

Am 1. Oktober 1959 feiern Mao Zedong, Lin Bao, der gerade Peng Dehuai an der Spitze des Verteidigungsministeriums abgelöst hat, Zhou Enlai und die gesamte Nomenklatura der Kommunistischen Partei Chinas auf dem Tiananmen-Platz den zehnten Jahrestag der Revolution.

Ein Mann fehlt: Deng Xiaoping kann wegen gesundheitlicher Probleme nicht an dem Ereignis teilnehmen.

Peking ist in Rot getaucht.

Der Himmel ist blau, und tausende von roten, goldbestirnten Fahnen flattern im Wind.

Alle gratulieren sich gegenseitig, flammende Reden werden gehalten. Alles scheint wunderbar.

Die Chinesische Volkszeitung greift von neuem die »Rechten« an, jene, die nicht bereit sind, die »bemerkenswerten Erfolge des Großen Sprungs nach vorn« anzuerkennen: Fast zwanzig Millionen Tote sind das Ergebnis einer Tragödie, die das Land von einem Ende Chinas bis tief nach Tibet erfasst.

Anfang April 1959, Tashilhunpo.

Die vom 10. Panchen Lama und Chen Yi in Shigatse eröffnete technische Hochschule hat gerade sechsundneunzig Pferde angeschafft und damit den Bestand der Kavallerie auf dreihundertfünfzig erhöht.

Auf Drängen der roten Lamas in seinem Kabinett stellt Chökyi Gyaltsen seine jungen Reiter den chinesischen Streitkräften zur Verfügung, um ihnen bei der Vernichtung der »letzten reaktionären Nester« zu helfen.

Am 30. April erklärt der Panchen Lama, dass die Revolte in Tibet niedergeschlagen sei.

Nachdem die Ordnung wiederhergestellt sei, würden nun die »demokratischen Reformen« energisch durchgeführt.

Einige Monate später wird Chökyi Gyaltsen in Peking Vizepräsident des Nationalen Volkskongresses. Sein neuer Status erlaubt es ihm, seinen Sitz ins Innere von Tibet zu verlegen, aber die

Freiheit Seiner Heiligkeit bleibt weiterhin eingeschränkt, was sich daran bemerkbar macht, dass sich die chinesische Geheimpolizei im Kloster Tashilhunpo niedergelassen hat.

In diesem Jahr entscheidet sich der Panchen Lama, nach Qinghai zu reisen, um seine Anhänger zu treffen. Die Politik des »Großen Sprungs nach vorn« hat in den Provinzen, wo die Han, die Boanan, Mongolen, Tus, Mandschus, Donxiangs, Salars und Tibeter leben, großes Leid hervorgebracht. Überall ist der Schatten des Todes zu spüren. Die gesammelten Zeugenberichte weisen alle darauf hin.

Er versucht zu begreifen. Anhänger erklären ihm die Entwicklung. Eines Tages kamen Soldaten und chinesische Ansiedler. Sie sagten, sie kämen aus Peking, aus Shanghai oder aus Gegenden Chinas, von denen man gar nicht wusste, dass es sie gab. Alle waren Kader der KPC und der Geheimpolizei. Sie sprachen davon, in der Provinz Qinghai wieder gesicherte Verhältnisse herstellen und Glück und Wohlstand bringen zu wollen. Unter der Präsidentschaft von Mao Zedong werde man zu einem großen Abenteuer aufbrechen, sagten sie und wiederholten pausenlos, dass man mit der Vergangenheit aufräumen müsse, dass nun Schluss sei mit der Sklaverei, dass eine neue Entwicklung einsetzen und es den Allerärmsten besser gehen werde ... Dann griffen sie die buddhistischen, christlichen und muslimischen Geistlichen an. Sie bombardierten die Klöster und sprengten die Tempel mit Dynamit, nicht ohne vorher die wertvollsten Kunstschätze gestohlen zu haben. Sie beschlagnahmten auch die Ländereien, die früher den Klöstern und den Adelsfamilien Tibets gehört hatten, um sie umzuverteilen und Kommunen zu schaffen. Sie sprachen von Kollektivierung, worunter sich die Tibeter nichts vorstellen konnten. Aber die Nomaden wurden sesshaft gemacht und ihre Herden konfisziert. Die Chinesen zerstörten ganze Weiler und Dörfer, um dann einige Meter weiter typisch chinesische Städte zu errichten.

Die Menschen in Qinghai begriffen nicht gleich, was da passierte. Die neuen Realitäten wurden ihnen erst bewusst, als sie keine Karawanen mehr durch ihre Täler ziehen sahen: Der Tauschhandel hörte auf, weil es keine Händler mehr gab. Der Weizen, der niemals bis zur Reife gedieh, war kein Ersatz für Gerste. Die Yaks verschwanden in ganzen Herden ... Die Bewohner dieser einstmals so fruchtbaren Gebiete fühlten eine schreckliche Hungersnot nahen. Dazu waren noch ganz neue Krankheiten aufgetaucht.

Zurück in Tashilhunpo, teilt der Panchen Lama seinem Kabinett und den Zivilbehörden des Klosters mit, dass er vorhabe, sich für mehrere Wochen zu Meditationen zurückzuziehen.

Damit seine Wachhunde dem zustimmen, begründet er sein Vorhaben mit seiner Stellung als Vizepräsident des Nationalen Volkskongresses. Seine neue Verantwortung erfordere von ihm ernsthaftes Nachdenken zum Wohle des Mutterlandes.

Ein unschlagbares Argument!

In Wahrheit will er die Jahre, die er unter der Fuchtel der Chinesen zugebracht hat, überdenken und sich einer intensiven und sehr kritischen Introspektion unterziehen.

Er schließt sich in sein Zimmer ein, legt die Zeremonienrobe ab, trinkt ein wenig Tee und setzt sich auf das Kissen vor seinem persönlichen Altar, wo zwischen zwei kleinen Buddha-Statuen ein Porträt des Dalai Lama steht.

Der Panchen Lama bleibt lange zusammengekauert und regungslos sitzen, nicht das mindeste Geräusch soll seine Konzentration stören. Langsam verstreicht die Zeit.

Die Stille wird nur von den Mantras unterbrochen, die er vor sich hin murmelt.

Chökyi Gyaltsen denkt konzentriert nach.

Ein friedliches Miteinander von Mensch und Umwelt, so hätte man die Devise seines Landes nennen können, bis zur chinesischen Invasion von 1949.

Tibet verfügt über unendliche Reichtümer. Es gibt sieben verschiedene Vegetationszonen, von tropischen Bergwäldern bis zu eisigen, öden Hochplateaus, die durchschnittliche Niederschlagsmenge im Jahr variiert von 100 mm im Norden bis zu mehr als 1 m im Südosten.

Die Wälder sind sehr alt und manche Baumarten äußerst selten. Die Flora ist einzigartig, und die Fauna ist der Stolz des ganzen Landes: Je nach Klima trifft man auf kraftvolle Damhirsche, tibetische Antilopen, Riesenpandas, Kraniche mit schwarzem Kragen, Ibisse und Kahlkopfgänse.

Erze finden sich in Massen. Uran, Bauxit, Eisen, Kupfer, Lithium, Gold und Erdöl bilden nur einen kleinen Teil der Naturschätze.

Aber die Tibeter haben von jeher große Achtung vor jeder Erscheinungsform des Lebens gezeigt, und das Dach der Welt war jahrhundertelang ein unberührtes Refugium für Fauna und Flora.

Der Panchen Lama ist dabei, zu begreifen, was es bedeutet, dass Peking sich in weniger als zehn Jahren eines Territoriums bemächtigt hat, einer Nation mit ihrer religiösen und kulturellen Identität, eines Gebietes, von dem es heißt, es sei »das Zentrum des Himmels, die Mitte der Erde, das Herz des Landes, der Gürtel der Gletscher und der Kopf aller Flüsse. Hohe Berge, reine Erde und ein wunderbares Land. Ein Ort, an dem weise Menschen Helden hervorbringen und schnelle Pferde gedeihen.« So heißt es in einem tibetischen Märchen aus dem 9. Jahrhundert.

1960 werden in den Dokumenten der Zentralmacht immer noch Anführungszeichen gesetzt, wenn von Taiwan und Tibet die Rede ist. Seit mehr als zehn Jahren empfinden die Zivilbeamten und Militärs diese fortwährende Sonderregelung als Beleidigung ihres übersteigerten Patriotismus. Sie demonstrieren ihren unbeugsamen Willen, die Provinzen Chinas »einzuholen und zu überholen«. Die staatlichen Vertreter in den besetzten Gebieten des Himalayahochlands fühlen sich persönlich getroffen: Sie werden Tibet erst verlassen, wenn die Anführungszeichen aus den Dokumenten verschwunden sind.

Diese Leute behaupten, die beste Antwort an Peking sei der »Große tibetische Sprung nach vorn«, der mit »zwanzig Jahren Arbeit in einem Tag« zu schaffen sei, unter der stillschweigenden Voraussetzung, dass das »Prinzip der Vorsicht und des graduellen Fortschritts« bei einem zurückgebliebenen Land keine Anwendung finden kann.

Diese Bulldoggen-Reformer versprechen in den Medien, dass »Tibet seinen Nachbarn bald um mehrere Jahrhunderte voraus« sein und dass die Zentralmacht in diesen Gebieten ein »Wunder ohne Beispiel in der Geschichte der Menschheit« vollbringen werde. In ihrer Phantasie sehen sie schon die Hochplateaus des Himalaya als »Satelliten« der »Zehntausend Jahre des Glücks«, die Mao versprochen hatte. Um das zu erreichen, ist der menschliche Faktor von größter Bedeutung. Die Arbeitskomitees müssen folglich aktiv werden. Und Gnade denen, die protestieren, sie würden sich der »konterrevolutionären Sabotage« schuldig machen.

Der »Große Sprung«, der im Januar 1961 plötzlich gestoppt wurde, stürzte die chinesische Wirtschaft ins Chaos.

Auch der »Große tibetische Sprung nach vorn« erwies sich als totales Desaster.

Privilegierter Zeuge dieser ökonomischen, sozialen und kulturellen Katastrophe: der 10. Panchen Lama Chökyi Gyaltsen.

In sein Zimmer geflüchtet, schreibt der Panchen Lama.

Anfangs hat er die Absicht, jede Woche einfache Aufzeichnungen nach Peking zu schicken. Er nimmt sich vor, das Mutterland und die Partei nicht zu beleidigen, und schon gar nicht die Zentralmacht.

Chökyi Gyaltsen beginnt mit der Erzählung einer Geschichte, die 1958 passiert ist. Wendu, das Dorf seiner Eltern, war in eine Kommune integriert worden. Die von den Chinesen durchgeführte Landreform hatte eine Kettenreaktion in diesem einst so friedlichen Tal ausgelöst, und es kam unvermeidlich zu einer Revolte.

Alles begann an dem Morgen, an dem man Maulbeerbäume verbrannte, ein uralter Brauch, der stets von rituellen Opfergaben und Gebeten begleitet wurde. Die Bewohner von Wendu versammelten sich auf dem Dorfplatz, alle, außer den Jungen, die nach China gebracht worden waren und von denen die Dorfbewohner keine Nachricht hatten. Also nur die Alten, Männer und Frauen und ein paar Kinder, die wunderbarerweise der Deportation entkommen waren. Tibeter aus anderen Weilern waren da, auch Mönche, wenn auch nicht mehr so zahlreich wie früher. Kurz, alle waren gekommen. Arm, hungrig und in Lumpen.

Einige hatten an die Kommunen geglaubt. Hatte man ihnen nicht das Glück versprochen?

An diesem Morgen wollten die Männer und Frauen nicht bei der rituellen Verbrennung der Maulbeerbäume fehlen. Aber sie waren fast am Ende ihrer Kraft. Die Last, die sie niederdrückte, war nicht mehr zu ertragen, und sie begehrten auf.

All die Jahrhunderte, die sie in diesem Tal verbracht hatten, von Wiedergeburt zu Wiedergeburt, hatten bei ihnen einen gewissen Stolz entstehen lassen.

Arm waren sie immer gewesen, armselig nie! Und jetzt litten sie so sehr, dass manche bei den *thamzing*-Sitzungen ihre Folterer sogar um den Tod anflehten. Es war eines ihrer Kinder, oft das jüngste, das sie durch eine Kugel töteten. Und die Familien mussten zusehen, wie sie das Geld für diese Todeskugel auftrieben. Man muss sich das vorstellen: In dem Moment, in dem der Schuss losging, mussten die Dörfler, Freunde, Verwandte und Eltern den Mord beklatschen. Und in Gelächter ausbrechen! Und den Henkern danken! Wenn sie sich weigerten, wurden sie ebenfalls getötet.

All diese Menschen hatten die Hoffnung verloren – bis zu diesem Morgen. Das war kein Heldenmut. Man könnte eher von Fatalismus sprechen, der Resignation näher als dem Lebenswillen, weil sie sich keinen Illusionen über das, was folgen würde, hingaben. Aber dieses Elend würden sie nicht länger ertragen. Auf die Gefahr hin, zu sterben, und sei es an diesem Morgen.

Bei ihnen war Gyanpal Rinpoche, einer der Hauptlehrer des 10. Panchen Lama Chökyi Gyaltsen, an seiner Seite stand Nuri Pönpo, ein Mann aus dem Widerstand an der Spitze von zweihundert Männern, die mit Dolchen, Lanzen, Pfeil und Bogen bewaffnet waren.

Was am meisten erstaunt, ist ihre Entschlossenheit. Sie ertragen die täglichen Propagandaveranstaltungen, diese öffentliche Selbstkritik nicht mehr. Sie wollen einfache Menschen bleiben, Menschen ohne Alpträume, die in ihren Traditionen leben. Die meisten sind Nomaden, die anderen Bauern und Mönche, die wenigen, die noch am Leben sind.

Sie wollen nicht hungers sterben, und sie wollen beten, wenn sie das Bedürfnis danach haben. Mantras rezitieren und dabei ihre Mala durch die Finger gleiten lassen. Sie wollen die Freiheit haben, zu kommen und zu gehen, wann sie wollen.

Gestern war der Himmel schwarz. An diesem Morgen wölbt sich ein klares Blau über der Landschaft. Die verschneiten Gipfel in der Ferne leuchten in hellem Glanz.

Der würzige Geruch von verbrannten Maulbeerbäumen steigt in Schwaden zum Himmel.

Was erwarten sie denn? Dass die Torturen aufhören, dass die Mönche in ihre Klöster zurückkehren, dass das Leben einfach ist, wie früher. Alles Übrige schert sie nicht …

Alle Tibeter hier in Wendu wissen, was geschehen wird.

Eine Gruppe stürzt los. Die Chinesen sind darauf nicht gefasst. Mit gezogenem Messer geht es gegen Revolver und Maschinenpistolen. Den Feinden wird die Kehle durchgeschnitten, das Abschlachten beginnt; es gibt Tote auf beiden Seiten.

Die Aufständischen erstürmen das Gebäude, in dem sich das Arbeitskomitee der Provinz befindet. Der Leiter des Komitees wird getötet. Sie haben Feuer an die Baracke gelegt und dazu die Äste des Maulbeerbaums genommen. Ein Symbol!

Die Aufständischen treiben ihre Aktion bis zum Ende. Mit dem Tod der Soldaten geben sie sich nicht zufrieden. Sie dringen in die Kooperativen ein. Nicht, um zu plündern. Sondern um das zurückzuholen, was ihnen gehört. Die Ernte und das Getreide, die sie anschließend unter ihre hungernden Landsleute verteilen wollen.

Die Soldaten greifen Schlag auf Schlag an. Aber auf Seiten der Tibeter sind Entschlossenheit, Kühnheit und Mut.

Ende eines Alptraums, Beginn eines neuen …

Die Zentralmacht spricht von dem »Vorfall in Xunhua«.

Das beschreibt nicht annähernd, was hinterher passierte: Chinesische Truppen marschierten im Tal auf, kesselten die Weiler und Kommunen ein, umzingelten Wendu und das, was vom Kloster noch übrig geblieben war.

Die Bilanz dieser Operation: Mehr als fünfhundert unschuldige Zivilisten, nur mit ihren Malas und Gebetsmühlen bewaffnet, wurden niedergeschossen, die Toten und Verwundeten in ein Massengrab geworfen und verscharrt. Am Nachmittag desselben Tages nahmen Soldaten und Geheimpolizisten zweitausendfünfhundert Frauen und Männer fest und brachten sie in die Lager Qinghais und des chinesischen Grenzlandes.

Gyanpal Rinpoche wurde verhaftet und ins Gefängnis gesteckt. Nuri Pönpo und seine Gruppe von Widerstandskämpfern, denen sich Freiwillige angeschlossen hatten, führten kleinere Attacken durch mit dem Ziel, den Lama zu befreien.

Gyanpal Rinpoche zog es vor, seinem Leben selbst ein Ende zu setzen, um das Blutbad zu beenden.

Der Schluss, den Peking aus dieser Geschichte zog, beschränkte sich auf folgende Feststellung: »Die ethnische Frage ist im Grunde genommen eine Klassenfrage.«

In seinem Zimmer schreibt der Panchen Lama Tag für Tag in allen Einzelheiten auf, wie der Alltag seiner Landsleute vor der Invasion von 1949 aussah. Und wie leben sie jetzt, zwölf Jahre später?

Während dieser ganzen Zeit ist kein Tag vergangen, wo die Verzweiflungsschreie nicht von den Sirenen und den grellen Hupen der Militärlastwagen übertönt wurden, die im Eiltempo durch die Städte, Weiler und Gemeinden rasten und die Tibeter zu den Zwangarbeitslagern oder in den Tod fuhren. Zwölf Jahre, in denen die Soldaten und die Geheimpolizei überall präsent waren.

Chökyi Gyaltsen würde gerne Entschuldigungsgründe für die Chinesen finden. Es gelingt ihm nicht.

In den ländlichen Regionen von Kantse und Dragyab, im Osten des Landes, ist die Bevölkerung zum Betteln gezwungen. Halb verhungerte Mütter füllen ihr eigenes Blut in Schalen, um ihre Kinder damit zu nähren ... [6]

Während Mao mit Chruschtschow streitet und sich darauf versteift, Nahrungsmittelhilfe der Sowjets abzulehnen, kauft die Zentralmacht kanadischen Weizen, um die hungernde Bevölkerung zu versorgen. Aber nicht ein Gramm dieses Weizens ist für die Tibeter bestimmt.

Die Volkskantinen geben an jeden eine Mahlzeit aus – außer an Alte und Behinderte –, die aus 120 Gramm Getreide besteht, das mit Gras, Blättern und Baumrinde gemischt ist: »Diese schreckliche Ration reicht nicht aus, um einen Menschen am Leben zu erhalten«, schreibt der Panchen Lama.

In Lhasa haben die lokalen Behörden im Januar 1960 den Bettlern Befehl gegeben, die Hunde der Stadt einzufangen, sie bei lebendigem Leib zu zerlegen und anstelle von Weihrauch in den Tempeln zu verbrennen.[7]

Außerdem sind an den strategisch wichtigen Punkten der Stadt Komitees für Arbeit und Volkssolidarität eingerichtet worden. Chinesen und tibetische Kollaborateure, kaum mehr als fünfzig Mann pro Komitee, arbeiten dort zusammen, eine schlaue Mischung, und organisieren Überprüfungen, Vertreibungen und Beschlagnahmungen, um die gestohlenen Güter dann an die immer zahlreicher eintreffenden Ansiedler und die Familien der chinesischen Soldaten zu verteilen. Sie berufen Versammlungen ein, die dazu dienen, die Verdienste und Wohltaten der Revolution zu preisen. Morgens reinigen die »Volksfeinde« unter ihrer Aufsicht die Straßen, nachmittags gießen sie die Bäume, die nach chinesischer Art entlang den großen Straßen gepflanzt worden sind, abends gibt es dann Versammlungen, auf denen Selbstkritik und ideologische Schulung betrieben werden.

Die Mönche, die die Bombardierungen und die *thamzing*-Sitzungen überlebt haben, arbeiten auf den Feldern bei den Klöstern. Sie haben Befehl bekommen, einen ehelichen Hausstand zu gründen. Die Chinesen zahlen jungen Mädchen bis zu hundert Yüan für den Geschlechtsverkehr mit einem Mönch.[8]

Ngulchu Rinpoche, der Tutor und Vertraute von Chökyi Gyaltsen, versucht, den Panchen Lama zu überzeugen: »Der Dalai Lama hat unser Land schon verlassen müssen. Wenn Ihnen etwas passiert, betrifft das nicht nur Ihre Person. Unser Kloster Tashilhunpo, die Region Tsang, aber auch das politische und religiöse Leben in ganz Tibet würden darunter leiden. Unsere Landsleute würden sich einsam und verlassen fühlen.«

Ngulchu Rinpoche weint.

Chökyi Gyaltsen betrachtet ihn schweigend. Bis jetzt hatte er es sich noch niemals gestattet, seinem Tutor und Freund zu widersprechen. Aber diesmal empfindet er Abscheu davor, sein Gewissen zu verraten, seine persönliche Sicherheit über die Zukunft seines Landes zu stellen. Und er stürzt sich in endlose Erklärungen, die einen Teil der Nacht dauern werden.

All die langen Nächte im Winter 1961/62 schläft der Panchen Lama tief und fest.

Seitdem er sich entschlossen hat, seinem Gefolge, seinem Tutor

Ngulchu Rinpoche und dem Rat der Khenpos zu offenbaren, dass er vorhat, seine täglichen Notizen zu einem Dokument zusammenzustellen, fühlt er sich so gelassen wie noch nie zuvor in seinem Leben. Das Schriftstück soll folgenden Titel tragen: »Bericht über die Leiden des tibetischen Volkes und der tibetischen Regionen und Vorschläge für die zukünftige Arbeit des Zentralkomitees unter der ehrwürdigen Führung des Ministerpräsidenten Zhou Enlai«.

Mit vierundzwanzig Jahren ist der Panchen Lama an einem Wendepunkt seines Lebens angelangt. Während der Abwesenheit des Dalai Lama fällt ihm die Verantwortung zu, sich im Namen des tibetischen Volkes zu äußern und seine Kritik an die Zentralmacht zu richten.

Einige Tage vor seiner Abreise nach Peking empfängt er Chen Yi zu einem Höflichkeitsbesuch. Chökyi Gyaltsen informiert seinen maoistischen Gesprächspartner über seine Arbeit. Und er erklärt dem Repräsentanten der chinesischen Regierung: »Es ist eine schwere Aufgabe, eine Brücke zu bauen, über die die Menschen kommen und gehen können, denn wir selbst müssen leiden und diese Last tragen. Aber es geht um das Wohl des Volkes und die Zukunft der Partei. Wenn wir uns unnahbar und erhaben wie eine Mauer zwischen die Massen und die Partei stellen, fügen wir beiden Schaden zu …«

Zu seiner Überraschung unterstützt ihn Chen Yi: »Sagen Sie alles, was Sie wissen, und sagen Sie es ohne Vorbehalt.«

1962 … Der Panchen Lama hat seinen Bericht fertig gestellt. Wenn er in Peking ist, wohnt er in der Dong-Jiao-Straße 23, in einer kleinen Wohnung in der ersten Etage eines bescheidenen Hauses, nicht weit von der chinesischen Akademie der Sozialwissenschaften.

Der Schreibtisch ist mit Papieren übersät, die er in der Nacht noch eng beschrieben hat. In der Ecke steht ein schwarzer Transistor der Marke Panasonic, an der Wand hängt ein Foto des heiligen Berges Kailash.

Die chinesische Version dieses Berichts enthält siebzigtausend Schriftzeichen – dieser Titel ist ihm geblieben: Die »Siebzigtausend Schriftzeichen«[9]. Es sind hundertzwanzig Seiten, auf denen die

Situation in allen von Tibetern bewohnten Gebieten detailliert geschildert wird, die der Panchen Lama zwischen 1960 und 1962 aufgesucht hat. Für eine perfekte Übersetzung dieses Dokuments hat Chökyi den Übersetzer seines Vorgängers, des 9. Panchen Lama, aus Sichuan kommen lassen, um seinen eigenen Übersetzern zu helfen.

Die Kritik von Chökyi Gyaltsen richtet sich in erster Linie gegen die körperlichen Misshandlungen, denen seine Landsleute ausgesetzt sind. Er greift auch die Landreform an, die dem Hochland des Himalaya nicht angepasst ist, und weist auf das Auftreten der Pocken und neuer, von den Ansiedlern übertragener Krankheiten hin. Er spricht von einer anarchischen Industrialisierung und Ausbeutung im Bergbau, die bei den Arbeitern zu Herz- und Atemwegserkrankungen führen. Er verdammt die Sterilisierungen junger Mädchen, die kaum zwölf Jahre alt, und von Frauen, die noch nicht fünfundvierzig sind, sowie die erzwungenen Abtreibungen bis in den neunten Schwangerschaftsmonat hinein. Er führt auch die übermäßige Alkoholisierung an, die allein dazu dient, sein Volk zu betäuben.

Schließlich richtet der Panchen Lama heftige Angriffe gegen die Zentralmacht: »Wenn man ein Volk seiner Sprache beraubt, seiner Landestracht und seiner Sitten, dann wird dieses Volk untergehen und zu einem anderen Volk werden. Wie können wir sicher sein, dass die Tibeter nicht in eine andere Rasse umgewandelt werden?«

Am 18. Mai wurden die »Siebzigtausend Schriftzeichen« Zhou Enlai vorgelegt.

Vor seiner Rückkehr nach Tibet trifft Chökyi Gyaltsen noch mehrere Male mit dem chinesischen Premierminister zusammen.

Bei ihrem letzten Gespräch teilt Zhou Enlai dem Panchen Lama mit: »Sie haben es geschafft, dieses Dokument in Rekordzeit zu verfassen. Das ist eine außerordentliche Leistung. Es ist Ihnen gelungen, unsere Auffassungen über die gesellschaftlichen Klassen, die Nationalitäten, den Patriotismus und das Volk auf einen Nenner zu bringen. Unsere Politik ist folgende: Wir müssen den konterrevolutionären Machenschaften ein Ende setzen und die Fehler der Vergangenheit korrigieren. Die Niederschlagung der Rebellion wie auch die Reformen haben bisher die tibetische Religion und Rasse gerettet, die schon dabei war, unterzugehen ... Ich hoffe, dass Sie in der Lage sind, Maßnahmen zur Verbesserung der Landwirtschaft, der Viehzucht und des Handels vorzuschlagen, und dabei unsere Methoden berücksichtigen, die in anderen Regionen Chinas bereits Früchte getragen haben. Man muss Lösungen in Betracht ziehen, die das Leben der ärmsten Bevölkerungsschichten im Auge haben. Wir sind auch vollkommen davon überzeugt, dass der Genosse Panchen Lama und der Genosse Ngabo gegen den Imperialismus sind. Als Patrioten erkennen sie die Führung der Partei an und folgen den Prinzipien des Sozialismus. Sie sollten Vertrauen in die Genossen vom Komitee für Arbeit haben, die ganz einfach versuchen, ihre Aufgaben in Tibet aufs Beste zu erfüllen, und dort nicht die Rasse und die Religion vernichten wollen ...«

Dem Herrn von Tashilhunpo, der zweithöchsten spirituellen Autorität der Gelugpa-Schule, ist nun klar: Mao betrachtet die »Siebzigtausend Schriftzeichen« als Affront.

Vier Jahre vor der Kulturrevolution bilden die religiöse Freiheit und die Beachtung der Traditionen noch die Kraftquellen der tibetischen Gesellschaft. Der Panchen Lama stellt dazu fest: »Von den zweitausendfünfhundert Klöstern, die es früher gab [in dem Gebiet, das heute als Autonome Region Tibet bezeichnet wird], sind nur 70% übrig geblieben, während 93% der Mönche gezwungen wurden, ihre Mönchszellen zu verlassen.«

Nach der Feststellung, dass die Roten Garden generell die Schuld an der fast völligen Zerstörung der tibetischen Klöster tragen, schließt Chökyi Gyaltsen mit diesen Worten: »Die buddhistische Religion, die zur Erleuchtung führt und in ganz Tibet lebendig ist, ist im Begriff, vor unseren Augen ausgelöscht zu werden. Es steht außer Frage, dass die Tibeter und ich das nicht dulden werden!«

Mit den »Siebzigtausend Schriftzeichen« hat der 10. Panchen Lama sein Todesurteil unterschrieben.

1956 brachen die Chinesen den Burgfrieden und verstärkten den Druck auf den 16. Karmapa Rangjung Rigpe Dorje, so dass seine Ratgeber und Anhänger ihn drängten, aus Tibet zu fliehen, bevor es zu spät sei.

Es sind mehr als hundert Männer und Frauen, die Ende Februar 1959 nachts aus Tsurphu aufbrechen. Sie halten direkt auf den Berg zu, der hinter dem Kloster liegt. Der Dalai Lama wird wenige Tage später aus Lhasa fliehen.

Sie werden Tsurphu lange Zeit nicht wiedersehen. Möge allein der Dharma ihren Geist leiten!

Die Flüchtlinge bewegen sich tagsüber fort und rasten in der Nacht.

Der Karmapa betrachtet die Berggipfel auf der anderen Seite des Tals, die der Nebel fast verschluckt hat.

Die Bewohner von Kham haben nun zehn Jahre extremer Gewalt und den Verlust ihres Territoriums erlebt. Vom Verlust ihres geistigen Lebens gar nicht zu reden.

Mal zu Pferd, mal zu Fuß bewegen sich die Flüchtlinge vorwärts, ohne zurückzublicken.

Sie haben Täler durchquert, Gipfel erklommen, sind steile Hänge abgestiegen, an den Schwanz ihres Pferdes geklammert. An Felsen gekrallt, haben sie sich an Schluchten entlanggehangelt, mit dem Blick in den Abgrund. Manche haben so große Angst ausgestanden, dass sie nicht mehr einen Fuß vor den anderen setzen können.

Sie haben Tiere und auch Menschen verloren.

Aber in den goldenen Stunden der Abenddämmerung haben sie auch immer wieder den Mut und die Willenskraft gefunden, den Naturgewalten zu trotzen. Und einige von ihnen ahnen, was Unbesiegbarkeit bedeutet.

Der Karmapa ignoriert den Schmerz, die Angst und die Schwäche.

Das Oberhaupt der Kagyüpa-Schule kann den gewundenen Pfad vor ihm kaum erkennen, er passt sich den Schritten seiner Männer an. Er nimmt jetzt den Wind, die Wolken, Schnee und Kälte und all die Gerüche um ihn herum bewusst auf und berauscht sich noch einmal an seinem Land, wissend, dass er es für lange Zeit verlassen muss.

Eine Gruppe von Kundschaftern geht ihnen voran und bereitet den Empfang in den Dörfern vor, die auf ihrem Weg liegen.

Die Widerstandskämpfer halten Wacht, während Seine Heiligkeit die Anhänger segnet, um dann seinen Weg fortzusetzen, über die Himalayakette hinüber bis Bhutan, die erste Etappe auf dem Weg in die Freiheit.

Es wird erzählt, dass die Karmapas übernatürliche Kräfte haben. Dass sie Stürmen und Epidemien Einhalt gebieten, Edelweiß regnen lassen oder Blinde sehend machen, geschehe nicht selten.

So wie der 13. Dalai Lama in seinem kurz vor seinem Tod verfassten Testament hat auch der 5. Karmapa Deshin Shekpa großes Unglück für Tibet und die Kagyüpas ab der 16. und 17. Reinkarnation prophezeit.

Als er die Flucht antrat, war sich Seine Heiligkeit Rangjung Rigpe Dorje der Visionen seines Vorgängers, die immerhin aus dem 14. oder 15. Jahrhundert stammen, vollkommen bewusst:

> In der Linie der Karmapas, von der 16. bis zur 17. Inkarnation,
> wird die buddhistische Lehre im Allgemeinen und die Linie der
> Karma-Katsang im Besonderen
> Winterschlaf halten, wie die Bienen es tun.
> Die Dynastie der chinesischen Kaiser wird ihr Ende erleben,
> Und ihr Land wird der Stärkste beherrschen.
> Von Norden bis Osten wird Tibet besetzt werden,
> eingekreist wie der Diamant, den man einfasst ...
> Was du auch tust, ist falsch.
> Der, den du um Hilfe bittest, wird sich gegen dich stellen.
> Die guten Sitten werden aussterben und schlechte die Oberhand
> gewinnen ...[10]

Im Dunkel der Häuser, in denen sie empfangen werden, spricht der Karmapa zu seinen Anhängern, ruhig, kraftvoll und ohne Förmlichkeiten, er segnet sie und weckt wieder Hoffnung in ihnen, trotz der finsteren Zeiten, die noch lange dauern werden. Viele tausend Tibeter werden es dann sein, die das grausame Los der Exilierten, der Entwurzelten dieser Erde, kennen lernen.

In seinen Träumen versetzt sich der Karmapa nach Bhutan, »dem äußersten Ende Tibets«, »dem Land des Drachen«, in dem die Staatsreligion buddhistisch ist, in der Tradition der Drugpa-Kagyüpa.

Der *drug gyalpo,* der Drachen-König, Jigme Dorje Wangchuk[11], müsste ihm logischerweise in einem der zahlreichen Klöster des Landes Aufnahme gewähren.

Als die Grenze nur noch wenige Schritte entfernt ist, befällt den Karmapa plötzlich Furcht, er lässt die Karawane anhalten, versammelt seine Leute und nähert sich der Felswand.

Seine Heiligkeit ist außerstande, auch nur irgendwie Freude darüber zum Ausdruck zu bringen, dass er die Seinen in die Freiheit geführt hat. Er fühlt etwas ganz anderes.

Dieses Gefühl rührt ebenso von den Prophezeiungen her wie von dieser Erde, getränkt mit Erinnerungen und dem Blut seiner Landsleute, diesem Boden, den er das letzte Mal betritt. Seine Empfindungen und plötzlichen Offenbarungen haben immer einen tieferen Sinn.

Der Karmapa ist jetzt überzeugt: Er und seine Weggenossen werden in Bhutan niemals in Sicherheit sein.

Der Beweis: Kaum ist der letzte Pass und die Grenze von Bhutan überschritten, da tobt schon der Sturm über die Gipfel, die sie hinter sich gelassen haben, und ein Regenbogen löst sich im Glanz des ewigen Schnees auf, der jetzt von tiefster Finsternis verdunkelt wird.

Beim schwachen Licht einer Öllampe betrachtet der Karmapa forschend den Himmel. Die Mönche umringen ihn, warten und beten.

Als Seine Heiligkeit endlich das Schweigen bricht, erklärt er: Die alten Lamas werden in Bhutan bleiben, zumindest bis sie wieder zu Kräften gekommen sind, vielleicht auch bis zu ihrem Lebensende.

Ranjung Rigpe Dorje hat gespürt, wie verstört und hilflos diese alten Mönche sind, die ihm seit Tsurphu gefolgt sind. Für sie kann nichts mehr getan werden. Die anderen halten Rat, warten auf Zeichen der Götter, verdoppeln die Opferzeremonien und gestehen am Ende ihre Ohnmacht und ihre Angst ein.

Sie kennen die Weissagungen des 5. Karmapa und zittern schon bei der Vorstellung, dass dem spirituellen Meister ihrer Schule etwas Schreckliches zustoßen könnte. In den Tempeln von Bhutan überkommen sie wieder die Bilder des Krieges. In Tibet wird das Blut ihrer Brüder vergossen. Ihr Kloster, teilweise zerstört, soll jetzt von

Soldaten und der chinesischen Geheimpolizei eingeschlossen sein. Die Mönche sind gefoltert und dann umgebracht worden. Alle sind in großer Verwirrung und fragen sich, was die Zukunft bringt.

Wegen eines neuen Aufenthaltsortes für den Karmapa müssen dann endlose Verhandlungen geführt werden. Zwei Emissäre waren zum Chögyal von Sikkim geschickt worden. Der hat mehrere Orte vorgeschlagen, darunter auch Rumtek, ein teilweise verlassenes Kloster, das zurzeit des 9. Karmapa Wangchuk im 16. Jahrhundert erbaut wurde.

Auch Premierminister Nehru erklärt sich bereit, den 16. Karmapa aufzunehmen und ein Treffen mit dem Dalai Lama zu organisieren.

Der Karmapa hat sich lange zurückgezogen, um zu meditieren und nachzudenken. Dann steht sein Entschluss fest. Er wird sich in Sikkim niederlassen.

Nach den Reisevorbereitungen hat sich der Zug wieder auf den Weg gemacht. In dem Moment, in dem sie Bhutan verließen, sahen die Tibeter aus Tsurphu seltsame Lichter am Himmel tanzen. Das war kein Regenbogen. In Rumtek erzittert die Luft vom Schall der Trompeten, dem dunklen Klang der Muschelhörner und dem klagenden Gesang der Flöten, die im Tal bis in die tiefsten Schluchten widerhallen.

Der Karmapa schließt die Augen, um seine ganze Kraft zu sammeln. Dieser Ort ist ihm nicht fremd: Als er sich vor langer Zeit zum neunten Mal reinkarnierte – das war 1556 im östlichen Tibet –, hatte seine Mutter geträumt, sie würde in ein weißes Muschelhorn blasen; in ihrem Leib rezitierte der Fötus Mantras; sobald er auf der Welt war, nahm das Kind die Meditationshaltung ein und rief laut, wobei er seinem Vater direkt in die Augen sah: »Ich bin der Karmapa!« Etwas später erfuhr der König von Bhutan, als Wundertäter bekannt und schon in sehr jungen Jahren in die Magie eingeweiht, dass der 9. Karmapa die Gabe hätte, sich in die Luft zu erheben. Er lud ihn also ein, so wie ihn nun der Chögyal von Sikkim eingeladen hatte. Da die Gesundheit des Karmapa sehr angegriffen war, musste Seine Heiligkeit einen Würdenträger seiner Linie als Vertreter entsenden, einen hochgelehrten Mann, der dort drei Klöster errichtete, darunter Rumtek.

Diesen außergewöhnlichen Ort haben die Vorgänger des 16. Karmapa genauestens beschrieben: Sieben Gebirgsbäche, die von den Bergen in Richtung des Klosters heruntertosen; gegenüber der Residenz des Meisters bietet sich ein prächtiges Panorama. Um sieben Berge herum windet sich ein kleiner Fluss in Form eines Muschelhorns, eben jenes, von dem die Mutter des 9. Karmapa geträumt hatte.

Rangjung Rigpe Dorje wird sich also in dem alten Kloster Rumtek niederlassen, in dem zu der Zeit keine Mönche mehr leben.

Im Tempel stellen seine Gefolgsleute kostbare Statuen auf und verteilen Kultgegenstände, sakrale Texte und Thankas im Raum, all das, was sie auf die Flucht mitgenommen haben.

Um das Gebäude herum bauen die Mönche Hütten und einige wenige Häuser.

Im Tal, an der Flanke des Berges vorbei, bewegt sich ein endloser Strom von Anhängern auf das Kloster zu, um den Segen des Karmapa zu empfangen. Viele helfen auch beim Wiederaufbau: 1962 werden dank der finanziellen Hilfe des Chögyal von Sikkim, einige Kilometer vom mythischen Rumtek entfernt, die Grundsteine zu einem neuen Kloster gelegt.

Das erklärte Ziel des Karmapa besteht darin, Rumtek so umzugestalten, dass die Mönche und Anhänger möglichst schnell die Atmosphäre und die heitere Ruhe von Tsurphu wieder vorfinden.

Assam, im Durchgangslager von Missamari, Sommer 1959.

Während der langen Monsunperiode löst sich der Nebel nie ganz auf. Im Gegenteil, er scheint dichter zu werden, während es Tag und Nacht in Strömen auf das Land herniederregnet.

Für die Tibeter, die aus ihrem Land geflohen sind, ist es eine neue Welt.

Hier können sie kaum atmen und sind ständig von Kopf bis Fuß durchnässt.

Die Hitze ist mörderisch. Manche haben sogar daran gedacht, umzukehren, zurück zu den Gipfeln des Himalaya, in die heimatliche eisige Kälte. Aber sie sind am Ende ihrer Kräfte und haben kaum noch Hoffnung.

Im März waren es dutzende, einige Tage später mehrere hundert, im April schon drei- oder viertausend. Bald werden es sieben-, achttausend sein.

Missamari, das Durchgangslager, wird fast zwölftausend Flüchtlinge aufnehmen.

Nicht weit von Missamari, in Bengalen, hat die indische Regierung ein Flüchtlingslager eingerichtet, ein ehemaliges britisches Gefangenenlager. Buxa Duar besteht aus ungefähr dreißig Baracken aus Beton und ist mit doppeltem Stacheldraht umzäunt.

Hier werden die Mönche zusammengepfercht. Die Rinpoches und Reinkarnationen trennt man schnell von den übrigen Exilierten, sie können sich frei bewegen.

Einige von ihnen werden bei ihren Landsleuten bleiben; die anderen sind feige und machen sich davon. Wohin? In ein Kloster ihrer religiösen Richtung in Indien, Nepal, Sikkim oder Bhutan.

Missamari und Buxa Duar waren unvermeidlich. Unvermeidlich aufgrund der Flüchtlingsströme, die das Unmögliche geschafft hatten: Sie hatten Berge besiegt, die im Winter für unpassierbar galten. Sie nahmen die alte Karawanenroute und mussten dabei die Schwächsten den wilden Tieren überlassen.

Jeden Tag kommen Flüchtlinge; bald sind es zwanzigtausend.

Im Juli 1960 steigt die Zahl auf sechzigtausend.

Dass sie von einer Hölle in die andere kommen würden, haben sie gewiss nicht erwartet.

In Missamari und Buxa Duar fühlen sich alle angekettet, wie die Mastiffs an ihren schweren Ketten, und sie müssen ohnmächtig die lange Agonie ihrer Nächsten miterleben.

Unter den Gesünderen wird nach Freiwilligen gesucht: Alle sind sie dabei.

Die indische Armee stellt Kisten oberhalb der beiden Lager ab: Kleidungsstücke, Nahrungsmittel, Medikamente. Eine davon enthält Filz: Der ist für die ganz Alten und Schwachen.

Die in Indien lebenden Tibeter beginnen sich zu organisieren. Gyalo Thöndup und Diki Dolkar haben ein Zentrum für Hilfsleistungen errichtet. Sie setzen Himmel und Erde in Bewegung, gewiss. Aber wie lächerlich gering scheint das alles.

In den Lagern gibt es kein Trinkwasser; es fehlt an Lebensmitteln, auch an Medikamenten. Chinin wird mit äußerster Sparsamkeit verteilt. Malaria, Ruhr und Cholera wüten unter den Geschwächten. Die ersten Fälle von Tuberkulose treten auf. Die Flüchtlinge klagen über Nieren- und Leberkrankheiten. Nach der Überquerung der furchtbaren Schranke des Himalaya müssen vielen von ihnen Gliedmaßen amputiert werden.

In Missamari und in Buxta häufen sich die Leichen. Man wirft sie in Gruben, und das weckt grauenvolle Erinnerungen.

In beiden Lagern müssen die Leichen sofort verbrannt werden. Die Scheiterhaufen erlöschen nie.

Die Menschen um ihn herum und der Dalai Lama selbst versinken in tiefster Verzweiflung.

1960 war die Tibetfrage auf die Tagesordnung der Generalversammlung der Vereinten Nationen gesetzt worden, befürwortet von Malaysia und Thailand, die von der Republik Irland und El Salvador unterstützt wurden.

Dass bei dieser Versammlung das Problem vertagt und dass es schließlich vergessen wurde, war ein schwerer Schlag für den Dalai Lama und das tibetische Volk.

Trotz allem gibt Tenzin Gyatso, jetzt fünfundzwanzig Jahre alt, die Absicht nicht auf, mit den Chinesen in einen Dialog zu treten. Unermüdlich unternimmt er gleichzeitig mit der indischen Regierung und den humanitären Organisationen Schritte in diese Richtung.

Seine Familie? Sie scheint in alle Winde verstreut.

Diki Dolkar, die in Darjeeling geblieben ist, bemüht sich sehr, Medikamente und Nahrungsmittel für die Durchgangslager in Missamari und Buxta Duar zu sammeln.

Gyalo Thöndup reist durch Indien von Neu-Delhi nach Mussoorie, von Darjeeling oder Kalimpong bis zu den Ausläufern des Himalaya, wo er weiterhin Widerstandskämpfer rekrutiert.

Der Dalai Lama, seine Mutter und seine Regierung sind gebeten worden, den Kurort im Norden der Hauptstadt zu verlassen. Ihre

Anwesenheit erregt zu viel Aufsehen, und Pandit Nehru wird von den Chinesen ständig unter Druck gesetzt. Kurz nach der Konferenz von Bandung genießt die Volksrepublik China tatsächlich großes Ansehen bei der indischen Bevölkerung, ein Honigmond, der es den Geheimdiensten der Tewu seit 1958 möglich macht, zahlreiche Inder anzuwerben, um ein Netz von maoistischen Nachrichtendiensten aufzubauen. Auch Mussoorie ist 1960 von Agenten der Tewu infiltriert, das ist vollkommen klar.

Nauzer Nowrojee, ein parsischer Kaufmann, nimmt inzwischen Kontakt mit dem indischen Premierminister auf, um ihm eine Lösung vorzuschlagen.

Nauzer lebt mit seiner Familie und einigen Indern in einem Dorf an den Ausläufern des Himalaya, im äußersten Norden des Pandschab – im heutigen indischen Bundesstaat Himachal Pradesh.

Das Angebot des Parsen ist in vielerlei Hinsicht von Interesse. Die Beziehungen zum benachbarten China gestalten sich immer heikler, und den Dalai Lama an einen isolierten Ort abzuschieben wäre dazu angetan, den kommunistischen Druck zu mildern.

In 2000 Metern Höhe gelegen, besteht das Dorf aus zwei Teilen: Das untere Dharamsala, mit kleinen Kramläden und so etwas wie Dorfleben; das obere Dharamsala, mit dem Beinamen McLeod Ganj, ehemals Sommerfrische der Briten und 1904 durch ein Erdbeben zerstört. Dort leben Nauzer Nowrojee und seine Familie. Nur noch ein Friedhof und die kleine anglikanische Kirche St-John-of-the-Wilderness zeugen von der Herrschaft der Briten.

Mit der Ankunft des Dalai Lama und der tibetischen Flüchtlinge könnte der Ort aus der Asche auferstehen. Das einzige Problem: In diesem Flecken am Ende der Welt muss alles wieder aufgebaut werden.

Die Flüchtlinge mussten sogar erst einen Weg mit Macheten freischlagen, damit ihr Herrscher das Dorf im Auto erreichen konnte.

Die Nowrojees empfangen die Yapshis mit offenen Armen. Die Ehefrau des Kaufmanns, die aus England stammt, liest Amala jeden Wunsch von den Augen ab. Das Paar bringt den Dalai Lama und seine Familie in Swargashram, einem kleinen Bungalow, unter. Tenzin Gyatso wird ein eigenes Zimmer haben und dazu einen kleinen Raum zum Meditieren und Beten; auch Amala hat ein Zimmer für sich; die Küche und ein Esszimmer dienen als Treffpunkt für die Familie und den engsten Kreis; auf der Veranda wird der Herrscher dann seine Minister und Berater empfangen.

Die Büros und Ministerien seiner Exilregierung – von Nehru nicht anerkannt – sind rund um den Bungalow verteilt, der so zum Knotenpunkt Tibets in der Emigration wird.

Nur nebenbei: Gyalo Thöndup hat einen Pingpongtisch im Garten aufgebaut. Ab und zu spielt Tenzin Gyatso dort mit seinen Brüdern, manchmal spielen sie auch Badminton. Allerdings sind diese Augenblicke der Entspannung selten.

Der Dalai Lama beginnt damit, seine Regierung zusammenzustellen. Sie wird sieben Ministerien umfassen: Bildung, Gesundheit, Finanzen, Sicherheit, Inneres, Information und internationale Beziehungen und religiöse und kulturelle Angelegenheiten.

Seit 1960 hat Seine Heiligkeit die Demokratisierung der tibetischen Institutionen in die Wege geleitet.

Da die Exiltibeter zu dieser Zeit keinen Pass besitzen, schlägt ihnen die Regierung in Neu-Delhi vor, die indische Staatsangehörigkeit anzunehmen. Einige tun dies, weil sie denken, die Integration sei dann leichter, aber die große Mehrheit lehnt ab und will lieber ihre Identität bewahren, um gegenüber der internationalen Öffentlichkeit und der Volksrepublik China die Rechte der Tibeter besser geltend machen zu können.

Seit er in Swargashram ist, sucht der Dalai Lama verstärkt Kontakt mit Pandit Nehru.

Die Gesündesten brauchen Arbeit. Die indische Regierung hat vorgeschlagen, Flüchtlinge loszuschicken, um Straßen durch die Mitte der Himalayakette zu bauen, in Gruppen von drei- bis vierhundert Männern und Frauen, ganze Familien mit ihren Kindern, die in den Durchgangslagern Missamari und Buxa Duar ausgesucht werden.

Es gibt zahlreiche Unfälle auf den Baustellen.

Noch eine Sorge quält den Dalai Lama und seine Vertrauten: Es sterben zu viele Kinder, bei Erdrutschen, durch Steinschlag oder als Opfer von Erdbeben, die in dieser Region oft vorkommen.

Und die Kinder sichern das Überleben Tibets.

Hatte nicht Nehru bei ihren langen Gesprächen in Mussoorie hervorgehoben, wie notwendig es sei, die Erziehung der Jugend zu fördern, wenn die Tibeter ihre Kultur und Sprache bewahren wollten? Bevor er den Kurort verließ, hatte Tenzin Gyatso dort noch eine Schule eröffnet, die nun schon in Betrieb war.

Am 17. Mai 1960 kommen einundfünfzig Jugendliche im Lager Jammu an – in einem schrecklichen Zustand, halb tot. Der Dalai Lama über-gibt diese einundfünfzig Kinder Tsering Dölma, um sie unter den Familien der Beamten aufzuteilen. Der Hintergrund dieses ganzen Vorgangs: Der Dalai Lama hatte Beamte ins Lager Jammu geschickt, die die Familien bitten sollten, ihnen ihre Kleinkinder anzuvertrauen.

Seitdem vergeht kein Tag, an dem nicht junge Tibeter von den Lagern und Baustellen kommen. Natürlich gibt es keinen Platz. Aber es ist Raum unter freiem Himmel.

Die Entscheidung des Dalai Lama erweist sich letzten Endes als richtig. Zumal die indische Regierung ihm und den Flüchtlingen zu Hilfe kommt. Ihre Großzügigkeit ermöglicht es, zuerst ein Haus zu eröffnen, Cornium House; dann ein zweites, Egerton House; und schließlich ein drittes, Kishore Nivas – allesamt Betreuungsstellen für kleine Kinder.

Im Zentrum der Organisation mühen sich Tsering Dölma und Amala, Lösungen für die stetig zunehmenden Probleme zu finden. Dabei erweist sich Amala mehr denn je als die »Große Mutter« ihres Volkes.

McLeod Ganj quillt auch von ehrenamtlichen Helfern der humanitären Organisationen über. Die Krankenschwestern und Ärzte tun ihr Bestes: Man verteilt Decken, aber es werden immer mehr gebraucht; Kleidungsstücke kommen per Flugzeug aus Kanada, Großbritannien und Neuseeland, aber es reicht nie.

Darum werden drei Internate eröffnet, in Dalhousie, Simla und Kalimpong.

Bevor die Kinder auf die verschiedenen Einrichtungen verteilt werden, versammelt Tsering Dölma alle ihre Schützlinge in Dharamsala. Die Säuglinge und die Kinder unter acht Jahren bleiben in McLeod Ganj; die anderen fahren, nachdem sie sich einige Tage ausgeruht haben und versorgt wurden, in Gruppen von dreißig bis fünfzig Kindern in die Internate, je nachdem, wie viele Plätze zur Verfügung stehen.

McLeod Ganj schläft nicht mehr.

Es herrscht immer Betriebsamkeit, außer wenn der Dalai Lama eine Audienz abhält. Alle Kinder und Neuangekommenen empfangen seinen Segen, bevor sie ihren eigenen Schicksalsweg gehen.

Tsering Dölma hat in Tibet durch Krankheit ein Auge eingebüßt. Sie trägt ständig eine schwarze Brille, um das andere Auge vor Licht zu schützen, sonst läuft sie Gefahr, auch das zu verlieren. Böse Zungen sehen darin Hochnäsigkeit; man nennt sie »die Direktorin«, aber in einem Punkt gibt es keinen Zweifel: Ohne irgendeine pädagogische Ausbildung leistet sie Außerordentliches; sie schafft die Voraussetzungen für die Aufnahme der Kinder im Exil, auch wenn dies nicht ohne Fehler abgeht.

Cornium House, Egerton House und Kishore Nivas: Es werden Witwen und, wenn möglich, Ehepaare angeworben, die sich um die kleinen Flüchtlinge kümmern sollen. Diese Frauen werden *ayas* genannt, Adoptivmütter. Niemand verschließt sich dem Aufruf der Yapshis.

Die Bungalows sind in drei Räume aufgeteilt: Ein Zimmer bekommt das Ehepaar oder die Witwe, die die Verantwortung für die Kinder übernimmt; in die anderen kommen Säuglinge, die in Pappkartons liegen; die anderen Kinder, zwischen drei und sieben Jahren, schlafen in dem dritten Raum, meistens auf dem Fußboden und ohne Decke.

Das Zusammenleben auf engstem Raum und der Monsun, der erst Mitte September aufgehört hat, haben schreckliche Folgen gehabt, und jetzt wird es wieder sehr heiß. Das Wimmern der Kleinen ist kaum zu ertragen, und die Ayas laufen von einem zum anderen, die Augen vom Weinen gerötet.

Diese Kinder, achthundert an der Zahl im Winter 1961/62, sind alle von Hautkrankheiten zerfressen. Es gibt kaum Stellen an ihrem Körper, die nicht entzündet sind; die Wunden eitern; sie leiden an Herz- und Nierenschwäche; einige können nicht mehr sehen. Wenn man die Ärzte des Roten Kreuzes oder anderer Organisationen hört, werden sich die Probleme mit den Augen und die Taubheit mit zunehmendem Alter noch verschlimmern. Und wie vielen Kindern müssen noch Arme oder Beine amputiert werden? Sie sind noch am Leben, aber sie tragen den Tod schon in sich.

Gerade ist ein Ofen in Cornium House installiert worden. Die Nächte sind eisig kalt. Rund um die Bungalows lauern bei Anbruch der Dämmerung die Leoparden auf leichte Beute: Ein Baby, auf das eine Aya oder einer seiner kleinen Brüder für kurze Zeit nicht Acht gegeben hat.

13 Wenn auch du mich verlässt …

Ich bin Mitbürger jeder Seele, die denkt:
Die Wahrheit, das ist mein Land.

Alphonse de Lamartine

McLeod Ganj, sieben Kilometer von Dharamsala entfernt, am Ende einer in den Felsen gehauenen Piste gelegen, lässt im Jahre 1962 ahnen, was Hölle bedeutet.

Eine ununterbrochene Kette von zerlumpten, halb verhungerten, kranken und erschöpften Flüchtlingen zieht in diesem Monat Juli durch das Dorf. Drei steinerne Gebäude gruppieren sich um den Krämerladen der Nowrojees, es gibt einige Bungalows und hunderte von Zelten, aneinander gepresst wie Saugnäpfe unter dem sintflutartigen Monsunregen, der erst Mitte September wieder aufhört.

Nur selten klart es auf. Schon mit der Morgendämmerung steigt dichter Nebel vom Fuß des Berges bis zum Gipfel auf und verschluckt schichtweise nacheinander die anglikanische Kirche, den Friedhof und die Bäume, legt sich über den verlassenen Platz.

McLeod Ganj, gestern noch menschenleer und heute von gespenstischen Schatten erfüllt, ist trotzdem die Hoffnung eines ganzen Volkes: Am Ende des Chaos wird Freiheit sein.

Bis jetzt herrscht nur panische Angst.

Man schafft Abhilfe, wo es am dringendsten ist, aber der Notstand herrscht überall!

Seit gestern wird mit einer gewissen Unruhe der Lastwagen der humanitären Organisationen erwartet.

Die Freiwilligen haben gerade Unter-Dharamsala passiert.

Jetzt müssen sie noch den steilen und glitschigen Abhang hinauf, der nach McLeod Ganj führt.

Eine dicke, klebrige, ockerfarbene Masse ergießt sich ununterbrochen von der Bergflanke herab.

Die Flüchtlinge räumen den Weg frei, mit der Schaufel oder mit den Händen, wie es gerade geht. Einige brechen zusammen, am Ende ihrer Kraft.

Der Motor heult auf, die Räder drehen durch.

Der Lastwagen kommt ins Rutschen, dem Abgrund gefährlich nahe.

Dem Fahrer läuft der Schweiß von der Stirn. Seine drei Mitfahrer wissen auch nicht weiter. Und dann dieser verdammte Nebel, der immer dichter wird, je höher sie kommen.

Auf halbem Wege seufzt der Fahrer vor Erleichterung auf. Das Gefälle ist nicht mehr so stark.

Aber plötzlich stoppt er. Der Wagen stellt sich quer. Steine versperren den Weg.

Der Fahrer und seine Begleiter sehen, wie entwurzelte Bäume den Abhang herunterkommen, aufrecht, wie Menschen, die in Halluzinationen dahintaumeln, Bäume, die dann jäh in den Abgrund stürzen, sowie der Laster daran vorbei ist.

Die Götter sind mit ihnen!

Für die Flüchtlinge gilt das nicht immer. Meistens marschieren sie bis Pathankot. Manchmal setzen sie die Lastwagen auch in McLeod Ganj ab.

Viele haben es aber auch nie bis Dharamsala geschafft.

Wenn sie in McLeod Ganj sind, verlieren die Helfer die wenigen Illusionen, die sie noch haben: Dies ist nicht mehr eine Welt der Menschen; sie gehört schon zu den Vorhöfen einer Dante'schen Hölle.

Unmengen von Wasser – Dharamsala ist der Ort mit der zweithöchsten Niederschlagsmenge in Indien. Wirbelwinde, die feuchte, schwere Hitze und der undurchdringliche Nebel – man kann nur auf sein Glück hoffen, wenn man diesen Naturgewalten ausgesetzt ist.

1962 sind es siebzigtausend Flüchtlinge, die ihrem Herrscher ins Exil gefolgt sind.

In diesem Jahr klagt Amala immer häufiger über Schmerzen in der Kehle. Der Dalai Lama bittet seinen Bruder Thubten, ihre Mutter nach Kalkutta zu begleiten. Amala soll schnellstens einen Spezialisten aufsuchen.

In Kalkutta schlägt ihr ein britischer Arzt vor, sie im St. Mary Hospital in London zu operieren: Ein Polyp muss entfernt werden.

Von Kalkutta nach Neu-Delhi mit dem Flugzeug. Dann geht es von Pathankot nach Dharamsala, der Rückweg im Auto ist nicht dazu angetan, Zuversicht zu wecken.

Als der Wagen die ersten Ausläufer des Himalaya erreicht, platzt ein Vorderreifen. Der Fahrer verliert die Kontrolle über das Auto. Amala, die bei dem Unfall das Bewusstsein verloren hat, sieht sich gezwungen, noch ein paar Erholungstage in McLeod zu verbringen.

Swargashram ... Im Türrahmen erscheint eine Silhouette. Es ist Amala.

Die Traurigkeit in ihrer Stimme erschreckt den Dalai Lama.

Sie sagt ihm, dass dieser Unfall einer der schrecklichsten Momente in ihrem Leben gewesen sei. Dazu kommt noch die neurotische Angst, sich einer Operation unterziehen zu müssen. Darum beschließt Tenzin Gyatso, ihr so viel Aufmerksamkeit wie möglich entgegenzubringen, ein Zeichen der Zuneigung, die zu erweisen er nicht oft Gelegenheit hat. Er teilt jetzt die Mahlzeiten mit der Familie, während ihm normalerweise in seinem Zimmer serviert wird. Und wenn sein Terminkalender es ihm erlaubt, kommt er jeden Tag gegen 16 Uhr, um mit seiner Mutter Tee zu trinken.

Er bricht sogar mit seinen Gewohnheiten, als sie ihn bittet, mit ihr zusammen die Einrichtungen zur Aufnahme der Exilkinder zu besuchen.

Am nächsten Morgen brechen Tenzin Gyatso, seine Minister, Tsering Dölma und Amala zu Fuß von Swargashram auf, gehen durch McLeod Ganj und besuchen der Reihe nach Cornium House, Egerton House und Kishore Nivas.

Raschelnde Roben, Gemurmel, gedämpfte Schritte, frohe Blicke – es ist ein Tag, wie ihn die tausende von Flüchtlingen, die sich entlang dem Weg drängen, selten erleben.

Seit dem Morgengrauen übt man sich in Geduld: Einige haben auf den Boden mit Kreide Symbole gemalt, andere verbrennen

Weihrauch. Alle beten um ein langes Leben für den Dalai Lama und seine Familie.

Selbst Nauzer Nowrojee macht mit. Nachdem er das Dach seines Lädchens mit Gebetsfahnen geschmückt hat, steht er, an den Holzrahmen gelehnt, in der Eingangstür. Auch seine Frau wartet auf die Ankunft ihres Gastes Tenzin Gyatso, der es nie versäumt, sie zu begrüßen, wenn er über den Dorfplatz geht.

In Dharamsala wissen alle, dass Amala krank ist. Aber die »Große Mutter« findet die Kraft, den Ayas bei der Wäsche zu helfen, während Seine Heiligkeit mit den Kindern darüber spricht, wie wichtig es ist, ihre Schulaufgaben zu machen, ihren Adoptivmüttern zu gehorchen und das Leid mit ihren Brüdern und Schwestern zu teilen, ihnen Mitgefühl entgegenzubringen.

Zu dieser Zeit sind schon ungefähr hundert der kleinen Flüchtlinge von europäischen Familien adoptiert worden. Die Älteren wissen noch, wie die Allerersten damals abgefahren sind: Punkt 18 Uhr waren vierzig Kinder versammelt, ihr Bündel in der Hand. Tief traurig blickten sie auf die Menge, die ratlos und ohnmächtig dabeistand; dann kletterten sie einer nach dem anderen in den Bus … Auch wenn Seine Heiligkeit diese Entscheidung getroffen hatte, war das Unbehagen doch groß.

Bevor die Yapshis auf die Bitten von Charles und Gret Aeschiman, tibetische Kinder zur Adoption in westlichen Familie freizugeben, positiv antworteten, hatten sie lange gezögert. Charles hatte die Einrichtungen für die Unterbringung der Waisen des Zweiten Weltkriegs aufgebaut. Mit diesen Pestalozzi-Kinderdörfern wollten er und seine Frau mit Tsering Dölma und der tibetischen Exilregierung zusammenarbeiten.

Vor der Invasion wäre so etwas in Tibet undenkbar gewesen.

Im Exil musste man dieses Experiment wagen, auch wenn Amala diese Entscheidung nicht gebilligt hatte.

Amala kommt endlich in London an, um sich operieren zu lassen. Sie wird von Thubten, dem ältesten ihrer Söhne, und von ihrer Freundin Rinchen Dölma Taring begleitet, einer tibetischen Aristokratin, die perfekt Englisch spricht. Für die Dauer des Aufenthalts dient sie ihr als Übersetzerin.

Cecily Gould, die Witwe von Sir Basil, der lange Zeit in Lhasa Dienst tat, hat für sie eine nette kleine Familienpension ausfindig gemacht. Es bleibt noch etwas Zeit, um sich dort einzurichten, dann begibt sich Amala ins St. Mary Hospital. Die Ärzte nutzen die Gelegenheit, um die Folgen des Unfalls zu behandeln.

Zehn Tage später kehren die Freundinnen in die Welwyn Garden City zurück.

Sie verbringen drei Monate auf der Isle of Wight, in einem Haus nahe am Meer, das Lady Gould gemietet hat.

Mit ihren zweiundsechzig Jahren kommt Amala bald wieder zu Kräften. Die wird sie in Indien brauchen.

Nachdem Thubten in die Vereinigten Staaten zurückgekehrt ist, schlägt Gyalo Thöndup zwei Freunden vor, ihn und Diki Dolkar in die USA zu begleiten. Sie werden drei Wochen in New York verbringen.

Dort übernehmen es die beiden Brüder, den Tod ihrer Großmutter, der Mutter von Amala, bekannt zu geben, die in Lhasa gestorben ist. Die Flucht 1959 hatte sie getrennt. Der Schock ist umso größer.

Trotzdem wird die Reise fortgesetzt. Zusammen fahren sie nach Washington, besuchen San Francisco, Tokio und Hongkong, bevor sie wieder nach Indien zurückkehren.

Zurück in Swargashram, erfährt Amala, dass Tsering Dölma bei den Ärzten der humanitären Organisationen wegen eines Magenleidens in Behandlung ist. Nichts Ernstes, anscheinend, aber auch da scheint das Unglück kein Ende zu nehmen.

Zu dieser Zeit sind nicht mehr viele Mönche in der Familie Yapshi übrig geblieben. Eigentlich ist da außer dem Dalai Lama nur noch Ngari Rinpoche, der in einem Internat des Jesuiten-Kollegs von Sankt Joseph von North Point in Darjeeling wohnt.

Thubten Jigme Norbu kommt rechtzeitig zur Geburt seines zweiten Kindes Kunga Gyaltsen nach New York, wo er sich gerade mit seiner jungen tibetischen Frau eingerichtet hat. Er hat schon lange seine Gelübde – Armut und Keuschheit – gebrochen, um Kunchok Yangkyi, damals achtzehn Jahre alt, zu heiraten, die ihm

1961 das erste Kind, Lhundup Namgyal, geboren hatte. Ihre erste Begegnung liegt zwei Jahre zurück. Thubten arbeitete damals in der Abteilung für Tibetische Studien an der Universität von Seattle. Dort hatte er die Bekanntschaft von Jigdrel Dagchen Sakya gemacht, dem 42. Herrn des Palastes Phuntsok Tsok Podrang aus dem königlichen Geschlecht der Sakya. Nach seiner Flucht aus Tibet 1959 war er in Seattle ansässig geworden, zusammen mit Dechung Rinpoche. 1960 eröffnete Seine Heiligkeit das Sakya-Kloster, von dem aus heute einer der Zweige der Sakyapa-Schule geleitet wird. Zu den Sakyapas, die wegen der Perfektion ihrer Rituale und aufgrund ihrer metaphysischen Studien berühmt sind, gibt es eine Legende, in der es heißt, dass »drei Brüder vom Himmel stiegen, von denen einer mit einer Dämonin verheiratet war, mit der er sieben Söhne hatte; nur einer, Mozang Chije, blieb auf der Erde und wurde zum Führer der Menschen«. Einer Prophezeiung Atishas folgend, wurde die Klosterfestung an einem Ort in Tibet gebaut, »wo die östliche Bergkette sich wie der Schopf eines Vogels erhob; im Süden des Berges, der die Form eines Löwenmauls hatte, strömte ein Fluss; der westliche Berg ähnelte einem Pfauenkopf; im Norden verbarg ein Berg, der einem Löwen glich, mit seinem Körper das Land der Sakyapas«.

Die Verbindung Thubten Jigme Norbus mit einer Frau aus dem Geschlecht der Sakya könnte sich noch als wichtig erweisen. Jedenfalls hat sie in den US-amerikanischen Gazetten von sich reden gemacht. Man mag sich fragen, ob es eine Liebesheirat oder eine Vernunftehe war.

Eine Antwort vorweg: In Tibet, einem Land, in dem das Leben extrem hart ist, hat die Bevölkerung wenig im Sinn mit gewissen westlichen Vorstellungen in Bezug auf Liebe und Heirat.

Liebe ist es jedenfalls, was sich zwischen Lobsang Samten und einer hübschen Japanerin anspinnt, unter den missbilligenden Blicken von Jetsun Pema. Nun steht aber die Jüngste der Yapshis seit den Zeiten von Loreto in einem Briefwechsel mit ihren Freundinnen.

Und was hat Lobsang damit zu tun? Die beiden frisch Verliebten haben nicht die Kraft, dem Druck der Yapshis zu widerstehen.

Namgyal Lhamo, die zu den besten Freundinnen von Pema zählt, ist 1962 gerade zwanzig geworden und eine schöne junge Frau.

Zu der Zeit wohnt sie bei ihren Eltern in Darjeeling. Lobsang lebt in New York.

Der erste Brief von Jetsun Pema, in dem sie Namgyal vorschlägt, ihren Bruder Lobsang zu heiraten, stammt aus dem Jahre 1961. Es sind also schon einige Monate verstrichen.

Die beiden jungen Leute hatten sich einige Jahre früher, in Kalkutta bei den Yapshis, flüchtig kennen gelernt. Aber Lobsang, um zehn Jahre älter als sie, hatte damals den Backfischen, die mit Jetsun Pema schwatzten, keinerlei Beachtung geschenkt.

Die Jüngste der Yapshis ist bekannt für ihren Schalk, aber ebenso für ihre Sturheit, und ihr Charakter hat sich nicht geändert. Es ist also nicht erstaunlich, dass sie ihr Vorhaben hartnäckig verfolgt. Zum Beispiel schiebt sie ein Foto von Lobsang in den Brief, der für ihre Freundin bestimmt ist. Die beiden müssen heiraten, denkt sie.

Tibetisches Brauchtum ist im Leben von Namgyal fest verankert. So fängt sie also an, einen Lama-Astrologen zu befragen, ob ihre Konstellationen zu denen von Lobsang passen. Dann informiert sie ihre Familie: Die Tsarongs gehören zur Aristokratie ... Und wenn die Tibeter die Heirat auch nicht als heiligen Akt betrachten, geht es doch immerhin um die Zukunft ihrer Tochter und einen Wendepunkt im Leben einer jungen Frau von zwanzig Jahren. Schließlich gibt es noch einen Aspekt, und der ist nicht unwichtig: Namgyal hat gerade ihr Diplom gemacht und besucht Französisch-Kurse. Sie hat nicht die Absicht, in Darjeeling zu versauern. Ihr Traum ist es, in die Vereinigten Staaten zu gehen.

Jetsun Pema lässt sich von derlei Überlegungen nicht stoppen: Bei der ersten Gelegenheit bringt sie bei ihrem Bruder Gyalo Thöndup die Sache zur Sprache.

Als der in Darjeeling Station macht, um seine Frau Diki Dolkar und seine Kinder zu sehen, nutzt er die Gelegenheit, um bei den Tsarongs vorzusprechen und im Namen von Lobsang Samten um die Hand von Namgyal Lhamo anzuhalten.

Doch der Vater von Namgyal verhält sich ganz anders als erwartet. Gestern noch, in Tibet, hätte er einem Yapshi nichts verweigert. Heute, im Exil, ist nichts mehr wie früher.

Auch wenn er den Vorschlag Gyalo Thöndups aus Respekt vor der Tradition zu würdigen weiß, bittet er seine Tochter, es sich gut zu überlegen, bevor sie ja sagt: 1962 mit einem Yapshi die Ehe einzugehen bedeutet, mit einer Serie von Skandalen in Verbindung zu geraten. Andererseits gilt Lobsang Samten als äußerst feinfühlig, anständig und als Kundun sehr nahe stehend.

Namgyal nimmt die Worte ihres Vaters zur Kenntnis; auch ihre Mutter setzt sie nicht unter Druck. Nun liegt die Verantwortung bei ihr, sie ist frei, zu entscheiden, ob diese Heirat stattfindet oder nicht. Jetsun Pema ist als Einzige davon überzeugt, dass Namgyal Lhamo Lobsang Samten schließlich doch lieb gewinnen wird. Sie hat ja auch viel investiert.

Tatsache ist, dass Lobsang Samten New York verlässt, um nach Neu-Delhi und danach nach Madras zu reisen.

Madras! Der Himmel ist von einem intensiven Blau. Die Sonne stimmt ihn sanft. Aber deswegen fällt noch lange nicht die Binde von Cupidos Augen! Das erste Treffen ist kühl, voller Schüchternheit auf beiden Seiten. Ihre Blicke kreuzen sich fragend, aber es funkt nicht … Die anderen müssen warten! Pema vor allem.

Lobsang und Namgyal lassen es zunächst dabei bewenden. Einige Tage, sogar Wochen zum Überlegen werden nicht schaden. In Kalkutta wird man sich wiedersehen.

Lobsang macht sich auf eine ähnliche Situation wie beim letzten Mal gefasst. Doch aus Sicht von Namgyal hat sich einiges geändert. Trotz des Altersunterschieds ist der Bruder des Dalai Lama für sie ein Mann, der sie nicht gleichgültig lässt. Es ist nicht die große Liebe, aber sie treffen sich gerne, gehen zusammen spazieren und lachen viel gemeinsam. Manchmal bringen sie seine Worte zum Erröten. Auch er wird rot. Was gibt es Besseres als einen Briefwechsel, um sich kennen zu lernen?

Schließlich geschieht das Unvorstellbare: Lobsang macht Namgyal Lhamo einen Heiratsantrag.

Das Schwierigste kommt aber noch: Der Dalai Lama muss darüber informiert werden, und er wird es kaum schätzen, dass nach Thubten Jigme Norbu auch sein Lieblingsbruder Lobsang Samten die Mönchsrobe auszieht, um eine Liebesgeschichte mit Namgyal Lhamo zu erleben, auch wenn sie eine Tochter der Tsarongs ist.

Diese Befürchtungen sind aber nicht von langer Dauer, denn Tenzin Gyatso segnet das Paar, zur großen Freude von Jetsun Pema.

Im Oktober 1962 bringt die Kubakrise die Welt an den Rand der nuklearen Katastrophe, so lange, wie die Kraftprobe zwischen Nikita Chruschtschow und John F. Kennedy, dem jungen amerikanischen Präsidenten, andauert.

Nachdem es zu wiederholten Zwischenfällen an der tibetisch-nepalesischen Grenze gekommen ist, schickt Nehru, der indische Premier, seine Armee in das Vorland des Himalaya. Hofft er auf einen schnellen militärischen Sieg? In diesem Fall wird er zurückstecken müssen.

Von den Qingbao, den chinesischen Heeresnachrichtendiensten, gewarnt, zerschlagen die zwanzigtausend Mann der Volksbefreiungsarmee die indischen Truppen, darunter auch die früheren tibetischen Widerstandskämpfer von der Chushi Gangdrug.

Während man noch einen langen und mörderischen Zermürbungskrieg erwartet, findet der Konflikt ein schnelles Ende, dank des klugen Eingreifens von Zhou Enlai.

Diese konziliante Haltung sollte beweisen, dass das Regime von Mao zweifellos zu einem militärischen Schlag fähig war, dass aber sein »Wunsch nach Frieden und Eintracht zwischen den Völkern«[1] an erster Stelle stand.

Wie auch immer, das Ansehen Maos, des Herrn von China, war gestärkt.

1963 wird also ein schwieriges Jahr für den Dalai Lama und seine tibetische Exilregierung, die bislang von keinem Staat der Welt anerkannt worden ist.

Der Dalai Lama arbeitet am endgültigen Wortlaut der neuen tibetischen Verfassung: Die alte war das Werk eines seiner Vorgänger, des 5. Dalai Lama, und bis zum März 1959 in Kraft. Die Nationalversammlung ist jetzt ermächtigt, das traditionelle zweigleisige System bei der Ernennung der verantwortlichen Mönche und Laien abzuschaffen; sie hat bereits alle erblichen Titel und die Vorrechte, die den geistlichen Würdenträgern, Beamten und dem Adel unter dem alten Regime zukamen, annulliert; die Abgeordneten werden demokratisch ernannt. Die neue Verfassung sieht einen Regentschaftsrat vor, der die Befugnisse des Dalai Lama übernimmt, wenn die nationalen Belange gefährdet sind.

Dieser Regentschaftsrat stellt den Stein des Anstoßes dar. Für die tibetische Aristokratie und die geistlichen Machthaber ist Gewohnheit gleichsam zur zweiten Natur geworden.

Ein weiterer heikler Punkt: Die Todesstrafe! Wenn man die Abgeordneten der noch ganz jungen Nationalversammlung hört, dann wäre sie schon seit dem 7. Jahrhundert in Tibet abgeschafft. Aber was für Verbrechen sind seitdem im Namen der Macht, des Geldes und der Religion begangen worden! Wie viele Vergiftungen und ungeklärte Todesfälle!

Die tibetische Verfassung von 1963 jedenfalls verfügt klipp und klar die Abschaffung der Todesstrafe. Die Begründung des Dalai Lama dafür lautet: »Jemanden zum Tode zu verurteilen ist eine schwerwiegende Handlung, es geht schließlich darum, ein menschliches Wesen zu töten. Es ist aber notwendig, dass das betroffene Individuum, er oder sie, weiterleben kann, damit es die Möglichkeit hat, sich zu wandeln und sein Verhalten zu ändern. Ich bin davon überzeugt, dass selbst beim gefährlichsten Verbrecher die Möglichkeit einer Wandlung besteht. Wir sind nicht gerne krank, nicht wahr, wir möchten nicht leiden. Selbstverständlich werden wir unseren Körper trotzdem nicht eliminieren, wenn er uns Schmerzen bereitet. Wir entledigen uns seiner nicht, sondern versuchen, die Krankheit oder die Schmerzen, unter denen wir leiden, loszuwerden. Das gilt oder sollte auch im Verhältnis der Gesellschaft zum Verbrecher gelten ... Jeder von uns *kann* irgendwann zum Verbrecher werden. Umgekehrt *kann* jeder Verbrecher wieder zu einem guten Menschen werden, selbst in der allerschlimmsten Lage. Wenn man diese Person leben lässt, lässt man ihr die Möglichkeit, eine Wandlung zu vollziehen, etwas, zu dem wir alle fähig sind. Darum kann ich den Anhängern der Todesstrafe nicht zustimmen; aus all den Gründen, die ich gerade genannt habe, kann ich sie nicht befürworten.«[2]

An diesem Morgen ist Tsering Dölma guter Laune, so, als wolle sie ihren Leiden trotzen.

Sie kommt zu ihrem Bruder und erzählt von den fünf Kindern, die gestern Abend bei Einbruch der Nacht von Indern aus dem Tal aufgenommen worden sind, die sie haben ausruhen lassen und nach einer wohl verbrachten Nacht auf einen Lastwagen gesetzt haben, der nach Dharamsala fuhr.

Tenzin Gyatso lächelt. Er kennt den launischen Charakter seiner Schwester. Tsering Dölma kann manchmal sehr offen erscheinen, manchmal zurückhaltend und meistens sehr bestimmend. Aber er kennt auch ihre Großzügigkeit. Lobt er nicht immer wieder ihren Mut, der sie weitermachen lässt, trotz der Krankheit, die an ihr zehrt?

Als er ihr nachblickt, wie sie Swargashram verlässt, um zu Fuß zum Cornium House zu gehen, seufzt er nur.

Da sind auch schon Amala und Jetsun Pema. Die Jüngste der Yapshis ist gerade aus London angekommen. Alle drei reden über dies und das.

Amala ist die Erste, die das Gespräch plötzlich auf ihre Älteste bringt, eher von Traurigkeit bestimmt als von Hoffnung.

Schließlich redet man über die Kinder, die immer mehr werden. Dharamsala hat sich sehr verändert, seitdem Jetsun Pema nach Großbritannien gegangen ist. Sie nutzt diesen Moment, um Seiner Heiligkeit und ihrer Mutter von der Ankunft der ersten vierzig tibetischen Kinder zu berichten, die von deutschen, englischen und Schweizer Familien adoptiert wurden. In Zürich war Jetsun von Charles und Gret Aeschiman eingeladen worden, an ihrem Empfang teilzunehmen. Eine ausgezeichnete Idee. Nur hat Pema, als sie die Adoptivfamilien sah, wie sie aufgeregt, fast hysterisch auf der Suche nach ihrem »kleinen Jungen«, ihrem »Töchterchen« waren, auch die Blicke der Kinder bemerkt, verängstigt, erschreckt, unschuldig und verloren ... Aber es ist zu spät, man kann nichts mehr machen. Nur verstehen, dass man in Dharamsala einen großen Irrtum begangen hat: Diese Kinder werden für immer Entwurzelte sein.[3]

Gyalo Thöndup und Shabakpa sind Schlüsselfiguren, was die Beziehungen zwischen dem tibetischen Widerstand und den US-amerikanischen Nachrichtendiensten angeht.

1963 wird in Mustang, »der Steppe der Gebete«, in Nepal nahe der tibetischen Grenze eine Elitetruppe zusammengestellt, unter dem Namen »22 Establishment«. Die Männer dieses Kommandos werden von der CIA geschult.

Gyalo Thöndup rekrutiert diese Leute in den Durchgangslagern von Missamari und Buxa Duar, auf den Baustellen von Jammu und Manali, in Dharamsala und Bylakuppe, überall, wo Flüchtlinge überleben oder arbeiten, sei es in Indien, Nepal oder Sikkim.

Die CIA verfolgt weiter den Kurs der »Spezialoperationen«. Während der zweiten Jahreshälfte 1950 hat sie den Widerstand unterstützt. Und dann wieder ab 1959, seit der Flucht des Dalai Lama. Aber zu welchem Zweck? Mit welchen Zielen?

Sagen wir es ganz klar, auf die Gefahr hin, zu schockieren: Der Dalai Lama ist über Gyalo Thöndups Aktionen informiert. Es kann nicht anders sein. Tenzin Gyatso hat seit seiner Amtseinsetzung alle Schlüsselpositionen inne. In Indien ist diese Machtstellung noch verstärkt worden, die sich an den entsprechenden Bestimmungen der französischen, britischen und US-amerikanischen Verfassung orientiert und 1963 sanktioniert wurde: Selbst im Exil und von anderen Staaten nicht anerkannt, ist der Dalai Lama das Oberhaupt einer demokratisch gewählten Regierung. Die Nationalversammlung der tibetischen Abgeordneten, die sechsundvierzig Parlamentarier umfasst, stellt das höchste Organ der Legislative in der Flüchtlingsgemeinschaft dar: Dreißig Abgeordnete vertreten die drei Provinzen U-Tsang, Kham und Amdo, mit je zehn Abgeordneten pro Region; die Schulen des tibetischen Buddhismus, die Gelugpa, Kagyüpa, Sakyapa und Nyingmapa, werden von jeweils zwei Abgeordneten vertreten, ebenso die Bönpos; die Flüchtlinge, die sich in Europa aufhalten, verfügen über zwei Abgeordnete; die in Nordamerika über einen; der Dalai Lama benennt seinerseits drei Parlamentarier. An der Spitze der Nationalversammlung stehen ein Präsident und ein Vizepräsident, die von den Abgeordneten gewählt werden. Für die tibetischen Flüchtlinge war 1963 übrigens das Jahr, in dem sie zum ersten Mal die Legislative wählten.

In welchem Umfang der Dalai Lama auch über die Hintergründe von Gyalo Thöndups Aktivitäten im Bilde ist, ob in Lhasa oder in Indien, in Mussoorie oder Dharamsala, Tenzin Gyatso hat jedenfalls zu wiederholten Malen zur Einstellung der Kämpfe aufgerufen. Am eindrucksvollsten wohl mit den Worten: »Es gibt in der Bibel einen wunderbaren Vers, in dem von der Umwandlung der Schwerter in Pflugscharen die Rede ist. Das ist ein schönes Bild, eine Waffe, die zu einem Werkzeug für die elementaren Bedürfnisse des Menschen wird, es ist das Symbol für eine Haltung der inneren und äußeren Entwaffnung.«

Gyalo Thöndup wird Opfer seines eigenen Spiels. Wenn er sich von den US-Amerikanern hereingelegt fühlt, bleibt die Frage, bis zu welchem Punkt er über die Intentionen der CIA Bescheid wusste.

Ein Dokument[4], das von der US-amerikanischen Justiz auf Vorschlag der Nachrichtendienste an gewissen Stellen zensiert wurde, rückt die Haltung der CIA ins Zwielicht. Indem sie den tibetischen Widerstand auf eine harte Probe stellte, spielte sie mit den Nerven und der Naivität einiger ihrer Gesprächspartner.

1963 ließ die Division für »Spezialoperationen« des US-amerikanischen Dienstes die auf ihren Basen ausgebildeten Freiwilligen glauben, dass die tibetischen Widerstandskämpfer, nach einigen Monaten Ausbildung und unterstützt von der CIA, in ihr Land zurückkehren könnten, um es zurückzuerobern. Das wurde unaufhörlich wiederholt.

Vielleicht haben diese Leute daran sogar selbst geglaubt und für eine gewisse Zeit die Propaganda ihrer Arbeitgeber ernst genommen. Es gibt ja das »Phänomen einer ›persönlichen Verbundenheit‹ mit dem verfolgten Ziel, ...keineswegs eine Ausnahme bei den Agenten der Geheimdienste, aber bei den Spezialoperationen ... von besonderer Bedeutung. Die Männer, die bei dieser Art von Operationen mitmachen, haben oft das tiefe Bedürfnis, an den Sinn ihrer Sache zu glauben. Bei den Gefahren und Leiden, die sie auf sich nehmen müssen, führt sie dieses Gefühl zu einem radikalen Engagement bei Unternehmungen, die zum Scheitern verurteilt sind.«[5]

Um dem zu begegnen, werden gewisse Operationen, die ins Innere Tibets führen und von den Experten der Spezialdivision vorbereitet und geleitet werden, von Söldnern durchgeführt.

1963 werden solche Söldner in »Privatflugzeugen« des Civil Air

Transport transportiert, einer Gesellschaft, deren Eigentümer niemand anders als die CIA ist. Sie werden Waffen an den tibetischen Widerstand liefern, darunter auch an das »22 Establishment«, das in Mustang stationiert ist.

Die Widerstandskämpfer lassen dem chinesischen Feind tatsächlich keine Ruhepause: Sie kappen Telegrafenverbindungen, sprengen Brücken und Straßen. Bei jedem Sabotageakt träumen sie von einem freien Tibet.

Im Verlauf einer solchen Aktion, als sie spätabends im Hinterhalt lauern, wird der Chef der Widerstandsgruppe plötzlich von Unruhe erfasst.

Der Himmel ist tiefschwarz, und der Donner grollt über dem Berg, wo er und seine Leute einen Unterschlupf gefunden haben. Das Gefälle ist zu steil, um weiterzugehen. Sie haben aber Glück, weil sie eine Höhle finden, auf halber Höhe des Abhangs. Dorthin führt der Chef seine Männer, die sich alle mit der gleichen mechanischen Geste ihres Gepäcks entledigen. Jeder weiß, was zu tun ist: Einige sammeln Schneeklumpen, die anderen tarnen den Eingang, und da brennt schon ein Feuer, im Kochgeschirr schmilzt der Schnee für das Teewasser und eine Hand voll Tsampa.

Zwei Khampas halten am Feuer Wache, die anderen hüllen sich in Yakfelldecken.

Die Nacht wird kurz sein.

Als der Morgen anbricht, haben die Widerstandskämpfer schon das Flachland erreicht. Sie marschieren in ziemlichem Tempo, um ihr Ziel zu erreichen: eine unauffällige Piste, die in eine enge Schlucht zu münden scheint. Der ideale Ort für einen Hinterhalt.

Der Anführer stellt seine Männer auf.

Und wieder beginnt das Warten, endlos und voller Angst.

Drei Stunden später taucht ein chinesischer Militärkonvoi auf und fährt auf die Schlucht zu.

Ein Zeichen. Feuerstöße aus Maschinenpistolen, explodierende Handgranaten.

Die Chinesen sind von der Wucht des Angriffs überrascht. Einer nach dem anderen geht zu Boden. Kurz darauf setzen die Khampas mit dem Dolch dem Kampf ein Ende, wie es ihnen ihre Ausbilder in Colorado beigebracht haben.

Waffen und Munition werden eingesammelt; man durchsucht die Panzerfahrzeuge.

Dabei machen die Widerstandskämpfer eine Entdeckung. Ein Postsack sieht interessanter aus als die anderen. Man könnte meinen, dass offizielle Dokumente darin sind … Vielleicht militärische Instruktionen?

Der Anführer des Kommandos wittert einen Coup, aber bisher ist alles nur Vermutung. Dann verteilen seine Männer die Säcke unter sich und zünden die Panzer an.

Jetzt wird nicht mehr getrödelt. Etappenziel ist die Höhle, in der sie auf die Nacht warten, bevor sie wieder Mustang erreichen.

Diese Guerillaattacke lief ab wie immer, aber sie wird sich als besonders erfolgreich erweisen.

Die Säcke und ihr Inhalt werden einem Verbindungsmann in Indien übergeben und landen in Langley, Virginia, dem Sitz der CIA.

Sofort machen sich Fachleute für Chinesisch an die Arbeit.

Es ist eine Sensation: Die US-Amerikaner entdecken, welches Elend der »Große Sprung nach vorn« zwischen 1958 und 1961 zur Folge hatte. Mit der Einführung der Volkskommunen haben sich die Lebensbedingungen des chinesischen (und tibetischen) Volkes erheblich verschlechtert. 1962 mussten Mao Zedong und die anderen chinesischen Führer Selbstkritik üben, so auch Deng Xiaoping in seiner Rede auf der Konferenz der siebentausend Parteikader in der Großen Halle des Volkes, in der er Bilanz zog. Mao gab als Erster Unzulänglichkeiten zu, aber nur, um die Probleme auf »die Parteikader, die rittlings auf dem Volk sitzen und auf es pissen und scheißen«[6], abzuwälzen. Zu dem Zeitpunkt, zu dem die Analytiker der CIA die Bilanz aus den vielen Informationen zogen, lieferte Zhou Enlai im März 1962 vor der II. Nationalen Volksversammlung schon einen Bericht, der die politischen Irrtümer der Führung und der KPC eingestand; und Deng Xiaoping nutzte das Frühjahrsfest von 1962, um das Tor, das Zugang zu Hongkong verschaffte, »einen Spalt breit zu öffnen«. Auf der Flucht vor dem Hunger schafften es innerhalb weniger Tage mehr als sechzigtausend Bauern aus Guangdong, die britische Kronkolonie zu erreichen.

Dank dieser Dokumente, die so unverhofft aus Tibet kamen,

wurde den Westeuropäern und US-Amerikanern klar, in welchem Ausmaß die Politik des »Großen Sprungs nach vorn« gescheitert war.

Eine verblüffende Entdeckung für die Experten und die Beobachter der chinesischen Politik bei der CIA. Einige unter ihnen leugneten die Tatsachen, leugneten die »tibetischen« Beweise und nahmen die maoistische Propaganda und die Behauptungen Pekings hinsichtlich der ökonomischen Erfolge des kommunistischen China weiterhin für bare Münze.[7]

1963 verschlechtern sich die Beziehungen zwischen dem tibetischen Widerstand und der CIA bereits. Bis sie völlig zum Erliegen kommen, wird es noch fünf Jahre dauern.

Für die US-amerikanischen »Eierköpfe« hatten sich die tibetischen Operationen niemals gelohnt. Ausgenommen dieses Glanzstück, das für lange Zeit in den Kellern des »Firmensitzes« in Langley ruhte. Seit der Niederlage in der Schweinebucht auf Kuba zwei Jahre zuvor und angesichts der öffentlichen Meinung in den USA versuchen die Operateure, den Beziehungen zum Dalai Lama und zu Gyalo Thöndup ein »elegantes« Ende zu setzen; mit dem tibetischen Widerstand wird man das auf eine krudere Weise tun.

Die Planungen für Operationen in Tibet werden nach und nach zugunsten von Aktionen im Kongo zurückgestellt. Das ist das neue Lieblingsterrain der »Fans« von »Spezialoperationen«. Und da Gelegenheit Diebe macht, interessiert sich die CIA bereits für Südostasien: In Laos haben Männer der CIA schon eine »Geheimarmee« aufgebaut und Basen geschaffen, die es ermöglichen, Guerillatruppen mit Fallschirmen auf dem Gebiet von Nordvietnam und China abzusetzen.[8] Aber das ist eine andere Geschichte ...

Tibet, Anfang März 1964, zur Teit von *losar*, dem tibetischen Neujahr.

Es wird überall gefeiert, trotz Entbehrungen, Hunger, Polizeikontrollen, Verhaftungen und Folter.

Es wird gefeiert, weil es für die Tibeter vor allem eine religiöse Tradition ist.

Getreu ihren Bräuchen haben die Einwohner saubere Kleider angezogen; die Wohlhabendsten, oft im Sold von Peking, präsentieren sich in neuen Gewändern; einige Fassaden sind gereinigt worden; die Gebetsfahnen auf den Dächern der Wohnhäuser wurden ausgewechselt, ebenso in den Tempeln und den wenigen Klöstern des Landes, die noch intakt sind.

Auch in Lhasa werden Feierlichkeiten abgehalten, in Anwesenheit des Panchen Lama.

In der besetzten Hauptstadt wollte man die Opfergaben und Gebete für ein langes Leben beiden widmen, dem Panchen Lama, von dem man weiß, dass seine Tage gezählt sind, und dem Dalai Lama, von dem man weiß, dass er am Leben ist.

Im Jokhang und in den anderen Tempeln der Hauptstadt sind die Gläubigen, Mönche und Laien, in großer Zahl versammelt, trotz der Allgegenwart der bewaffneten Soldaten, der Geheimpolizei und ihrer tibetischen Zuträger, die in der Menge verteilt sind.

Chökyi Gyaltsen, noch frei, aber schon verurteilt, hat diesen *losar* 1964 gewählt, um sich ein letztes Mal an das tibetische Volk zu wenden, an die Lhasapas, die sich vor seiner Privatresidenz Shugtrilangka versammelt haben.

Die Vertreter der Partei sind aus Peking angereist. Auch die lokalen Machthaber sind anwesend.

Chökyi Gyaltsen wirft ihnen einen trotzigen Blick zu und stürzt sich in eine lange Rede, wobei er unablässig die »Siebzigtausend Schriftzeichen« zitiert. Er klagt China, Mao, Zhou Enlai, Deng Xiaoping, die Zentralmacht und die Kommunistische Partei Chinas an, Tibet von der Landkarte streichen zu wollen.

Zum Schluss ruft er mutig aus: »Sie sollen wissen, dass ich Seine Heiligkeit, den 14. Dalai Lama, als meine Zuflucht in diesem und dem nächsten Leben betrachte ... Es lebe der Dalai Lama!«[9]

Die Würfel sind gefallen, und die Tage des 10. Panchen Lama sind nun gezählt.

Nachdem Seine Heiligkeit nach Shigatse zurückgekehrt ist, untersagen die Chinesen Pilgerfahrten nach Tashilhunpo.

An einem Augustmorgen des Jahres 1964 wird der Panchen Lama verhaftet. Mit ihm sein Tutor Ngulchu Rinpoche, die Würdenträger aus dem Rat der Khenpos und die Mönche, die es gewagt haben, ihren geistlichen Führer zu verteidigen.

Der Prozess gegen Chökyi Gyaltsen wird siebzehn Tage dauern.

Und in dieser Zeit werden der Panchen Lama und seine Freunde jeden Tag und jede Nacht die entsetzlichen Thamzing-Sitzungen durchstehen müssen. Es sind natürlich seine engsten Mitarbeiter, die ihn, die Waffe im Rücken, bezichtigen, ein »unverbesserlicher Hund« zu sein, der »im Sold ausländischer Reaktionäre steht«. Danach sind sie an der Reihe, Selbstkritik zu üben …

Denunziantentum, in den Rang einer Institution erhoben, das ist eines der Mittel, das gegen Chökyi Gyaltsen, die zweite Reinkarnation der Gelugpa-Schule, eingesetzt wird.

Dazu kommt noch, dass der Panchen Lama seit frühester Kindheit aufs Niederträchtigste manipuliert worden ist, von den Nationalchinesen wie von den Kommunisten, von seinen Landsleuten ebenso wie von den hohen Geistlichen seines eigenen Klosters und seiner eigenen Schule.

Am 17. Dezember 1964 beschuldigt ihn Peking, eine »Scheinregierung und Verfassung« eingesetzt zu haben, und entkleidet ihn seines Amtes als Präsident des Vorbereitungskomitees für die Autonome Region.

Am 21. Dezember schlägt Zhou Enlai ihm vor, er solle »bereuen«.

Der 10. Panchen Lama lehnt ab. Er wird sofort unter Bewachung gestellt, in der Dong-Jiao-Min-Straße 23 in Peking.

Für Chökyi Gyaltsen beginnt eine finstere Zeit. Sie wird fünfzehn Jahre dauern.[10]

Dharamsala – der obere und der untere Teil – wird als »hochsensible Zone« eingestuft. Seit 1961 von den Agenten der Tewu unterwandert, haben sich die pro-maoistischen Inder perfekt in die einheimische Bevölkerung integriert. Grund genug, die Schutzmaßnahmen für den tibetischen Herrscher zu verstärken.

Trotz der Gefahr hat der Dalai Lama seit seinem Einzug in Swargashram seine Gewohnheiten nie geändert: Jeden Tag, sommers wie winters, steht er um 4 Uhr auf, um zu beten und zu meditieren; dann nimmt er ein frugales Frühstück ein, bevor er die laufenden Geschäfte erledigt. Während der Nachmittag Audienzen vorbehalten ist, beschäftigt sich Seine Heiligkeit morgens am liebsten mit politischen Dossiers, in denen es oft um problematische Entscheidungen geht.

Da es an Mitteln und Einrichtungen fehlt, ist Tenzin Gyatso von einem reduzierten Kashag umgeben, als der Skandal losbricht, in den die Yapshis hineingezogen werden. Sein Bruder Gyalo Thöndup soll an dieser Sache nicht unbeteiligt sein. Diesmal ist der Dalai Lama direkt betroffen.

In Wahrheit steht weniger die Sicherheit des Dalai Lama in Frage als vielmehr die Reformen, die Tenzin Gyatso durchführen will und die er mit folgenden Worten erläutert hat: »Der Buddha gesteht jedem das Recht zu, seinen eigenen Weg zur Erleuchtung zu gehen. Weil wir wissen, dass die Buddha-Natur in jedem von uns ist, vom winzigsten Insekt bis zum höchst gelehrten Menschen, und dass aus der gegenseitigen Abhängigkeit für jeden von uns eine universelle Verantwortlichkeit folgt, hat jeder Mensch im Buddhismus den gleichen Wert. Und der Buddha zwingt niemandem etwas auf. Ich sehe also keine Schwierigkeit zu sagen, dass diese Auffassung vom Buddhismus den Grundsätzen der Demokratie nahe steht.«[11]

Auf dieser Grundlage die Absichten des Dalai Lama in Zweifel zu ziehen ist nur schwer vorstellbar. Trotzdem ist das so. Sein politisches Programm wird in Grund und Boden kritisiert, sein Vorgehen als Manipulation bezeichnet.

Seine sozialen, ökonomischen und religiösen Reformen hätten kein anderes Ziel, glaubt man, als die vier Schulen des Buddhismus, nicht zu vergessen die Bönpos, zu »fusionieren«.

Als Gesamtheit sollten sie der Autorität der höchsten Instanz der Exekutive, der tibetischen Zentralverwaltung, gegründet im September 1960, unterstellt werden und vom Ministerium für Kultur und religiöse Angelegenheiten vertreten werden.

In dem Moment, in dem Tenzin Gyatso, an einem besonderen Punkt der Geschichte Tibets, von »Föderieren« spricht, erntet er allgemeinen Protest. Die Ranghöchsten des tibetischen Buddhismus zerreißen sich gegenseitig. Das überkommene Mönchstum umzustürzen, auch wenn es uneins, auf die schiefe Bahn geraten und korrupt ist, kommt nicht in Frage.

Und man hinterbringt dem Dalai Lama, was sein Bruder Gyalo Thöndup angeblich gesagt hat: »Kein Thron, keine Rituale, kein Brokat mehr, und auch kein Gold ...«

Es ist die Rede von einem Gewaltstreich, von einer Bedrohung der Autonomie der verschiedenen religiösen Schulen. Kurz, man fühlt sich in die guten alten Zeiten zurückversetzt, in das Tibet vor der Invasion.

Wie soll man dieser Front der Ablehnung, diesen Gerüchten und Verleumdungen begegnen, wenn nicht mit einem Rezept des Konfuzius: »Das Äußere regieren und gleichzeitig Ruhe im Inneren zu bewahren, das gelingt nur einem Heiligen«?

Das jedenfalls versucht der Dalai Lama.

1964 scheint es, als hätten sich die Divergenzen zwischen den religiösen Autoritäten und ihrer Regierung ein wenig verringert. Unter allen Erklärungen hierfür scheint folgende am plausibelsten zu sein. Seine Heiligkeit der 16. Karmapa hatte den Dalai Lama gerade um die Genehmigung gebeten, den 13. Sharmapa in Rumtek[12] einsetzen zu dürfen. 1956, direkt bei der Rückkehr nach Sikkim nach den Feierlichkeiten zum zweitausendfünfhundertsten Geburtstag des Buddha, war nämlich Folgendes geschehen: Ein Kind von vier Jahren, das den Haupttempel des Klosters Dechen Yangpachen besuchte, trat zu den Statuen, die die zehn früheren Reinkarnationen des Sharmapa darstellten, und nahm alle ihre Hauben an sich, wobei es ausrief: »Das sind meine Hüte!«

Für Kenner der Materie gab es somit einen gewichtigen Grund für das Ersuchen des 16. Karmapa. Und sollte der Dalai Lama ihm stattgeben, wäre es ein Ereignis von großer Tragweite. Um das zu verstehen, müssen wir weit in die Geschichte des tibetischen Buddhismus zurückgehen: Der 2. Karmapa Karma Pakshi hatte vorausgesagt, dass er sich nach seinem Tod in zwei Personen manifestieren werde: im Karmapa, zu identifizieren anhand seiner »schwarzen Haube«[13], und dem Sharmapa, den man an seiner »roten Haube« erkennt. Der Karmapa sollte den Sharmapa anerkennen, und umgekehrt. Viel später, im 18. Jahrhundert, war der 6. Panchen Lama Palden Yeshe einer Einladung des Mandschu-Kaisers Qianlong gefolgt, der ihn zu seinem spirituellen Lehrer machte. Auf den Tod von Palden Yeshe in China folgte eine Reihe von sehr unerfreulichen Ereignissen für Tibet. Die beiden Brüder des Panchen Lama stritten sich um sein reiches Erbe. Der eine war sein Sekretär und Schatzmeister gewesen, der andere der

10. Sharmapa, der Karmapa mit der »roten Haube«. Die Gurkhas, die 1788 ein erstes Mal in Tibet eingefallen waren, starteten drei Jahre später eine neue Invasion, diesmal vom Sharmapa angetrieben. Fünfzehntausend dieser wilden nepalesischen Krieger marschierten in Shigatse ein und besetzten Tashilhunpo. Den Gurkhas gelang es jedoch nicht, sich der Reinkarnation des Panchen Lama zu bemächtigen, er hatte sich zu seiner Familie geflüchtet, die dem 8. Dalai Lama Jampel Gyatso nahe stand. Dieser nutzte dann alle ihm zur Verfügung stehenden Mittel, um den Sharmapa endgültig auszuschalten. Das begann damit, dass er seine Ländereien und Klöster konfiszierte, und nachdem der Sharmapa durch Gift gestorben war, gab er bekannt, dass die Sharmapas sich nicht wieder reinkarnieren würden, und befahl, seine rote Haube zu begraben. 1964 gibt der Dalai Lama der Bitte des Karmapa statt, er hebt die vom 8. Dalai Lama verhängte Sanktion auf.

Der 16. Karmapa Rangjung Rigpe Dorje inthronisiert also Chökyi Lodrö im Haupttempel von Rumtek; im Alter von zwölf Jahren wird das Kind der 13. Sharmapa, da ja der Sharmapa sich trotz des Verbots des 8. Dalai Lama und seiner Regierung insgeheim weiterhin reinkarniert hatte.

Es gibt noch andere Gerüchte, und zwar durchaus ernst zu nehmende. 1951, als der Dalai Lama im Alter von sechzehn Jahren gerade die Geschicke seines Landes in die Hand genommen hatte, wollte der Kashag, dass er Lhasa verließ. Die tibetische Regierung befürchtete damals, dass sich die Chinesen seiner bemächtigen könnten. Er wurde in eine Klosterfestung bei Yatung gebracht, zusammen mit einem Teil seiner Familie, seinen Tutoren und seinen beiden Premierministern. Seine Eskorte hatte auch Goldstaub und Silberbarren bei sich. Sie sollten Tenzin Gyatso und seinen Vertrauten ermöglichen, nach Indien zu flüchten. Es waren die Widerstandskämpfer des Chushi Gangdrug, die den Schatz nach Sikkim brachten und ihn in einer Hütte im Durchgangslager Missamari versteckten. Aber nun war er verschwunden. Das Gold und die Silberbarren waren drei Männern übergeben worden. Von wem? Zu welchem Zweck? Wer waren diese Leute?

Ein Kaufmann aus dem Stamm der Khampas, als hervorragender

Geschäftsmann bekannt, sollte das Gold und das Silber wiederbeschaffen. Die Hüter des Schatzes verdächtigten ihn – offensichtlich zu Unrecht –, im Sold der Chinesen zu stehen. Sie lehnten es ab, ihm die versteckten Schätze zu übergeben, und nahmen Kontakt zu Gyalo Thöndup in Darjeeling auf.

Der Bruder des Dalai Lama kümmerte sich um die Sache und übertrug seinerseits die Verantwortung für den Schatz »vertrauenswürdigen« Leuten.

Als Tenzin Gyatso die tibetischen Reserven benutzen wollte, um den ersten tibetischen Flüchtlingen zu helfen, hatte sich der größte Teil dieser Summe leider in Luft aufgelöst – an den Börsen von Bombay und Kalkutta! Die indischen Börsenmakler hatten sich so nebenher kräftig bedient.

Nach Aussagen von Gyalo Thöndup war es zu spät, als man das Verschwinden des Schatzes bemerkte. Es war fast kein Geld für die Flüchtlinge mehr übrig. Es war auch unmöglich, etwas über den genauen Wert dieses Schatzes in Erfahrung zu bringen.

Was auch immer wirklich mit diesen Rücklagen passiert sein mag, die Situation für die Flüchtlinge ist katastrophal.

Um zu überleben, haben Amala und Tsering Dölma den wenigen Schmuck, der ihnen aus Tibet geblieben ist, für eine lächerliche Summe verkauft.[14]

Der Dalai Lama unterstützt sie, so gut er kann; Gyalo Thöndup steuert ein paar Rupien für seine Mutter bei. Aber Geld ist kein Trost.

Amala, immerhin vierundsechzig Jahre alt, erträgt die Leiden, denen ihre Landsleute ausgesetzt sind, immer schlechter.

Währenddessen verstärkt Tenzin Gyatso seine Bemühungen bei der indischen Regierung. Aber Pandit Nehru ist nicht mehr. Nach seinem Tod am 27. Mai 1964 hat Lal Bahadur Shastri den Posten des Premierministers übernommen. Zu dieser Zeit aber laufen die Spenden über das indische Büro für tibetische Angelegenheiten – das Central Relief Comittee for Tibetian Refugees –, was die Dinge keineswegs erleichtert.

Seine Heiligkeit sucht auch eine friedliche Lösung mit China, aber die Situation verschlechtert sich weiterhin.

Jetsun Pema, die London endgültig verlassen hat, arbeitet jetzt mit Tsering Dölma in Dharamsala zusammen. Der Dalai Lama hat seiner ältesten Schwester einen Wagen zur Verfügung gestellt, aber sie weigert sich hartnäckig, ihn zu benutzen, trotz der schrecklichen Schmerzen in ihren Beinen und ihrem Unterleib. Selber fahren kann sie nicht – ihr fehlt die Lizenz. Deshalb schlägt Gyalo Thöndup, der sich in Neu-Delhi aufhält, Jetsun Pema vor, in die indische Hauptstadt zu kommen, um dort den Führerschein zu machen.

Während ihrer Abwesenheit bemüht sich Amala, Tsering Dölma, die schon den vierten Jahrestag der Nursery for Tibetan Refugee Children vorbereitet, etwas Arbeit abzunehmen.

Einige Tage nach ihrer Rückkehr will Jetsun Pema kurz bei der Ambulanz vorbeifahren: Das Schweizer Rote Kreuz bildet dort Flüchtlinge aus. Allerdings ist es kein Kinderspiel, mit dem Auto über die mit Schlaglöchern übersäten Straßen des Himalaya-Vorlandes zu fahren. Jetsun Pema verliert die Kontrolle über den Wagen, er stürzt in den Abgrund. Dreimal überschlägt er sich, und unten kriecht ihr Begleiter, ehemals Leibwächter Seiner Heiligkeit, mit Beulen, Platzwunden und einem Riesenschrecken aus dem Wagen. Jetsun Pema ist unter dem Wrack eingeklemmt und blutet fürchterlich. Der Mann schafft es, sie herauszuholen und bis zur Straße zu bringen. Schließlich gelangen sie zurück nach Swargashram.

Amala regt sich schrecklich auf, als sie sieht, wie viel Blut ihre Tochter verliert. Der Dalai Lama eilt herbei. Jetsun wird in die Ambulanz gebracht. Ein Arzt des Roten Kreuzes leistet erste Hilfe und lässt sie ins Krankenhaus nach Ludhiana bringen. Jetsun Pema wird dort sechs Wochen bleiben: Die Platzwunde am Kopf muss genäht werden; das Röntgenbild hat Verletzungen an der Wirbelsäule gezeigt.

Als sie das Krankenhaus verlässt, hat der Frühling längst begonnen.

Am 17. Mai 1964 hat der Dalai Lama den Vorsitz bei den Festlichkeiten, die die tibetischen Kinder aus Anlass des vierjährigen Jubiläums der Nursery veranstalten.

Auf der Wiese am Dal-See, unterhalb von McLeod Ganj, herrscht Feststimmung.

Wie in Tibet wurde ein Zelt aufgestellt, um Seine Heiligkeit und seine Gäste zu empfangen.

Die Kinder führen ein Theaterstück auf.

Tenzin Gyatso hält in Anwesenheit zahlreicher indischer Persönlichkeiten, der Kashag-Mitglieder und von Vertretern humanitärer Organisationen eine Rede.

Für Seine Heiligkeit sind die Kinder der Nursery »das Licht der Zukunft«, die »Hoffnung Tibets«.[15] Es ist ein feierlicher Moment, als der Ankunft der ersten einundfünfzig Kinder gedacht wird, die 1960 aus dem Lager Jammu nach Dharamsala kamen.

Der Dalai Lama kostet von den Gerichten, mischt sich unter die Kleinen und diskutiert mit den größeren Kindern.

Die Ayas machen beim Tauziehen und Sackhüpfen mit. Die Kinder feuern ihre Adoptivmütter an. Die Stimmung ist gelöst. Tenzin Gyatso amüsiert sich.

Auch Tsering Dölma lässt sich mitreißen. Sie macht sogar ein bisschen beim Volleyball mit.

In diesem Augenblick kann sich noch keiner der Yaphis vorstellen, welche Tragödie sich anbahnt.

Am 21. Mai ist der Alltag wieder eingekehrt. Aber Tsering Dölma hat das Bedürfnis, in Swargashram zu bleiben. Der Dalai Lama ist beunruhigt und spricht mit Amala und seinem Schwager.

Da die Ärzte in der Ambulanz vermuten, dass die Gebärmutter betroffen ist, verlangt Seine Heiligkeit, dass seine Schwester zusammen mit ihrem Mann sofort nach Neu-Delhi gebracht wird.

Dort erwarten sie Gyalo Thöndup und Diki Dolkar. Es wird beschlossen, das Ehepaar nach Kalkutta zu bringen, wo Tsering Dölma einen befreundeten Spezialisten konsultiert: Die Älteste der Yapshis hat Krebs.

Der Schock für Amala und die Familie ist groß, zumal kaum noch Hoffnung besteht.

Im November 1964 stirbt Tsering Dölma in London.

In der Nursery for Tibetan Refugee Children übernimmt nun Jetsun Pema die Stelle ihrer älteren Schwester.

TEIL IV

1965–2003

14 Lügen und ungesühnte Verbrechen

Wir werden alle wie Brüder leben
Oder wie die Narren sterben.
Stark ist der Mensch, der fähig ist,
Sich für seine Rechte zu erheben,
Ohne die Schläge zurückzugeben.

Martin Luther King

1965 ... Mehr als fünfundachtzigtausend Tibeter sind aus ihrem Land geflüchtet und haben in Indien Zuflucht gesucht.

Mitten im Winter, kurz vor Losar, kommen hundertvierunddreißig Kinder aus Nepal in Dharamsala an. Sie sind alle zwischen fünf und sieben Jahre alt und haben furchtbar unter der Kälte gelitten.

Weil es keinen Platz mehr in den Auffangstationen der Nursery gibt, werden dem Dalai Lama und Jetsun Pema zwei Häuser zur Verfügung gestellt, die sich zwischen McLeod Ganj und Unter-Dharamsala befinden und leer stehen.

Die humanitären Organisationen finden kaum noch Platz, und die Ambulanz ist brechend voll. Der Arzt und die Krankenschwestern vom Roten Kreuz brauchen Glukose, um den Kindern helfen zu können, aber es gibt keine mehr. Man muss schnellstens welche kaufen, und Jetsun Pema treibt sie in einem indischen Hospital auf.

Die Zeit drängt. Jedes dieser hundertvierunddreißig Kinder muss eine Infusion bekommen, aber die Ambulanz verfügt nicht über die notwendige Ausstattung. Ein Arzt hat einen Vorschlag, und Jetsun steigt nach McLeod Ganj hoch und ruft die Tibeter zusammen. Alles muss schnell organisiert werden, auch Amala kommt zu Hilfe.

Eine Gruppe bereitet eine Mischung aus schwarzem Tee und Glukose zu, die andere kümmert sich um die Kleinen. Die Kinder leiden unter Gastroenteritis und schreien. Einige haben nicht mehr die Kraft dazu. Ihr Röcheln macht schaudern. Der Tod ist schnell und ereilt eines nach dem anderen.

Endlich ist die Mixtur fertig. Denen, die noch leben, muss sie jetzt behutsam eingeflößt werden. Alle Mittel sind recht, Teelöffel und Daumen …

Die, die Glück hatten und wieder bei Kräften sind, werden später vom Dalai Lama in Swargashram empfangen und dann auf die Schulklassen verteilt. Dort gibt es noch keine Unterrichtsräume. Wenn schönes Wetter ist, sitzen die Kinder unter den Bäumen, in der Monsunzeit bieten die Veranden Schutz vor dem Regen, und im Winter bleiben sie in den Bungalows. Ein Stück Stoff ersetzt die Tafel.

1965 bessert sich die Lage ein wenig. Die indische Regierung ist bereit, einen Teil der Lehrergehälter zu übernehmen. Indische Lehrer geben Unterricht in Hindi, einige Freiwillige bringen den Kindern Englisch bei, und die Lamas lehren sie Tibetisch, Mantras, Gesänge und Volkstänze.

Mit den Spenden des Save the Children Fund wird der Bau eines Krankenhauses in Angriff genommen; ein neuer Schlafsaal kann dank der Unterstützung der Swiss Aid to Tibetans eröffnet werden. Aber trotz der internationalen Mobilisierung sind die Einrichtungen in Dharamsala weiterhin nicht sehr belastbar.

Jeder neue Tag ist ein Sieg über den Tod.

Währenddessen muss der Dalai Lama mit neuen Schwierigkeiten fertig werden. Sie sind moralischer Art und haben damit zu tun, dass sich zwischen ihm und den Flüchtlingen gegenseitiges Unverständnis aufbaut. Nach der Eröffnung des Lagers Bylakuppe in Südindien stellten die indischen Behörden 1962 Land zur Verfügung. Unwegsames Dschungelgebiet, dicht bewachsen und gefährlich, das die Flüchtlinge kilometerweise rodeten, um dann Unterkünfte zu errichten und Brunnen zu graben. Da die Ursprungsfamilien getrennt waren, teilte man Männer und Frauen in Fünfergruppen auf. Sie bekamen ein Haus mit drei Zimmern, zwei Hektar Land und Lebensmittel für die ersten fünf Jahre.

Immer, wenn wieder ein Lager eröffnet wurde, ging man nach diesem Schema vor.

Für die zusammengewürfelten Familien war das ein Provisorium, eines, das lange dauern sollte. Im Übrigen vertrauten die Flüchtlinge bei jeder Abreise ihren Nachwuchs der Nursery an.

Hier nun tat sich zwischen Tenzin Gyatso und seinen Landsleuten eine Kluft auf. Seiner Heiligkeit war bewusst, dass diese Auffanggebiete die einzige Lösung waren, um die Identität und Kultur der Tibeter zu erhalten, aber die Flüchtlinge teilten diese Meinung nicht. Sie waren davon überzeugt, dass sie ihrem Herrscher schnell wieder nach Tibet nachfolgen würden, wozu sollten sie dann eine Infrastruktur entwickeln, Land kultivieren, Schulen einrichten und Krankenhäuser bauen? Die indischen und Schweizer Fachleute, die gekommen waren, um sie zu beraten, stießen auf eine Mauer. »Wie lange braucht eine Bananenstaude oder eine Kokospalme, um Früchte zu tragen?«, fragten die Tibeter. – »Fünf bis sieben Jahre!«, antworteten die Experten. Und die Flüchtlinge entgegneten ihnen, dass sie dann nicht mehr da sein würden, um die Früchte zu essen.

Und dann erhellt ein Hoffnungsfunken die allerschwärzeste Nacht.

Seit dem Tod ihrer Schwester verbringt Jetsun Pema die langen Abende damit, Briefe an ihre Freunde und die zahlreichen Bekanntschaften zu schreiben, die sie bei ihren Reisen in den Westen gemacht hat.

Dank ihrer Beharrlichkeit stoßen ihre Bemühungen schließlich auf ein wohlwollendes Echo. Immer mehr Spenden kommen, oft von Privatleuten, gelegentlich auch größere Summen.

Deshalb beschließt Jetsun Pema, sich über die indischen Behörden hinwegzusetzen und ein Konto auf den Namen der Nursery for Tibetan Refugee Children zu eröffnen. Sie glaubt, das sei ihr gutes Recht, und die Sache wird mit Neu-Delhi geregelt. Ihre Gesprächspartner staunen über die Selbstsicherheit und Entschlossenheit der Jüngsten der Yapshis.

Sie ist eine unermüdliche Briefschreiberin, und ihr Briefwechsel führt sie dazu, über eine völlige Neuorganisation der Betreuungseinrichtungen für die Kinder und Waisen im Exil nachzudenken.

Sie spricht mit Tenzin Gyatso, Lobsang Samten und Amala darüber. Ihr Vorbild sind die Pestalozzi-Dörfer in der Schweiz und Großbritannien, die sie viele Male besucht hat.

Die Yapshis ermutigen sie, ihre Arbeit in diesem Sinne fortzusetzen.

Jetsun legt einen Betrag von zehn Dollar pro Patenschaft für ein Kind fest, was im Jahre 1965 eine beträchtliche Summe darstellt. Mit diesen zehn Dollar wird sie jedes Patenkind anständig ernähren und kleiden können.

Eine Spenderin aus Hawaii, Mrs. Muhlmann, die seit 1960 jedes Jahr hundert Dollar für die Kinder schickt, wird sich darum kümmern, die ersten Paten zu finden.

In einem ihrer Briefe informiert Jetsun Pema Mrs. Muhlmann über ihre Absicht, die hundert Dollar, die regelmäßig aus Hawaii kommen, zu sparen, um eines Tages statt der üblichen Schlafsäle ein *home* zu bauen. Dort könnte man für die Adoptivmutter und die Kinder, die sieben Jahre und älter sind, eine familiäre Atmosphäre schaffen.

In der Ambulanz hat sich Jetsun Pema mit Juliet, einer englischen Krankenschwester, angefreundet. Eines Tages lernt Juliet ein tibetisches Ehepaar kennen. Die junge Frau ist gerade mit einem kleinen Jungen niedergekommen, der den Namen Tenzin Chogla tragen wird. Unglücklicherweise stirbt die Mutter zwei Tage nach der Geburt.

Von Mitleid überwältigt, entschließt sich Juliet, den Säugling bei sich aufzunehmen. Sie kauft einen aus Stroh geflochtenen Tragekorb und schleppt das Baby überall mit sich herum.

Alles geht gut, bis zu dem Tag, an dem Juliet Jetsun Pema mitteilt, dass sie einen Offizier der indischen Armee heiraten wird. Der Kleine ist sechs Monate alt, und ihn sofort in die Nursery zu geben kommt nicht in Frage. Er würde dort vielleicht nicht überleben.

Jetsun Pema, die erklärtermaßen eine Schwäche für das Baby hat, diskutiert die Sache mit Amala. Tenzin Chogla wird ein festliches

Willkommen in Swargashram bereitet, wo Amala das Zimmer von Jetsun Pema umgebaut hat, um den jungen Gast zu empfangen, wie es sich gehört.[1]

Tagsüber, wenn sich Jetsun Pema um die anderen Kinder in der *Nursery* kümmert, ist Tenzin Chogla die Freude der Leibwache. Man erzählt auch, dass man den Dalai Lama noch nie so viel und so laut hat lachen hören …

Einige Monate später kommt das Kind zu seinen kleinen Landsleuten in die Nursery. Amala meint, dass auch Pema an ihre Zukunft als Frau und Mutter denken sollte. Eine Ansicht, die von der Mehrheit ihrer Freunde geteilt wird.

Darunter sind auch John und Didi Toulouse, ein Paar, das in Neu-Delhi lebt. Sie arbeiten in einer Hilfsorganisation, dem American Emergency Committee for Tibetan Refugees, und korrespondieren regelmäßig mit ihr.

Eines Tages teilen sie Jetsun Pema mit, dass sie einen Ehemann für sie »gefunden« haben.[2]

Tatsächlich heiratet die Jüngste der Yapshis am 13. Oktober 1965. Lhundup Gyalpo stammt aus Kham, seine Familie lebt in Kalimpong. Er ist zwei Jahre älter als Jetsun Pema und arbeitet für eine Organisation, die ein Neuseeländer ins Leben gerufen hat, die TIRS – Tibetan Industrial and Rehabilitation Society. Sie hilft den Flüchtlingen, als Handwerker Fuß zu fassen, dank der Spenden, die aus Australien und Neuseeland eintreffen.

Da ein Glück selten allein kommt, wird Jetsun Pema 1966 Mutter einer kleinen Tochter, Tenzin Chödon.

Auf Antrag von Thailand, den Philippinen, Malta, Irland, Melanesien, Nicaragua und El Salvador stellen die Vereinten Nationen die tibetische Frage erneut zur Debatte. Am 18. Dezember 1965 wird in einer Resolution die »fortwährende Verletzung der fundamentalen Rechte der Tibeter« verurteilt. Indien und die Vereinigten Staaten haben dafür gestimmt.

Die Verhandlungsversuche des tibetischen Herrschers freilich bleiben fruchtlos.

In Swargashram, auch »der Palast« genannt, wimmelt es von Menschen. Die unterschiedlichsten Persönlichkeiten, indische Regierungsvertreter, Beamte, ausländische Repräsentanten, aber auch einfache Leute, die gekommen sind, um ihre Unterstützung anzubieten, geben sich dort die Klinke in die Hand.

Abends speist Tenzin Gyatso im Kreis seiner Familie. Und er versäumt es nie, bei dieser Gelegenheit über die Gespräche zu berichten.

Zum Ausgleich hat Seine Heiligkeit das Bedürfnis zu wandern. Er liebt Ausflüge in die Berge, trotz der Anwesenheit der Leibwachen um ihn herum.

Der Tag, an dem er zu solchen Unternehmungen aufbricht, ist nie im Voraus festgelegt; außerdem weiß niemand, zu welcher Stunde er Swargashram verlassen wird.

Es passiert auch, dass Tenzin Gyatso mehrere Tage in einer Art Einsiedelei bleibt, einem Ort namens Truind, oder auch in Dramcote.

Auch wenn er allein ist, steht der Dalai Lama in ständigem Kontakt mit seinen Beratern und der indischen Armee. Eine Verbindung per Walkie-Talkie besteht morgens um 10 Uhr und nachmittags um 16 Uhr.

Tenzin Gyatso schätzt diese Momente der Einsamkeit in den Bergen, in denen er fern vom Alltag nachdenken kann. Er ist voller Zweifel und ahnt die Abgründe, die sich auf dem Weg seines Volkes auftun. Wenn ihn nun seit 1960 die tragische Verkettung der Ereignisse auf einen falschen Weg geführt hätte?

Diese Zweifel würde er gern auflösen und denkt daran, einen Volksentscheid zu organisieren: Die Tibeter könnten auf diese Weise für einen Anschluss Tibets an China stimmen oder dagegen.

Ein solcher demokratischer Akt stößt bei den Tibetern auf wenig Gegenliebe. Ihnen mangelt es an politischem Bewusstsein. Von einem Referendum haben sie nie Gebrauch gemacht, weder in Tibet noch im Exil; und falls Peking dem zustimmen würde, liefe es Gefahr, dass die Annektionspolitik eine massive Abfuhr erleidet.

Der Dalai Lama ist bereit, das Risiko einzugehen, dass eine Mehrheit seines Volkes für eine friedliche Integration in die Volksrepublik stimmen könnte. Und er zögert nicht, zu sagen, dass er in diesem Fall »wieder ein einfacher Mönch werden würde«.[3] Seine Worte sind von großer Klarheit: »Ob in der Politik oder in der

Religion, ich lebe den buddhistischen Gedanken im Alltag, indem ich mich bemühe, die Leiden dieser Welt zu erleichtern. Insofern stellt meine Rolle kein besonderes Problem für mich dar ...«[4]

Ein Referendum wird nicht stattfinden.

China verweigert beharrlich jeden Kontakt mit dem Dalai Lama und lehnt alle seine Vorschläge ab.

Währenddessen kündigt die CIA an, ihre Unterstützung des Widerstands reduzieren zu wollen. Aber es ist ohnehin schon lange her, dass die wichtigsten Experten der Spezialoperationen Mustang verlassen haben. Nun geht es bei den Informationen, die vom Dach der Welt zum Sitz des »22 Establishment« gelangen, um die Roten Garden, die sich mit Feuereifer an die massive Zerstörung des Landes machen.

China und Tibet treten in eine kritische Phase ihrer Geschichte ein.

Am 16. Mai 1966 gibt Mao das Signal zur Kulturrevolution.

> Der Osten ist rot, die Sonne geht auf,
> Und Mao Zedong ist in China erschienen.
> Er hat dem Volk das Glück gebracht,
> Er ist der Retter ...

Glück durch das kleine rote Buch, das der chinesischen Nachrichtenagentur zufolge zwischen 1965 und 1967 in siebenhundertvierzig Millionen Exemplaren ausgeteilt wurde. Die Rettung des chinesischen (und tibetischen) Volkes ist zehn Zentimeter lang, sieben Zentimeter breit und wiegt siebzig Gramm: zweihundertsiebzig Seiten, die Frucht der propagandistischen Überlegungen von Chen Boda, Maos Sekretär, der sich an die Spitze der Kulturrevolution setzt, zusammen mit Jiang Qing – Frau Mao – und Kang Sheng, dem furchtbaren Chef der Tewu.

Chen und Kang, die geistigen Väter des Projekts, suchen die Texte aus und überwachen die Fertigstellung unter der Ägide des Büros für Allgemeine Angelegenheiten des Zentralkomitees, Maos Domäne. Die Urheberschaft daran beanspruchen sie nicht, sondern lassen dem brutalen und einfach gestrickten Lin Bao[5] dieses

Verdienst. Propagiert wird in der »Mao-Bibel« die »Vernichtung der alten Welt«.

Das *dezibao,* ein »Plakat mit Großbuchstaben«, ist die andere fürchterliche Waffe des kommunistischen Apparats. Mao hat eines davon kalligraphisch gestaltet. Darauf wird gefordert, den »Führern, von der Zentrale bis auf die lokale Ebene, die eine bourgeoise Diktatur installiert und die Große proletarische Kulturrevolution unterdrückt haben, einzuheizen«.[6]

18. August 1966, 5 Uhr morgens. Eine Million Rotgardisten haben sich auf dem Tiananmen-Platz versammelt. Eine Million fanatisierter, hysterischer Studenten brüllen Parolen und schwenken das kleine rote Buch. Und unter ihnen tibetische Studenten!

Auf der Tribüne sieht man den Herrn von China, eingerahmt von Jiang Qing in Militärjacke, Lin Bao, Zhou Enlai, Chen Boda, dem mysteriösen Kang Sheng und Wang Dongxing, dem Verantwortlichen für die *laogais.*

In einigen Tagen werden hunderttausende von Rotgardisten in allen Richtungen durch das Land ziehen. Sie profitieren von den Gratisfahrten mit der chinesischen Eisenbahn, werden die frohe Botschaft verkünden und Jagd machen auf den »alten Krempel« – altes Denken, alte Kultur, alte Bräuche und Sitten.

Zwischen August und September 1966 haben die Rotgardisten zehntausende von Haushalten durchsucht und an die zwei Millionen Menschen exekutiert oder zum Selbstmord getrieben.[7]

Das ist erst der Anfang. China versinkt in Chaos und Terror.

Bis dahin nur unter Bewachung in seiner Wohnung, wird der 10. Panchen Lama Chökyi Gyaltsen nun mehrfachen Thamzing-Sitzungen im Internationalen Institut für Minderheiten unterzogen, bevor er für mehrere Jahre in das berüchtigte Qin-Cheng-Gefängnis gesperrt wird.

Sein Alltag, in einem zwanzigseitigen Text von dem chinesischen Dissidenten Wei Jingsheng beschrieben, ist so unerträglich, dass der Panchen Lama schließlich seine Kerkermeister anfleht, ihn sterben zu lassen. Aber dank des Mutes und der Unterstützung anderer Gefangener wird der Panchen Lama die Torturen und Schikanen seiner Kerkermeister überleben.

Im August 1966 dringen mehr als fünftausend Rotgardisten in Lhasa ein. Mehrere tausend befinden sich in anderen größeren Städten Tibets.

Im September untersagt das Zentralkomitee, sich ihnen zu widersetzen.

Die jungen Fanatiker terrorisieren die Tibeter, vergewaltigen die Frauen, foltern die »Konterrevolutionäre«, Opfer von Denunziationen und offenen Rechnungen: Die Denunzianten sind Nachbarn und Familienmitglieder.

Im Verlauf unendlich langer Sitzungen zur »Umerziehung« werden die Stadtbewohner, die Mönche, die noch »frei« sind, und die Gefangenen, die das rote Buch um den Hals tragen, stundenlangen Kontrollen unterzogen. Sie müssen die Texte von Mao auswendig lernen.

Die Rotgardisten verbieten religiöse Praktiken. Sie fallen über die Klöster her, jedenfalls über die, die noch nicht bei den Bombardierungen mit Iljuschins IJ-28 und durch die Sprengungen der Soldaten der Volksbefreiungsarmee zerstört worden sind.

In Lhasa dringen sie in den Norbulingka ein und verwandeln ihn in ein wüstes Feld aus Schutt und Asche.

Eines Morgens versammeln sie hunderte von Mönchen im Haupttempel der Stadt. Sie zwingen sie, ein Feuer zu entzünden und äußerst seltene Texte und hölzerne Statuen hineinzuwerfen; dann tanzen die Mönche, wobei sie Sprüche zum Ruhme Maos stottern.

Unter den Augen der chinesischen lokalen Behörden machen sich die Rotgardisten auch über Jowo her, die Statue von Chenrezig, dem Beschützer Tibets.

Und zum Schluss verwandeln sie noch den Jhokang in ein Barackenlager für das Militär: In einer Ecke Pissoirs, geschmückt mit Wandmalereien des Tempels; auf der anderen Seite ein Schlachthaus, wo bluttriefende Yaks und Schafe an Fleischerhaken hängen.

Als die Rotgardisten versuchen, in den Potala einzudringen, stoßen sie – trotz des Verbots, sich ihnen zu widersetzen – auf eine Mauer von chinesischen Soldaten, mit der Waffe im Anschlag und mit aufgepflanzten Bajonetten: Die Volksbefreiungsarmee hat von

Zhou Enlai den Befehl erhalten, den Palast des Dalai Lama zu schützen.

Die Tibeter werden während der Kulturrevolution nicht nur Opfer sein. Manche von ihnen nehmen selbst an den Vernichtungsaktionen teil.

Jede Diskussion über dieses Thema stößt auf Unausgesprochenes, auf Misstrauen und Schweigen. Einige werden von Schuldgefühlen und Scham gequält. Die Gespenster der Vergangenheit verfolgen sie und wecken düstere Erinnerungen.

Man könnte glauben, dass Chinesen und Tibeter einvernehmlich beschlossen haben, diese turbulente Zeit ihrer gemeinsamen Geschichte in ihrem Gedächtnis zu löschen.

In einem Dossier, das in London in der *New Left Review* veröffentlicht und auszugsweise im *Courier International*[8] übersetzt wurde, schreibt der chinesische Essayist Wang Lixiong[9]: »Aufgrund ungenügender Transportmittel und der Größe des Landes gelang es nur einer beschränkten Anzahl von Rotgardisten, bis nach Tibet zu kommen. Und selbst wenn einige davon tatsächlich an der Zerstörung der Tempel teilhatten, hätte ihre Aktion nur Symbolcharakter gehabt. Hunderte von Altären wurden in den Dörfern, auf den Feldern und Bergen zerstört. Niemand hätte das tun können ohne die Beteiligung der Leute aus der Gegend. Außerdem waren die meisten Rotgardisten, die bis in die Autonome Region Tibet gelangten, tibetische Studenten, die von den chinesischen Universitäten kamen …«

Lassen wir Wang Lixiong seine eigene Erklärung liefern: »Wenn man die Tatsache hervorhebt, dass es vor allem die Tibeter selbst waren, die die Tempel und Klöster niederrissen, enthebt das die Han keineswegs der Verantwortung. Dafür stellen sich Fragen, die über den Rahmen der Verantwortlichkeit hinausgehen. Warum haben die Tibeter, die jahrhundertelang die Religion als Zentrum ihrer Existenz betrachtet haben, mit eigenen Händen die Buddha-Statuen niedergerissen? Ihre Handlungen beweisen sicherlich, dass die tibetischen Bauern, nachdem sie begriffen hatten, dass sie ihr Schicksal selbst in die Hand nehmen konnten, sich in einer Befreiungsgeste sondergleichen des Schreckbilds eines Jenseits, das so lange auf ihnen gelastet hatte, entledigt und mit Gewalt bekräftigt haben, dass sie lieber Menschen in diesem Leben sein wollten als Seelen im nächsten …«[10]

Wang gehört zur chinesischen kommunistischen Intelligenzia, und seine Abhandlung und seine Erklärungen sind von maoistischer Ideologie gefärbt. Aber die Fakten, die er anführt, stimmen: Die Tibeter tragen einen Teil der Verantwortung für die Gräueltaten, die in ihrem eigenen Land begangen wurden.

Ebenfalls in der *New Left Review* und dem *Courier International* werden diese Fakten von dem tibetischen Historiker Tsering Shakya[11] auch gar nicht geleugnet. Als Antwort auf Wang Lixiong schreibt er: »Es ist wahr: Die Tibeter haben eine aktive Rolle in der Kulturrevolution gespielt. Diese historische Tatsache kann man nicht wegwischen. Aber es wäre gut, sie in eine entsprechende Perspektive zu stellen. Die Kulturrevolution ist nicht nur für die Tibeter ein heikles Thema, sondern auch für die Chinesen. […] Tibet wurde vom Feuersturm der Epoche mitgerissen, wie ganz China auch. Viele haben tatsächlich religiöse Bauten zerstört, ihre Nachbarn und Freunde als Reaktionäre denunziert oder gegen ihre Lehrer revoltiert. Das war eine Massenbewegung, die keine Ausnahmen zuließ. Im Übrigen war es undenkbar, eine distanzierte Haltung einzunehmen; es ging darum, zu denunzieren oder denunziert zu werden. Die Kommunistische Partei Chinas ließ keine andere Wahl. Die wenigen Mutigen, die sich weigerten, an diesem Wahnsinn teilzunehmen, zahlten den Preis dafür: Sie wurden als ›Volksfeinde‹ stigmatisiert und den öffentlichen Kritik-Sitzungen unterworfen. Man muss schon eine sehr plumpe Vorstellung von Freiheit haben, wenn man glaubt, dass eine solche Beteiligung damals eine selbst getroffene ›Entscheidung‹ für die Männer und Frauen bedeutete.«[12]

Enthüllungen sind selten, und die Analysen unterscheiden sich in beiden Lagern kaum.

Seit 1966 liegt eine Bleidecke über dem Dach der Welt.

Als die Haltung der Tibeter gegenüber den Kollaborateuren zur Sprache kommt, ruft Ngari Rinpoche, der jüngste Bruder des Dalai Lama, aus: »Na ja! … Frankreich hat dieses Problem am Ende des Zweiten Weltkriegs erlebt. In den Köpfen stecken noch viele

Erinnerungen an die Kollaboration mit den Deutschen. Für das tibetische Volk wird es die Gelegenheit sein, tatsächlich Gewaltlosigkeit anzuwenden. Wissen Sie, wenn man schwach ist, ist es sehr leicht, diesen Weg zu beschwören. Wenn man eine gewisse Macht erreicht hat, gehört manchmal sehr viel Mut und Stärke dazu, dieses Gebot zu praktizieren.«[13]

Die wenigen vertraulichen Mitteilungen zwischen langen Schweigeperioden bringen eine große Verzweiflung zum Ausdruck. Es ist, als würden die Tibeter, die zu sehr in die Kulturrevolution verstrickt waren, befürchten, dass noch immer, Jahrzehnte später, ihre Familien zerrissen werden könnten, in Patrioten und Kollaborateure, in Gläubige und Maoisten.

Die jungen Leute, von denen Wang Lixiong spricht, sind wahrscheinlich jene tibetischen Kinder – darunter hunderte von Säuglingen[14] –, die ihren Eltern unter grausamen Umständen entrissen worden waren.[15] In der Volksrepublik doktrinär erzogen, wurden ebendiese jungen Leute in ihr Heimatland zurückgeschickt, um mit dessen »reaktionärer Vergangenheit« Schluss zu machen.

Zahlreiche tibetische Rotgardisten haben die Kulturrevolution überlebt. Tsering Shakya bestätigt das : »Viele von ihnen haben heute auf regionaler Ebene wichtige Posten in der Partei inne.«[16] Und er ergänzt: »Tatsächlich werden solche Handlungen heute als Loyalitätsbeweise gegenüber der KPC betrachtet.«[17]

Das Problem der Rekrutierung der Rotgardisten tibetischer Herkunft geht über die einfache »Umerziehung« hinaus.

Der chinesische Dissident Harry Wu, der neunzehn Jahre seines Lebens in den *laogais* verbracht hat, erklärt: »Wenn viele der jungen Tibeter auf von der Partei eingerichtete Sonderschulen geschickt wurden, dann geschah das nicht, damit sie dort wissenschaftlich und technisch ausgebildet wurden, sondern um politisch geschult zu werden. Es handelte sich um den Versuch, aus diesen jungen Leuten Parteianhänger zu machen, bevor sie nach Tibet zurückgeschickt wurden, wo sie der KPC helfen sollten, ihre Herrschaft zu sichern und endgültig die religiösen Stände und die tibetische Kultur zu vernichten …«[18]

Der Dalai Lama vermeidet es, über die Geschichte dieser Kinder zu sprechen, die seit 1951 in Amdo, später dann in Kham und in

U-Tsang entführt wurden. Die Erinnerung an den Anblick der chinesischen Lastwagen, die mit offenem Verdeck durch die Straßen von Lhasa fuhren und hunderte von kleinen Knaben abtransportierten, macht seinen Blick traurig.

Auch die Mitglieder seiner Regierung schweigen. Was die anderen Würdenträger des tibetischen Buddhismus angeht, so führen sie alles auf das Karma der Menschen zurück ...

1967 unternimmt der Dalai Lama seine erste Reise außerhalb des indischen Territoriums, nach Thailand und Japan.

Als er Vietnam überfliegt, nähert sich ein B52-Bomber der US-Air-Force und bleibt für einige Sekunden auf gleicher Höhe mit dem Flugzeug, in dem sich Tenzin Gyatso befindet, was bei ihm folgenden Gedanken auslöst: »Ich war verblüfft, als ich feststellte, dass es selbst in zehntausend Metern Höhe unmöglich war, einem Akt der Unmenschlichkeit gegen Menschen zu entkommen.«[19]

Diese Reise kann seine Ansichten nur bestärken. Tenzin Gyatso wird all seine Auslandsaufenthalte dazu nutzen, vermehrt Kontakte zu knüpfen, um endlich die politische Anerkennung der tibetischen Nation und seiner Exilregierung zu erhalten. Mehr denn je will er den freien Willen aller seiner Landsleute respektieren: »Manchmal sind Menschen, die aus Tibet kommen, erstaunt über unsere Auffassung von Politik. Es passiert dann, dass sie unsere Regierung wegen ihrer fehlenden Geschlossenheit und eines scheinbaren Mangels an einer festen Grundlage kritisieren. Man muss diese Menschen verstehen, die sich in Tibet an etwas ganz anderes gewöhnt haben. Demokratie bedeutet, dass jeder gleiche Rechte hat; zu ihr gehört die Freiheit, seine Meinung zu äußern, darunter auch die, gegen die eigene Regierung Stellung zu beziehen. Ich bin überzeugt davon, dass sie, wenn sie das Prinzip verstanden und damit ihre Erfahrungen gemacht haben, unser Vorgehen irgendwann gutheißen werden. Im Moment leiden sie noch unter einer schrecklichen Diktatur.«[20]

Kurz nach dieser Reise verlässt der Dalai Lama Swargashram und zieht in einen Bungalow auf einem Hügel zwischen McLeod Ganj und Unter-Dharamsala. Nachdem er instand gesetzt worden ist, hat man dort ein Büro und einen Empfangssaal angebaut.

Amala, Jetsun Pema, deren Mann in Bangalore arbeitet, und ihre beiden Töchter begeben sich für einen Tag in die Residenz. Die Mutter bringt Nachrichten von Lobsang Samten und Thubten Jigme Norbu. Lobsang lebt in der Schweiz, und Thubten ist immer noch in den Vereinigten Staaten. Amala hat mehrere Monate mit ihnen verbracht, bevor sie wieder nach Dharamsala zurückgekehrt ist.

Am 10. März 1969 erklärt der Dalai Lama in seiner Rede zum zehnten Jahrestag des Aufstands in Lhasa, dass »an dem Tag, an dem Tibet wieder seine Unabhängigkeit erhält, das Volk selber entscheiden soll, welche Art von Regierung es haben will«, und dass es angesichts der wachsenden Probleme nicht sicher sei, »dass das Regierungssystem mit dem Dalai Lama als oberstem Chef weiterbestehen würde«.[21]

Währenddessen tun sich in China Kang Sheng, der Mann der Geheimdienste, und Zhou Enlai, der Architekt der Außenpolitik, zusammen, um die Konstellationen auf dem Schachbrett der internationalen Politik zu verändern.

Kang und Zhou wollen unter allergrößter Geheimhaltung eine Annäherung an die Vereinigten Staaten vorbereiten.

Am 27. April 1970 empfängt Fang Wen, der chinesische Militärattaché in Paris, den Besuch des US-amerikanischen Militärattachés, General Vernon Walters. Richard Nixon, der Präsident der Vereinigten Staaten, möchte Diskussionen mit Peking in Gang bringen.

Kurze Zeit nach diesem Kontakt leitet Vernon Walters, der zur DIA – Defence Intelligence Agency – gehört, die zu der »Firma« von Langley in Konkurrenz steht, ohne Wissen der CIA Gespräche ein und trifft sich mit Cao Guisheng, dem Repräsentanten des Diaochabu, in Paris.

Die Sache wird von Kang und Zhou in Peking genauestens verfolgt.

Das kommunistische China gibt grünes Licht für ein erstes Treffen, das am 25. Juli 1977 stattfindet. Henry Kissinger kommt mit dem chinesischen Botschafter Huang Zhen zusammen, einem ehemaligen General der Volksbefreiungsarmee, in geheimen Aktivitäten sehr erfahren.

Walters setzt alles in Bewegung, um die CIA herauszuhalten, die in der französischen Hauptstadt durch David Murphy vertreten wird, ehemals verantwortlich für die sowjetische Abteilung. Ziel ist es, die CIA daran zu hindern, die Nationalchinesen darüber zu informieren, was in Paris ausgeheckt wird.

Nach dem berühmten Besuch der US-amerikanischen Tischtennismannschaft in China vom 10. bis zum 17. April 1971 trifft Henry Kissinger am 9. Juli 1971 in geheimer Mission in Peking ein.

Am 26. Oktober 1971 wird die Volksrepublik China in die Vereinten Nationen aufgenommen.[22]

Man muss sich zwei Giganten, das kommunistische China und die USA, beim Würfeln vorstellen, gegen Knaben, die naiv und allein gelassen sind und die wissen, dass der Ausgang des Spiels schon feststeht. Das ist die Situation, in der sich der Dalai Lama und seine Exilregierung befinden, die international nicht anerkannt, also quasi inexistent sind.

Die Yapshis haben jetzt die Bestätigung dafür, dass sie im Koordinatensystem der großen Politik nichts mehr darstellen.

Taiwan ist gerade aus den Vereinten Nationen ausgeschlossen worden.

Richard Nixon reist nach Peking, wo er sich vom 21. bis zum 28. Februar 1972 aufhält. Der US-amerikanische Präsident trifft sich dort mehrmals mit Mao Zedong.

Bei ihren Gesprächen fällt kein Wort über Tibet und den Genozid, der auf dem Dach der Welt begangen wurde. Dafür erkennen die USA die Zugehörigkeit Taiwans zur Volksrepublik China an.

Insgesamt eine gute und schnelle Arbeit, die da von Henry Kissinger, Kang Sheng und Zhou Enlai im Vorfeld geleistet worden ist.

Zwischen Neu-Delhi, Darjeeling und Nepal hin und her reisend, gibt Gyalo Thöndup dem tibetischen Widerstand ständig vielfache Zeichen der Unterstützung. Und das seit vielen Jahren.

Er brennt vor Ungeduld und scheut keine Gefahr – das, was er bei den Khampas betreibt, ist eine heikle Angelegenheit.

Aus diesem Grund macht er es auch zu seinem persönlichen Anliegen. Dazu gehören Mut, gesunder Menschenverstand, Verantwortungsbewusstsein und ein unerbittlicher Wille, die Dinge zu ändern, das Leben der Flüchtlinge zu erleichtern und, wenn möglich, die Beziehungen zwischen den Tibetern zu verbessern.

Seine Überlegungen gehen so weit, dass er von einer Einheitspartei um den Dalai Lama herum träumt. Einer Partei, die schon gegründet ist und von einer großen Mehrheit der jungen Tibeter unterstützt wird. Diese breite politische Bewegung wäre eine Möglichkeit, auf der zivilen und religiösen Ebene wieder Ordnung in die tibetische Gesellschaft zu bringen. Sie würde die drei tibetischen Hauptprovinzen Amdo, Kham und U-Tsang symbolisch vereinigen.

Bei den Älteren freilich ticken die Uhren anders. Zwar sollte man meinen, dass er mit seinen Hoffnungen, seinem Furor und seinen kritischen Fragen auf große Zustimmung stoßen würde, aber das Gegenteil passiert. Das Misstrauen gegenüber Gyalo Thöndup und seiner starken Persönlichkeit ist groß.

So viel ist klar: Der Widerstand, der sich aus vielen Gruppen zusammensetzt, ist in blutige Rivalitäten verstrickt, und das prangert der Bruder des Dalai Lama an. Die Freiwilligenarmee hat ebenfalls gravierende Probleme. Die jungen Offiziere beklagen sich über General Bava Yeshi. Der Chef der Freiwilligenarmee, auch ein Khampa, erweist sich als arrogant, gewalttätig und als ein Mann ohne Glauben und Moral.

Wir erinnern uns: Gyalo Thöndup ist der Gründer des »Wohlfahrtskomitees für Tibet«, des Herzstücks des tibetischen Widerstands. In dieser Eigenschaft begibt er sich auch nach Mustang, in der Absicht, den Zerfall der Freiwilligenarmee zu verhindern.

Gyalo Thöndup trifft die Freiwilligen in einer ihrer hinteren Basen nahe der tibetischen Grenze. Nachdem er sich lange die Beschwerden gegen ihren obersten Chef angehört hat, enthebt er General Bava Yeshi aller seiner Ämter und ersetzt ihn durch General Gyatso Wangdu, einen erfahrenen Militär, den einzigen Überlebenden der ersten Gruppe von Widerständlern, die in den Vereinigten Staaten ausgebildet wurden.

Der entlassene General bricht jeden Kontakt zur Freiwilligenarmee ab. Er verlässt Mustang und geht nach Dharamsala. Hier trifft sich Bava Yeshi mit vielen Flüchtlingen, Beamten und einigen Adligen.

Er streut Verleumdungen: Nicht nur, dass er den Bruder des Dalai Lama beschuldigt, für das Verschwinden eines großen Teils des »Schatzes« verantwortlich zu sein, der in Missamari versteckt wurde, er klagt ihn auch an, den »gelben Fallschirm« und die US-amerikanischen, indischen und tibetischen Devisen, die 1959 über Tibet abgeworfen wurden, an sich genommen zu haben.

Der Khampa verlässt dann Dharamsala und stellt eine Truppe von dreihundert Mann auf. Nach Mustang zurückgekehrt, tritt er der Allianz der »Dreizehn Lager« bei, die in Opposition zur Einheitspartei von Gyalo Thöndup und der vom Dalai Lama eingeleiteten Politik der Öffnung steht.

Der Präsident der »Dreizehn Lager«, Khamtrul Rinpoche, sein Generalsekretär Chokling Rinpoche und Bava Yeshi, der die vierzehnte Gruppe dieser Allianz bildet, befürchten, wie sie sagen, eine »Fusion« der buddhistischen Schulen, die sie ihrer Autonomie berauben würde – und ihrer Privilegien.

Gyalo Thöndup, dem »kühnen Bruder des Dalai Lama«[23], wird vorgeworfen, die Absicht zu hegen, »die alten buddhistischen Schulen mit ihrem großen Mönchsapparat abzuschaffen und die großen Lamas von ihrem Sockel herunterzuholen«.[24]

Die Widersacher des Dalai Lama eilen sogar nach Rumtek, zum 16. Karmapa Rangjung Rigpe Dorje, um ihn zu bitten, die Führung dieser Opposition zu übernehmen.

Die Unterstützung des Karmapa, einer in Kham, seiner Heimatregion, besonders angesehenen Persönlichkeit, könnte den Dalai Lama, den Kashag und die tibetische Hauptverwaltung in eine üble Lage bringen – und natürlich Gyalo Thöndup, dem man alles Unglück, das dem tibetischen Widerstand begegnet, in die Schuhe schiebt.

Von nun an geraten die bis dahin eher freundschaftlichen Beziehungen zwischen dem Karmapa und dem Dalai Lama ins Wanken.

Gyalo Thöndup wird zutiefst von dem Gefühl beherrscht, verraten worden zu sein. Es gelingt ihm nicht, offen auszudrücken, was er empfindet. Er ist nicht einmal überrascht und denkt nur an den furchtbaren Schlamassel, den seine Landsleute im Exil heraufbeschworen haben.

Vom Kashag angeklagt, den »Schatz« von Sikkim vergeudet zu haben, von einem Teil des Widerstands verraten, verlässt der Bruder des Dalai Lama mit seiner Familie Indien, um sich in Hongkong niederzulassen. Eine heilsame Lebensveränderung.

In Hongkong erhält Gyalo Thöndup seine Kontakte zum RAW – Research & Analysis Wing – aufrecht, dem indischen Geheimdienst, der 1968 gegründet und innerhalb von drei Jahren zu einer mächtigen und Furcht erregend effizienten Organisation geworden ist.

Als er noch in Neu-Delhi wohnte, suchte Gyalo Thöndup regelmäßig das vierstöckige Gebäude in der Villengegend Vasant Vihar auf.

Für seinen Direktor, Rameshwar Nath Kao, ist der Bruder des Dalai Lama, der ein hervorragender Kenner des nationalistischen wie des kommunistischen China ist, eine interessante Figur. Seine Stellung im tibetischen Widerstand ist für das SSB – Special Service Bureau – oft nützlich gewesen, vor allem, wenn seine Agenten versuchten, die chinesische Unterwanderung zu unterbinden. Ebenso gute Dienste leistete Gyalo Thöndup dem BSO, dem Büro für Sonderaufträge.

Für den RAW, das »Haus der Spione«, ist alles, was antichinesisch ist, ein Segen. Daraus erklärt sich zu einem guten Teil, warum die indischen Geheimdienste während all dieser Jahre Gyalo Thöndup so aufmerksam Gehör geschenkt haben.

Aus Dharamsala treffen deprimierende Nachrichten ein.

1974 greifen die Nepalesen viertausend Khampas an und zwingen den tibetischen Widerstand, die Waffen endgültig niederzulegen.

Zwei Jahre später wird der politische Chef der Allianz der »Dreizehn Lager«, Gungthang Tsultrim, ermordet. Der Täter, der umgehend gefasst wird, gesteht, im Auftrag des Kashag gehandelt zu haben. Die tibetische Regierung habe ihm eine Summe im Wert von umgerechnet 7600 Euro für die Ausführung des Verbrechens gegeben.

Ein bezahlter Mörder oder ein Märchenerzähler? Niemand kennt die Wahrheit.

Im Laufe seines Verhörs erzählt der Mörder von Gungthang Tsultrim den indischen Polizisten, dass der Kashag ihm noch sehr viel mehr Geld versprochen habe, wenn er den 16. Karmapa Rangjung Rigpe Dorje töten würde.

Der Kashag habe geglaubt, der Karmapa sei für den Misserfolg bei der »Fusion« der tibetischen buddhistischen Schulen verantwortlich[25], und die tibetische Regierung habe schon bedauert, dass die Reinkarnationsfolge der Sharmapas mit der Genehmigung des Dalai Lama wieder in Kraft gesetzt wurde.

Seit 1962 bauen die Schulen des tibetischen Buddhismus wieder Tempel und Klöster: Die Kagyüpas sind in Sikkim aktiv; die Sakyapas und Nyingmapas in Nordindien und Nepal; die Gelugpas bauen in den 70er Jahren im Süden Indiens die Klöster Ganden, Sera und Drepung nach.

Dafür sind die religiösen Würdenträger sehr großzügigen privaten Spendern und den karitativen Organisationen zu Dank verpflichtet. Auch ihren Oberen. Die Gelder kommen aus Europa, vom amerikanischen Kontinent, aus Australien, Neuseeland und aus Asien.

Ohne zu übertreiben, darf man sagen, dass das, was für die religiösen Würdenträger Vorrang hat, meilenweit entfernt ist vom Überlebenskampf ihrer Landsleute, dieser bedauernswerten Menschen – Laien und Mönche –, die aus Tibet fliehen.

Und dann gibt es noch die Angehörigen der jungen Generation. Das Exil bietet ihnen die Gelegenheit, das Feudalregime, unter dem ihre Eltern und Großeltern gelebt haben, in Frage zu stellen. Die ersten Flüchtlinge, zumeist Analphabeten, äußerst abergläubisch und überall auf der Suche nach günstigen oder verhängnisvollen Zeichen, haben diese Möglichkeit nie gehabt.

Man bietet sie ihnen auch jetzt nicht. Es ist nicht schwer, die Verantwortlichen auszumachen: Die Aristokraten und die Mönche, die schleunigst wieder Terrain gewinnen und das gleiche System herstellen wollten wie in Tibet vor der kommunistischen Invasion.

Am 7. Oktober 1970 versammeln sich auf Betreiben von vier Tibetern – Tenzin Geishe, Tenzin Namgyal-Thetong, Lodi Gyari und Sonam Topgyal – mehr als dreihundert junge Leute mit Genehmigung des Dalai Lama in McLeod Ganj.

Die Älteren sind eingeladen worden. Staatsbeamte sind gekommen, Mitglieder des Kashag und auch Geistliche. Die Atmosphäre ist angespannt. So etwas hat es in Tibet nie gegeben.

Es zu wagen, sich den Älteren zu widersetzen, ihre Zwistigkeiten und Irrtümer aufzuzeigen, ihnen zu widersprechen und mit dem Finger auf Feigheiten zu zeigen ist nicht üblich. Aber die Jungen, von denen manche in den christlichen Internaten in Indien waren, und die anderen, die nach der Nursery tibetisch erzogen wurden, haben gelernt, was Verantwortung heißt.

Unter den Anwesenden ist kein Kind, das sich nicht an diese Lehre von Kundun erinnern würde: »Ich glaube, es ist notwendig, nachdrücklich auf eine Grundfrage der Menschheit hinzuweisen. Man muss diesen Gedanken verbreiten, denn jeder braucht ein klares Bewusstsein seiner Verantwortung den anderen gegenüber. Das müsste den Kindern erklärt werden. Vermittelt ihnen eine Haltung des Wohlwollens, selbst Insekten gegenüber … Für die Älteren ist es Zeit, auf die Kinder zu hören. Im Geist eines Kindes gibt es keine Grenzen zwischen den verschiedenen Nationen, sozialen Systemen oder unterschiedlichen Ideologien. Die Kinder wissen, dass alle gleich sind, dass alle Menschen Brüder sind. So gesehen, ist ihr Geist frei von Vorurteilen. Wenn man älter wird, fängt man an, von *unserer* Religion und von *unserer* Gesellschaftsordnung zu sprechen. Wenn diese Grenzen erst einmal gezogen sind, kümmert man sich kaum noch um das, was den anderen passiert, nichts ist mehr wichtig, außer dieser Vorstellung von *uns* und *ich*. Bei Kindern ist es so viel leichter, ihnen den Begriff der sozialen Verantwortung beizubringen.

Das ist eine erhabene Idee und keine religiöse Frage, sondern einfach ein Thema, das unsere eigene Zukunft und unsere Lebensaussichten betrifft. Sie können dafür Beispiele in der Geschichte finden. Egozentrische Menschen, die sich durch Grausamkeit und Egoismus hervortun, können zwar zeitweilig einen gewissen Ruhm erlangen, aber niemand achtet sie wirklich. Hitler und

Stalin wurden eine Zeit lang zu sehr mächtigen Persönlichkeiten; das erreichten sie durch ihre Bösartigkeit oder durch ihre aggressive Natur. Niemand empfindet Respekt für diesen unverdienten Ruhm. Wenn es aber um den Ruhm von Lincoln oder Mahatma Gandhi geht, so hat der einen ganz anderen Ursprung: Ein Werk, das alle bewundern.«[26]

Im Saal heben sich Hände. Die jungen Flüchtlinge stellen Fragen. Manche sind ziemlich peinlich. Die Älteren können ihr Unbehagen nicht verbergen.

Die Jungen verstehen die Ablehnung nicht, die Gyalo Thöndup erfährt. In ihren Augen hat er versucht, die Einheit Tibets im Widerstand herzustellen, mit dem Dalai Lama und seiner Regierung im Zentrum.

Fast eine Woche lang scharen sich diese dreihundert jungen Leute um ihre vier charismatischen Führer. Die Stimmen, die sich in diesem Oktober in Dharamsala erheben, stellen die Geburt einer Protestbewegung dar, einer politischen Opposition, die von einer Jugend angeführt wird, die das Verhalten jener Tibeter leid ist, die auf dekadente Weise am Vergangenen kleben.

Sie haben sogar überlegt, den Namen der »Partei der Einheit« zu übernehmen, der ihrem politischen Ideal angesichts eines gemeinsamen Feindes, der Volksrepublik China, so nahe kommt. Im Beisein des Dalai Lama unter der Bezeichnung Tibetan Youth Congress eröffnet, hat diese Versammlung nicht das Ziel, die weltliche Macht des Dalai Lama in Frage zu stellen. Ganz im Gegenteil! Was diese Jugendlichen anstreben, ist eine andere Haltung als die vom Dalai Lama gepredigte Politik der Gewaltlosigkeit.

Lhasang Tsering, der ehemalige Präsident des Tibetan Youth Congress und Direktor des Instituts Amnye Machen, weist darauf hin, dass die tibetische Jugend des Exils, die Töchter und Söhne der ersten Flüchtlingsgeneration, zum größten Teil in christlichen Internaten Indiens, aber auch in der Schweiz, in den Vereinigten Staaten, in Großbritannien und in Deutschland zur Schule gegangen ist.

Diese jungen Leute sehen die Zukunft Tibets pessimistisch. Im Bewusstsein der Verantwortung, die ihnen zufällt, wollen sie die Unabhängigkeit und Freiheit wiedererlangen.

Zu diesem Thema bemerkt Lhasang Tsering: »Ohne sie, ohne vollkommene Unabhängigkeit, gibt es nicht die geringste Hoffnung für Tibet. Wir haben nicht das Recht, die Zukunft der folgenden Generationen zu verraten. Wenn wir eine andere Wahl treffen, bringen wir Unehre über all diejenigen, die ihr Leben für unsere Sache gegeben haben, und missachten die Bestrebungen der Tibeter, die in Tibet leben.«[27]

1980 sind hunderttausend Tibeter nach Indien geflüchtet.

Trotz der massenhaften Zeugenaussagen über den Genozid, den die Chinesen weiterhin in Tibet begehen, schreibt der Dalai Lama am 29. Oktober 1981 im *Wall Street Journal*, dass es vernünftig sei, einen Dialog zwischen dem Kommunismus und dem Buddhismus in die Wege zu leiten: »Um die in meinem Artikel benutzen Formulierungen wieder aufzunehmen, würde ich sagen, dass der ursprüngliche Kommunismus und der Mahayana-Buddhismus durchaus Gemeinsamkeiten haben, und die sind fundamental. Eigentlich wäre es nur logisch, wenn die Anhänger des Buddhismus und die des Kommunismus Respekt füreinander entwickeln würden. Bei beiden steht das Gemeinwohl an erster Stelle. Außerdem ist der Buddhismus keine Religion, sondern eine Wissenschaft des menschlichen Geistes. Das bedarf einer Erklärung: Der Buddhismus ist nicht theistisch, das heißt, er lehrt nicht den Glauben an einen von außen auf die Welt einwirkenden Gott, an einen Schöpfergott; dagegen vertritt er die Idee der Schöpfung aus sich selbst heraus, das heißt, jeder Mensch schafft mit seinen Handlungen die Bedingung und Ursache für das, was er ist.

Der Buddhismus sagt auch, dass alles vom Karma abhängig ist. Jede Lebenssituation ist mit Handlungen und deren Beweggründen verknüpft, die früheren Leben entstammen. Man kann also seine Zukunft gestalten, indem man aus reinen Motiven heraus gute Handlungen begeht.

Analog dazu betont der Kommunismus oder Marxismus, dass alles auf der Arbeit beruht. Seine Theorie verbindet sich mit ethischen Prinzipien, und zwar dadurch, dass sein oberstes Ziel die Nutzbarmachung der Lebensgrundlagen und der Reichtümer ist, und nicht deren bloße Anhäufung. Dabei wird auf den vernünftigen Gebrauch des Geldes zum Nutzen der unbemittelten Mehrheit Wert gelegt und nicht darauf, dass es einige wenige als Schatz horten. In gleicher Weise betont der Buddhismus die Notwendigkeit, auf das Wohl der Mitmenschen zu achten. Das kann so weit gehen, dass das Wohl der Minderheit dem Wohl der Mehrheit geopfert wird.

Ursprünglich bekämpfte der Kommunismus die Ausbeutung und die Korruption; er war nicht unbedingt antireligiös. Gewisse religiöse Institutionen, bei denen sich herausstellte, dass sie von Korruption befallen waren, mussten bekämpft werden. Dasselbe gilt übrigens auch für den Marxismus. Positiv erscheinende Aspekte können bei der Umsetzung in die Praxis verfälscht werden, und dann muss man sich widersetzen. In diesem Sinne gilt es, Menschen und Systeme auseinander zu halten.

Generell ist jede Religion gegen Ausbeutung und Ungerechtigkeit. Der Buddha selbst beschritt einen revolutionären Weg, indem er über die einengenden Grenzen der Klasse hinausging und ein System der geistigen Entwicklung entwarf, das Individuen jeglicher Herkunft zugänglich ist.

Da die Grundidee des Marxismus nicht prinzipiell gegen die Religion gerichtet ist, gibt es keinen Grund, dass gläubige Menschen ihn als Urheber von Spannungen und Misstrauen betrachten. Man sollte vielmehr hervorheben, dass gewisse Ziele ähnlich sind. Manche Marxisten, die entweder über keine persönlichen Erfahrungen mit ihr verfügen oder schlicht keine Ahnung von ihr haben, betrachten die Religion zu Unrecht als ein kontraproduktives Element. Ein echter Marxist ist es sich schuldig, dogmatische und bornierte Ansichten abzulehnen, um gegenüber den Werten von Lehren, in denen es um die geistige Entwicklung geht, offen zu sein.«[28]

15 Das kurze Leben nach dem Tod

Überlasse deine Füße dem Blütenstaub,
Überlasse deine Hände dem Blütenstaub,
Überlasse deinen Kopf dem Blütenstaub.
Dann sind deine Füße Blütenstaub,
Dein Geist ist Blütenstaub,
Deine Stimme ist Blütenstaub.
Der Weg ist schön.

Gesang der Navajo-Indianer[1]

»Dreißig Jahre maoistisches Regime: Zehn Jahre Irrtümer, zwanzig Jahre Verbrechen. Es gibt nichts, worüber man sich freuen könnte.«[2]

Und trotzdem erkennen 1979 die Vereinigten Staaten unter Jimmy Carter China offiziell an.

Im gleichen Jahr schickt das Weiße Haus eine Einladung an den Dalai Lama, der seit zwanzig Jahren im Exil in Dharamsala lebt. Zwanzig Jahre, und sein politischer Status ist noch immer nicht anerkannt worden.

Daraufhin entsendet Peking einen Emissär nach Hongkong. Seine Mission besteht darin, Gyalo Thöndup zu einem Treffen mit Deng Xiaoping in die chinesische Hauptstadt einzuladen.

Gyalo Thöndup nimmt sofort Kontakt mit dem Dalai Lama auf. Drei Delegationen soll es erlaubt sein, nach Tibet zu reisen: eine einzigartige Gelegenheit für den Dalai Lama, die seit zwei Jahrzehnten abgerissene Verbindung zum tibetischen Volk zu erneuern.

Schon erheben sich auf tibetischer Seite warnende Stimmen:

Die »Dreizehn Lager«, mit dem Eintreffen Bava Yeshis vierzehn geworden, sprechen von neuen Tricks von Gyalo Thöndup.

Der Dalai Lama akzeptiert schließlich den Vorschlag der Chinesen, nicht ohne Zweifel am Vorstoß von Deng Xiaoping zu äußern, dem Hauptverantwortlichen für die Repressionspolitik in Tibet und in China. Aber man muss die Gelegenheit ergreifen, zumal die Zentralmacht Zeichen für eine Öffnung gegeben hatte. Zwei Jahre vorher hatte Präsident Li Xinnian gewisse Exzesse der Kulturrevolution bedauert, und Hua Guafeng, der neue Generalsekretär der KPC, hatte die tibetischen Bräuche im Land des Schnees wieder einführen wollen. Anschließend ließ man 1978 vierunddreißig Gefangene unter großem Propagandaaufwand frei, wobei die chinesische Nachrichtenagentur diese Tibeter als die letzten Anführer des Aufstandes präsentierte.

Die erste Delegation sollte die Lebensbedingungen in Tibet untersuchen. Geleitet von Lobsang Samten, fliegt die Gruppe am 2. August 1979 nach Hongkong, um Gyalo Thöndup zu treffen, die Stimmung in China unter Deng Xiaoping zu testen und wertvolle Ratschläge zu empfangen.

In Peking hatte es zweier Wochen erbitterter Diskussionen bedurft, ehe die Gruppe in zwei Toyotas zu ihrer langen Reise von viertausend Kilometern aufbrechen konnte, um am 26. September in Lhasa einzutreffen.

Bei ihrer Rückkehr nach Dharamsala im Dezember bringt die Delegation siebentausend Briefe, Tonbandaufnahmen und Fotos mit und damit ebenso viele erschütternde Zeugnisse, ohne die traditionellen Gebete für ein langes Leben des Dalai Lama und seiner Familie zu vergessen.

Bald folgt eine zweite Abordnung. Sie setzt sich aus jungen Leuten zusammen, die unter dem Vorwand, sie würden die Volksmassen zum Aufstand aufhetzen, ausgewiesen werden.

Die dritte wird von Jetsun Pema angeführt – die zu diesem Zeitpunkt gerade auf dem Weg nach Peking war – und soll sich über die Situation des Schulwesens informieren.

Die Jüngste der Yapshis schreibt einen Bericht[3] über die dreimonatige Reise durch ihr Heimatland.

Die von Lobsang Samten und Jetsun Pema geleiteten Delegationen bestätigen den langsamen Todeskampf eines Volkes, seiner Kultur und Sprache, wie er schon zwanzig Jahre zuvor in den beiden Berichten der Internationalen Juristenkommission von Genf beschrieben worden war.

Am Ende des Winters 1980 kommt Tenzin Chödrak, der Leibarzt des Dalai Lama, in Dharamsala an, nach einundzwanzig Jahren Lagerhaft freigelassen.

Nachdem er vom tibetischen Herrscher zu einer Privataudienz empfangen worden ist, nimmt er sofort wieder seine Aufgaben bei Seiner Heiligkeit wahr und wird auch wieder zum Arzt von Amala.

Traditionsgemäß begibt sich Tenzin Chödrak dann ins Kashmir Cottage. Das Wiedersehen zwischen Amala und ihrem Arzt und Vertrauten, den sie schon lange tot geglaubt hatte, ist ausgesprochen herzlich.

Tenzin Chödrak verhält sich am Anfang des Gesprächs mit Amala freilich sehr vorsichtig. Da ihr Jetsun Pema aber schon über das Ausmaß der Tragödie in Tibet berichtet hat, will die »Große Mutter«, die auf die achtzig zugeht, absolut alles über das Leben ihres Arztes in den Lagern wissen.

Tenzin Chödrak seinerseits erfährt von Amala, dass der Panchen Lama das grauenvolle Gefängnis Qin Cheng überlebt hat. Chökyi Gyaltsen war 1978 rehabilitiert worden. Zum Vizepräsidenten der Autonomen Region Tibet ernannt, wird er zwei Jahre später wieder in sein Amt als Vizepräsident des Nationalen Volkskongresses eingesetzt. Bald nach seiner Befreiung hatte der Panchen Lama um die Erlaubnis gebeten, nach Tibet zurückzugehen, um sich in seinem Kloster Tashilhunpo niederzulassen. Das war ihm gestattet worden. Aber wegen der Anwesenheit der Delegationen in Tibet und China hinderte ihn die Zentralmacht, sofort abzureisen: Chökyi Gyaltsen sollte nicht mit »gewissen nicht empfehlenswerten Leuten« sprechen.

Die Mutter des Dalai Lama und Tenzin Chödrak erinnern sich an Tchang Seb-Char, das Heim der Yapshis ... Von Gefühlen überwältigt, kann Amala ihre Tränen nicht zurückhalten. Sie erzählt, dass Jetsun Pema eines Morgens vor den mit einem Vorhängeschloss gesicherten Gittern stand. Als sie den Garten ohne Blumen, die abgeholzten Bäume und die von Unkraut überwucherten Alleen schließlich wiedererkannte, war es schwer, sich vorzustellen, dass dieses Haus mit den blau angestrichenen Fenstern einmal ihnen gehört hatte. Tatsächlich war Tchang Seb-Char zu einem Gasthaus für die Offiziere der chinesischen Armee gemacht worden.

Tenzin Chödrak berichtet, dass der Norbulingka in »Öffentlicher Volkspark« umbenannt worden ist. Dort konnte er einmal zwischen chinesischen und tibetischen Spaziergängern Thubten Jigme Norbu treffen und ihm eine Botschaft für den Dalai Lama und Amala mitgeben.

Amala wirkt sehr mitgenommen. Ihr Gesundheitszustand beunruhigt den Arzt. Vor vier Jahren hatte sie sich von einer Gehirnblutung wieder erholt. Danach wurde sie wegen ihres hohen Blutdrucks behandelt, und es ging ihr langsam besser. Diesmal ist es ernster.

Nach einem neuen Gehirnschlag bleibt die Mutter des Dalai Lama linksseitig gelähmt.

Einmal war sie wieder bei Bewusstsein, einige Sekunden lang. Amala bemerkte Tenzin Chödrak an ihrem Bett, lächelte ihm zu und murmelte, dass sie gerne das Ende ihrer Tage in Taktser, im heimatlichen Amdo, erlebt hätte.

Am 12. Dezember 1981 stirbt Chökyi Tsering, die *Gyalum Chenmo* (»Große Mutter«).

Bei der Nachricht von ihrem Tode machen alle Geschäfte in McLeod Ganj und Unter-Dharamsala zum Zeichen der Trauer zu.

Trotz der winterlichen Kälte und des Schnees schließt sich die indische Bevölkerung den tibetischen Flüchtlingen an, um Amala die letzte Ehre zu erweisen. In kleinen Gruppen kommen die Menschen aus McLeod Ganj den Weg herunter, der zur Residenz des Dalai Lama führt; aus Unter-Dharamsala steigen sie mit langsamen Schritten hinauf. Am Hang des Hügels versammeln sich alle zum Gebet.

Am 14. Januar, dem Tag der Einäscherung, den die Astrologen festgelegt hatten, findet man sich ein, um an der Begräbniszeremonie teilzunehmen.

Der Dalai Lama war, als seine Mutter starb, nicht in Dharamsala, er befand sich auf einer Pilgerfahrt nach Bodhgaya, dem Ort, an dem der Buddha die Erleuchtung erlangte.

Jetsun Pema, die sich damals auf Einladung des niederländischen SOS-Kinderdorfes in Amsterdam aufhielt, war telegrafisch vom Tod ihrer Mutter benachrichtigt worden. Sie kam am Tag nach der Einäscherung in Dharamsala an.

Die »Große Mutter« war nicht nur die Stütze der Familie, sondern auch ein Vorbild für die Gemeinschaft im Exil.

In den Herzen der Tibeter wird sie immer Amala bleiben.

Nach dem Tod seiner Mutter betraut Tenzin Gyatso seinen Arzt mit einer anderen Aufgabe, nämlich damit, vor den Abgeordneten der Nationalversammlung und seiner Regierung als Zeuge aufzutreten.

Am festgesetzten Tag, einem Donnerstag, begibt sich Tenzin Chödrak zur Residenz des Dalai Lama, um ihm den Puls zu fühlen. Dann geht er am Tempel vorbei und steigt mit langsamen Schritten den Weg hinunter, der zur Nationalversammlung führt.

Es ist nicht das erste Mal, dass er in einer Versammlung von tibetischen Staatsbeamten und Aristokraten als Zeuge auftritt. Aber an diesem Tag hat seine Aussage besonderes Gewicht: »Heute werde ich Ihnen nicht wieder erzählen, was ich im Gefängnis erlebt habe, sondern über die chinesischen Kommunisten sprechen. Ich war Zeuge: Diese Chinesen empfinden weder Liebe noch Achtung für menschliche Wesen. Es rührt sie wenig, dass Menschen unter der Folter sterben oder vor Erschöpfung in den Arbeitslagern zugrunde gehen. Für sie zählt nur, dass sie reich werden. Und sie sind zu allem bereit, um das zu erreichen: Korruption, Organhandel, Prostitution, Waffen- und Drogenhandel …«

Im Saal wird es laut. Die Abgeordneten wollen wissen, was mit ihren Ländereien, ihren Familien ist und was die Chinesen mit den Edelsteinen, dem Gold und Silber gemacht haben …

In diesem Moment schämt sich Tenzin Chödrak, Tibeter zu sein: »Diese Parlamentarier erinnerten mich an das Tibet vor 1949. Diese Leute, die immerhin ein öffentliches Amt in der tibetischen Exilregierung bekleideten, interessierten sich überhaupt nicht für das Schicksal ihrer Landsleute.«

Das Einzige, was sie interessierte, waren ihre Familien, ihre Geschäfte, der Handel und, das vor allem, was aus ihrem Eigentum geworden war. Oft hat er ihnen gegenüber seine Enttäuschung und Betroffenheit zum Ausdruck gebracht, ohne dass er von ihrer Seite auch nur ein Wort des Mitgefühls erwartet hätte.

Nach dem Tod Amalas wird für die Yapshis nichts mehr sein wie zuvor. Sie sind über die ganze Welt verstreut und werden sich nur noch zu großen Anlässen um ihren Bruder Tenzin Gyatso versammeln.

Thubten Jigme Norbu war mit seiner Frau Kunchok Gyaltsen und seinen drei Kindern Lhundup Namgyal, Kunga Gyaltsen und Jigme Kundun wieder in die Vereinigten Staaten zurückgekehrt. Auf Bitten des Dalai Lama hatte er ein Sabbatjahr genommen, um die Archive zu ordnen, in denen sich kostbare alte Texte befanden. Vor seiner Abreise hatte er Amala im Kashmir House untergebracht. Das war ein Bungalow, der, ursprünglich für kranke Kinder vorgesehen, später der indischen Regierung abgekauft und zu einem Gästehaus umgewandelt worden war. Da es Probleme bei der Verwaltung gegeben hatte, stand es frei, und er kaufte es dem Private Office, dem Privatsekretariat Seiner Heiligkeit, ab.

Der jüngste Sohn der Familie, Ngari Rinpoche, der Einzige, der außer dem Dalai Lama noch Mönch gewesen war, hatte ebenfalls geheiratet. Rinchen Khando hatte ihm zwei Kinder geschenkt, Tenzin Chönzom und Tenzin Lödö, die acht beziehungsweise sieben Jahre alt waren, als ihre Großmutter starb.

Gyalo Thöndup lebte immer noch in Hongkong. Zwei seiner Kinder, Tenzin Khedrup und Ngawang Tempa, waren in Darjeeling geblieben. Diki Dolkar wird den Tod ihres ersten Kindes, Yangzom Dölma, das ein Jahr nach Amala starb, nie überwinden.

Lobsang Samten war aus den USA zurückgekommen, um sich in Dharamsala niederzulassen. Seine Frau Namgyal Lhamo arbeitete für die Exilregierung. Der Lieblingsbruder des Dalai Lama hatte den Wunsch gehabt, sich aus der tibetischen Gemeinschaft zurückzuziehen, um ein friedlicheres Leben zu führen. Nach einem Aufenthalt in der Schweiz waren er und seine Familie nach Scotch Plains in New Jersey gegangen, und er hatte dort Arbeit als Hausmeister in einer Schule gefunden. Aufgespürt von einem Reporter, beendete Lobsang Samten, den seine US-amerikanischen Freunde Sam oder Kung-Fu nannten, seinen Aufenthalt in Amerika, nachdem am 19. Juli 1976 ein Artikel über ihn in der *New York Times* erschienen war. Im September 1985, einige Wochen nach der Rückkehr des Dalai Lama aus den Vereinigten Staaten, wurde Lobsang Samten, der an Gelbsucht litt, in Neu-Delhi ins Krankenhaus eingeliefert. Seine Frau und Jetsun Pema waren bei ihm, als er ins Koma fiel. Zwölf Tage später starb er.

Im September ist der Monsun in Neu-Delhi allmählich vorüber, aber die Hitze ist feucht und unerträglich. Die Yapshis entschließen sich, die Leiche einzubalsamieren und nachts im Auto nach Dharamsala zu transportieren. Trotz allem flößt der Dalai Lama, wie stets, den Seinen Mut und Kraft ein. Zum Tod äußert sich Seine Heiligkeit Tenzin Gyatso so: »Der Tod ist ein natürlicher Prozess; er ist eine Realität, und als solche muss man ihn akzeptieren, solange wir auf dieser Erde wandeln; da niemand ihm entgehen kann, sehe ich keinen Grund, mich deswegen zu sorgen; und wie ich schon meinen Vertrauten und anderen Menschen gesagt habe, ich betrachte den Tod wie das Ablegen alter und abgetragener Kleidung und nicht als ein wirkliches Ende …«

Auch Jetsun Pema hat ein schreckliches Drama hinter sich. Am 16. Februar 1984 hatte der Dalai Lama das Tibetan Children's Village in Bylakuppe eingeweiht. Pema hatte den Winter in der Kolonie verbracht und war zum Schulbeginn im März nach Dharamsala zurückgekehrt. Zwei Monate später wurde sie nachts um zwei durch lautes Klopfen an ihre Fensterscheibe wach. Diki Dolkar wollte ihre Schwägerin unbedingt sprechen. Lhundup Gyalpo, Pemas Mann, war bei einem Verkehrsunfall nahe Bangalore umgekommen. Jetsun Pema weckte ihre Kinder früh um sechs Uhr: Sie wollte sie selbst über den Tod ihres Vaters informieren. Ihre beiden Töchter, Tenzin Chödon und Kelsang Yangzom, waren damals siebzehn und fünfzehn Jahre alt, der Sohn, Tenzin Chödak, elf.

Sowie der Tod ihres Mannes bekannt wurde, verbreiteten sich in der tibetischen Gemeinschaft Gerüchte über einen Mord. Lhundup Gyalpo hatte tatsächlich das Haus mitten in der Nacht verlassen. Am Morgen hatte eine Nachricht im Lokalteil einer indischen Zeitung die Aufmerksamkeit seines Assistenten erregt. Es ging dabei um einen Verkehrsunfall, und die Autonummer war angegeben. Es war der Wagen von Lhundup Gyalpo ... Sechs Tage brauchte man, um die Leiche vollständig zu bergen.

Danach wurde der Astrologe befragt und das Datum für die Beisetzung festgelegt. Für Jetsun Pema und ihre Familie brach wieder eine Zeit der Trauer an. Das Geheimnis um Lhundup Gyalpos Tod wurde nie gelöst. Verbrechen oder Unfall – der Zweifel bleibt.

Tenzin Gyatso, der gerade aus den Vereinigten Staaten zurückgekehrt war, rief sofort Jetsun Pema an und schlug ihr vor, ihn nach Kulu zu begleiten, an einen Ort, an den er sich gerne zurückzog, um zu meditieren. Während dieser zehn Tage verbrachten beide viel Zeit damit, über den Tod von Lhundup zu reden. Pema erwog die Hypothese eines Mords, sie hatte auch schon mit Gyalo Thöndup und Diki Dolkar darüber gesprochen, die ihr vorschlugen, einen Detektiv zu beauftragen. Der Dalai Lama legte ihr nahe, nichts Derartiges zu unternehmen. Die Aristokratie und der Kashag machten es Pema nicht leicht. Sie warfen ihr vor allem vor, den genauen Ursachen des Todes von Lhundup Gyalpo nicht nachgegangen zu sein.

Monate vergehen, wir haben jetzt 1986. Jetsun Pema und ihre Kusine wollen zum Tempel und schlagen den Weg ein, der von McLeod Ganj aus zur Residenz Seiner Heiligkeit führt.

Mit einem Mal verdüstern wild aufgetürmte Wolken den Himmel. Je weiter sie dem Weg folgen, desto dichter wird der Nebel, der sich ihnen entgegenwälzt und die Häuser am Berghang fast verschluckt.

Auf einmal können sie sich nicht mehr auf den Beinen halten. Plötzliche Angst packt sie: Die Erde bebt.

Es kracht in den Bergen. In den Häusern tun sich Risse auf. Das Erdreich kommt ins Rutschen, reißt Bäume und Sträucher mit, von den Bergen stürzen Steine herab.

Durch einen unglaublichen Glücksfall wird niemand verletzt.

Auch die Residenz des Dalai Lama, die versteckt auf einem Hügel gegenüber von McLeod Ganj liegt, ist in Nebel gehüllt.

In dem Moment, in dem die Erde anfängt zu beben, liest Tenzin Gyatso in einem Nachrichtenmagazin.

Die Dachbalken haben nicht standgehalten, Steine lösen sich aus der Decke. Einer hätte fast seinen Kopf getroffen.

Als Jetsun Pema und ihre Kusine eintreffen, braucht es keine Worte. Dem Schrecken, der ihnen im Gesicht steht, setzt Tenzin Gyatso kühle Gelassenheit entgegen.

Das Erdbeben erreicht eine Stärke von 7,8 auf der Richterskala.

Als die Flüchtlinge erfahren, was in der Residenz ihres Herrschers passiert ist, eilen alle in die Tempel, um den Schutz der Götter zu erbitten.

Später kommt ein englischer Architekt nach Dharamsala. Nachdem die Medien die Nachricht verbreitet haben, fließen Spenden aus der ganzen Welt. So kann man ein neues Domizil für den Herrscher bauen, das mehr Sicherheit verspricht.

Zu dieser Zeit läuft Jetsun Pema in der Residenz immer wieder ein Tibeter über den Weg, der Tempa Tsering heißt. Er ist Sekretär ihres Bruders und arbeitet gleichzeitig für das Innenministerium. Eines Tages bittet er um ihre Hand.

Pema beschließt, mit ihren drei Kindern und dem Dalai Lama darüber zu reden.

Sowie die Heirat angekündigt wird, hagelt es Kritik an der Jüngsten der Yapshis. Die Tibeter hatten gedacht, dass Jetsun Pema nach dem mysteriösen Tod ihres Mannes in ein Kloster gehen würde.

Nachdem ihre Hochzeit in Neu-Delhi gefeiert worden ist, wird Tempa Tsering zum Verantwortlichen für die fünf Niederlassungen ernannt, in denen 32 000 tibetische Flüchtlinge im Süden Indiens leben. Anschließend wird er den Schlüsselposten des Sekretärs des Ministeriums für Information und Internationale Beziehungen bekleiden.

Im Krankenhaus von Zion in Illinois, nahe bei Chicago, stirbt am 5. November 1981 der 16. Karmapa Rangjung Rigpe Dorje im Alter von achtundfünfzig Jahren an den Folgen einer Krebserkrankung.

Der 16. Karmapa hinterlässt ein Reich, das durchaus auch von dieser Welt ist. Die Kagyüpa-Schule hat Millionen von Anhängern auf dem ganzen Erdball. Und zu seinen Lebzeiten stellte Rumtek eine Gegenmacht zum Dalai Lama und seiner Regierung dar.

Nachdem die Leiche in das Kloster Rumtek, den Sitz der Karmapas in Sikkim, überführt worden ist, beginnen am 20. November die Feierlichkeiten anlässlich der Einäscherung, zu denen sich mehrere tausend Anhänger versammelt haben.

Zuerst nur eine sanfte Brise, weht der Wind von Tibet her jetzt heftiger von den Bergen, wird immer stärker und lässt die Flammen des Scheiterhaufens tanzen. Der eisige Wind fährt knatternd in die Vordächer der Zelte und treibt den Rauch, vermischt mit durchdringenden Schwaden von Weihrauch, in Wirbeln hoch. Die Leiche des Karmapa brennt, die Flammen schlagen hoch, aus der Glut steigt dichter Rauch.

Plötzlich rollt, wie von einem unsichtbaren Geist getrieben, eine Kugel zur Nordseite des Scheiterhaufens, in die Richtung, in der Tibet liegt.

Misstrauische Blicke heben sich, kreuzen einander fragend. Alle zögern, sind merkwürdig berührt, vor allem aber aufgeregt. Unschlüssig, was zu tun ist, drehen sie sich zu Kalu Rinpoche[4] um.

Logon Tsechu, der Vertraute des Karmapa, ergreift die Kugel und legt sie etwas höher auf den Stupa.

In diesem Augenblick wissen alle, dass es sich um den Rest eines Organs handelt.

Tai Situ Rinpoche erscheint.

Er bemerkt die Erregung der Anhänger und Kalu Rinpoches.

Er sieht die Kugel auf dem Stupa, nimmt sie, und ohne einen Blick zurückzuwerfen, trägt er sie in den Haupttempel.

In diesem Moment weiß Tai Situ, dass die Kugel das Herz des Karmapa ist. Nachts kommt er zurück, um die Reliquie zu holen und sie mit in sein Zimmer zu nehmen.

Am 21. Dezember designiert der Generalsekretär des 16. Karmapa vier Regenten, um den Fortbestand der Linie zu sichern. Es handelt sich um Shamar Rinpoche, den Karmapa der Rotmützen, Situ

Rinpoche, der sich als »Herzenssohn« betrachtet, Kongtrul Rinpoche und Gyaltsab Rinpoche.

Ihnen obliegt es, die Reinkarnation des 16. Karmapa zu finden. Und sie sollen dafür sorgen, dass das Erbe Früchte trägt.

Nur lassen sich die zweihundert Jahre Verbannung der Sharmapas nicht mit einem Mal ausradieren. Die 14. Reinkarnation der Schule, Shamar Rinpoche, wird das am eigenen Leib spüren.

Nachdem der 2. Karmapa vorausgesagt hatte, dass er sich in zwei Personen, dem Karmapa der Schwarzmützen und dem Karmapa der Rotmützen, manifestieren werde, hat der Sharmapa als Karmapa der Rotmützen seinen Status als die Nummer 2 der Kagyüpa-Linie mit dem Einverständnis des Dalai Lama im Jahre 1964 offiziell wiedergewonnen. Diese Rückkehr ist nicht nach jedermanns Geschmack.

Wenn sie die Tradition achten, müssen sich Shamar Rinpoche und Tai Situ Rinpoche bei der Suche nach den Reinkarnationen abwechseln. Erinnern wir uns: Die Institutionalisierung der Reinkarnation bei der Wahl des spirituellen Oberhauptes ist dem 1. Karmapa Düsum Khyenpa aus dem 12. Jahrhundert zu verdanken. Er prophezeite, dass nach seinem Tod der Karmapa, wiedergeboren in einem Kind, seine Nachfolge antreten werde, und hinterließ einen Brief, in dem er in allen Einzelheiten angab, woran seine Reinkarnation zu erkennen sei.

Aller Wahrscheinlichkeit nach hat auch der 16. Karmapa einen Brief hinterlassen.

Gyaltsab Rinpoche, einer der vier Regenten, erinnert sich, dass der Karmapa ihm ein Gedicht vorgetragen hatte. Seine Heiligkeit hatte sich dabei auf einen Brief bezogen, der sich in einem »Schatzkasten« befinden sollte. Aber die zahlreichen Hindernisse, die bis zu dessen Auffinden auftauchen würden, erwähnte er mit keinem Wort.

Die Kontroverse beginnt bereits mit der Nominierung der vier Regenten.

Alles wird in Bewegung gesetzt, um die kostbare Botschaft des Karmapa aufzuspüren.

Es gibt auch Rangeleien, als es darum geht, den Sitz der Kagyüpas zu bestimmen: Situ Rinpoche und seine Anhänger neigen zu

Tsurphu in Tibet, das unter chinesischer Herrschaft steht; Shamar hält Rumtek für die bessere Lösung.

Die ersten Gerüchte über eine Reinkarnation kommen 1983 auf.

Im selben Jahr bringen drei der Regenten Shamar Rinpoche vor Gericht. Sie klagen ihn an, sich der Güter des Verstorbenen bemächtigen zu wollen, aber sie verlieren den Prozess.

Die Kagyüpas zerfleischen einander, stellen Spekulationen über die Kandidaten und die Zukunft der Regenten an.

Verleumdungen werden laut, während die Regenten versichern, der Karmapa werde sich schon bald manifestieren.

Am 9. Februar 1986 gibt Shamar Rinpoche bekannt, dass sich der 17. Karmapa unter Wahrung der Tradition reinkarnieren werde.

Es vergehen noch drei Jahre mit allerlei Zwischenfällen.

Ende 1989 schickt Tai Situ Rinpoche eine Botschaft an die drei anderen Regenten, die auf diese »wie die Freudenschreie eines Pfaus« gewirkt haben muss:

> Von hier aus nördlich, im Osten schneebedeckter Breiten
> Gibt es ein Land, in dem göttlicher Donner sich selber gebiert
> An einem herrlichen Ort, an dem die Nomaden lagern
> Und der das Zeichen der Kuh trägt.
>
> Die Methode ist Dondrup und die Weisheit Lolaga,
> Geboren im selben Jahr wie der, den die Welt braucht,
> Mit dem wunderbaren fernen Nachklang des reinen Weiß,
> Das ist der, der Karmapa genannt wird.

Also hat Tai Situ Rinpoche den Brief des 16. Karmapa Rangjung Rigpe Dorje wiedergefunden.

Zwischen Hongkong, Neu-Delhi und den Vereinigten Staaten …

1983 verhält sich Gyalo Thöndup wie ein echter Wortführer des Dalai Lama. Er begibt sich zum x-ten Mal nach Peking, in der Hoffnung, den Dialog mit der chinesischen Führung eröffnen zu können.

Ein Jahr später tritt der Dalai Lama seine dritte Reise in die

Vereinigten Staaten an. »Die beste Option«, erklärt er, »ist die Verhandlung mit China. In unserem Kampf haben wir alles versucht. Vergebens! Deshalb appellieren wir jetzt an die internationale Gemeinschaft, um zu versuchen, die chinesische Regierung davon zu überzeugen, sich an den Verhandlungstisch zu setzen. Aber wir bemühen uns auch, bei den Parlamentariern aller Nationen durchzusetzen, dass sie Resolutionen zur Tibetfrage verabschieden.«[5]

Das Ergebnis dieses Besuchs übertrifft alle Hoffnungen: Einundneunzig Mitglieder des Kongresses wenden sich in einem Brief an Li Xinnian, den Präsidenten des Volkskongresses in Peking, und gewähren damit der tibetischen Exilregierung und ihrem Herrscher zum ersten Mal Unterstützung.

Später wird der Kongress in Washington einen Bericht über die Menschenrechtsverletzungen in Tibet veröffentlichen. Andere Länder werden diesem Beispiel folgen. Dafür erwarten sie vom Dalai Lama, Vorschläge zu unterbreiten.

Am 21. September 1987 hält der Dalai Lama auf dem Kapitol eine Rede, in der er einen Fünf-Punkte-Friedensplan vorstellt: 1. die Umwandlung Gesamttibets in eine Friedenszone; 2. das Ende der chinesischen Umsiedlungspolitik, die das Fortbestehen der Tibeter als Volk bedroht; 3. die Achtung der fundamentalen Menschenrechte und der demokratischen Freiheiten des tibetischen Volkes; 4. die Wiederherstellung und der Schutz der Umwelt, sowie das Verbot der Herstellung und des Gebrauchs von Atomwaffen und der Lagerung von radioaktivem Abfall auf tibetischem Gebiet; 5. die Aufnahme von ernsthaften Verhandlungen über den zukünftigen Status Tibets und die Beziehungen zwischen dem tibetischen und chinesischen Volk.

Auf zwei Fragen soll hier näher eingegangen werden. Zunächst auf Punkt eins des Plans: die Schaffung einer Friedenszone. Der Dalai Lama selbst zeigt die Konsequenzen auf: »Es ist mein Wunsch, dass ganz Tibet, das heißt einschließlich der Provinzen Ü-Tsang, Kham und Amdo[6], in eine Zone umgewandelt wird, für die Ahimsa, Gewaltfreiheit, gilt. Die Schaffung einer solchen Zone entspricht ganz der historischen Aufgabe Tibets als pazifistischem und neutralem buddhistischem Staat, der als Pufferzone die beiden

Supermächte Indien und China trennen würde. Das geht in die gleiche Richtung wie der nepalesische Vorschlag, Nepal zu einer Friedenszone zu erklären, ein Vorschlag, den China zu unterstützen erklärt hat. Die von Nepal vorgeschlagene Friedenszone wäre im Übrigen noch wirkungsvoller, wenn sie Tibet und die angrenzenden Gebiete mit einbezöge ... Eine solche Entscheidung würde zwangsläufig die Entmilitarisierung des tibetischen Hochlands zur Folge haben. Sie würde es auch Indien ermöglichen, seine Streitkräfte aus den an Tibet grenzenden Himalaya-Regionen abzuziehen. Diese Aktion könnte unter dem Schutz eines internationalen Abkommens durchgeführt werden, das die legitimen Sicherheitsbedürfnisse Chinas berücksichtigt. Mit der Zeit würde das zu vertrauensvollen Beziehungen zwischen Tibetern, Chinesen, Indern und den anderen Völkern aus den angrenzenden Gebieten führen. Ich persönlich sehe einen doppelten Nutzen bei einem solchen Vorgehen: Einerseits würde sich die Sicherheit der betreffenden Länder erhöhen; andererseits würden sich für Indien und China die wirtschaftlichen Belastungen reduzieren, die eine hohe Truppenkonzentration an den Grenzen des Himalaya mit sich bringt.«

Überlassen wir noch einmal dem Dalai Lama das Wort: »Es steht außer Zweifel, dass die Tibeter, innerhalb und außerhalb Tibets, sehr große Hoffnungen auf mich setzen. Und ich bin entschlossen, alles, was in meiner Macht steht, für das Wohlergehen meines Volkes zu tun. Die Tatsache, dass ich dazu in der Lage bin, verdankt sich meinem Karma und meinen Gebeten in früheren Leben. In Zukunft möchte ich jedoch kein offizielles Amt in der Regierung bekleiden. Ich werde wahrscheinlich so etwas wie eine öffentliche Instanz sein, die man hinzuzieht, um Rat zu geben oder schwierige Probleme zu lösen, die von der bestehenden Regierung oder mit dem politischen Instrumentarium nicht zu bewältigen sind. Als eine außerhalb der Regierung stehende Privatperson könnte ich meinem Volk besser dienen ... Außerdem müsste Tibet, wenn es als ein mit allen Rechten ausgestattetes Mitglied der modernen internationalen Gemeinschaft überleben will, die Meinung aller seiner Bürger zu Wort kommen lassen und sich nicht auf eine einzelne Person stützen. Das bedeutet, dass das Volk bei der Gestaltung der politischen und sozialen Richtlinien aktiv beteiligt werden muss. Ich bin sowohl des kurzfristigen als des langfristigen Interesses des tibetischen Volkes wegen zu dieser Entscheidung gekommen und nicht, weil ich mich meinen Verpflichtungen entziehen will. In dem Punkt braucht man sich keine Sorgen zu machen!«

Oslo, 11. Oktober 1989. Seine Heiligkeit, der 14. Dalai Lama, erhält den Friedensnobelpreis. Eine glänzende Bestätigung für diesen »einfachen Mönch« und seine Politik der Gewaltfreiheit. Sein Fünf-Punkte-Friedensplan, den er in seiner Rede vorstellt, wird mit Beifall aufgenommen. Seine Heiligkeit schließt mit einem kurzen Gebet:

> Solange der Weltraum besteht,
> Solange Lebewesen existieren,
> Möge auch ich bleiben,
> Um das Leiden der Welt zu beenden.

Thubten Ngodup wirft selten einen prüfenden Blick auf seine Vergangenheit. Fast nie fragt er sich, warum für ihn alles so kam, wie es gekommen ist. Wenn er gelegentlich in Gedanken versinkt, dann nur, um ganz schnell wieder daraus aufzutauchen: Seine Eltern und er kommen aus der Region Phari in Tibet; wie viele seiner Landsleute sind sie geflohen.

Thubten war noch ein Kind, aber er erinnert sich, dass er unendlich viele Hügel überqueren musste und die Vorstellung hatte, die verschneiten Gipfel des riesigen Himalaya würden sie am Ende verschlingen. Die Gruppe erreichte schließlich Bhutan und das Kloster Phajoding im Tal von Thimphou. Einige Tage später zogen sie weiter nach Dharamsala.

Dort tritt Thubten mit dreizehn Jahren in das Kloster Nechung ein, das zu der Zeit nur ein Bungalow ist. Das alte Kloster war von den Chinesen 1959, als der Dalai Lama ins Exil gezwungen wurde, zerstört worden.

Nachdem das 13. Orakel der Linie 1984 verstorben war, hatte Tenzin Gyatso ein Gebet verfasst, um die Suche nach seiner Reinkarnation zu unterstützen.

Am 31. Mai 1985 kommen die Mönche von Nechung und von

Drepung in Dharamsala zu einer Zeremonie zusammen. An diesem Tag erlebt Thubten Ngodup seine erste Trance.

Die Freude der Mönche ist groß: Die 14. Reinkarnation von Nechung ist da.

Kutenla erinnert sich: »In Tibet wurde immer am zweiten Tag des zweiten Monats des tibetischen Jahres eine Zeremonie für das Orakel veranstaltet. Diese Tradition konnte in Indien nicht fortgesetzt werden. Dennoch gab es eine Veranstaltung. Während die Mönche um mich herum beteten, empfand ich tiefe Angst. Ich glaube, das war unmittelbar vor der Trance, in jenem Moment, in dem der Geist von Nechung von mir total Besitz ergriffen hat. Danach erinnere ich mich an nichts mehr.«[7]

Gehen wir einige Jahrhunderte zurück. Padmasambhava hat den Buddhismus nach Tibet gebracht und gilt als Bezähmer der Dämonen, die in dem Land spukten; er bezog sie beim Bau der Tempelanlagen des tibetischen Buddhismus mit ein. Als König Trisong Detsen 770 den Buddhismus zur Staatsreligion erklärte, begannen Padmasambhava und seine Anhänger mit dem Bau von Samye[8], einem beeindruckenden Kloster, das sich längs des Tsangpo, zwischen Lhasa und der alten Hauptstadt Tsethang, erstreckt. Dort ernannte der große Meister das Orakel von Nechung zum Beschützer von Tibet. Muni Tsenpo, Sohn von Trisong Detsen, ließ einige Jahre später ein kleines Kloster ungefähr sechs Kilometer von Lhasa entfernt errichten, das er Nechung Yulo Kö nannte. Dort richtete sich eine Gemeinschaft unter der Leitung eines Abtes ein, der ein Bildnis der Göttin Tara[9] an diesen Ort gebracht hatte. Samye, die erste monastische Institution in Tibet, bei den Tibetern eher unter dem Namen Nechen, »großer Ort«, bekannt, und Nechung, kleiner Ort, beherbergten nun alle beide die Schutzgöttin. Im 16. Jahrhundert sah sich Gyalwa Gendün Gyatso, der den Titel des 2. Dalai Lama in der Abfolge der Reinkarnationen rückwirkend erhielt[10], in einem ernsthaften Dilemma. In Tibet gab es auf der einen Seite eine intellektuelle Minderheit, die religiös inspiriert war. Ihr stand eine große Mehrheit gegenüber, die in mystischen Vorstellungen lebte, durch lange Zeit hindurch von der mündlichen Tradition genährt. Gyalwa Gendün Gyatso wusste, dass sein Land unbedingt beide Strömungen brauchte, wobei die Sutras die Grundlagen des buddhistischen Lehrgebäudes bildeten und die Tantras die höheren Ebenen des Wissens darstellten. Indem er sie zusammenbrachte, prägte der 2. Dalai Lama das kulturelle Leben Tibets nachhaltig. Er unterhielt eine sehr enge Beziehung zum 1. Orakel von Nechung. Der 5. Dalai Lama, der als Erster auch die weltliche Macht ausübte, war es dann, der das Orakel von Nechung zum Hauptbeschützer der tibetischen Regierung ernannte, verantwortlich für Frieden und Harmonie auf der Erde. Als offizielle Instanz, die in spirituellen Angelegenheiten – etwa bei Reinkarnationen – und auch bei politischen Fragen von den Dalai Lamas und ihren Regierungen konsultiert wurde, begleitete das Orakel von Nechung Tibet durch seine wechselvolle Geschichte. Der 13. Dalai Lama verstärkte seine Macht noch. Zu jener Zeit beherbergte das Kloster über hundert Mönche.

Niemand hat vergessen, wie das Orakel wenige Stunden vor der Flucht der Yapshis zu Füßen des Dalai Lama tot umfiel.

Kehren wir nun zu Thubten Ngodup zurück. Am 25. Juli 1985 ernennt ihn der Kashag offiziell zum Nechung Kuten. Thubten selbst definiert sein Amt so: »Wenn wir Tibeter das Orakel anrufen, betrachten wir es nicht als eine Person. Wir denken dabei an den Geist, der sie bewohnt, den Geist als Strahl der Weisheit. Er wird als momentane Erleuchtung betrachtet. Ich als Medium diene zu einem bestimmten Zeitpunkt als körperliches Gefäß für diese Weisheit, die der übernatürlichen Welt entstammt.«[11]

Die Legende berichtet Folgendes: »Es war einmal ein Magier, der am Oberlauf des Flusses Kyi-Chu lebte. Eines Tages nahm er ein Holzkästchen und zwang dort einen Geist hinein, der nach seinen eigenen Worten die Gabe des Hellsehens besaß. Er warf dann den Kasten mit seinem Gefangenen in die tosenden Wasser des Flusses … Viel weiter stromabwärts ging ein Mönch des Klosters Drepung am Ufer spazieren und bemerkte das Kästchen, das auf den Wellen hin und her schaukelte. Mit Mühe gelang es ihm, es zu bergen.

Plötzlich wurde es ganz still um ihn herum, und obwohl kein Lufthauch wehte, spürte er, wie ein Schaudern seinen Körper überlief.

Von Neugier überwältigt, öffnete er den Kasten, und der Geist fuhr aus dem Gefängnis, wobei er schrecklich aufheulte und sich dann in eine Taube verwandelte, das Symbol der Reinheit. des Friedens und der Weisheit.

Die Taube flog davon, ließ sich aber nicht weit entfernt in einem Wäldchen nieder und blieb dort.

Um zu verhindern, dass der Geist sich in das Böse verwandelte, errichteten die Mönche und die Einwohner der Gegend einen Tempel, da, wo die Taube sich niedergelassen hatte.«

Wenn der im Tempel amtierende Lama den Geist nun beschwört, bemächtigt der sich seines ganzen Wesens, und der Lama fällt in Trance.

Tenzin Gyatso sagt über seine Beziehung zu Nechung: »Seit Jahrhunderten schon befragen der Dalai Lama und der Kashag bei den Feierlichkeiten zum neuen Jahr das Orakel. Aber das Orakel kann auch bei anderen Gelegenheiten zu sehr spezifischen Fragen wie der Suche nach einer Reinkarnation hinzugezogen werden. Ich selbst konsultiere es mehrmals im Jahr. Euch westlichen Menschen des 20. Jahrhunderts wird das sehr sonderbar vorkommen. Ich weiß auch, dass sich manche Tibeter, die sich für ›progressiv‹ halten, fragen, ob diese Tradition aufrechterhalten werden sollte. Ich für mein Teil kann sagen, dass ich jedes Mal, wenn ich das Orakel befragt habe, feststellen konnte, dass die Antworten richtig waren.«[12]

Tibet 1989. Die chinesischen Kommunisten zeichnen ein überraschendes Porträt des verstorbenen Panchen Lama: Vizepräsident des Nationalen Volkskongresses und Ehrenvorsitzender des Buddhistischen Verbandes von China, gilt Chökyi Gyaltsen als herausragender spiritueller Führer, als großer »Patriot« und großmütiger und fähiger Politiker.

Und als ob das noch nicht genug wäre, fügt Peking noch hinzu, dass der Panchen Lama sich über Jahrzehnte den vom Dalai Lama und seiner Clique angeführten »Separatisten« widersetzt habe und so einen eigenen Beitrag zur Einigung des Mutterlandes, zum Glück des tibetischen Volkes, zum Aufblühen des Buddhismus und zum Frieden in der Welt geleistet habe. Und da er nach den Worten der chinesischen Behörden unermüdlich für den Fortschritt Tibets gewirkt hatte, habe er versprochen, wiedergeboren zu werden, damit er die Aufgabe, die er begonnen habe, zu Ende führen könne.

Vergessen die »Siebzigtausend Schriftzeichen« von 1962. Die Jahre im Gefängnis von Qin Cheng – weggewischt! Die Thamzing-Sitzungen, bei denen der Panchen Lama Fehler eingestehen musste, die er nie begangen hatte, hat es nie gegeben! Und die Fotos, auf denen zu sehen ist, wie er von Chinesen und prokommunistischen Tibetern Schmähungen erleidet, sind natürlich alle gefälscht.

Es ist also nicht verwunderlich, dass die Berichte über seinen Tod wie ein tibetisches Märchen klingen.

Am 13. Januar 1989 verlässt der Panchen Lama Lhasa, um sich in sein Kloster Tashilhunpo zu begeben.

Am 22. weiht Chökyi Gyaltsen die Mausoleen von mehreren seiner historischen Vorgänger ein, die während der Kulturrevolution von den Roten Garden in die Luft gesprengt wurden und die gerade restauriert worden sind.

Am 24. soll der Herr von Tashilhunpo, die zweithöchste Autorität der Gelugpa-Schule, mit religiösen Würdenträgern aus den Provinzen Qinghai, Gansu, Sichuan und Yunnan zusammengekommen sein, um Fragen seiner künftigen Wiedergeburt zu besprechen: »Wählt zunächst drei Kandidaten aus, dann zieht das Los aus der goldenen Urne, die ihr zuvor im Jokhang vor die Statue des Jowo – des Buddha Shakyamuni – gestellt habt …«

Diese Äußerungen sind Zitate kommunistischer Funktionäre aus Shigatse. Doch es gibt keine Zeugenberichte von Tibetern, die bestätigen würden, dass diese für die Gelugpa-Schule und die vom Dalai Lama verkörperte Souveränität Tibets so bedeutsamen Worte tatsächlich gefallen sind.

Am 28. Januar um 20 Uhr 16 soll der 10. Panchen Lama Chökyi Gyaltsen[13] an »Überlastung« gestorben sein. Dieser Herzanfall kommt für Peking wie gerufen.

Und so wird diese chinesische Version auch sofort angezweifelt. Es gibt Vermutungen, wonach der Panchen Lama vergiftet worden ist, auf einen Beschluss der Zentralregierung hin, der am Tag nach der Rede getroffen wurde, die Seine Heiligkeit am 24. Januar gehalten hatte. Der Panchen Lama hatte darin die chinesische Besatzung scharf kritisiert. Sie werde zur Zerstörung der Identität Tibets und der Tibeter führen. Am selben Tag soll er dann über seine Wiedergeburt gesprochen haben …

Zum besseren Verständnis müssen wir auf das Jahr 1982 zurückkommen. Nachdem die Delegationen aus Dharamsala abgereist waren, wurde dem Panchen Lama erlaubt, nach Tibet zurückzukehren. Am 6. Juli erklärte er vor dreißigtausend Menschen, die sich zu seinem Empfang vor dem Jokhang versammelt hatten: »Tibet ist meine Heimat, und ich empfinde eine ganz besondere Wertschätzung für dieses Land. In den letzten achtzehn Jahren habe ich hier nicht gelebt, aber mein Herz hat stets im Einklang mit dem des tibetischen Volkes geschlagen. Immer habe ich Tibet und die Tibeter vermisst, und ich dachte stets an das Wohl des Volkes …«[14]

Chökyi Gyaltsen wandte sich auch an seine jungen Landsleute: »Die Jungen müssen ihre Jugend nutzen, um mit Eifer vor allem die tibetische Kultur zu studieren, damit sie das Niveau des gesamten Volkes heben und ihm einen Platz unter den entwickelten Nationen verschaffen …«[15]

Am 24. Juli desselben Jahres bereiteten mehr als fünfhundert Mönche dem Panchen Lama einen begeisterten Empfang. Die Feierlichkeiten aus Anlass seiner Rückkehr nach Tashilhunpo waren grandios, auch wenn die Geheimpolizei ihm nicht einen Millimeter von der Seite wich. Es hinderte ihn nicht, erneut seine Verbundenheit mit Tibet zu bekunden.

Im Februar 1985 beschwor der Panchen Lama bei den Neujahrszeremonien in Lhasa ein letztes Mal die geistigen Bande zwischen ihm und dem Dalai Lama: »Die Freundschaft, die mich mit dem Dalai Lama verbindet, ist ihrem Wesen nach spiritueller Art. Es gibt zwischen Kundun und mir keine Differenzen. Auch wenn einige versuchen, Zwietracht zwischen uns zu säen, wird es ihnen nicht gelingen, uns zu trennen …«[16] Zwei Jahre später attackiert der 10. Panchen Lama auf dem Nationalen Volkskongress die chinesische Politik in Tibet und kritisiert nachdrücklich die Umsiedlungen und die Diskriminierung der Tibeter.

1989 werden chinesische Siedler massenhaft nach Tibet geschickt, das heißt, dass Deng Xiaopings Politik auf eine massive Sinisierung hinausläuft.

16 Verwerfungen durch die Zeit

Man muss auf die menschliche Seele setzen.
Wer weiß, ob sie nicht ein ungeschliffener Diamant ist.

Mary McLeod Bethune

1990 ist in der tibetischen Exilgemeinschaft Wahljahr. Jeder Tibeter ab dem 18. Lebensjahr ist aufgefordert, zur Wahl zu gehen. Um gewählt zu werden, darf der Kandidat nicht jünger als fünfundzwanzig Jahre sein.

Zu der Zeit hält sich Jetsun Pema in Bangalore auf. Dort erreicht sie die Nachricht, dass sie sich unverzüglich nach Dharamsala begeben soll, weil sie mit 70 Prozent der Stimmen zum Kalön gewählt worden ist.

Zum ersten Mal in der Geschichte Tibets ist eine Frau zur Ministerin gewählt worden.

Jetsun Pema leistet am 12. Mai 1990 vor dem Dalai Lama in dessen Residenz den Eid.

Auf dem Weg nach McLeod Ganj drängen sich die Menschen, als sie vorbeifährt.

Mit Khatas behängt, wendet sie sich an ihre Landsleute: »Ich danke euch, dass ihr mich gewählt habt, aber ich bin darüber nicht glücklich!«

Im Wissen, dass die tibetische Sprache die Grundlage der Religion und der Kultur darstellt, wird Jetsun Pema während ihrer Amtszeit ein Programm aufstellen, das die Kenntnis der tibetischen Sprache und das Bewusstsein der tibetischen Identität in den Schulen fördern soll, die von der indischen Regierung unterhalten werden.

Dass eine Frau für einen Ministerposten nominiert worden ist, wirkt sich vorteilhaft auf die tibetische Gemeinschaft aus. Die Frauen im Exil, die jungen und die nicht mehr jungen, begreifen nach und nach, welche Rolle ihnen in ihrer Gesellschaft zukommt.

1995 geht der Dalai Lama ein Problem seiner Verfassung an: Eine Auflösung des Parlaments ist darin bisher nicht vorgesehen.

Es wäre ideal, wenn man sie ändern könnte, nach französischem Vorbild beispielsweise. Es ist ein schwerwiegendes Problem, zumal sich der Kashag einer solch tief greifenden Veränderung widersetzt.

Der Dalai Lama begeht wahrscheinlich einen schweren Fehler, indem er diese Änderung nicht durchsetzt. »Ein System, das dem französischen entspricht, wäre in meinen Augen angemessener«, erklärt Ngari Rinpoche. »Für den Fall, dass die Regierung versagt, wäre es dann möglich, sie mittels eines demokratischen Votums abzusetzen. Das ist bei unserer Regierung gegenwärtig nicht der Fall, die für die Dauer von fünf Jahren im Amt bleibt – komme, was da wolle.« Und er fährt fort: »Zunächst müssen wir Selbstkritik üben. Die Verantwortlichen an der Spitze unserer Regierung sollten mehr Strenge zeigen. Sie müssten diejenigen Abgeordneten, die wirklich arbeiten, mehr unterstützen und sich von denen trennen, die nicht genügend leisten. Wissen Sie, ich habe erlebt, dass unfähige Leute sich haben versetzen lassen, obwohl man sie einfach hätte entlassen müssen. So etwas ist sehr bedauerlich. Jemand, der sich in einem Ministerium als inkompetent erweist, wird es auch überall sonst sein, egal, wo. Strenge Anforderungen gehören auch zu den demokratischen Werten.«

Da der Dialog mit China nicht von der Stelle kommt, erwägt der Dalai Lama auch die Idee eines Volksentscheids: »Jeder weiß, dass sich in der Politik die Dinge sehr schnell entwickeln können. Wir haben den Zerfall totalitärer Systeme erlebt, und wir bemerken in der ganzen Welt ein wachsendes Bedürfnis nach Demokratie. Das ist auch in China so. Im Übrigen glaube ich, dass nur die Ideen der Demokratie jeder Form von diktatorischem Denken ernsthaft etwas entgegenzusetzen haben, weil sie genau das sind, was Diktaturen fürchten. Falls sich der Dialog zwischen Tibet und China erneut festfahren würde, wäre der Moment gekommen, unsere Landsleute zu einem Volksentscheid aufzurufen. Gewiss handelt es sich aufgrund der Lage in Tibet um einen etwas komplizierten demokratischen Akt, aber ein solcher Volksentscheid ist möglich.«[1]

1995 kommt Bewegung in die Dinge, in Dharamsala wie auch in Tibet.

Am 15. Mai erkennt der 14. Dalai Lama offiziell Gendün Chökyi Nyima als Reinkarnation des 10. Panchen Lama an, der am 28. Januar 1989 in Shigatse verstorben ist.

Gendün, am 24. April 1989 in Lhari im Bezirk Nagchu geboren, ist gerade sechs Jahre alt. Er lebt in seinem Heimatdorf in Tibet.

Der Dalai Lama ist den Chinesen zuvorgekommen.

Diese für die Zukunft Tibets so entscheidende Bekanntgabe bedarf einiger Erläuterungen.

Zwei Tage nach dem Tod des 10. Panchen Lama schreibt Chadrel Rinpoche, Leiter des demokratischen Führungskomitees des Klosters Tashilhunpo, einen Brief an den Dalai Lama, in dem er Seine Heiligkeit bittet, für eine schnelle Wiedergeburt des Panchen Lama zu beten.

Am 31. Januar wird dieser Brief in der »Tageszeitung für Tibet«, dem offiziellen Organ der chinesischen Regierung, veröffentlicht. Premierminister Li Peng beauftragt Chadrel Rinpoche, ein »Suchkomitee« zu bilden, um die kindliche Reinkarnation zu finden, und erklärt, dass »Personen aus dem Ausland nicht befugt sind, sich in das Auswahlverfahren einzumischen«.

Im August veröffentlichen die chinesischen Behörden einen Fünf-Punkte-Plan für die Suche nach der Reinkarnation des Panchen Lama. Dieses Dokument ist das Ergebnis eines Kompromisses zwischen der Zentralmacht und der Verwaltung von Tashilhunpo. China beansprucht das letzte Wort bei der Feststellung der Identität des Kandidaten.

Zu der Zeit hatte der Dalai Lama schon angeboten, eine Delegation von zehn Lamas nach Tibet zu schicken, die sich an der Suche beteiligen sollten. Im März 1991 erneuert er seinen Vorschlag. Im Juni bekommt er Antwort. Li Peng wünscht keinerlei »Einmischung« in diese Angelegenheit.

Chadrel Rinpoche hatte aber einige Monate zuvor über den »offiziellen Weg« eine Botschaft an Tenzin Gyatso geschickt: Die Zeichen weisen darauf hin, dass der Panchen Lama sich reinkarniert hat. Der Dalai Lama hat es nicht vergessen! Und er hat sofort geantwortet, über die chinesische Botschaft in Neu-Delhi.

Seine Heiligkeit lädt sogar das Suchkomitee nach Dharamsala ein. Sein Brief wird nicht beantwortet.

Zwischen Februar 1994 und Juni 1995 werden in sechsundvierzig Landkreisen Tibets achtundzwanzig Kinder ausgewählt.

Im März 1995 begibt sich Chadrel Rinpoche nach Peking, um an der Jahressitzung des Volkskongresses teilzunehmen. Dort fordert er nachdrücklich die Möglichkeit, den Dalai Lama zu kontaktieren, um ihn hinsichtlich des Ergebnisses zu Rate zu ziehen; durch dieses Vorgehen könnte das Kind in den Augen des tibetischen Volkes legitimiert werden. Vergeblich.

Im folgenden Monat gibt Peking bekannt, dass eine neue Regelung bei der Suche nach Reinkarnationen, insbesondere, was den Panchen Lama betrifft, zur Anwendung kommt.

Die Zentralregierung erklärt, dass sie sehr wohl ohne den Dalai Lama »auskommen könne«, dessen »Absichten mit Religion nichts zu tun haben«. Mit dem Versuch, Einfluss auf die Anerkennung des 11. Panchen Lama zu nehmen, wolle er die Oberhoheit Chinas über Tibet leugnen und Unordnung und Chaos stiften. Auf diese Weise versuche er, die tibetischen Buddhisten zu beeinflussen, damit er seinen Plan, die »Unabhängigkeit Tibets« herbeizuführen, verwirklichen und dazu beitragen könne, das Vaterland zu spalten. Das seien die wahren Gründe, deretwegen er Himmel und Erde in Bewegung setze. Die tibetische Bevölkerung aber lehne eine Einmischung des Dalai Lama bei der Suche, der Designierung und Inthronisation des neuen Panchen Lama strikt ab.

Am 14. Mai 1995 gibt der Dalai Lama bekannt, dass Gendün Chökyi Nyima der 11. Panchen Lama ist.

Bei den Tibetern ist die Freude groß, doch sie wird nur von kurzer Dauer sein. Peking reagiert sofort auf die Neuigkeit. Die Chinesen kritisieren aufs Schärfste den »illegalen Charakter« dieser Handlung des Dalai Lama. Die chinesischen Behörden fordern, bei der Identifizierung des 11. Panchen Lama »korrekt« vorzugehen.

Am 17. Mai werden Chadrel Rinpoche und sein Sekretär in Chengdu verhaftet.

Am 24., am Ende einer außerordentlichen Sitzung, verurteilt die politische Konsultativkonferenz des chinesischen Volkes die Verlautbarung des tibetischen Herrschers.

Zur gleichen Zeit werden das sechsjährige Kind, seine Eltern und sein Bruder entführt. Sie sollen nach Peking gebracht worden sein.

Im Juni werden Kaufleute, die mit Chadrel Rinpoche in Verbindung stehen, ebenfalls verhaftet. Etwa zur selben Zeit dringt eine Arbeitsgruppe, die sich aus fünfzig Kadern aus dem Büro für öffentliche Sicherheit, dem Büro für religiöse Angelegenheiten und der politischen Konsultativkonferenz des chinesischen Volkes zusammensetzt, in Tashilhunpo ein und stiftet totale Verwirrung.

Die Kader, mehrheitlich Tibeter, betreten mit einem Tonbandgerät zu zweit nacheinander die Zellen und erzählen jedem Mönch das Gleiche: Der und der seiner Kameraden habe ihn beschuldigt, den Dalai Lama bei der Wahl des Panchen Lama unterstützt zu haben.

Unruhen brechen aus.

Soldaten umzingeln das Kloster.

Nachdem die Rebellion niedergeschlagen ist, gehören Thamzing-Sitzungen, Elektroschocks und Prügel zum Alltag der Mönche von Tashilhunpo.

Am 11. Juli 1995 fordert der Gouverneur der Autonomen Region Tibet die Mönche von Tashilhunpo auf, sich von Chadrel Rinpoche loszusagen. Ein paar Tage später verhaftet die Geheimpolizei zweiunddreißig Mönche.

Peking setzt einen Laien als Verwalter des Klosters ein. Dieser Mann, Sengchen Lobsang Gyaltsen, hatte maßgeblich zur Verhaftung des 10. Panchen Lama beigetragen.

Einen Monat später teilt Peking immer wieder mit, dass Gendün und seine Familie sich auf tibetischem Territorium befänden und »in Sicherheit« seien und dass Chadrel Rinpoche haftunfähig sei und in einem chinesischen Krankenhaus behandelt werde.

Die Kinder von Shigatse müssen eine Liste der Verbrechen, die der Mönch begangen hat, auswendig lernen. Die chinesischen Kommunisten erklären in dem kleinen Heft auch die Methoden, die bei der Designierung von Reinkarnationen zur Anwendung kommen.

Schließlich gibt die Zentralregierung bekannt, dass die »Suche nach dem 11. Panchen Lama noch nicht abgeschlossen ist«.

In Lhasa debattieren die lokalen kommunistischen Behörden darüber, wie man eine »andere« Inthronisation organisieren könnte. Im Jokhang findet sogar eine Generalprobe statt.

Bei einer Konferenz in Peking am 5. November werden dreihundert Mönche gezwungen, die Anerkennung des Kindes, das der Dalai Lama designiert hat, abzulehnen. Ein offizielles Foto zeigt dieses Ereignis, mit Jiang Zemin, dem Vorsitzenden der Kommunistischen Partei Chinas, dem Lenker des Ganzen. Es wird auf der ersten Seite einer tibetischen Zeitschrift in Lhasa veröffentlicht.

Am 25. kann der politspirituelle Mummenschanz im Jokhang beginnen. Es ist zwei Uhr nachts.

Die Zeremonie wird gefilmt. Sechs Wochen lang wird sie im lokalen Fernsehen in Lhasa immer wieder zu sehen sein.

Man wird den 11. Panchen Lama durch das Los ermitteln, gemäß der Mandschu-Zeremonie der goldenen Urne. Im 12. Jahrhundert, als sich die monastischen Strukturen entwickelten, suchten sich die religiösen Würdenträger unter den mächtigsten Familien des Landes Schutzherren. Im Rahmen dieser Beziehung, *chöyön*, verbindet sich »derjenige, der der Verehrung würdig ist« – ein Lama oder eine Gottheit beispielsweise –, mit »demjenigen, der Opfergaben darbringt« – einem Schutzherrn. Mit dem ökonomischen und politischen Fortschreiten der klösterlichen Organisationsformen ergab sich die Notwendigkeit, immer mächtigere Schutzherren zu haben. Damals herrschten die Mongolen über Zentralasien, und die Tibeter wandten sich an sie. Nachdem die Mongolen China unterworfen hatten, intensivierten die Mönche die Beziehungen zu der neuen Dynastie der Yuan (1280–1368). Die mongolischen Kaiser erkannten die Oberhoheit der Sakyapas in Tibet an und organisierten die politischen Strukturen des Landes. Im Gegenzug waren die Sakyapas in ihrer Eigenschaft als Lehrer der Kaiser für die buddhistischen Angelegenheiten des Reiches zuständig. Wenn man von gleich zu gleich sprach, handelte es sich um Beziehungen zwischen Individuen und nicht zwischen Staaten. Obwohl die Dynastien wechselten, wurde dieser Status aufrechterhalten, da die jeweiligen Herren Chinas einen politischen Vorteil darin sahen, Schutzherren der tibetischen Mönche zu sein, deren Einfluss sich über das gesamte Imperium erstreckte, das von den kaiserlichen Behörden recht und schlecht kontrolliert wurde. Kaiser Qianlong war zweifellos eine der herausragendsten Persönlichkeiten in der langen Geschichte Chinas. Seine Armeen tauchten bei zwei Gelegenheiten in Tibet auf: Einmal 1751, als es gegen die Dsungaren geht; dann 1791 beim Kampf gegen die Gurkhas. Die gesetzlichen Regelungen, die er verkündete, zielten darauf, in das politische Leben Tibets wieder Ordnung zu bringen. Die meisten dieser Verfügungen wurden nie angewendet. Die goldene Urne wurde äußerst selten benutzt. Und wenn, dann nur symbolisch: Die tibetischen Würdenträger wurden aus Respekt vor der tibetischen Tradition schon vorher bestimmt. Wenn Qianlong ein Schutzherr war, der seine Verpflichtungen ernst nahm, so auch deswegen, weil unter seinen Lehrern der 6. Panchen Lama Lobsang Palden Yeshe war, in dessen Schuld er stand. Der politische Herrscher und der spirituelle Meister waren einander ebenbürtig. Ansonsten jedoch war der Kaiser, aus welcher Dynastie auch immer, als der »Sohn des Himmels« derjenige, dem alles untertan war. So waren die Qing-Kaiser der Auffassung, dass die westlichen Herrscher ihre Vasallen seien.

Dieses Gefühl der natürlichen Überlegenheit über den Rest der Welt, vor allem in Bezug auf Asien, wurde von den Regimen, die auf das Kaiserreich folgten, wieder belebt. Gegenüber Tibet, das 1913 seine Unabhängigkeit erklärte – die Mongolei tat das zwei Jahre früher –, versuchte die chinesische Regierung vergeblich, die Rolle des Schutzherrn, die die Kaiser hatten, zu erneuern. Diese Schutzpflicht ging im 19. Jahrhundert fast völlig verloren, als die tibetische Regierung bei zwei Invasionen auf sich allein gestellt war. Daraufhin erklärte sich Tibet tributpflichtig – nicht gegenüber China, das sich in völliger Auflösung befand, sondern gegenüber Nepal. Als in den Jahren 1903/04 britisch-indische Truppen Tibet erst bedrohten und dann überfielen, rührte China sich nicht.

Das maoistische Regime beharrte, paradoxerweise, auf dem kaiserlichen Weg. So hatte nach Aussagen der Chinesen der 10. Panchen Lama den Wunsch geäußert, dass seine Reinkarnation durch das Los aus der goldenen Urne bestätigt werden solle. Das hätten auch die repräsentativsten Persönlichkeiten des Buddhismus und des tibetischen Volkes gefordert. Nach dem Tod des 10. Panchen Lama hätten Ngabo Ngawang Jigme, Vizepräsident des Nationalkomitees der politischen Konsultativkonferenz des chinesischen Volkes, und einer der Hauptlehrer von Chökyi Gyaltsen vorgeschlagen, dass die Inthronisation des 11. Panchen Lama im Jokhang stattfinden solle. Die tibetischen Mönche, die im März 1995 am Nationalen Volkskongress und an der politischen Konsultativkonferenz des chinesischen Volkes teilnahmen, hätten diese Forderung bekräftigt und dabei außerdem hervorgehoben, dass diese Auswahlprozedur sicherlich die angemessenste sei.

Am 29. November 1995 findet die Feierlichkeit im Jokhang statt.

Mehrere hundert Soldaten sind an den strategischen Punkten der Stadt postiert. Sie haben auch den Tempel umstellt.

Im Inneren flackern hunderte von Butterlämpchen.

Die Lokalbehörden haben die Mönche von Lhasa verpflichtet, an der Inthronisation teilzunehmen.

Die Zeremonie wird eröffnet … Um zwei Uhr morgens beginnt die Ziehung der Lose. Hinter einem riesigen roten Vorhang steht Norbu, das Kind, das die Chinesen zum 11. Panchen Lama machen wollen. Er stammt aus derselben Gegend und sogar aus demselben Dorf wie Gendün Chökyi Nyima und ist der Sohn eines tibetischen Mitglieds der örtlichen Kommunistischen Partei. Sechs Jahre ist er alt, so wie Gendün.

In der Urne liegen drei Stäbchen, auf jedes soll der Name eines Kandidaten geschrieben sein, auf Chinesisch und Tibetisch.

Eines der Stäbchen ist etwas länger als die beiden anderen.

Ein hochrangiger Mönch zieht es heraus.

Die Würfel sind gefallen.

Im Tempel wirft man Gerstenkörner und Blütenblätter in die Luft – als gute Vorzeichen.

Der Vorhang öffnet sich vor dem kleinen Norbu, der die Zeremonienrobe trägt. Er ist allein. Andere Kandidaten hat es nicht gegeben.

Die Maskerade endet mit Jubel auf Seiten der Chinesen und mit Angst auf Seiten der Tibeter.

Tibet ist mehr denn je in Gefahr.

Von jetzt an arbeitet die Zeit für China.

Seit 1995 gilt der 11. Panchen Lama Gendün Chökyi Nyima als verschwunden.

Mit sechs Jahren war das Kind der jüngste politische Gefangene der Welt.

Ein prophetisches Gedicht des 16. Karmapa nimmt die Ereignisse, die sich nach seinem Tod abgespielt haben, vorweg.

Zwischen den vier Regenten – Shamar Rinpoche, Situ Rinpoche, Jamgon Kongtrul Rinpoche und Gyaltsab Rinpoche – herrscht keine gute Atmosphäre.

Rumtek, Anfang März 1992. Ein nagelneuer BMW 525 ist dem Stammkloster der Karmapas zum Geschenk gemacht worden.

Der Wagen hatte viele PS. Das Gebirge ist unwegsam. Aber das Geschenk ist nun mal da und wird nicht abgelehnt.

Am 18. März, kurz vor einer Reise nach Tibet, wo er heimlich das von Tai Situ designierte Kind treffen soll, entschließt sich Jamgon Kongtrul, einen Besuch bei seiner Mutter in Kalimpong zu machen.

Er wird den BMW nehmen, mit dem immer noch keine Probefahrt gemacht worden ist … Seine beiden Mitarbeiter setzen sich nach hinten, der Regent nimmt neben dem Chauffeur Platz.

Der Wagen fährt mit hoher Geschwindigkeit in Richtung Siliguri, auf einer schmalen Straße, die der Regen rutschig gemacht hat. Plötzlich lassen sich riesige schwarze Raben unter heftigem Flügelschlagen vor dem Auto nieder. Bei dem Versuch, ihnen auszuweichen, gerät der BMW ins Rutschen, überschlägt sich und zerschellt an einem Baum. Das Tachometer bleibt bei 180 km/h stehen.

Jamgon Kongtrul Rinpoche ist auf der Stelle tot, zwei weitere Insassen auch. Der Einzige, der diesen schrecklichen Unfall überlebt hat, ist Tenzin Dorje, der Sekretär des Regenten.

Für die Mönche von Rumtek und die Anhänger der Kagyüpa-Linie beginnt eine schmerzliche Trauerzeit.

Schon zirkulieren alle möglichen Gerüchte. Man verdächtigt Shamar Rinpoche und den Generalsekretär von Rumtek, eine Bombe in dem BMW versteckt zu haben. Damit habe Jamgon Kongtrul daran gehindert werden sollen, die von Tai Situ in die Wahl genommene Reinkarnation zu bestätigen. Eine andere Version: Die beiden Männer hätten keine Bombe benutzt, sondern Salz oder Zucker in den Tank des Autos geschüttet.[2]

Auch Tai Situ Rinpoche wird von den Gerüchten nicht ausgenommen. Es geht um seine Reisen. 1982 und 1984 ist Tai Situ nach Tibet gefahren, aber auch nach China. Er soll sogar Peking besucht haben.

Bis zu dem Verdacht, er könne im heimlichen Einverständnis mit dem Feind stehen, ist es nur ein kleiner Schritt. Es wird gesagt, er habe über die Inthronisation der Reinkarnation des 16. Karmapa im Kloster Tsurphu verhandelt, dem Sitz der Kagyüpas in Tibet. Er ist teilweise wieder aufgebaut, und der Regent hat dort hunderte von Gläubigen gesegnet und zahlreiche Reinkarnationen anerkannt.

Bei seiner ersten Zusammenkunft mit dem kleinen Jungen erzählt Tai Situ Rinpoche ihm die Geschichte von der Schwarzen Krone, die sich in Rumtek befindet. Später erscheint dem Kind plötzlich eine *dakini,* als es versucht, sich diesen Kopfschmuck vorzustellen. Sie setzt ihm eine wunderbare Haube auf den Kopf, die aus hunderttausend Haaren seiner göttlichen Beschützerinnen gewebt ist und von den Karmapas seit der fünften Reinkarnation getragen wird. Ihre Macht ist groß. Sie führt auf den Weg der Erleuchtung.

Bei seiner Geburt hat seine Mutter, Loga, ihrem Mann Dondrup[3] anvertraut, dass sie von einer Elster geträumt habe. Sie habe lange mit ihr geschwatzt und sie zum Schluss inständig gebeten, ihren Sohn Apo Gaga, »glücklicher, glücklicher Bruder«, zu nennen.

Am 6. Juni 1992 verlassen Tai Situ Rinpoche und Gyaltsab Rinpoche Rumtek und fahren nach Dharamsala. Die beiden Mönche wollen den Dalai Lama sprechen und seine Unterstützung für die Anerkennung des 17. Karmapa gewinnen.

Tenzin Gyatso ist jedoch gerade in Brasilien, in Rio, wo er am Weltgipfeltreffen teilnimmt.

Tai Situ bittet das Sekretariat Seiner Heiligkeit um Hilfe, und es gelingt ihm schließlich, den Dalai Lama telefonisch zu erreichen. Es ist schon spät in der Nacht.

Der Regent spricht mit ihm über den Brief des 16. Karmapa und dass in dieser für die Kagyüpas wichtigen Frage Einstimmigkeit herrsche.

Tenzin Gyatso bittet, ihm eine Kopie des Briefes zu schicken. Sie wird sofort gefaxt.

Der tibetische Herrscher bestätigt die Reinkarnation.

Am nächsten Tag veröffentlicht das Privatsekretariat des Dalai Lama ein Kommuniqué, das einen ausführlichen Bericht über das nächtliche Telefonat enthält.

Am 27. September wird Apo Gaga der 17. Karmapa Urgyen Trinley Dorje. Er ist sieben Jahre alt.

Shamar Rinpoche ist nicht bereit, dieses Ergebnis hinzunehmen. Er bestreitet die Authentizität des Briefes und fordert ein graphologisches Gutachten des Schreibens mit den Voraussagen des 16. Karmapa. Das wird abgelehnt.

Der Karmapa der Rotmützen erweckt die Vorstellung, der Haltung des Dalai Lama liege ein Irrtum, sogar bewusste Täuschung zugrunde: »Zu dem Zeitpunkt, an dem ich die Inkarnation anerkannt habe, ließ mich Situ Rinpoche glauben, dass der Dalai Lama sein volles Einverständnis erklärt habe, aufgrund seiner eigenen Vision. Aus Respekt vor dem Dalai Lama habe ich also zugestimmt … Sehr viel später ist mir klar geworden, dass man den Dalai Lama hat glauben machen, dass alle Rinpoches innerhalb und außerhalb Tibets einmütig um seine Zustimmung gebeten hätten … Außerdem hat man ihm gesagt, dass das Kind dank des Briefes in Tibet gefunden wurde. Man hat ihm aber nicht gesagt, dass es nicht genau derselbe Brief war wie der, über den wir seit Jahren sprechen. Seine Heiligkeit hatte keinen Grund zu der Annahme, wir seien uns nicht einig … Sie haben keine Zeit verloren. Noch bevor der

Dalai Lama aus Rio zurück war, war das Kind schon nach Tsurphu gebracht und offiziell von den Chinesen anerkannt worden. Angesichts der damaligen Umstände ist es verständlich, dass der Dalai Lama am 7. Juni eine informelle Bestätigung abgab. Später hatte er keine andere Wahl mehr, als auch formell zuzustimmen. In diesem Stadium war es ihm nicht mehr möglich, das Gesagte zurückzunehmen oder zu erklären, sein Sekretär habe sich geirrt. Als ich den Dalai Lama Ende Juni traf, habe ich ihm gesagt, dass ich seine Haltung verstünde und akzeptierte. Gleichzeitig habe ich ihm mitgeteilt, dass ich trotzdem weiterhin den Anweisungen folgen würde, nach denen ein Schüler des Gyalwa Karmapa[4], der diesem sehr nahe stand, handelt, wie ich das bis jetzt auch getan habe. Die Zusammenkunft verlief sehr positiv.«[5]

Shamar Rinpoche hat einen anderen Kandidaten. Er kennt ihn und hat ihn bereits in Tibet getroffen. Das geschah 1988.

Nach vielen fruchtlosen Versuchen, die Reinkarnation zu finden, entschließt sich Shamar Rinpoche, einen Retreat anzutreten. Am Morgen des siebten Tages erscheint ihm der Karmapa im Traum.

Am achten Tag hat er einen anderen Traum, in dem Folgendes passiert: »Ich wollte gerade eine riesige Buddha-Statue einweihen, die vollkommen mit Gold überzogen war. Zu ihren Füßen hatten die Gläubigen mehrere Reihen von Opferschalen aufgestellt, die bis zum Rand mit parfümiertem Wasser gefüllt waren. Unserem Ritus gemäß wirft der Lama Reiskörner in die Luft, um die Statue zu weihen. Die, die ich warf, vermehrten sich und ergossen sich wie ein Regen über den Buddha. Hinter der Statue erblickte ich eine Fülle von anderen Erscheinungen und in deren Zentrum eine Butterlampe, die bis zum Rand gefüllt war. In ihrer Mitte war anstelle der Flamme eine Kugel, die ein helles Licht ausstrahlte ... Endlich hatte ich die Bestätigung, dass Tenzin Khyentse die Reinkarnation war, die ich gesucht hatte. An diesem Tag fasste ich den Entschluss, mich inkognito nach Lhasa zu begeben, um ihn besser beobachten zu können ...«[6]

Tenzin Khyentse wird am 12. März 1994 von Shamar Rinpoche in Neu-Delhi inthronisiert: Jetzt ist er der 17. Karmapa Trinley Thaye Dorje.

Wenn man ihn zur Existenz des anderen Karmapa befragt, dem von Tai Situ Rinpoche gefundenen, antwortet Seine Heiligkeit sehr klar: »Ich bedauere die Polemik, die die Kagyüpas entzweit, diese Situation behindert mich aber in keiner Weise. Was auch immer geschieht, mein einziges Ziel in diesem Leben ist es, den Dharma zu praktizieren und zu lehren, und ich weiß, dass ein Geist, der vollkommen auf Weisheit und Liebe ausgerichtet ist, durch nichts gebrochen werden kann.«[7]

1995 befinden sich zwei der ranghöchsten Vertreter des tibetischen Buddhismus in chinesischer Hand.

Die Kommunisten haben es sehr eilig gehabt, die Inthronisation des 17. Karmapa Urgyen Trinley Dorje in seinem Kloster Tsurphu zu gestatten. Später haben sie Gendün Chökyi Nyima, den 11. Panchen Lama, in ihre Gewalt gebracht, um ihn durch das Kind Norbu zu ersetzen.

Dieser Fall ist heikler als der erste. Man kann sich mit Recht fragen, ob sich der Dalai Lama dabei richtig verhalten hat. Der Schutz des kleinen Gendün und seiner Familie hätte sichergestellt sein müssen, bevor seine Designierung verkündet wurde und die bekannten Folgen zeitigte.

5. Februar 1997 in Dharamsala. An diesem winterlichen Spätnachmittag, kurz vor Sonnenuntergang, ist Lobsang Gyatso, Direktor des Institute of Buddhist Dialectics, ein enger Berater des Dalai Lama, gerade in sein Zimmer zurückgekommen.

Der Ehrwürdige hat sich vor seinem Altar niedergesetzt, um zu meditieren, so wie er es jeden Tag tut, fast immer zur gleichen Stunde. Um ihn herum herrscht tiefe Stille. Draußen geht das Leben seinen Gang.

An der Kreuzung zweier Wege, von denen der eine zur Residenz des Dalai Lama und der andere nach Unter-Dharamsala führt, arbeiten die Mönche des Klosters Namgyal in heiterer Gelassenheit.

Vor kurzem noch waren einige von ihnen im Haupttempel ihres Klosters, der am äußersten Endes des Platzes liegt, dort, wo sich der Eingang zur Residenz befindet, der von bewaffneten indischen Soldaten und tibetischen Leibwachen geschützt wird.

Die Mönche haben lange gebetet und ihre Opfergaben dargebracht, und alle ihre Gesten waren dabei von einem sanften Neigen des Kopfes begleitet. Bei ihren Gesängen vibrierten die Stimmen mehr als sonst, vielleicht war ihnen das gar nicht bewusst. Als sie wieder in ihren Zellen sind, hat der Wächter gerade die Türen des heiligen Ortes geschlossen.

Mitten in der Nacht hört Lobsang Gyatso ungewöhnliche Geräusche. Stimmengemurmel und gedämpfte Schritte. Er hat aber keinen Grund zur Beunruhigung. Seine Mitarbeiter, ebenfalls Mönche, wohnen auch in diesem Gebäude, das von Mönchszellen umgeben ist, die Tag und Nacht offen stehen.

Plötzlich werfen sich Männer auf ihn und schlagen auf ihn ein. Vor seinen Augen verschwimmt alles. Blut spritzt, er fühlt einen schrecklichen Schmerz, jedes Mal, wenn die Klinge des Dolches in seinen Körper eindringt.

Lobsang Gyatso stirbt am 5. Februar. Es sollen dreißig Stiche gewesen sein. Im benachbarten Zimmer sind ebenfalls zwei Mönche ermordet worden, Mitarbeiter von ihm, die im Schlaf überrascht wurden. Rundherum haben hunderte von Mönchen in dieser Winternacht nichts gehört und nichts gesehen.

In McLeod Ganj brodelt es. Mehrere hundert Tibeter haben sich auf dem Platz und den angrenzenden Straßen versammelt. Die Flüchtlinge können sich nicht vorstellen, dass Lobsang Gyatso von jungen Tibetern, die erst kürzlich aus Tibet gekommen sind, ermordet worden sein soll.

Und dann kommt die Wahrheit ans Licht und trifft alle wie ein Keulenschlag. Es ist nicht die abscheuliche Tat einer Bande jugendlicher Rowdys, wie man gerne geglaubt hätte: Die Mörder sind nicht nur Tibeter, es sind Anhänger von Dorje Shugden, einer Schutzgottheit, von deren Kult der Dalai Lama und eine Mehrheit der religiösen Würdenträger aller Schulen des tibetischen Buddhismus strikt abgeraten hat, weil er nach ihren Aussagen mit den Lehren Buddhas nicht vereinbar ist. Die Anhänger sind gegen die Exilregierung und würden sich über den Tod des Dalai Lama und einiger andere spiritueller Meister freuen.

Die tibetische Exilregierung hat zu diesem Ereignis lange geschwiegen, weil sie das Ausland glauben machen wollte, es gäbe kein »Shugden-Problem« in der tibetischen Gemeinschaft.

Der Tod von Lobsang Gyatso beweist jedenfalls, dass die Shugden-Anhänger sich nicht mehr scheuen, die Tibeter, die gegen sie sind, in aller Öffentlichkeit herauszufordern.

Peking hat die Gelegenheit ergriffen, um eine andere Politik in Tibet zu verfolgen: Mehr Klöster, aber mehr Klöster für die Shugden-Anhänger. Die Kommunisten erkennen vermehrt Reinkarnationen dieser Bewegung an und fördern es, dass junge Shugden-Fanatiker sich ins Exil absetzen. Ihr einziges Ziel dabei: Die Stellung des Dalai Lama in Tibet, Indien und im Westen zu destabilisieren.

China finanziert in der ganzen Welt aufs Großzügigste mehrere mit Shugden verbundene Klöster, besonders in Großbritannien.

Am 9. September 2000 wird in Mundgod, einer Flüchtlingskolonie im Süden Indiens, ein dreitägigiges Seminar eröffnet. Die Organisatoren: die Dorje Shugden Devotees Charitable and Religious Society. Ungefähr fünfzig ihrer Repräsentanten aus Indien und drei aus Nepal nehmen an dieser Zusammenkunft teil.

Gegner von Shugden, mehr als zweitausend Mönche und an die zweihundert Frauen, bewegen sich in Richtung des Tempels der Schutzgottheit.

Es hagelt Schläge, Steine fliegen. Panik ergreift die Kolonie. Die indische Polizei greift ein.

Der Verkehr wird gestoppt.

Bis Montag, dem 11. September, dem Ende des Seminars, bleiben indische Polizisten vor Ort, jederzeit bereit, mit Schlagstöcken und Gewehren einzugreifen.

In der Zwischenzeit ist im Kloster Tsurphu in Tibet die Flucht des Karmapa minuziös vorbereitet worden. Der Tag ist von den Orakeln erst im allerletzten Moment festgelegt worden, auf Dienstag, den 28. Dezember 1999.

Der Jugendliche, vierzehn Jahre alt, hat eine einzige Forderung gestellt: Seine Flucht soll vor dem neuen Mondjahr, das heißt, vor dem 5. Februar, vonstatten gehen.

Seine vierundzwanzigjährige Schwester Ngodup Palzon und fünf seiner Diener begleiten ihn.

Es ist 23 Uhr.

Urgyen Trinley Dorje klettert aus dem Fenster seines Zimmers, das in der dritten und letzten Etage liegt, in das darunter liegende Stockwerk. Am schwierigsten ist es, das Erdgeschoss zu erreichen, ohne die Aufmerksamkeit der Wachen zu erregen.

Er schafft es und läuft in die dunkle Nacht hinaus, niemand hat ihn bemerkt.

Das ist der Anfang einer märchenhaften Geschichte.

Der Karmapa hat einen Brief hinterlassen, in dem steht, er gehe nach Rumtek, um von dort Kultgegenstände zu holen. Er wird zwei Tage später von einem chinesischen Funktionär entdeckt, der ihn besuchen wollte.

Tausendvierhundert Kilometer liegen bei der Abfahrt aus Tsurphu vor den Flüchtlingen. Immer wieder müssen sie aus dem Mitsubishi steigen und stundenlang marschieren, um einen Kontrollpunkt oder ein chinesisches Armeelager zu umgehen; zum Schluss haben sie die gewaltige Barriere des Himalaya vor sich, die zu überwinden im Winter sehr gefährlich ist.

Urgyen und seine Begleitung überqueren schließlich die Grenze zwischen Tibet und der Region Mustang in Nepal. Anscheinend folgen sie der gleichen Route wie die Mitglieder des tibetischen Widerstands in den sechziger Jahren.

Zwischen dem 30. und dem 31. Dezember legen sie ihre einzige nächtliche Ruhepause ein. Danach marschieren sie zwölf Stunden lang Richtung Süden, zum Kali Gandaki River Valley.

Die Chinesen sind ihnen auf der Spur.

Für die Flüchtlinge gibt es zwei Möglichkeiten: Sie können den Trekkingpfad nehmen und so Jomosom, die Hauptstadt des Distrikts, erreichen oder Thorung La, den »Pass des Todes«, überqueren, er liegt nicht weit vom Mt. Everest und ist 5416 Meter hoch. Sie optieren für die zweite, die gefährlichere Lösung. Nur so können sie ihren Verfolgern entkommen.

Es ist purer Wahnsinn, es im Winter mit dem Thorung La aufnehmen zu wollen. Der Karmapa und seine Begleiter haben ihn überquert. Es grenzt an ein Wunder.

Nachforschungen von Susanna Cheung, BBC-World-Korrespondentin für Asien, für die *Sunday Review* haben ergeben, dass ein westlicher Ausländer lokale Führer mit acht Ponys engagiert hatte, um mit ihnen einen Teil Nepals zu durchqueren.

Am 2. Januar kommen Urgyen und seine Gruppe in Manang Pedi, einem Dorf in 3535 Metern Höhe, an. Am nächsten Tag nimmt ein Rettungshubschrauber, der der US-amerikanisch-nepalesischen Gesellschaft Fishtail Air in Kathmandu gehört, den Karmapa an Bord. Dort befinden sich zwei US-Amerikaner und zwei Lamas.

Susanna Cheung hat festgestellt, dass die Flugregistrierungen für den 3. Januar unauffindbar sind. Zwei Helikopter sollen an diesem Tag geflogen sein. Und weiter: »Eine Quelle aus der nepalesischen Regierung, die es vorzieht, anonym zu bleiben, hat uns enthüllt, dass eine offizielle Person aus dem US-amerikanischen Innenministerium, die in die Interventionen im Kosovo und auf Osttimor verwickelt war, im Oktober ihre Zustimmung zu dem Plan gegeben hatte ...«

Die Gruppe überquert in Rikschas[8] die nepalesisch-indische Grenze bei Birganj Raxaul Bazaar. Professionelle Fluchthelfer begleiten sie.

Immer noch der gleichen Quelle zufolge hat »ein anderer US-Amerikaner, Mitglied einer NGO, in der ein wichtiger Sponsor der Demokratischen Partei großen Einfluss hat, den Jugendlichen bis zu einem Wagen gefahren, der in Lucknow bereitstand, um ihn nach Dharamsala zu bringen«. So weit die Gerüchte über die Rolle der CIA bei der Flucht des Karmapa.

Am 5. Januar 2000 kommen der Karmapa und seine Begleiter in Dharamsala an.

Eine Woche lang hält sich Urgyen in einem Gebäude im Norbulingka[9] auf, einem im Tal gelegenen Park, der für die Touristen bestimmt ist und größtenteils mit Hilfe von Spenden angelegt wurde. Danach trifft er im Gelugpa-Kloster Gyuto ein, ungefähr fünfzehn Kilometer von Dharamsala entfernt.

Am 7. März begibt sich der Dalai Lama in das TIPA – Tibetan Institute of Performing Arts[10] – und hält dort eine Rede zur

Flucht des Karmapa: »Als ich zum ersten Mal hörte, dass der Karmapa die Absicht habe, aus Tibet zu fliehen und hierher zu kommen, habe ich mir große Sorgen um ihn gemacht – ich fragte mich, wie er es schaffen sollte, all die Hindernisse zu überwinden. Später, als ich aus Bodhgaya zurückkam, erfuhr ich noch am gleichen Tag, dass es ihm gelungen war, zu entkommen und Indien zu erreichen. Anschließend habe ich ihn getroffen, und diese Zusammenkunft war beeindruckend. Zunächst haben wir über die Gründe für seine Flucht und seine Motivation gesprochen ... Er ist in der Hoffnung hierher gekommen, der Sache des tibetischen Buddhismus und dem tibetischen Volk dienen zu können. Das war ihm unmöglich, solange er in Tibet war, und darum sei er ins Exil gegangen, erklärte er mir. Ich war darüber sehr glücklich und habe ihm gesagt, dass seine Entscheidung gut war ...« Später fügte Tenzin Gyatso hinzu: »Er und ich verfolgen das gleiche Ziel.«

Noch unter dem Eindruck des Ereignisses erklärt der Dalai Lama, niemals über die Absichten des Karmapa von Tsurphu informiert gewesen zu sein. Doch seine Verleumder lassen nicht locker. Man vermutet, Mitglieder seines Hofstaates, die Peking nahe stehen, hätten ihn dazu gedrängt, das von Tai Situ Rinpoche ausgewählte Kind anzuerkennen. Damit bliebe man im Rahmen einer gewissen Logik, denn der Regent wird beschuldigt, mit den Chinesen unter einer Decke zu stecken.

Das Gerede hat damit noch kein Ende. Man hat den Verdacht, Urgyen Trinley Dorje sei nicht vierzehn, sondern viel älter. Die Hindi-Zeitschrift *Amar Ujala* aus Chandigarh berichtet in ihrer Ausgabe vom 14. April 2000 von eingehenden Untersuchungen, die im Post Graduate Institute of Medical Education and Research an Urgyen vorgenommen worden seien. Der Direktor des Instituts habe erklärt, »dass nach statistischen Angaben der medizinischen Fachliteratur das Venensystem, die Thymusdrüse, die Schilddrüse und die Gesamtstruktur des Körpers die eines erwachsenen Mannes sind«.

In Dharamsala zuckt man die Schultern. All das soll dem Ziel dienen, die Stellung des Dalai Lama zu erschüttern.

Am 16. und 17. März 2001 findet in Kathmandu die Internationale Konferenz der Karma Kagyüpa statt. Mehr als zwanzig Länder sind dort vertreten. Religiöse Würdenträger, Lamas und Laien sind nach Nepal gekommen, um daran teilzunehmen.

In seiner Ansprache behauptet Shamar Rinpoche, er habe dem Dalai Lama einen Kompromiss vorgeschlagen: Urgyen Trinley solle der Karmapa von Tsurphu »für China und Tibet« werden und Trinley Thaye Dorje »der Karmapa für Indien und Oberhaupt der Kagyü-Klöster auf dieser Seite«.[11]

Den Aussagen des Shamarpa zufolge hatte Tenzin Gyatso diesen Vorschlag zurückgewiesen. Ebenso habe er ein Treffen der beiden Jugendlichen abgelehnt, bei dem sie, nur von ihren Eltern begleitet, eine für beide Seiten befriedigende Lösung hätten finden sollen.

Shamar Rinpoche beschuldigt den Dalai Lama, die Schulen des tibetischen Buddhismus spalten zu wollen, um sie besser beherrschen zu können. Wir sind wieder in die Zeiten von 1964 zurückversetzt, als der 16. Karmapa aus den gleichen Gründen sich von Tenzin Gyatso distanzierte. Und der Shamarpa erklärt: »Wir haben das Recht, den Karmapa anzuerkennen, als unstrittigen Führer unserer Linie. Den Versuchen des Dalai Lama, die Kagyüpas dem Gelugpa-Orden anzugliedern, muss klar Einhalt geboten werden. Leider haben Situ Rinpoche und Thrangu Rinpoche, mit Gyaltsab Rinpoche und Bokar Rinpoche im Gefolge, der Einmischung des Dalai Lama keinen Widerstand geboten. Damit haben sie eine Krise hervorgerufen, wie sie in der Geschichte der Karma-Kagyü noch nie da gewesen ist. Ihre kurzsichtigen und auf den eigenen Vorteil bedachten Vereinbarungen mit den Chinesen und ihre kleinmütige Unterwerfung unter die Führung der Gelugpas bringen die Unabhängigkeit der Schule unmittelbar in Gefahr.«

Am 5. Mai 2004 werden sich die beiden Lager wieder gegenüberstehen. Seine Heiligkeit Trinley Thaye Dorje wird dann einundzwanzig sein und damit das Alter haben, um offiziell die Schwarze Krone, die sich in Rumtek befindet, zu übernehmen.

Urgyen Trinley Dorje wird dann erst neunzehn sein.

Das Jahr 2003 beginnt mit einem neuen Skandal in Dharamsala. Es geht dabei um Gygme Gyatso, Mitarbeiter von Urgyen Trinley

Dorje. Am 5. Januar wird der Mönch zu vorgerückter Stunde in einem Zimmer des Klosters von Bodhgaya mitten im Liebesspiel mit einer Chinesin namens Chen Yun Han überrascht.

Der Karmapa war zu einem Besuch der heiligen Stätten des Buddhismus gekommen.

Der indische Geheimdienst RAW ist konsterniert. Die tibetische Regierung gibt an, über diese »Affäre« nicht auf dem Laufenden zu sein, obwohl *Indian Times*, eine Zeitung, an deren Seriosität kein Zweifel besteht, die Nachricht schon verbreitet hat.

Die Polizei in Dharamsala ist verständigt worden. Obwohl die indischen Behörden nach monatelangen heimlichen Verhandlungen den Karmapa als »tibetischen Flüchtling« anerkannt haben, bemerkt das Blatt: »In Hinblick auf seine Person bleibt ein gewisses hartnäckiges Misstrauen, wobei einige Gruppen sogar so weit gehen, ihn als bereitwilligen Statisten innerhalb einer ziemlich undurchsichtigen chinesischen Stategie zu verdächtigen.«

Chen Yun Hann soll regelmäßig Kontakt mit dem Mitarbeiter des Karmapa gehabt haben. Obendrein, heißt es, sei sie in Dharamsala gewesen. Anscheinend hatte der RAW sogar eine verschärfte Überwachung dieser jungen Frau gefordert.

Eine chinesische Mata Hari in Dharamsala oder eine simple Liebesaffäre? Eins ist sicher: Die indischen Buddhisten zeigen sich zunehmend verärgert über die Arroganz und das Benehmen einiger tibetischer Mönche an den heiligen Stätten des Buddhismus in Bodhgaya.

Es stellt sich noch ein anderes Problem.

Die Zahl der Mönche und Nonnen steigt jährlich um sieben Prozent, und das seit ungefähr fünfzehn Jahren, so dass die zweihundert Klöster, die im Exil entstanden sind, in größte Schwierigkeiten geraten.

Außerdem wächst durch den stetigen Zustrom von Flüchtlingen die Arbeitslosigkeit noch weiter an. Je nach Kolonie sind davon zwanzig Prozent oder mehr aller Tibeter im erwerbsfähigen Alter betroffen. Die Bevölkerung ist gezwungen auszuwandern, was neue Entwurzelung bedeutet.

Die neu hinzukommenden Flüchtlinge, Mönche und Laien,

schaffen innerhalb der Gemeinschaft ein weiteres Problem. Sie sind in der Mehrheit Analphabeten. In China können fünfundachtzig Millionen Menschen nicht lesen und schreiben, davon sind fünfundfünfzig Millionen Frauen. Die am stärksten betroffenen Gebiete sind Tibet, Qinghai, Guizhou, Gansu und Yunnan.[12]

In Dharamsala und in den Flüchtlingskolonien haben die Jugendlichen angefangen, Drogen zu nehmen. In McLeod Ganj treffen sie die »Drogentouristen« außerhalb des Dorfes in der Nähe des Wasserfalls, auf dem »Hügel des Todes«. Mehrere Tibeter aus Dharamsala sind schon an einer Überdosis gestorben.

Drogen, Alkohol und Arbeitslosigkeit begünstigen die chinesische Infiltration. Sie führt zu gewaltsamen Zusammenstößen zwischen den Älteren, die im Exil zur Schule gegangen sind, und den Neuankömmlingen. Die zögern nicht, zu behaupten, sie seien Chinesen und keine Tibeter.

In Dharamsala geht es nachts hoch her. In den Eckcafés wird gesungen und getanzt, man hört Hardrock, und dabei wird auch Haschisch geraucht. Es gibt erste Aidsfälle.

Das mythische Tibet, lange Zeit durch seine natürlichen Grenzen geschützt, aber zugleich vom Rest der Welt isoliert, hat im Laufe seiner Geschichte Zeiten der Hegemonie über andere Länder und Zeiten der Besatzung erlebt. So wie viele andere Länder auch.

Wie sich Mentalitäten und Sitten verändern, hängt auch vom politischen, kulturellen und ökonomischen Kontext ab. Das empfindliche Gleichgewicht, in dem all diese Faktoren miteinander verbunden sind, kann jederzeit zusammenbrechen.

Es wäre daher naiv, zu glauben, dass die tibetische Gesellschaft den Plagen, die die Zivilisationen heimsuchen, entgehen könnte.

Schon in der genau festgelegten Hierarchie der sozialen Pyramide Tibets, in der die Mönche einen großen Teil der Macht in Händen hielten, gab es häufig heimliche Liebschaften, Komplotte und Mordanschläge.

Sicher, es gab die großen spirituellen Meister, die in verschneiten Einsiedeleien die Kräfte des Geistes erforscht und der Menschheit Schätze der Weisheit hinterlassen haben. Aber diese großen

Meister, die in Lumpen in ihren Grotten lebten und sich mit einer dünnen Suppe aus Wildpflanzen begnügten, hatten eine Vision von der Welt, die sie nie dem vermaledeiten Geschäft der Politik aussetzten.

Vierundfünfzig Jahre sind seit der chinesischen Invasion Tibets vergangen, und es ist unmöglich, das Rad der Geschichte zurückzudrehen. Nicht mehr die Klöster, die Bordelle florieren heute in Lhasa. Wachtürme und Gefängnisse halten die »Reaktionäre« vom kommunistischen Regime fern.

Die Sinisierung schreitet in dem Maße voran, wie sich neue Verbindungswege eröffnen. Die Presseagentur Xinhua News hat gerade bekannt gegeben, dass eine Lokomotive hergestellt wird, die speziell für große Höhen konzipiert ist. So werden die Siedler der Stadt Golmud in der Provinz Qinghai die 1142 Kilometer nach Lhasa per Zug bewältigen können. Eine andere Bahnlinie über 1600 Kilometer wird Kunming in der Provinz Yunnan mit der tibetischen Hauptstadt verbinden. In den Waggons soll es spezielle Ausrüstungen für Sauerstoffzufuhr geben. Es ist auch eine Klinik zur Behandlung der Höhenkrankheit geplant.

Wer empört sich heutzutage über die Situation in Tibet?

Angesichts der passiven Haltung, die die Führer der Industrienationen aus politischem Kalkül einnehmen, ziehen es die protibetischen Organisationen vor, ihren »Film« zu machen, der nicht mehr viele Leute interessiert, statt sich zu verständigen und zusammenzutun. Indem man sich an die Fenstergitter der chinesischen Botschaft kettet oder sich zu spirituellen Söhnen des Dalai Lama erklärt, verteidigt man die Sache Tibets nicht.

Die Aufmärsche für ein freies Tibet, mit der tibetischen Fahne voran, sind Teil einer oft schlecht orchestrierten Folklore, die das Schicksal der Tibeter, die unter dem Stiefel des Besatzers leben, nicht ändern wird.

Was die Tibeter im Exil betrifft, so ist ihr Los eigentlich beneidenswerter als das der Kurden oder mancher unterdrückter Minderheiten, die es selten auf die erste Seite der Zeitungen schaffen.

Für manche steht das außer Zweifel. Und die anderen? Millionen von Dollars, die Wohltätigkeitsorganisationen und politische Institutionen fließen lassen, kommen jedes Jahr in Dharamsala an, um die Entwicklung der tibetischen Exilgemeinschaft zu fördern. Dieses Geld findet leider nicht immer seinen Bestimmungsort. Und wie viel davon wird an die Tibeter, die in Tibet leben, weiterverteilt?

Die gemäßigte Haltung des Dalai Lama erbittert einen Teil seines Volkes.

Nach dem Referendum, das sich als Misserfolg erwiesen hat, muss man feststellen, dass die Tibeter noch immer keine politische Identität haben, selbst wenn sie ihre Kultur und ihre Sprache bewahren konnten.

Die Jüngeren fordern radikalere Aktionen und eine rauere Gangart China gegenüber.

Anlässlich des vierundvierzigsten Jahrestages des tibetischen Volksaufstandes in Lhasa, am 10. März 2003, hat der Dalai Lama Peking darauf hingewiesen, dass das tibetische Problem unlösbar werden könnte: »Wenn man sieht, was in der Welt passiert, kommt man nicht umhin, festzustellen, dass Konflikte mit ethnischen Wurzeln, die nicht unter Kontrolle gebracht werden, explodieren können, und zwar so, dass es später extrem schwierig wird, sie zu lösen …«

Seine Heiligkeit beteuert weiterhin, dass er für Autonomie und nicht für die Unabhängigkeit sei : »Ich vertrete auch künftig diesen Ansatz, um durch eine politische Kultur der Gewaltfreiheit und des Dialoges zu einer für beide Seiten akzeptablen Lösung zu kommen.«

In spirituellen Kreisen wird behauptet, dass viele religiöse Würdenträger gewusst hätten, was kommen würde. Nicht wenige waren bereit, zu sterben und dabei für ihre Henker zu beten. Andere haben die Flucht gewählt. Niemand wird sie verurteilen, denn die Angst bringt nicht nur Feiglinge oder Helden hervor.

Mag sein, dass die Zeit der beste Verbündete der Tibeter ist, vielleicht ist sie aber auch ihr schlimmster Feind.

Was wird nach dem Tod von Tenzin Gyatso geschehen?

Der Dalai Lama hat zu wiederholten Malen behauptet, er werde in einem freien Land wiedergeboren werden. Das ist eine Möglichkeit. Wir hätten dann zum ersten Mal einen Dalai Lama, den 15., unter uns.

Es gibt aber auch eine andere, die für die Tibeter fatal wäre. Der Tradition entsprechend, obliegt es dem Panchen Lama, den Nachfolger des Dalai Lama zu designieren. Man weiß, dass seine Rolle entscheidend ist, und er hält die Zukunft eines ganzen Volkes in Händen.

Welcher der beiden Panchen Lamas wird den 15. Dalai Lama designieren? Es ist sehr unwahrscheinlich, dass Gendün Chökyi Nyima, der vom Dalai Lama im Mai 1995 als 11. Panchen Lama designiert wurde, diese Rolle übernehmen könnte.

Peking hat im Übrigen schon erklärt, Tenzin Gyatso werde in Tibet wiedergeboren werden.

Die Chinesen spielen auf Zeit. Sie warten auf den Tod des Dalai Lama, um dann Norbu, den sie an die Stelle von Gendün gesetzt haben, zu erlauben, seinen Nachfolger zu designieren.

Dann hätten wir einen zweiten Dalai Lama, der prochinesisch wäre und die Souveränität Chinas über Tibet anerkennen würde. Das Spiel wäre gewonnen.

Die Frage der Nachfolge des Dalai Lama bleibt dennoch bestehen. Es ist undenkbar, dass die Exiltibeter einem Mann aus dem Laienstand die Macht einräumen würden, es sei denn, er hätte ein Charisma, das dem des Dalai Lama entspricht. Um es gleich zu sagen, diesen Mann gibt es nicht.

Aber da wäre ein anderer Ausweg. Der Karmapa! Unmöglich für die einen, andere würden sagen: Warum nicht? Es ist wahr, dass auch schon andere Schulen als die der Gelugpa das Land regiert haben.

Und dann stecken wir wieder in einem grausamen Dilemma.

Der 17. Karmapa Urgyen Trinley Dorje, von Tenzin Gyatso offiziell anerkannt, in Dharamsala? Beide verfolgen angeblich »das gleiche Ziel«.

Der 17. Karmapa Trinley Thaye Dorje, der von Shamar Rinpoche designiert wurde? Der eine wie der andere wiederholen ständig, dass Politik sie nicht interessiert.

Dann gibt es noch einige, die nach dem Tod des Dalai Lama das Chaos voraussehen.

Und was wird bei alledem aus Tibet? Wahrscheinlich ein entschwundener Traum im Gedächtnis der Welt.

Anhang I

DIE VIERZEHN DALAI LAMAS

1. Dalai Lama: Gendün Drup
(1391–1475)

2. Dalai Lama: Gyalwa Gendün Gyatso
(1475–1542/43)

3. Dalai Lama: Gyalwa Sönam Gyatso
Der erste Träger des Titels
(1543–1588)

4. Dalai Lama: Yönten Gyatso
(1589–1617)

5. Dalai Lama: Ngawang Lobsang Gyatso
(1617–1682)

6. Dalai Lama: Rigdzin Tsangyang Gyatso
(1683–1706)

7. Dalai Lama: Kelsang Gyatso
(1708–1757)

8. Dalai Lama: Jampel Gyatso
(1758–1804)

9. Dalai Lama: Lungtok Gyatso
(1806–1815)

10. Dalai Lama: Tsultrim Gyatso
(1816–1837)

11. Dalai Lama: Khedrup Gyatso
(1838–1856)

12. Dalai Lama: Tinle Gyatso
(1856–1875)

13. Dalai Lama: Thubten Gyatso
(1875–1933)

14. Dalai Lama: Tenzin Gyatso
(6. Juli 1935)

DIE ELF PANCHEN LAMAS

1. Panchen Lama: Khedrup Gelek Pelsang
(1385–1438)

2. Panchen Lama: Sönam Chöklang
(1439–1504)

3. Panchen Lama: Ensa Lobsang Töndrup
(1505–1564)

4. Panchen Lama: Chökyi Gyaltsen
Erster Träger des Titels
(1570–1662)

5. Panchen Lama: Lobsang Yeshe
(1663–1737)

6. Panchen Lama: Palden Yeshe
(1738–1780)
7. Panchen Lama: Tenpe Nyima
(1782–1854)

8. Panchen Lama: Tenpe Wangchuk
(1855–1882)

9. Panchen Lama: Chökyi Nyima
(1883–1937)

10. Panchen Lama: Chökyi Gyaltsen
(1938–1989)

11. Panchen Lama: Gendün Chökyi Nyima
(25. April 1989)

DIE SIEBZEHN KARMAPAS

1. Karmapa: Düsum Khyenpa
(1110–1193)

2. Karmapa: Karma Pakshi
(1204–1283)

3. Karmapa: Rangjung Dorje
(1284–1339)

4. Karmapa: Rölpä Dorje
(1340–1383)

5. Karmapa: Deshin Shekpa
(1384–1415)

6. Karmapa: Tongwa Dönden
(1416–1453)

7. Karmapa: Chödrak Gyatso (1454–1506)

8. Karmapa: Mikyö Dorje (1507–1554)

9. Karmapa: Wangchuk Dorje (1556–1603)

10. Karmapa: Chöying Dorje (1604–1674)

11. Karmapa: Yeshe Dorje (1676–1702)

12. Karmapa: Changchub Dorje (1703–1732)

13. Karmapa: Dündül Dorje (1733–1797)

14. Karmapa: Tekcho Dorje (1798–1868)

15. Karmapa: Khachap Dorje (1871–1922)

16. Karmapa: Rangjung Rigpe Dorje (1923–1981)

17. Karmapa: Urgyen Trinley Dorje (1985)

17. Karmapa: Trinley Thaye Dorje (5. Mai 1983)

Anhang II

DIE VIER SCHULEN DES TIBETISCHEN BUDDHISMUS

Die vier Hauptschulen oder Lehrtraditionen des tibetischen Buddhismus – Nyingma, Sakya, Kagyü, Gelug – gründen sich auf die drei großen Richtungen oder Entwicklungsstadien des Buddhismus, die von allen als gemeinsame Basis betrachtet werden:

Hinayana: Die Lehren des »Kleinen Fahrzeugs« fördern die geistige Disziplin und zeigen den Weg zur individuellen Befreiung auf.

Mahayana: Die Lehren des »Großen Fahrzeugs« basieren auf dem Mitgefühl für alle Lebewesen. Die Erleuchtung wird angestrebt, um zum Wohle aller Wesen wirken zu können, eine Haltung, die im Ideal des Bodhisattva verkörpert ist.

Vajrayana: Das »Diamant-Fahrzeug« verbindet buddhistische Vorstellungen mit esoterischen Traditionen.

Die Schule der Nyingmapas, »der Alten«, die im 8. Jahrhundert begründet wurde, vereint die ältesten Lehren, die Padmasambhava in Tibet einführte. Seine Heiligkeit Kyalbdje Penor Rinpoche ist das derzeitige Oberhaupt dieser Schule.

Die Schule der Sakyapas – nach ihrem Gründungskloster in Südtibet benannt – wurde von Könchog Gyalpo im 11. Jahrhundert begründet. Dank der Unterstützung durch die Mongolen hatten die Sakyapas im 13. Jahrhundert die politische Herrschaft über Tibet inne. Seine Heiligkeit Sakya Trizin ist gegenwärtig das Oberhaupt der Schule.

Die Schule der Kagyüpas, »der mündlichen Überlieferung«, wurde im 11. Jahrhundert von Marpa[1], dem Lehrer Milarepas[2], begründet. Es entwickelte sich ein breites Spektrum von assoziierten Richtungen, von denen eine – die Karma-Kagyüpa – eine bedeutende politische Rolle bis ins 17. Jahrhundert hinein spielte.

Die Schule der Gelugpas, der »Tugendhaften«, ist aus der Reform Tsongkhapas im 15. Jahrhundert hervorgegangen: Durch Machtkämpfe im Inneren des Landes und ihre Verbindung zu den Mongolen gelangte sie Mitte des 17. Jahrhunderts auf den Gipfel der politischen Macht. Der Dalai Lama und der Panchen Lama sind aus dieser Schule hervorgegangen, aber keiner von beiden ist ihr geistiges Oberhaupt. Die Leitungsfunktion hat der *ganden tripa* inne.

Zwar akzeptieren sämtliche Schulen alle drei Yanas (»Fahrzeuge«) in Bezug auf die historische Entwicklung des Buddhismus und die spirituelle Entwicklung des Einzelnen, aber sie betonen jeweils andere Elemente:

Die Nyingmapas gehen den Weg des »unmittelbaren geistigen Kontakts« mit den Lehrern vergangener Generationen.

Die Sakyapas sind wegen der Perfektion ihrer Rituale und ihrer metaphysischen Studien bekannt.

Die Kakyüpas legen Wert auf die enge Beziehung, die sich zwischen dem Meister und seinem Schüler entwickelt.

Die Gelugpas betonen den Wert des mönchischen Lebens und des intensiven Studiums der philosophischen Schriften.

ANMERKUNGEN ZU ANHANG II

1 Marpa (1012–1097), auch der »Große Übersetzer« genannt, unternahm drei Reisen nach Indien, wo er Schüler von Naropa war. Die Sechs Lehren (oder Yogas) des Naropa sind noch heute ein wesentlicher Bestandteil der Kagyüpa-Praxis. Bei diesen Übungen geht es u.a. um die Übertragung von Bewusstsein auf andere Lebensformen und höhere Existenzebenen.

2 Milarepa (1052–1135) ist eine der berühmtesten Gestalten des tibetischen Buddhismus. Um den Rachedurst seiner Mutter zu befriedigen, praktizierte er in seiner Jugend schwarze Magie. Das bereute er später, wandte sich dem

Dharma zu und traf auf seinen Meister Marpa, der ihn verschiedenen Prüfungen unterzog, um ihn zu reinigen, bevor er ihm Unterweisungen erteilte. Milarepa meditierte jahrelang in Höhlen. Er gilt als der größte Yogi Tibets und war Meister aller spirituellen Praktiken. Seine Berühmtheit verdankt er nicht nur seiner spirituellen Vervollkommnung, sondern auch den mystischen Gesängen, die er komponierte, und seinen Dichtungen, von denen »Hunderttausend Gesänge« die bekannteste ist.

Anmerkungen

ANMERKUNGEN ZU KAPITEL 1

1 Der berühmte Palast, der Lhasa überragt, war die Winterresidenz der Dalai Lama. Der fünfte Dalai Lama, der »Große Fünfte« (1617–1682), ließ zuerst den weißen Trakt errichten und machte den Potala 1649 zum Regierungssitz.

2 Wörtlich »physischer Träger«. Das *la,* das einem Namen oder Vornamen angefügt wird, bezeichnet Verehrung. Der Geist von Nechung ging 1544 zum ersten Mal in den Körper eines Menschen ein.

3 Dieser Name geht auf eine fehlerhafte Transkription des Begriffs *bod* zurück, mit dem die Tibeter ihr Land bezeichnen. Die Bönpos, Ureinwohner, glaubten, ihr König sei direkt vom Himmel herabgestiegen. Die Geburt von Böntön Shenrab, dem historischen Begründer der Religion, wurde auf das Jahr 1063 v.Chr. datiert. Man schreibt ihm Kräfte zu, die denen des Buddha Shakyamuni und des Padmasambhava gleichen. Shakyamuni, der »historische Buddha«, wurde 558 v. Chr. geboren. In den ursprünglichen Texten des Dharma beschränkt sich seine Manifestation nicht nur auf ein menschliches Leben. Es heißt, er habe mehrere Zeitalter zum Wohl aller Lebewesen gewirkt und so Weisheit und Verdienste gesammelt; erst dann sei er als Buddha Shakyamuni geboren worden. Padmasambhava – von den Tibetern Guru Rinpoche genannt –, der im 8. Jahrhundert den Buddhismus in Tibet eingeführt hat, wurde in Uddyana in Nordindien geboren. Seine Reisen führten ihn entlang des Himalaya von Kaschmir nach Ladakh, nach Sikkim und Bhutan.

4 Im tibetischen Kalender trägt jedes Jahr den Namen eines Tieres – Maus, Schwein, Hund, Hahn, Affe, Widder, Pferd, Schlange, Drache, Hase, Tiger, Ochse –, dem man eines der fünf Elemente – Wasser, Feuer, Erde, Holz und Eisen – zuordnet. Das tibetische Jahr besteht aus 12 Mondmonaten. Eine Lunation beginnt mit dem ersten Tag nach Neumond und endet mit dem folgenden Neumond, sie dauert im Schnitt 29,5 Sonnentage. Das Jahr zählt also 354 Sonnentage statt unserer 365,25 Tage, so dass man dem Kalender alle 30 Monate einen Mondmonat hinzufügt, um einen zu großen Abstand zwischen Sonnen- und Mondjahr zu vermeiden.

5 Titel des Oberhauptes der Gelugpa-Schule. *Ganden* ist der Name des Klosters, *tri* bedeutet im Tibetischen »Thron«, *pa* ist eine Partikel. Wörtlich: »Der, der auf dem Thron sitzt«.

6 Abgekochtes Wasser ist in der tibetischen Medizin ein Grundmittel, um Verdauungsbeschwerden zu behandeln. Es muss mindestens zwanzig Minuten kochen, die Ärzte können auch längere Siedezeiten empfehlen, um aus dem Wasser eine gereinigte Essenz zu gewinnen.

7 Die Idee der Reinkarnation ist Bestandteil aller asiatischen Religionen. Dabei wechselt nicht ein »Ich« in eine andere Existenz, es ist vielmehr die »Bewusstseinsenergie«, die bewirkt, dass ein Leben aus dem vergangenen hervorgeht. Ein Individuum, das eine sehr hohe Entwicklungsstufe des Bewusstseins erreicht hat, ist fähig, im Augenblick des Todes und in den folgenden Etappen des *bardo* diese Energie zu lenken und sich in einer Familie seiner Wahl zu reinkarnieren. Diese Personen werden in Tibet Tulku genannt. Nachdem sie die Gelübde des Bodhisattva abgelegt haben, d.h. bereit sind, in ihren künftigen Leben allen Wesen bei ihrer Befreiung zu helfen, verzichten sie auf die eigene Befreiung aus dem Kreislauf der Reinkarnationen. Ein Tulku hat manchmal die gleichen Charakterzüge wie seine vorherige Inkarnation. Der 1. Karmapa Düsum Khyenpa (1110–1193) prophezeite bei seinem Tod, er werde als sein eigener Nachfolger in einem Kind wiedergeboren werden, und hinterließ einen Brief, in dem er detailliert angab, wie man seine Reinkarnation erkennen könne. Damit hat er den tibetischen Institutionen einen unauslöschlichen Stempel aufgeprägt.

8 Ngawang Lobsang Gyatso (1617–1682) gab dem Land die Verfassung, nach der Tibet bis 1959 regiert wurde. Er etablierte auch die weltlichen und geistlichen Hierarchien und institutionalisierte den Titel des Panchen Lama.

9 Die letzte Spur der Existenz von Rigdzin Tsanggyang Gyatso (1683–1706) stammt vom 14. November 1706.

10 In der Region von Tsongon (der tibetische Name) oder Kokonor (der mongolische Name), an der Nordgrenze des tibetischen Territoriums, liegt dieser See, der eine Fläche von 4200 km^2 aufweist. In 3200 Metern Höhe gelegen, ist er schwach salzig. Weil die Chinesen dort bis zu 5000 Tonnen Karpfen pro Jahr gefischt haben, gibt es so gut wie keine Fische mehr. Seit 1949 ist der Wasserspiegel um mehr als drei Meter gesunken.

11 Viereckig und aus vergoldetem Holz, wird der Thron, der eine Höhe von ungefähr zwei Metern hat, von acht Löwen gestützt, zwei an jeder Ecke, die in das Holz geschnitzt sind.

12 Eine der vier Hauptschulen des tibetischen Buddhismus. Siehe Anhang II.

13 Die erste Medizinschule, die vom 5. Dalai Lama gegründet wurde. Anfangs befand sie sich im Kloster Drepung und wurde später als Schule mit angeschlossenem Hospital in ein anderes Klostergebäude verlegt. Chakpori, »Berg aus Eisen«, steht auf einem der Hügel der Hauptstadt Lhasa. Sie wurde zu einem Zentrum der tibetischen Medizin und war auch in den Nachbarländern, vor allem in Zentralasien, durch das von den Lama-Ärzten vermittelte Fachwissen bekannt. Nachdem Sangye Gyatso als Regent des 5. Dalai Lama eingesetzt und zum mächtigsten Mann Tibets geworden war, bestimmte er, dass jedes Kloster einen in Chakpori ausgebildeten Lama-Arzt aufzunehmen hatte. Das war der Beginn des »staatlichen Gesundheitswesens« in Tibet.

14 Dieses Dorf existiert nicht mehr, es wurde von den chinesischen Besatzern zerstört.

15 Der Text verweist darauf, dass Tsarong (die Wurzel) eliminiert werden sollte und nicht die jungen Generäle (»die Zweige«), die an einer Protestkund-

gebung teilgenommen hatten und den Favoriten und Freund des Dalai Lama unterstützten.

16 Die Dalai Lamas stehen in enger Verbindung mit den Panchen Lamas. In Shigatse, in der Provinz Tsang westlich von Lhasa, gründete der 1. Dalai Lama Gendün Drup (1391–1474) ein Kloster namens Tashilhunpo, dessen erster Abt er war. Im Jahre 1600 steht an der Spitze von Tashilhunpo Lobsang Chökyi Gyaltsen (1570–1662), der eine wichtige Rolle beim Aufstieg des 5. Dalai Lama, Ngawang Lobsang Gyatso, spielen sollte. Die beiden schätzten sich außerordentlich, so sehr, dass der Große Fünfte den Abt als seinen Tutor betrachtete, und da er ihm den Titel des Panchen Lama verlieh, galt dies für seine vorhergehenden drei Inkarnationen ebenfalls. Als 4. Panchen Lama wurde Lobsang Chökyi Gyaltsen, Abt von Tashilhunpo, zu einer der höchsten geistlichen Autoritäten der Gelugpa-Schule. Dem Panchen Lama obliegt es, die Reinkarnation des Dalai Lama nach dessen Tod zu designieren. Für die Geschichte Tibets und der Dalai Lamas ist er also von größter Wichtigkeit.

17 Er wurde 1882 geboren, im Todesjahr seines Vorgängers; seine Mutter war eine Viehhirtin, sein Vater unbekannt.

18 Der 9. Dalai Lama, Lungtok Gyatso, starb im Alter von neun Jahren; der 10. Dalai Lama, Tsultrim Gyatso, mit einundzwanzig Jahren; der 11. Dalai Lama, Khedrup Gyatso, mit achtzehn Jahren; der 12. Dalai Lama, Trinley Gyatso, mit neunzehn Jahren.

19 Die ersten Münzen aus Metall kamen im Jahre 1926 in Umlauf. Der ersten Datierung der Banknoten liegt die tibetische Zeitrechnung zugrunde, deren erstes Jahr dem Jahr 254 n. Chr. entspricht. Die Inschrift gibt an, dass es sich um das Jahr der Gründung der ersten tibetischen Regierung handelt; anderen Quellen zufolge handelt es sich um das Geburtsjahr von Tho Tho Ri, König von Tibet aus der Dynastie Yarlung. Eine Legende berichtet, es sei das Jahr gewesen, in dem die ersten buddhistischen Schriften vom Himmel fielen, und zwar auf Yambu Lakhang, das erste Gebäude, das in Tibet für den tibetischen König Nyatri Tsempo errichtet wurde. Die zweite Datierung entspricht dem 60-Jahre-Zyklus, *rab byung*, der 1027 n. Chr. beginnt, dem Jahr, in dem der Kalachakra-Kult in Tibet eingeführt wurde.

20 In Drapshi befindet sich heute ein berüchtigtes chinesisches Umerziehungslager, Lager Nr. 1 genannt.

21 Eine der tibetischen Regionen, im Südosten des Landes. Die anderen sind: Amdo im Nordosten, U-Tsang (Zentraltibet), Ngari im Südwesten sowie Changthang im Norden.

ANMERKUNGEN ZU KAPITEL 2

1 Dharma meint die Lehre des Buddha, aber auch die Ordnung der Dinge, das kosmische System, die absolute Wahrheit; dharmas sind alle Phänomene, die dieser Ordnung unterliegen. Buddha-Dharma ist die Lehre des Buddha, die diese Realität erklärt. Buddha-Dharma, abgekürzt Dharma, ist der Name, mit dem Buddhisten den Buddhismus bezeichnen.

2 Er kommt hauptsächlich im Gebiet von Kemdong in der Region Dhakpo vor.

Auf dieser Papiersorte wurde auch das Testament des 13. Dalai Lama Ende 1932 abgefasst.

3 Die Beeren des Himalaya-Wacholderstrauchs haben, wenn sie wie Weihrauch verbrannt werden, eine heilende Wirkung bei Fieberdelirien.

4 Er lebte von 1005 bis 1064.

5 Atisha (982–1054), auch Dipamkara Shri Jnana, Abt des Klosters Vikramashila in Indien und designiertes Mitglied der beiden großen Schulen, die die Reden des Buddha überliefert haben (Manjushri/Nagarjuna und Maitreya/Asanga). Nach Tibet eingeladen, verbrachte er dort die letzten dreizehn Jahre seines Lebens. Er erfüllte den tibetischen Buddhismus mit neuer Kraft und räumte der Klosterdisziplin einen vorrangigen Platz ein.

6 Nach *Paroles des dalai-lamas*, herausgegeben von Gilles van Grasdorff, Marabout, 1996. Auch alle weiteren Zitate des 13. Dalai Lama sind diesem Buch entnommen.

7 Einer der Namen der Tibeter für den Panchen Lama.

ANMERKUNGEN ZU KAPITEL 3

1 Der Dalai Lama benutzt roten Siegellack.

2 Unter Songsten Gampo (617–649), dem 33. tibetischen König, wurde das Land zur Großmacht.

3 Der König Trisong Detsen (742–797) war nicht nur ein großer Eroberer, der zu wiederholten Malen das chinesische Kaiserreich erzittern ließ, sondern er holte auch berühmte Gelehrte aus Indien ins Land. Unter seiner Herrschaft wurde der Buddhismus 779 Staatsreligion.

4 In diesem Lied wird Lungshar mit Drime Kunden verglichen, dem Helden einer äußerst populären Oper, der aus Erbarmen mit der leidenden Menschheit seine Augen opferte. Tatsächlich waren viele der Mitstreiter Lungshars und der Glücklichen Union davon überzeugt, dass eine Veränderung sowohl in sozialer als auch in politischer Hinsicht für Tibet dringend notwendig sei, und in seiner ursprünglichen Konzeption hätte das Projekt Lungshars durchaus eine Lösung für Tibet sein können.

5 Am 15. August 1945, der berühmten »Nacht der Freiheit«, wurde die Radiostation in das indische Generalkonsulat umgewandelt; bei Ausbruch des chinesisch-indischen Konflikts von 1962 wurde es geschlossen

6 Als der Buddhismus 779 Staatsreligion in Tibet wurde, wurde dieses Kloster als Erstes gebaut; es liegt zwischen Lhasa und der alten Hauptstadt Tsethang.

7 Region südöstlich von Lhasa, am rechten Ufer des Tsangpo.

8 Der 2. Dalai Lama Gendün Gyatso (1475–1543) ließ das Kloster Chökhorgyal im Jahre 1509 errichten.

9 Tenzin Chödrak und Gilles Van Grasdorff, *Les Secrets de la médicine tibetaine,* Plon, 2002.

10 Kham und Amdo sind heute in die chinesischen Provinzen Yunnan, Sichuan, Gansu und Qinghai integriert (siehe Karte).

ANMERKUNGEN ZU KAPITEL 4

1 Der 4. Karmapa, Oberhaupt der Kagyüpas (1340–1415).
2 Sie wurde dem Autor in mehreren Versionen vom jetzigen Orakel von Nechung und von Tenzin Chödrak, dem Leibarzt des Dalai Lama, mitgeteilt.
3 Diese Dynastie regierte das chinesische Reich von 1368 bis 1644.
4 Wörtlich übersetzt: »Synthese der Lehre«.
5 Der Kult des Manjushri ist im Mahayana, dem »Großen Fahrzeug«, sehr verbreitet. Ihm soll eine historische Figur zugrunde liegen, die dann zur Gottheit wurde. Die großen Denker Padmasambhava und Tsongkhapa werden als Emanationen Manjushris betrachtet. Traditionellerweise wird er so dargestellt: In der rechten Hand hält er das Schwert, um das Nichtwissen zu bekämpfen; in der linken ein Buch, das auf einem Lotos ruht.
6 Diese Gottheit hat vier Köpfe – gelb, blau, grün und rot – und wird als der zornvolle Aspekt von Chenrezig betrachtet. Im Allgemeinen wird sie mit zwei oder zwölf Armen dargestellt, der Körper ist blau. Sie trägt ein Tigerfell um die Taille und eine Elefantenhaut auf dem Rücken. Mit Ornamenten aus Knochen geschmückt, hat sie eine Krone aus Schädeln und um den Hals eine Kette von einundfünfzig abgeschlagenen blutigen Köpfen.
7 Zu diesem Zeitpunkt war die älteste Tochter der Familie achtzehn Jahre alt. Sie wurde 1920 geboren.
8 Diese Episode wurde dem Autor von Tenzin Chödrak, dem Leibarzt des Dalai Lama, berichtet. Die Tibeter sind höchst begierig nach Geschichten von Aku Tempa.

ANMERKUNGEN ZU KAPITEL 5

1 Über die Herkunft der Familie des Dalai Lama, die ersten Jahre Taktser Rinpoches und die Entdeckung des 14. Dalai Lama haben Ngari Rinpoche und Jetsun Pema, Bruder und Schwester des Dalai Lama, dem Autor berichtet, auch Tenzin Chödrak, der Leibarzt des Dalai Lama und Vertraute von Dekyi Tsering. Schließlich gab es mehrere Gespräche mit dem Ehrwürdigen Tenzin Topgyal, dem Abgeordneten und Sekretär für religiöse und kulturelle Angelegenheiten, über den Originaltext mit den Mitteilungen, aus dem Tibetischen ins Englische übersetzt, die Dekyi Tsering ihrer Enkelin Yangzom Dölma zwischen 1970 und 1978 gemacht hat.
2 Dekyi Tsering, *Dalai Lama, My Son, a Mother's Autobiography,* Viking Books, 2000. (Dt.: *Mein Sohn, der Dalai Lama,* Ullstein, 2001.)
3 A.a.O.
4 A.a.O.
5 Dieses Amt wurde traditionellerweise vom Vater auf den Sohn vererbt; die Familie, die als unrein galt, lebte außerhalb des Dorfes.
6 Dekyi Tsering, a.a.O.
7 Gespräch mit Tenzin Chödrak.
8 Dekyi Tsering, a.a.O.

9 A.a.O.
10 A.a.O.
11 Mahakala, in Schrecken erregender Form dargestellt, ist die Emanation Chenrezigs in ihrem zornvollen Aspekt. Chenrezig ist der Bodhisattva des Erbarmens, die Dalai Lamas sind seine Emanationen.
12 Es wurde im Jahre 1073 im Südwesten von Shigatse errichtet und Sitz der Sakyas. Dank mongolischer Unterstützung werden diese das Land das 13. Jahrhundert hindurch regieren.
13 Dekyi Tsering, a.a.O.
14 A.a.O.
15 Dieser Gelehrte des 2. und 3. Jahrhunderts lehrte den »Mittleren Weg«. Dessen Vertreter sind die Madhyamikas.
16 Der 6. Dalai Lama Rigdzin Tsangyang Gyatso.
17 Diese Geschichte, von der es noch viele andere Versionen gibt, wurde dem Autor 1996 vom Orakel des 10. Panchen Lama erzählt, das nach Indien geflüchtet war.

ANMERKUNGEN ZU KAPITEL 6

1 *Der heilige Narr,* hrsg. von Keith Dowman, O. W. Barth, 1982, Neuauflage 2005.
2 *Vie et chansons d'amour du sixième dalai-lama*, von K. Dhondup, Claire Lumière, 1987.
3 Er war Mitglied der Reformpartei Osttibets, die 1939 die Vorstellung entwickelt hatte, das Land nach drei Grundprinzipien zu gestalten: Staatssozialismus, Volkssouveränität und Nationalismus.
4 Beim Tode des 7. Dalai Lama hatte der Regent Demo Tulku, der diese Funktion von 1757 bis 1777 innehatte, diesen Titel von dem Mandschu-Kaiser Qianlong erhalten. Die Tibeter haben diese Tradition bis zum 13. Dalai Lama aufrechterhalten. Der entschied, dieser Anhäufung von Titeln ein Ende zu machen, denn diese prestigeträchtige Auszeichnung brachte in raffiniert versteckter Form die politische Unterordnung unter das Kaiserreich zum Ausdruck. Die meisten Tibeter ignorierten das offenbar, denn für sie handelte es sich vor allem um ein Zeichen der Vornehmheit, das sie gerne zur Schau trugen.
5 *Tibet is my Country*, von Thubten Jigme Norbu in Zusammenarbeit mit Heinrich Harrer, Wisdom, 1960.
6 A.a.O.

ANMERKUNGEN ZU KAPITEL 7

1 Thubten Gyatso, der 13. Dalai Lama, kam 1895 an die Macht, aber Demo Rinpoche blieb Regent in einem Umfeld, in dem schon damals Korruption herrschte.

2 Ein Diagramm, das eine spirituelle Übung, eine Gottheit oder eine Gruppe von Gottheiten symbolisiert und meist aus geometrischen Mustern und Mantras zusammengesetzt ist.
3 Die Parteigänger von Demo Rinpoche erklärten 1903, dass sich der Regent im Neffen des 13. Dalai Lama reinkarniert habe, eine raffinierte Methode, um später wieder die offizielle Anerkennung des Geschlechts der Demo zu ermöglichen.
4 Roger Faligot und Rèmi Kauffer, *Kang Sheng et les services secrets chinois,* Robert Laffont, 1987.
5 Mao, 1893 geboren, gründete1921 die Kommunistische Partei Chinas und war der Sieger des Bürgerkrieges gegen die Nationalchinesen (1946–1949). Von da an bis zu seinem Tod im Jahre 1976 war er Vorsitzender der Partei und regierte die Volksrepublik China.
6 Mit Langdarma erlischt die Dyanastie von Yarlung. Danach kommt es zu einer Zersplitterung der Macht zwischen Fürstentümern und Klöstern.
7 1409 von Tsongkhapa eingeführt.

ANMERKUNGEN ZU KAPITEL 8

1 An ihrer Spitze Gyalo Thöndup und Phuntsok Tashi. Sie halten sich ein Jahr in Indien auf, bevor sie nach Nanking fahren, wo die konstituierende Nationalversammlung eröffnet werden soll, bei der die Tibeter aus Sichuan, Qinghai und Yunnan neben anderen Völkern Chinas einen Sitz haben werden.
2 Archibald Percival Wavell (1883–1950), Vizekönig von Indien von 1943 bis 1947. 1945 berief er in Simla eine Konferenz ein, um einen Exekutivrat zu bilden, den ersten Ansatz für eine zukünftige indische Regierung.
3 Präsident der Vereinigten Staaten von 1945 bis 1953.
4 Das Abonnement des 13. Dalai Lama lief weiter. Es handelte sich um das einzige Journal in tibetischer Sprache mit internationalen Informationen.
5 Heinrich Harrer, *Sieben Jahre in Tibet*, Ullstein, 1997.

ANMERKUNGEN ZU KAPITEL 9

1 Lin Biao (1907–1971), Mitglied des Ständigen Komitees der Kommunistisches Partei Chinas, wurde 1959 Verteidigungsminister: Er ist der Architekt der Kulturrevolution zwischen 1966 und 1969. Politisch und physisch wurde er 1971 eliminiert.
2 Die Verfasser des Telegramms im Namen des Panchen Lama beziehen sich hier auf sein früheres Leben, als Chökyi Gyaltsen noch der 9. Panchen Lama Chökyi Nyima war.

ANMERKUNGEN ZU KAPITEL 10

1 Bericht an die Internationale Juristenkommission, Genf 1960.
2 In dem trilateralen Abkommen von Simla vom 3. Juli 1914 wurde die gesamte südöstliche Bergregion abgetreten, um daraus die North East Frontier Agency (NEFA) zu bilden, heute der indische Bundesstaat Arunchal Pradesh. Die Unterzeichnung dieses Abkommens zwischen Großbritannien und Tibet versetzte Tibet in den Rang einer unabhängigen Nation.
3 Chinesisch Wenshu.
4 Gespräch mit dem Ehrwürdigen Tenzin Topgyal. Vgl. Dekyi Tsering, a.a.O.

ANMERKUNGEN ZU KAPITEL 11

1 Gespräch des Autors mit dem Ehrwürdigen Tenzin Topgyal. Vgl. Dekyi Tsering, a.a.O.
2 Internationale Juristenkommission, *Die Tibetfrage und die Rechtsstaatlichkeit Tibets,* Genf 1959.
3 Er wurde gefoltert und starb einige Jahre später in chinesischer Kerkerhaft.
4 Zur Biographie von Dr. Tenzin Chödrak (1920–2002) vgl. Albin Michel, *Der Palast des Regenbogens*, Frankfurt a. M., 1999.
5 Zeugenaussage Nr. 1 des Berichts der Internationalen Juristenkommission in *Tibet und die Volksrepublik China,* 1960.
6 Zeugenaussage Nr. 18, a.a.O.
7 Zeugenaussage Nr. 1, a.a.O.
8 Zeugenaussage Nr. 39, a.a.O.
9 Zeugenaussage Nr. 32, a.a.O.
10 Auszug aus Wei Jinsheng, *Mon évolution intellectuelle entre 16 et 29 ans, dans La Cinquième Modernisation et autres écrits du printemps de Pékin*, hrsg. von Christian Bourgeois, 1997.
11 Harry Wu ist Autor des Buches *Retour au lagoai,* Belfond 1997.
12 Internationale Juristenkommission, *Die Tibetfrage und die Rechtsstaatlichkeit Tibets,* Genf 1959.
13 Am 25. Januar 1958 gab Mao den Befehl, »England in fünfzehn Jahren einzuholen«; die chinesische Produktion sollte um 33 Prozent pro Jahr erhöht werden.
14 Internationale Juristenkommission, *Tibet und die Volksrepublik China,* 1960.
15 Gespräch mit dem Autor in Dharamsala 1994. Aus den Gesprächen mit Seiner Heiligkeit Tenzin Gyatso ist ein Buch geworden: Gilles van Grasdorff (Hrsg.), *Tibet – Ort der Götter, Land der Tränen*, Herder, 1996.
16 Internationale Juristenkommission, *Die Tibetfrage und die Rechtsstaatlichkeit Tibets*, Genf 1959.

ANMERKUNGEN ZU KAPITEL 12

1 Am 18. April 1959 bringt *Paris Match* ein Foto des Dalai Lama auf der ersten Seite und kündigt an: »Unsere Sonderkorrespondenten kabeln aus Indien: Wie der Dalai Lama seinen langen Marsch bewältigt hat.«
2 Die Überschrift von Georges Reyers Artikel lautet: »Der Dalai Lama ist von der Jeanne d'Arc Tibets vom Dach der Welt nach Indien geführt worden« (*Paris Match,* 18. April 1959).
3 A.a.O.
4 Heinrich Harrer, in: *Life, The Miraculous Escape of the Dalai Lama,* 4. Mai 1959.
5 *US News & World Report,* 6. Juli 1959.
6 In den 60er Jahren sind 350 000 Tibeter verhungert.
7 Zeugenaussage Nr. 39, Internationale Juristenkommission, *Tibet und die Volksrepublik China,* Genf 1960.
8 Nr. 68 a.a.O.
9 Dieses Dokument, das von Dharamsala lange verkannt wurde, wurde dem Autor von der tibetischen Exilregierung für seine Recherchen über das Leben des 10. Panchen Lama überlassen.
10 Auszug aus dem 16. Kapitel der »Prophezeiung des fünften Karmapa«.
11 1927–1972. An der Macht seit dem 28. Oktober 1952.

ANMERKUNGEN ZU KAPITEL 13

1 Robert Faligot und Rémi Kauffer, *Kang Sheng et les services secrets chinois,* 1987.
2 Gespräch mit Seiner Heiligkeit Tenzin Gyatso, in: *Terre des dieux, malheur des hommes,* a.a.O.
3 Gespräch mit Jetsun Pema und Seiner Heiligkeit dem Dalai Lama in Dharamsala.
4 Victor Marchetti und John D. Marks, *La CIA et le culte du renseignement,* Robert Laffont, 1974.
5 A.a.O.
6 Patrick Sabattier, *Deng Xiaoping, le dernier dragon,* J.-C. Lattès, 1990.
7 *La CIA et la culte du renseignement,* a.a.O.
8 A.a.O.
9 Gespräche mit einem der Orakel des 10. Panchen Lama, das nach Indien geflüchtet ist, und mit Nonnen aus dem Gebiet von Shigatse und Lhasa, die Zeugen der Ereignisse waren. Von den Chinesen verhaftet und gefoltert, leben sie heute in Dharamsala und Umgebung.
10 Siehe Anmerkung 9.
11 Gespräch mit Seiner Heiligkeit Tenzin Gyatso in Dharamsala.
12 Gespräch mit Seiner Heiligkeit Shamar Rinpoche, dem Karmapa der »Rotmützen«, in Neu-Delhi; siehe auch *Karmapa Papers* 1992.
13 Das Original der »schwarzen Haube« befindet sich zurzeit in Rumtek, wohin sie der 16. Karmapa gebracht hat.
14 Gespräch mit Jetsun Pema in Dharamsala.
15 Gespräch mit Jetsun Pema in Dharamsala.

ANMERKUNGEN ZU KAPITEL 14

1 Gespräche des Autors mit Jetsun Pema. Vgl. auch Jetsum Pema, *Tibet, mon histoire,* mit einem Vorwort von Elie Wiesel, Ramsay, 1997. (Dt.: *Zeit der Drachen. Die Autobiographie der Schwester des Dalai Lama,* Hoffmann und Campe, 1997.

2 A.a.O.

3 Gespräch des Autors mit Seiner Heiligkeit Tenzin Gyatso in Dharamsala.

4 Siehe Anm. 3.

5 Mitglied des ständigen Komitees der Kommunistischen Partei Chinas (1958); Verteidigungsminister (1959); er verschwand 1971 von der politischen Bühne.

6 *Deng Xiaoping, le dernier dragon,* a.a.O.

7 *Deng Xiaoping, le dernier dragon,* a.a.O.

8 Nr. 629, 21. – 27. November 2002: »Reflexions sur le Tibet.«

9 Wang Lixiong wurde 1963 in Changchun im Nordosten Chinas geboren. Er lebt in Peking. Nach der Kulturrevolution wurde ihm erlaubt, seine Studien fortzusetzen und Schriftsteller zu werden. 1991 hat er unter Pseudonym *Péril jaune* veröffentlicht, ein Buch, das, von Peking verboten, ein Bestseller in der chinesischsprachigen Welt wurde. Er sagt darin einen chinesischen Bürgerkrieg voraus, auf den ein Atomkrieg folgen werde. Er ist auch Autor eines Buches über Tibet, das 1998 in Kanada unter dem Titel *Funerailles Celestes – le destin du Tibet* herausgekommen ist.

10 A.a.O.

11 Tsering Shakya lebt zurzeit in London. Er setzt seine Forschungen über Tibet an der School of Oriental und African Studies fort. 1999 hat er *The Dragon in the Land of Snows* veröffentlicht.

12 Nr. 630, 28. November bis 4. Dezember 2002: »Le Tibet sous la botte.«

13 Gespräch mit Ngari Rinpoche in Dharamsala.

14 Zeugenaussagen in: Internationale Juristenkommission. *Tibet und die Volksrepublik China,* a.a.O.

15 A.a.O.

16 Tsering Shakya, »Le Tibet sous la botte«, a.a.O.

17 A.a.O.

18 Gespräch des Autors mit Harry Wu. Auszug aus dem Vorwort, das der chinesische Dissident für *Cent Mille Eclairs dans la nuit* von Gilles van Grasdorff und Gilbert Collard geschrieben hat, a.a.O.

19 Roland Barraux, *Histoire des Dalai Lamas,* mit einem Vorwort von Dagpo Rinpoche, Albin Michel, 1993.

20 Gespräch des Autors mit Seiner Heiligkeit Tenzin Gyatso in Dharamsala.

21 Gespräch des Autors mit Seiner Heiligkeit Tenzin Gyatso für *Terre des dieux, malheur des hommes,* a.a.O.

22 Mit 76 Stimmen bei 35 Gegenstimmen und 17 Enthaltungen.

23 *La Controverse des Karmapas,* nach den *Karmapa Papers,* eine Propagandaschrift der Föderation der Karma-Kagyü-Zentren, in der alle buddhistischen Zentren vereint sind, die dem 17. Karmapa Trinley Thaye Dorje folgen.

24 A.a.O.

25 *La Controverse des Karmapas,* a.a.O.

26 Dieser Text wurde dem Autor von Seiner Heiligkeit Tenzin Gyatso überlassen

und aus dem Tibetischen übersetzt von Tsering Dorje, Lobsang Tsering, Sonam Tsering und Ngawang Gelek für *Paroles des dalai-lamas,* Marabout, 1996.

27 Gespräch mit dem Autor in Dharamsala.

28 Gespräch des Autors mit Seiner Heiligkeit Tenzin Gyatso in Dharamsala, enthalten in *Terre des dieux, malheur des hommes,* a.a.O. Die Antwort des Dalai Lama beginnt mit dem Satz: »Es sind jetzt vierzehn Jahre vergangen, seitdem dieser Artikel im *Wall Street Journal* erschienen ist, aber an meinem Standpunkt hat sich nichts geändert.«

ANMERKUNGEN ZU KAPITEL 15

1 Für die Navajos ist der Blütenstaub die Essenz der Dinge. Sie singen dieses Lied, um die Wut des Feindes zu besänftigen.

2 Die Bewohner Pekings schreiben dieses Zitat Deng Xiaoping zu. Es ist aber nicht sicher, dass der Ausspruch von ihm stammt.

3 Er wurde dem Autor von Jetsun Pema 1995 bei Gesprächen, die er mit ihr in Dharamsala führte, übergeben.

4 Kalu Rinpoche (1904–1989) trug dazu bei, den Buddhismus in Europa und Amerika zu verbreiten.

5 Gespräch des Autors mit Seiner Heiligkeit Tenzin Gyatso.

6 Der Dalai Lama dachte noch, er könne Großtibet vereinigen: Qinghai und seine fünf autonomen Verwaltungsbezirke, das autonome Gebiet in Sichuan; schließlich die autonomen Verwaltungsbezirke Gansu und Yunnan.

7 Gespräch des Autors mit dem 14. Orakel von Nechung Thubten Ngodup, der betont: »Noch heute empfinde ich die gleiche Angst, wenn ich in Trance gerate.« Der Nechung reist selten und lebt die meiste Zeit in seinem Kloster.

8 Samye wurde von den chinesischen Kommunisten völlig zerstört. Man ist dabei, es wieder aufzubauen, zu rein touristischen Zwecken.

9 Tibetisch Dölma. Weibliche buddhistische Gottheit, die in Tibet sehr verehrt wird. Sie verkörpert das Handeln aller Buddhas für das Wohlergehen der Lebewesen.

10 Sönam Gyatso, Oberhaupt der Gelugpas und Abt von Drepung, kam 1578 einer Einladung des Mongolenfürsten Altan Khan nach, der sich zum Buddhismus hingezogen fühlte. Er konnte den Fürsten für den tibetischen Buddhismus gewinnen und wurde zum Zeichen der Wertschätzung mit dem Titel Dalai Lama geehrt, übersetzt mit »Ozean der Weisheit«, was ihn über die anderen, in China und der Mongolei wirkenden Lamas hinaushob. Fortan übernahmen die Nachfolger von Gyalwa Sönam Gyatso den Titel des Dalai Lama. Rückwirkend wurde er auch auf die beiden vorangegangenen Inkarnationen Sönam Gyatsos übertragen.

11 Gespräch des Autors mit dem 14. Orakel Thubten Ngodup.

12 Gespräch des Autors mit Seiner Heiligkeit Tenzin Gyatso in Dharamsala.

13 Er hinterließ eine Tochter, die im Exil lebt.

14 Gespräche des Autors mit Personen, die dem 10. Panchen Lama nahe standen und deren Namen aus Sicherheitsgründen nicht genannt werden können.

15 Siehe Anm. 14.

16 Siehe Anm. 14.

ANMERKUNGEN ZU KAPITEL 16

1 Der Dalai Lama hat dieses Referendum bei seinen Gesprächen mit dem Autor im Jahre 1994 erwähnt.
2 *La Controverse des karmapas,* a.a.O., und *Karmapa Papers,* a.a.O.
3 Das Gedicht von Tai Situ Rinpoche – siehe Kapitel 15 – nimmt Bezug auf ihre Namen.
4 Einer der Namen, mit denen die Tibeter den Karmapa belegen.
5 *La Controverse des karmapas,* a.a.O., und *Karmapa Papers,* a.a.O.
6 Gespräch des Autors mit Seiner Heiligkeit Shamar Rinpoche, dem Karmapa der Rotmützen.
7 Gespräche mit Seiner Heiligkeit dem 17. Karmapa Trinley Thaye Dorje in Frankreich und in Neu-Delhi. Siehe *Le Livre bouddhiste de la sagesse et de l'amour,* 2001.
8 Die Erfindung eines westlichen Missionars, der in Japan lebte. In Indien wurden Rikschas zum ersten Mal 1880 auf der Hauptstraße von Simla benutzt, dem Sommersitz der Regierung von Britisch-Indien. Rikscha bedeutet wörtlich: »Fahrzeug, das von einem Menschen betrieben wird«.
9 Im Norbulingka können junge Tibeter ein Kunsthandwerk erlernen: Bildhauerei, Schreinern, Thanka-Malerei und die Anfertigung von verschiedenen Objekten, von tibetischen Möbeln bis zu Plüschfiguren. Seit zehn Jahren nimmt die Zahl der zum Verkauf angebotenen Produkte inflationsartig zu.
10 Tibetisches Institut für darstellende Künste, das der Dalai Lama bei seiner Ankunft in Dharamsala gegründet hat, um die traditionellen Gesänge der tibetischen Oper zu bewahren.
11 *La Controverse des Karmapas* und *Karmapa Papers,* a.a.O.
12 *Zhongguo Qingnian Bao*, Zeitung für die chinesische Jugend, September 2002.

Glossar

Barkhor: Ein Weg in Lhasa, der um den Jokhang herum führt. Die Pilger umrunden den Tempel im Uhrzeigersinn und beten dabei.
Bodhisattva: Ein Wesen, das die Buddhaschaft anstrebt, aber so lange auf das Eingehen ins Nirvana verzichtet, bis alle Wesen erlöst sind.
Bön: Tibetische Religion, die schon vor Einführung des Buddhismus existierte.
Chörten: Religiöses Monument, in dem häufig Reliquien aufbewahrt werden. Siehe *stupa.*
Dakini: Ein Begriff aus dem Sanskrit; wörtlich: »Jene, die sich im Himmelsraum bewegen«. Die Dakinis verkörpern die nichtdualistische Erkenntnis der Leerheit. Sie sind weibliche Meditationsgottheiten, den Yidams vergleichbar. Sie sind Beschützerinnen oder weibliche Bodhisattvas, die gute Taten für alle Wesen vollbringen.
Dharma: Dieses Wort aus dem Sanskrit hat viele Bedeutungen. Hier meint es die Lehren des Buddha.
Kalachakra: Tantrisches Meditationssystem.
Karma: Zentraler Begriff des Buddhismus. Wörtlich: »Tat«. Das universelle »Gesetz von Ursache und Wirkung«.
Khata: Weißer Zeremonienschal, meist aus Seide, der bei besonderen Gelegenheiten überreicht wird.
Lama: Lehrmeister des tibetischen Buddhismus.
Laogai: Chinesische Bezeichnung für die Arbeitslager zur Umerziehung.
Losar: Neujahr ist Anlass für große Feierlichkeiten. Die Zeremonien zum tibetischen Neujahrsfest beginnen am neunundzwanzigsten Tag des zwölften Monats, dem Tag, an dem alles Schlechte, was

das vergangene Jahr gebracht hat, symbolisch ausgetrieben wird. Das erste tibetische Neujahr wurde 127 v. Chr. begangen.

Mala: Gebetskette, dem Rosenkranz vergleichbar. Sie wird benutzt, um die Anzahl der Mantras zu zählen, und hilft, die Konzentration aufrechtzuerhalten.

Mani-Steine: Steine, in die Zeichen eingeritzt sind. Der Name bezieht sich auf das Mantra OM MANI PADME HUM. Man findet sie überall in Tibet, besonders an heiligen Stätten.

Mantra: Eine rituelle Formel, die im Hinduismus wie im Buddhismus als Meditationshilfe benutzt wird. OM MANI PADME HUM ist das berühmteste Mantra in Tibet: Es ist das Mantra Chenrezigs, des Bodhisattvas des Erbarmens, der als Beschützer des Landes gilt.

MönlamChenmo: Wörtlich »Das große Gebet«.Von Tsongkhapa eingeführt, wird dieses große religiöse Fest in den fünfzehn Tagen nach dem tibetischen Neujahr gefeiert, bei dem sich bis zu fünfzigtausend Menschen in Lhasa versammeln.

Naga: Wassergottheiten. Sie sind ein Erbe der Bön-Religion, die vor dem Buddhismus in Tibet herrschte.

Nechung: Nach tibetischer Tradition bezeichnet das Wort Orakel den Geist, der in eine Person eintritt, die so zum Medium zwischen dem Reich der Natur und dem Reich des Geistes wird. Die Tibeter nennen diese Person *Kutenla,* was wörtlich »physischer Träger« bedeutet. Das *la* am Wortende bezeichnet Verehrung. In Tibet erzählt man sich, dass der Geist von Nechung zum ersten Mal im Jahre 1544 in den Körper eines Menchen eingegangen sei.

Nirvana: Kann als Zustand »jenseits des Leidens« übersetzt werden und ist das Ziel spiritueller Praxis in allen Richtungen des Buddhismus.

Puja: Religiöse Zeremonie oder Gebete.

Regent: Er regiert das Land, wenn der Dalai Lama nicht anwesend oder noch minderjährig ist. Dieses Amt wurde im 17. Jahrhundert vom 5. Dalai Lama eingeführt.

Rinpoche: Ehrentitel für einen hochrangigen spirituellen Lehrmeister.

Samaya: Heiliges Gelübde, das den Schüler an seinen Lehrer bindet.

Samsara: Der Kreislauf der Wiedergeburten, in dem die Menschen nach Auffassung der Hinduisten und der Buddhisten gefangen sind. Nach buddhistischer Lehre gibt es nur einen Weg, um sich daraus zu befreien, den Weg des Erwachens, den der Buddha Shakyamuni gelehrt hat.

Stupa: Religiöses Monument, in dem häufig Reliquien aufbewahrt werden. Siehe *Chörten*.

Sutras: Lehrreden, die nach der Tradition direkt auf den Buddha zurückgehen. Sie haben häufig die Form eines Dialogs zwischen dem Buddha und seinen Schülern und sind jeweils einem bestimmten Thema gewidmet.

Tantra: Lehren und Schriften, die die Grundlagen des Vajrayana-Buddhismus darstellen.

Thanka: Religiöse Malerei, die auf die religiöse Kunst der indischen Pala-Dynastie zurückgeht. Die Tibeter setzten die Tradition der indischen Buddhisten fort und befolgten gewissenhaft die Anleitungen der nepalesischen buddhistischen Künstler. Im 7. Jahrhundert entwickelte sich in Zentraltibet unter König Songtsen Gampo die Thanka-Malerei.

Tulku: Reinkarnierter Lama.

Vajrayana: Das »Diamant-Fahrzeug« verbindet buddhistische Vorstellungen mit esoterischen Traditionen.

Dank

Ich danke allen großen Lehrmeistern des tibetischen Buddhismus, die ich seit 1993 in Indien und Europa getroffen habe. Ihnen schulde ich ein besseres Verständnis der Geschichte Tibets und der Tibeter, ihrer Kultur und Tradition und ebenso einen anderen Blickwinkel auf Herz und Geist der Menschen.

Mein Dank geht insbesondere an
Seine Heiligkeit Tenzin Gyatso, den 14. Dalai Lama,
Seine Heiligkeit Gendün Chökyi Nyima, den 11. Panchen Lama,
Seine Heiligkeit Urgyen Trinley Dorje, den 17. Karmapa,
Seine Heiligkeit Trinley Thaye Dorje, den 17. Karmapa,
Seine Heiligkeit Shamar Rinpoche, den Karmapa der Rotmützen.

Besonders möchte ich auch danken:
dem Sekretariat Seiner Heiligkeit Tenzin Gyatso: Tenzin Geyche Tethong, Kelsang Gyaltsen, Tashi Tsering;
dem Ehrwürdigen Samdhong Rinpoche, dem ehemaligen Präsidenten des tibetischen Exilparlaments und jetzigen Premierminister der tibetischen Exilregierung;
Lama Jigme Rinpoche, Stellvertreter des 17. Karmapa Trinley Thaye Dorje in Europa;
Jetsun Pema, Präsidentin des Tibetan Children's Village, der jüngsten Schwester des Dalai Lama;
Tempa Tsering, ihrem Mann, dem früheren Sekretär des Ministeriums für Information und Internationale Beziehungen;
Ngari Rinpoche, dem jüngsten Bruder des Dalai Lama;

Khenpo Chödrak Tempel, einem der Lehrer des 17. Karmapa Trinley Thaye Dorje;
Tenzin Chödrak, der mich lehrte, was Toleranz, Liebe und Verzeihen bedeuten;
Lobsang Thargyal, Präsident des Obersten Gerichtshofs;
dem Ehrwürdigen Thubten Ngodup, Orakel von Nechung;
dem Ehrwürdigen Dagpo Rinpoche;
Tenzin P. Atisha, Leiter des Ministeriums für Umwelt und Entwicklung;
Kalön Tashi Wangdi, Gesundheitsminister;
dem Ehrwürdigen Tenzin Topgyal, Abgeordneter und Sekretär des Ministeriums für religiöse und kulturelle Angelegenheiten;
Jampa Chonjon, Innenministerium;
Tsering Wangyal, Ministerium für Erziehung;
Tashi Phuntsok, Ministerium für Finanzen;
Lama W. Gyaltsen, Planungsabteilung;
Tsewang Phuntsok, Präsident des *Tibetan Youth Congress*;
Samdup Lhatse, Leiter des Men-Tsee-Khang;
Dr. Tenpa C. Tepel, Vizepräsident des Tibetan Medical College;
Tsering Tashi, Leiter des Instituts für tibetische Astrologie und Medizin;
dem Ehrwürdigen Lobsang Gyatso, Leiter des Institute of Buddhist Dialectics (im Gedenken an ihn);
dem Ehrwürdigen Kelsang Damdül, dem stellvertretenden Leiter des Institute of Buddhist Dialectics;
Ngawang Lhamo, der Generalsekretärin des tibetischen Frauenverbandes;
Ngodup Tsering, Leiter des TIPA;
Dr. Namgyal Tsering, Mitglied der Kulturkommission;
Jampa Kelsang vom Institut für tibetische Astrologie;
Tashi Tsering, Historiker;
dem Ehrwürdigen Palden Gyatso;
Ngawang Kyziom, einer tibetischen Nonne;
Dawa Thöndup, dem früheren Vertreter Seiner Heiligkeit des Dalai Lama in Frankreich, Belgien und auf der Iberischen Halbinsel;
Kunzang Yuthok, der früheren Vertreterin Seiner Heiligkeit des

Dalai Lama in Frankreich, Belgien und auf der Iberischen Halbinsel.

Für die Hilfe bei meinen Recherchen zum Panchen Lama danke ich:
dem Ehrwürdigen Tsayuls Tenzin Palbar, Ministerium für Sicherheit;
dem Orakel des 10. Panchen Lama, Flüchtling in Indien;
den Mönchen und Nonnen von Tashilhunpo, Flüchtlinge in Indien; tief bewegt gedenke ich einer Nonne, die gefoltert und vergewaltigt wurde, weil sie das Andenken des Panchen Lama verteidigte, und deren Verzweiflungsschreie mich erschüttert haben.

Mein Dank gilt auch all jenen, die ich aus Sicherheitsgründen in diesem Buch nicht namentlich aufführen kann: meinen Informanten; den Übersetzern der »Siebzigtausend Schriftzeichen« aus dem Chinesischen ins Englische und Französische und der Informationen über den 10. Panchen Lama; meinen Übersetzern aus dem Tibetischen ins Englische und aus dem Englischen ins Französische; und ich vergesse auch nicht meine chinesischen Freunde.

Literatur

Avedon, John F.: *In Exile from the Land of Snows,* Harper Collins, 1998.

Barraux, Roland: *Die Geschichte der Dalai Lamas,* Frechen, Komet Verlag, 2000.

Comité juridique d'enquête sur la question du Tibet: *Le Tibet et la République populaire de Chine,* Genf, Commission internationale de juristes, 1997.

Commission internationale de juristes, *La Question du Tibet et la primauté du droit*, Genf, 1960.

Craig, Mary: *Kundun*, Lübbe, 1998.

Dalai Lama XIV.: *Mein Leben und mein Volk*, Droemer Knaur, 1982, Neuaufl. 1992

– *Das Buch der Freiheit,* Lübbe, 1990.

Dowman, Keith (Hrsg.), *Der heilige Narr,* O.W. Barth, 1982, Neuausgabe 2005.

Deshayes, Laurent: *Histoire du Tibet,* Fayard, 1997.

Faligot, Roger/Kauffer, Rémi: *Kang Sheng et les services chinois*, Robert Laffont, 1987.

Féderation des Centres Karma Kagyu de France: *La Controverse des Karmapas,* 2003, und *Karmapa Papers*, 1992.

Goldstein, Melvyn C./Gelek Rinpoche, *A History of Modern Tibet, 1913–1951: The Demise of the Lamaist State,* Univ. of California Press, 1989.

Harrer, Heinrich: *Sieben Jahre in Tibet*, Ullstein, 1997.

Lama Anagarika Govinda: *Der Weg der weißen Wolken,* O.W. Barth, 2001.

Padmasambhava : *Die Befreiung durch Hören im Zwischenzustand. Das Tibetische Totenbuch*, Tashi Verlag, 1999.

Palden Gyatso: *Ich, Palden Gyatso, Mönch aus Tibet,* Lübbe, 1998.
Richardson, H. E.: *Tibet and its history,* Oxford University Press, 1962.
– *A short History of Tibet,* Dutton & Co., 1962.
Shabakpa, W. D.: *Tibet, a political History,* Potala Publications, 1984.
Wu, Harry: *Wer schweigt, macht sich schuldig,* Lübbe, 1996.

Stammbaum

Dekyi (Amala) Tsering 1900–1981

Tsering Dölma 1920–1964	Thubten Jigme Norbu 1922	Gyalo Thöndup 1929	Lobsang Samten 1932–1985
v	v	v	v
Phuntsok Tashi 1922	Kunchok Yangkyi 1944	Chu-tang (Diki Dolkar) 1925–1986)	Namgyal Lhamo 1942
Tenzin Ngawang 1941–1993	Lhundup Namgyal 1961	Yangzom Dölma 1950–1982	Tenzin Chuki 1963
Khando Tsering 1943	Kunga Gyaltsen 1962	Tenzin Khedroop 1952	Tenzin Namdhak 1965
	Jigme Kunden 1964	Ngawang Tempa 1954	

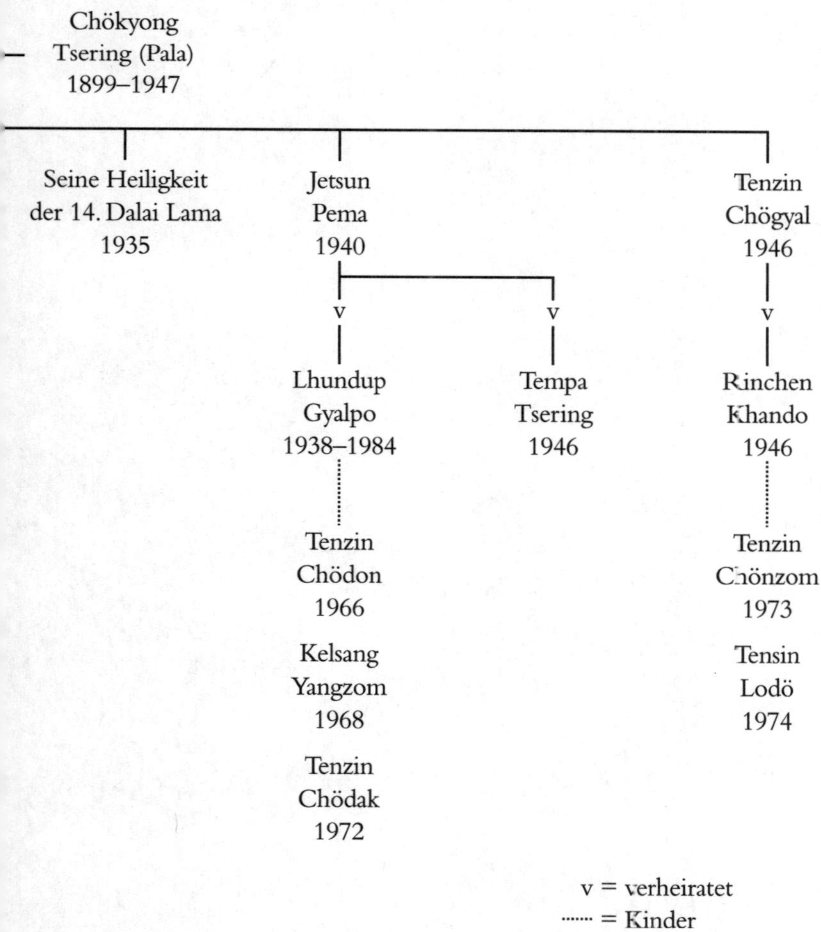
Chökyong Tsering (Pala) 1899–1947
Seine Heiligkeit der 14. Dalai Lama 1935
Jetsun Pema 1940
Tenzin Chögyal 1946
v
v
v
Lhundup Gyalpo 1938–1984
Tempa Tsering 1946
Rinchen Khando 1946
Tenzin Chödon 1966
Kelsang Yangzom 1968
Tenzin Chödak 1972
Tenzin Chönzom 1973
Tensin Lodö 1974
v = verheiratet
······ = Kinder

Personen- und Sachregister

Aberglauben 13, 207
Abgaben 21, 203, 204
Achala 69, 76
Adel/Aristokratie 36, 151, 183, 195, 292, 327
Aeschiman, Charles und Gret 286, 293
Ahimsa (Gewaltfreiheit) 35, 234, 257, 329, 344, 346, 374
Aku Tempa 79, 80
Allianz der 13 Lager 325, 326, 333
Amala (»Große Mutter«, Dekyi Tsering) 69, 90–93, 96–99, 105–108, 112–114, 117, 118, 120–123, 135, 138, 159, 164, 165, 175, 176, 184, 208, 210, 212, 213, 218, 223, 224, 231, 232, 237, 240, 241, 244, 246, 248, 252, 253, 255, 256, 280, 286, 293, 304, 305, 322, 335–337
Amnye Machen 329
Anti-Rechts-Kampagne 236
Apo Gaga s. Urgyen Trinley Dorje
Armstrong, Louis 124
Astrologie 94, 115, 117, 124, 131, 223, 289
Atisha, Pandit 32
Attlee, Clement R. Earl 157
Aufschnaiter, Peter 158, 160, 181
Autonome Region Tibet 213, 219–221, 228, 232, 235, 270, 300, 302, 334, 374
Aya 281
Aznavour, Charles 249

Bandung, Konferenz von 173, 278
Bardo Thödol 71, 163
Barkhor 14, 26
Bava Yeshi 324, 325, 333
Befreiung Tibets 173–175, 188
Befreiungskomitee Chamdo 212, 213
Berger, Yves 5
Bilung Rinpoche 104, 105, 143
Bodenreform 203, 204, 230
Bodenschätze 157, 261, 262
Bodhgaya 336, 371
Bodhisattva 69, 70, 98, 212
Bokar Rinpoche 370
Bönpo-Tradition 13, 216, 294, 301
Borodin (russ. Gesandter) 24
Buddha 32, 40, 85, 128, 132, 133, 146, 226, 250, 255, 301, 302, 330, 336, 350

Buddhismus, tibetischer 17, 30, 41, 68, 128, 197, 203, 216, 232, 244, 270, 272, 294, 301, 330, 347, 364, 369, 371
Buddhistenverfolgung 146

Cao Guisheng 322
Carter, Jimmy 332
Chadrel Rinpoche 354–356
Chandzo Jampa 130
Chaplin, Charlie 124
Chapman, Spencer 56, 57
Chelpo Dangzang Wangpo 120
Chen Boda 315
Chen Chen 175
Chen Yi 221, 235, 259, 268
Chen Yun Hann 371
Chenrezig (Bodhisattva des Erbarmens; Beschützer Tibets) 14, 113, 120, 212, 317
Cheung, Susanna 368
Chiang Kai-shek 22, 37, 70, 145, 150, 152, 157, 166, 167, 186, 199, 200
China 45–48, 53, 70, 139, 144, 155, 157, 161, 167, 171–175, 178, 182, 187, 188, 199, 207, 211, 215, 225, 229, 233, 299, 323
Chodong Phuntsok 85
Chökhorgyal (Kloster) 50, 65, 101
Chokling Rinpoche 325
Chökyi Gyaltsen (gen. Lobsang Tseten; 10. Panchen Lama) 142, 143, 161, 162, 165–168, 174, 176, 178, 179, 186–190, 195, 196, 208, 209, 222, 238, 246, 248, 255, 258, 259, 261, 263, 266–270, 299, 300, 316, 334, 349–351
Chökyi Lodrö 303
Chökyi Nyima (9. Panchen Lama) 21, 22, 36, 37, 44, 47, 48, 53, 54, 62–66, 71–73, 104, 126–128, 142, 166, 196
Chökyong Tsering 76, 78, 81, 85, 86, 89, 90, 93, 96, 99, 112, 122, 175
Cho-la 88
Chöphel Thubten 148
Chörten 64
Chruschtschow, Nikita 215, 266, 291
Chung Rinpoche 209
Churchill, Sir Winston 124, 157
Chushi Gangdrug 234, 236, 237, 242, 243, 291, 303
Chu-tang s. Diki Dolkar
CIA 197, 224, 225, 236, 294–298, 315, 322, 323, 368

Dämonen 29, 193, 218
Darjeeling 177, 201, 205, 206, 226, 227, 231, 233, 248, 251, 253, 277, 287, 289, 304, 337
Darlehenssystem für Bauern 146
Dechung Rinpoche 288
Dekyi Tsering s. Amala
Demo Rinpoche 136
Demokratie 279, 301, 321, 353
Deng Xiaoping 198, 211, 212, 235, 259, 297, 299, 332, 333, 351, 359
Deshin Shepka (5. Karmapa) 272

Dhammapada 138
Dharma 20, 29, 85, 196
Diki Dolkar (Chu-tang) 225, 227, 233, 251–253, 276, 277, 287, 289, 306, 337–339
Dingie Rinpoche 127, 128, 142, 144, 166
Ditru Rinpoche 162, 165
Divination 31, 165
Djogdrup Tendar 148, 149
Dolan, Brooke 139, 140, 141
Dölma Tso 85
Dorje Shugden 365, 366
Dorje Tsegyal Lungshar (Berater des 13. Dalai Lama) 15, 20–24, 27–30, 36, 37, 39–43, 150
Downey, John 225
Drepung (Kloster) 21, 23, 40, 42, 60, 115, 131, 237, 241, 247, 327, 348
Dromtön 32
Drongdrag Maggar 26–28
Drubshi Lekhung 22
Drugpa Künleg 102, 119, 125
Dubchen Karma Dorje 67
Dungkhar (Kloster) 184, 185, 188
Düsum Khyenpa 342

Elitetruppe »22 Establishment« 294, 315
Elkvall, Robert 199
Epiktet 61
Exil des Dalai Lama 20, 32, 156, 279, 332, 374
Exil des Panchen Lama 21, 36, 38, 251, 374
Exilregierung 279, 291, 321, 344

Fang Wen 322
Fecteau, Richard 225
Feudalismus 200, 327
Flugblätter 227
Ford, Robert Webster 180, 181
Fox, Reginald 181
Freiwilligenarmee Tibets 220, 225, 227, 228, 231, 232, 234, 243, 324
Freundschaftsvertrag China–Russland 156, 157, 172
Fünf-Punkte-Friedensplan 344–346, 354
Gandhi, Mahatma 155, 232, 256, 257, 329
Gadong (Orakel) 131, 245
Ganden (Kloster) 21, 23, 40, 42, 60, 115, 247, 327
Gebetsfahnen 64
Gebühren und Zinsen 21, 44
Gelugpa-Schule 18, 21, 31, 38, 42, 60, 68, 69, 104, 115, 175, 187, 270, 294, 300, 327, 350, 368
Gendün Chökyi Nyima (11. Panchen Lama) 354, 355, 360, 364, 375
Gendün Chöphel 125
Gendün Drub (1. Dalai Lama) 98
George VI. 124
Gerda (Mönch) 180, 181
Gesetzeskodex der 16 moralischen Tugenden 43
Gewaltfreiheit s. Ahimsa
Gifte, drei 97, 103, 123
Glückliche Union (Kyitchog Kunthun) 36, 40, 42, 43

Gompo Tashi 234
Gould, Sir Basil 55, 59
Gould, Cecily 287
»Großer Sprung nach vorn« 230, 235, 259, 260, 262, 263, 297, 298
Gungthang Tsultrim 326, 327
Guomindang 22, 37, 45–47, 70, 100, 107, 144, 150, 166, 167, 174, 178, 179
Gyalo Thöndup 93, 96, 106, 112, 129, 130, 160, 163, 164, 199–206, 212, 223, 225–228, 233, 251, 253, 254, 276, 277, 279, 287, 289, 290, 293–295, 298, 301, 304–306, 323–326, 329, 332, 333, 337, 339, 343
Gyaltsab Rinpoche 342, 341, 370
Gyalwa Gendün Gyatso (2. Dalai Lama) 347
Gyanpal Rinpoche 264, 265, 266
Gyatso Wangdu 324
Gyaltsab Rinpoche 361
Gyeltsab 30
Gygme Gyatso 370
Handelsrechte 156
Harrer, Heinrich 158–162, 181, 184, 185, 251, 255
Himes, Chester 6
Hitler, Adolf 328
Ho Chi Minh 172
Houzou Shanggen Lama 142, 144
Hu Bing 246
Hua Guafeng 333
Huang Musong 45–48
Huang Zhen 323
Hugo, Victor 155
Huk-Aufstand 225
»Hundert Blumen«-Politik 233
Huzu Shangen Lama 127, 128

Inthronisation 113, 117, 167, 168, 183, 359, 361
Invasion Chinas 197, 198, 216

Jampa Chödrak 15, 23, 24
Jampa Gyaltsen 55, 56, 101, 102
Jampa Yeshe 29
Jampel Gyatso (8. Dalai Lama) 303
Jamgon Kongtrul Rinpoche 360
Jetsun Pema 9, 122, 129, 159–161, 164, 175, 177, 185, 201, 206, 226, 227, 248, 251–253, 255, 288–291, 293, 305, 306, 311–313, 322, 333–336, 338–340, 352
Jiang Qing 315, 316
Jiang Zemin 357
Jigdrel Dagchen Sakya 288
Jigme Dorje Wangchuk 273
Jigme Kundun 337
Jokhang (Kloster) 14, 26, 68, 146, 350
Juristenkommission, Internationale 202, 256, 299, 334
Jyekundo (Kloster) 62, 63, 71

Kagyüpa-Schule 209, 271, 272, 294, 327, 341, 342, 361, 364, 370
Kalön Trimön 23, 28, 29, 30, 40, 42, 44, 352
Kalu Rinpoche 341
»Kampagne der Korrektur« 141
Kang Sheng 141, 315, 316, 322, 323
Karang Bidho (Kloster) 143

Karma 16, 18, 93, 103, 119, 144, 330
Karma Pakshi (2. Karmapa) 302
Kashag (Kabinett) 13, 23, 28, 41, 45, 46, 54, 60, 73, 100, 101, 120, 136, 150, 152, 164–166, 186, 193, 220, 221, 327
Kashöpa Chögyal Nyima 40
Katchen Pasang 143
Kelsang Gyatso (7. Dalai Lama) 145
Kelsang Rinpoche 62–66, 70, 74, 75, 77–80, 82–83, 85, 86–90, 92, 93, 95, 97, 98, 100, 104, 106, 107, 111, 112, 121, 162
Kelsang Yangzom 338
Kennedy, John F. 291
Khampas 72, 197, 202, 206, 213
Khamtrul Rinpoche 325
Khando Tsering 185
Khardo Rinpoche 55, 56, 101, 102, 118
Khata 18, 114, 159
Khenpos, Rat von 21, 42, 44, 71–73, 100, 143, 166, 168, 220, 221, 246, 268, 299
Khyirong 193, 218
Kim Il-sung 172
Kind mit den Hörnern 146, 147
King, Martin Luther 309
Kissinger, Henry 322–323
Klöster 21, 23, 32, 40, 53, 88, 101, 152, 153, 203, 231, 236, 247, 270, 288, 302, 327, 346, 347
Kollektivierung 233, 260
Komitee für Arbeitsteilung 195
Komitee für freies Asien 197
Kommunismus 36, 37, 140, 141, 187, 200, 211, 213, 233, 330, 331
Konferenz, panasiatische 155
Konfuzius 13, 233, 302
Kongpo Tseten 142
Kongtrul Rinpoche 341
Konterrevolution 233, 234, 317
Koreakrieg 206
Korruption 21, 59, 119, 144, 191, 301, 331, 336
KPC 171, 172, 174, 175, 221, 297, 318, 333
Krieg in Tibet 219–221
Krieg, japanisch-chinesischer 139
Kriege, tibetisch-britische 21
Kulturrevolution 141, 315, 319, 320, 350
Kunchok Gyaltsen 337
Kunchok Yangkyi 287
Kumbum (Kloster) 53, 67, 70, 71, 88, 141, 143, 161, 165, 167, 168, 174, 178, 231
Kundun 14, 15, 66, 113, 132, 134, 189
Kunga Gyaltsen 287, 337
Kutenla (Orakel) 13, 15, 31, 243, 244
Kyirong 89–93, 99
Kyitchog Kunthun s. Glückliche Union

Labrang Tashi Khyil 74
Lal Bahadur Shastri 304
Lamartine, Alphonse de 283
Lamrim Chenmo 68

Landreform 172, 198, 230, 263, 269
Langdarma 146
Langdun 23, 24, 28–31, 41, 43, 45, 47, 49, 55, 116
»Langer Marsch« 141
Laogai (Umerziehungslager) 172, 181, 210, 234, 243, 316, 320
Leibeigenschaft 202
Lhalu Tsewang Dorje 150
Lhamo Dölma 85–87
Lhamo Thöndup 80–88, 93, 96, 97, 100, 105–108, 111, 113–117, 162, 165
Lhamo Tsering 206
Lhamo-Latso (See der Visionen) 50, 52, 65, 75, 77, 101, 104, 143
Lhasang Tsering 329, 330
Lhundup Namgyal 287, 337
Lhundup Gyalpo 313, 338, 339
Li Peng 354
Li Xinnian 333, 344
Lien Yu 196
Lin Bao 172, 198, 259, 315, 316
Lin Wanghui 72
Lincoln, Abraham 329
Liu Bocheng 173
Liu Wenhui 61, 72, 73
Lobsang Gyaltsen 44, 45, 222
Lobsang Palden Yeshe 358, 366
Lobsang Samten 96, 112, 114, 121, 122, 129, 133, 134, 158–162, 164, 184, 185, 191, 192, 202, 208, 219, 223, 288–290, 322, 333, 334, 337, 338
Lobsang Tashi 183, 193
Lobsang Tseten s. Chökyi Gyaltsen
Lobsang Tsewang 70, 75, 76, 108
Lobsang Wangchuk 44, 45
Lodi Gyari 328
Logon Tsechu 341
Loreto (Kloster) 177, 248, 251, 255
Losar (tibet. Neujahr) 14, 29, 64, 68, 116, 149, 163, 215, 298, 299
Lukhangwa 183, 193

Ma Bufang 61, 70, 83, 100, 105–108, 112, 141, 143, 164, 167, 168, 173
MacArthur, Douglas 224
Mahakala (Bodhisattva der Weisheit) 98, 244
Mahayana-Buddhismus 330
Mala 14, 80
Malraux, André 132
Mandschu-Kaiserreich 21, 28, 157, 167, 186, 212, 302, 357
Mani-Steine 50
Manjushri 69, 70, 212
Mao Zedong 70, 141, 167, 168, 171, 172, 174, 178, 186, 188, 195, 202, 207, 211, 212, 214, 229, 259, 266, 270, 291, 297, 299, 315, 323
»Marco-Polo-Vorfall« 70
Marxismus 216, 331
McLeod Bethume, Mary 352
Ming-Kaiser 68
Modernisierungspolitik 20, 44
Mönlam Chenmo (Fest des großen Gebets) 68, 149, 207, 238
Montesquieu 111
Morphy, David 323
Mozang Chije 288
Muni Tsenpo 347

Nagarjuna 103
Namgyal (Kloster) 14, 19, 135
Namgyal Lhamo 222, 288–290, 337
Nanking 36, 150, 166
Nationalitätenfrage 188
Nationalversammlung/Volkskongress 23, 28, 36, 60, 193, 220, 259, 261, 291, 292, 294, 336
Nauzer Nowrojee 278, 283, 286
Nechung (Orakel) 13, 15, 30, 41, 105, 116, 130, 136, 183, 238, 243, 244, 247, 346–349
Nehru, Pandit Jawarhalal 155, 173, 207, 215, 226, 232, 247, 251–255, 274, 278–280, 291, 304
Nepal-China-Vertrag 225
Ngabo Ngawang Jigme 180, 185, 187, 359
Ngari Rinpoche 131, 164, 184, 185, 202, 208, 219, 224, 237, 241, 244, 245, 248, 254, 287, 319, 337
Ngawang Jigme Norbu 213, 221
Ngawang Tempa 206, 337
Ngodup Palzon 367
Ngulchu Rinpoche 267, 268, 299
Nimier, Roger 215
Nixon, Richard 322, 323
Norbu Töndrup 46
Norbu Tsering 136
Norbulingka (Palast in Lhasa) 17, 18, 26, 28, 30, 59, 120, 121, 162, 233, 234, 238–241, 247, 247, 335
Nuri Pönpo 264, 267
Nyingmapa-Schule 209, 294, 327
Nyungne Lama 54–56, 101, 118

OM MANI PADME HUM 31, 50, 70, 74, 77, 116, 194, 242
»Operation Drache« 139
Orakel 15, 30, 31, 41, 71, 73, 105, 116, 126, 131, 136, 143, 165, 183, 194, 237, 238, 243–244, 245, 346, 349
Padmasambhava 347
Palden Gyatso 9
Palden Lamo 50
Palden Yeshe (6. Panchen Lama) 302
Panchen Khenpo s. Khenpo. Rat von
Panchen Lama 38, 44, 45, 47, 53, 64, 65, 70–75, 102, 104, 126, 129, 141, 142, 167, 174, 175, 187, 189, 195, 196, 210, 212, 213, 220, 221, 258, 299, 349, 351, 375
Patung Anga 228
Paz, Octavio 85
Pelgyi Dorje 146
Peng Dehuai 259
Pessoa, Fernando 26
Pestalozzi-Kinderdörfer 286, 312
Phuntsok Tashi 99, 106, 112, 129, 130, 160, 164, 199, 239, 245, 248, 254
Phuntsok Wangyal 212
Postunion, Internationale 20
Potala 13, 22, 34, 118, 124, 151, 183, 242, 247, 317

Qianlong 167, 302, 358
Qing-Kaiser 358

Raben 14, 97, 98, 360
Racine, Jean 39
Radeng (Kloster) 32, 33, 68, 124, 140
Ragshar Lacham 138
Rajah du Dugyul Lama 118
Rajendra Prasad 232
Rameshwar Nath Kao 326
Ramoche (Kloster) 146
Rangjung Rigpe Dorje (16. Karmapa) 208, 209, 220, 270, 272, 273, 275, 303, 325, 327, 340, 343
Rechtsstaatlichkeit 156, 157, 182, 191, 207, 225, 256, 309, 360
Reformen 20, 39, 201, 203, 291, 221, 259, 301
Regentschaftsrat 292
Reinkarnation 17, 20, 23, 30, 32, 33, 35, 38, 49, 52, 60, 73, 74, 81, 82, 87, 93, 100, 105, 107, 113, 126, 127, 131, 136, 141, 142, 165, 167, 197, 244, 272, 300, 302, 342, 346, 349, 354, 355, 361, 363
Reting Rinpoche 31–36, 43–53, 56–60, 74, 75, 77, 101–103, 115–121, 124, 137, 140, 144–147, 150–152, 162, 200
Reyer, Georges 249, 250
Rhipierdorje 250
Richardson, Hugh 117, 122, 181
Rigdzin Tsangyang Gyatso (6. Dalai Lama) 120
Rinchen Dölma Taring 286
Rinchen Khando 337
Roosevelt, Franklin D. 139
Rousseau, Jean-Jacques 191
Rumtek (Kloster) 274, 275, 341, 370

Sakya (Kloster) 288, 357
Sakyapa-Schule 288, 294, 327
Samadhi 66
Samaya 65, 193
Samye (Kloster) 65
Sengchen Lobsang Gyaltsen 356
Sera (Kloster) 21, 23, 40, 42, 60, 115, 146–149, 152, 247, 327
Shabakpa 157, 177, 202, 203, 226, 228, 293
Shakyamuni 85, 128, 350
Shamar Rinpoche 9, 341, 342, 343, 363, 370
Shen Tsung-lien 145, 167, 186
Shigatse (Kloster) 54, 195, 209
Shotön (Joghurtfest) 121, 122
»17-Punkte-Abkommen« 187, 188, 192, 195, 198, 199, 207, 208, 213, 221, 257
»Siebzigtausend Schriftzeichen« 268–270, 299, 350
Sikkim 115, 156, 177, 184, 226, 274, 275, 303, 325, 326, 327
Situ Rinpoche 341, 370
Sonam Drölma 142
Sonam Topgyal 328
Sonam Tsomo 85–87
Stalin, Jossif 172, 328
Steuern 21, 44, 203, 204

Stupa 126
Sutras 347

Tagdra Rinpoche 117, 121, 125, 126, 132–134, 138, 144, 145, 147–158, 162, 164, 165, 183, 191, 202
Tai Situ Rinpoche 341, 343, 361, 364, 369
Taktser Rinpoche s. Thubten Jigme Norbu
Tara 347
Tashi Khyil 67, 113, 178
Tashi Thöndup 85, 86
Tashi Tsering 88
Tashilhunpo (Kloster) 21, 22, 36, 45, 47, 65, 66, 70, 101, 104, 176, 195, 209, 246, 259, 270, 299, 334, 350
Tchang Seb-Char 130, 159, 161, 163, 177, 201, 206, 237, 243, 253, 334, 335
Tempa Tsering 340
Tenzin Chödak 338
Tensin Chödrak 9, 223, 224, 238, 240–243, 247, 334–336
Tensung Danglang Maggar 220
Tenzin Chödon 313, 338
Tenzin Chögyal 131, 164
Tenzin Chogla 312, 313
Tenzin Chota 130, 131
Tenzin Chönzom 337
Tenzin Geishe 328
Tenzin Khedrup 201, 337
Tenzin Khyentse s. Trinley Thaye Dorje
Tenzin Lödö 337
Tenzin Namgyal-Thetong 328
Tenzin Ngawang 129, 160, 185
Tewu (chin. Geheimdienste) 173, 181, 189, 232, 278, 300, 315
Thrangu Rinpoche 370
Thamzing (Volksgericht) 178, 219, 228, 236, 264, 267, 300, 316, 350, 356
Thubten Ngodup 346, 348
Thubten Gyatso (13. Dalai Lama) 15, 17, 20–22, 28, 29, 34, 41, 47, 49, 53, 58, 59, 65, 66, 136, 162, 182, 223, 226, 227, 231, 233
Thubten Jigme Norbu (Taktser Rinpoche) 74, 88, 93, 111–113, 129, 130, 160, 163, 164, 167, 173–175, 178–181, 184, 197–202, 206, 247, 287, 288, 290, 322, 335, 337
Thubten Kunp'hela 15, 20, 23–31, 39
Tibetfrage vor der UN 221, 277, 344, 374
Tod 14, 35, 93–95, 244, 332, 335, 338
Todesstrafe 29, 43, 153, 292
Tolstoi, Bill 130
Tolstoi, Lew 139–141
Toulouse, John und Didi 313
Trance 15, 30, 31, 105, 194, 238, 243, 346, 348, 349
Trijang Rinpoche 134
Trinley Thaye Dorje (Tenzin Khyentse, 17. Karmapa) 9, 363, 370, 375
Trisong Detsen 43, 86, 347

Truman, Harry S. 155, 157, 206, 207
Tsampa 31, 50, 165, 240
Tsarong 15, 20, 165
Tsering Dölma 76, 88, 92, 96, 99, 106, 112, 122, 129, 160, 164, 175–177, 185, 201, 206, 208, 219, 224, 227, 237, 239, 240, 244, 245, 248, 254–256, 280, 281, 285–287, 292, 293, 304–306
Tsering Shakya 320
Tsipön 40
Tsongkhapa 67–69, 84, 127
Tsurphu (Kloster) 208, 237
Tudun Lingyang 127

U Nu 215
Umerziehung 234, 317, 320
Unabhängigkeit 20, 45, 55, 141, 145, 182, 187, 195, 240, 258, 330, 358, 374
Urgyen Trinley Dorje (Apo Gaga, 17. Karmapa) 361–364, 367, 369, 370, 375

Verfassung 23, 39, 291, 353
Vergiftung 18, 136, 163, 292, 303
Visionen 13–24, 250
Völkerbund 182
Volksentscheid 314, 353
Volkskommunen 267, 235, 258, 297, 349

Walters, Vernon 322
Wang Dongxing 316
Wang Lixiong 318, 320
Wavell, Archibald Percival 155
Weisheit 13, 69, 70, 87, 98, 212, 231, 348, 372
Widerstand, tibetischer 227, 236, 237, 264, 293, 295, 296, 298, 324–326
Wie Jingsheng 229, 316
Williamson (Diplomat) 54, 55
Wu, Harry 233, 320

Yangzom Dölma 199, 201, 337
Yapshi 117, 138, 202
Yapshi Takhla 117, 120, 123, 130–133, 162, 175
Yönten Tchardin 223

Zeches, Léon 5
Zeremonie der »Goldenen Urne« 357–359
Zhang Guo-hua 221, 235, 241
Zhang Jingwu 192, 193, 199, 208, 211, 214, 235, 241
Zhou Enlai 24, 37, 173, 188, 195, 211, 232, 259, 268, 269, 291, 297, 299, 300, 316, 318, 322, 323
Zhu De 174
Zunge rausstrecken (Gruß) 22

Grenzen des historischen Tibet
Peking
Neu-Delhi
XINJIANG
XIZANG
(Autonome Region Ti
Dharamsala
Sitz der tibetischen Exilregierung
Himalaya
U-TS
Shigatse
NEPAL
INDI
Tibetische Bevölkerung
Heutige Grenzen der chinesischen Provinzen